U0720477

中国近代实业家丛书

丛书主编 ◎ 罗一民

# 国家重器

# 张之洞

王振羽 ◎ 著

江苏人民出版社

图书在版编目（CIP）数据

国家重器：张之洞 / 王振羽著. — 南京：江苏人民出版社，2022.10

（中国近代实业家丛书）

ISBN 978-7-214-27224-9

Ⅰ. ①国… Ⅱ. ①王… Ⅲ. ①张之洞（1837-1909）—传记 Ⅳ. ①K827=52

中国版本图书馆 CIP 数据核字（2022）第 097464 号

书　　名　国家重器：张之洞
著　　者　王振羽
责任编辑　王翔宇
装帧设计　周　晨
责任监制　王　娟
出版发行　江苏人民出版社
地　　址　南京市湖南路 1 号 A 楼，邮编：210009
照　　排　江苏凤凰制版有限公司
印　　刷　南京新洲印刷有限公司
开　　本　880 毫米×1230 毫米　1/32
印　　张　14.125　插页 4
字　　数　351 千字
版　　次　2022 年 10 月第 1 版
印　　次　2022 年 10 月第 1 次印刷
标准书号　ISBN 978-7-214-27224-9
定　　价　84.00 元

# 序

江苏凤凰出版传媒集团推出“中国近代实业家丛书”，着重介绍张謇、张之洞、卢作孚、范旭东等人，这是拓展中国近代实业家和中国近代史研究的好事。我衷心希望这套丛书能引起多方面的关注，产生多方面的影响。

向称康乾盛世的大清帝国，到了嘉道年间，实际上已经是落日余晖，回光返照。嘉道年间，从表面上看，基本上还是政局稳定，四海安澜。但害人的鸦片不断进入中国，引起朝野震荡。国人对于鸦片的认识，也是纷纭鼓噪，莫衷一是。许乃济主张实事求是，加以区分，予以引导，即所谓弛禁；邓廷桢等起初赞同此说，但黄爵滋等语调高亢，特别激昂，林则徐等旗帜鲜明，要求除恶务尽，非严禁何以立国？于是乎，禁烟成为当时中央政府的重大抉择。林则徐以湖广总督身份被急调入京，接受咨询，最终被委以重任，以钦差大臣之命南下岭海，这就有了后来的虎门销烟，更有了此后的鸦片战争，也成为中国近代史的开端。天安门广场的人民英雄纪念碑上的第一幅浮雕，就是反映这一重大历史事件的。

以鸦片战争这样的事件开启了近代中国的历史闸门。而当时对鸦片的认识，却相当肤浅，林则徐回答道光皇帝说，是在一种药物里掺杂了乌鸦的肉，故称之为鸦片。由此引发的两次鸦片战争，以及后来的中法战争、甲午中日战争、庚子年八国联军入侵，真真切切使偌大的中国深陷风雨飘摇之中，且不说此后九一八事变之后日本对中国的悍然蹂躏公然践踏，长达十四年。熟读中国近代史的人，大都对太平天国运动、戊戌变法、义和团运动、辛亥革命等特别关注，也对晚清以来的中国究竟该走向何方见仁见智各有解读。面对这样的深陷危机的古老帝国，到底路在何方？怎样才能摆脱几乎要亡国灭种的严峻态势？许多人提出了不少富有建设性的意见、方案，也进行了很多有意义的积极探索。习近平总书记曾说，清代洋务派代表人物之一张之洞，是有改革观念的一个人。清代末年，社会矛盾积重难返，大局变革势在必行，各种观点沸沸扬扬，各种人物粉墨登场，各种议论莫衷一是。张之洞感叹道："旧者因噎而食废，新者歧多而羊亡；旧者不知通，新者不知本。不知通则无应敌制变之术，不知本则有非薄名教之心。"说的就是因把握不好守成和变革的分寸形成共识之难。

我们发现，自鸦片战争以来，一方面是危机日益加深，局势步步糜烂，另一方面，却又有不少人在积极努力，顺应时代潮流，感知世界大势，敏感于地理大发现的今非昔比，洞察到工业革命所带来的地覆天翻，体察到当时中国传统文化已经无力回应西洋文明的磅礴进取之势。他们孜孜以求，或自强求新，或倡扬中体西用，力求拯救这个国家，振兴这个民族。在这样的群体中，有军政人物，有知识分子，有旧式官僚，有民间人士，有商界达人，八仙过海，各显神通。而其中有一批这样的人，尤显突出，他们既可称之为官僚，也可称之为新式知识分子，但又活跃在商界，创办或者推动创办实业，他们有着多重身份但因为在实业上的艰苦实践筚路蓝缕，而成为名之为“实业家”的特定人群。如张之洞，如张謇，如盛宣怀，如卢作孚，如范旭东，如无锡荣家兄弟，等等，薪火相继，生生不息，为这古老帝国创业兴企注入新鲜活力。

机缘巧合，我在江海门户的南通工作有年，对状元实业家张謇逐步有了较多的了解。经过深入细读有关文献，置身濠河两岸多年体察，听不少人研究谈论张謇的种种开拓，日益觉得张南通其人的不简单了不起，深感他的所作所为在当今的现实意义与不朽价值。他在那样的时代，从旧的科举制度的春风得意中毅然转身，登高望远，俯瞰天下，拥有世界眼光，又有切实可行的实业实践，且对改造社会、治理国家有着独到的真知灼见宏伟蓝图，对这样的一代杰出人物，实在是很难随意用贴标签式的简单化来一言以蔽之。通过深入了解张謇，你会发现，晚清以来，张謇、张之洞等对重整河山、民族复兴，并不是简简单单的纸上谈兵大言炎炎，而是务真求实地大展宏图。张謇办纱厂，兴教育，张之洞对他也多有支持。张之洞本属言官清流，但他出京外放到地方工作主政一方之后，切实感受到启发民智的迫在眉睫，切实感受到编练新军的刻不容缓，更切实感受到兴办实业对于振兴国家的至关重要。他从两广总督（一度兼署两江总督）任上到了湖北，就任湖广总督，扎下身子，兢兢业业，抓芦汉铁路建设，抓汉阳铁厂、兵工厂，抓湖北纱厂，耗尽心血，开辟新局。范旭东、卢作孚等或耕耘于化工领域，或尽心于交通运输事业，也都是挺立潮头，为国兴业，诸多事迹，令人感怀。

就张謇、张之洞、范旭东、卢作孚等人，坊间已有不少文本流传。但历史人物常说常新，把这些看似并不搭界的人物置放在一起，是因为新中国的开国领袖曾从近代轻工业、重工业、化工

业、交通业的角度，对他们给予了高度肯定与深切缅怀。前事不忘，后事之师。习近平总书记说，评价一个制度、一种力量是进步还是反动，重要的一点是看它对待历史、文化的态度。根据这样的精神，起意编辑推出这样的一套实业家丛书，希望能够引起读者的注意，激发读者关注实业和近代历史、文化的兴趣，是所愿也。

是为序。

罗一民

2021.10.1

# 作家写史别有滋味

中国的文明发展，在秦汉之前，与外部世界接触很少。汉唐强盛，多被言说，尤其是李唐，丝路花雨，驼铃声声，八方来客，盛极一时。实际上，在南北对峙的南朝，向称暗弱的赵宋天水一朝，对外交往也是极为频繁。赵宋最终亡国，并非因为内忧，而是由于外患，是外交上出了大问题，最终覆灭。

元代短暂，地域广阔。朱明崛起于江南，北伐中原，经略四方，称雄东亚。郑和自南京七下西洋，其中外交流，多有解说。但自明代中叶，小小寰球已经发生巨变，而古老的中国仍旧在固有轨道内安步当车，大梦难醒。清军入关，横扫千军如卷席，出现所谓康乾盛世，不过是晚霞余晖，尚不自知。康熙年间，有一中俄尼布楚条约，又怎能约束沙俄的得陇望蜀欲壑难填？法国一学者著有《停滞的帝国》，叙说马嘎尔尼与乾隆帝的会面曲折，令人唏嘘不已。再此后就是鸦片战争的不速而至，中国所遭遇的大变局就此展开。这一大变局，时至今日，也不能说已经完成，一切还在不断演变之中。

面对这样的巨大变局，李鸿章说是几千年未见之大变局，即使现在看来，也并非合肥夸张，耸人听闻。如何应对？怎样措手？有人还是主张，抱残守缺，闭关锁国；有人主张，学习洋务，以夷制夷；有人主张，彻底颠覆，另起炉灶。这当然是一个漫长的痛苦的裂变的涅槃的过程，但时代潮流历史进程并不会理会一个古老帝国的犹豫彷徨左顾右盼。鸦片战争之后，又有第二次鸦片战争，紧接着是中法之战、甲午中日之战，庚子年更是八国联军进入北京，日俄战争在中国的土地上残酷上演，中国却只能“严守中立”，中国的危机步步加深，此后的历史节奏，更是令人眼花缭乱，无话可说。

巴黎和会的外交失败，促成五四运动的爆发。在此基础之上，中国步入了新纪元，又经近三十年跌宕起伏，方才建立了新的共和国。回望中国近代史也罢，晚清与民国也好，并不能简单化与概念化的一言以蔽之，似乎一切问题都已经迎刃而解万事大吉。在这样的沧海横流的历史巨变之中，不同的人做出了不同的抉择，进行了各种各样的努力。我们似乎已经熟知曾国藩、李鸿章、袁世凯、左宗棠等人的所作所为所思所想，但随着大量文献的不断被整理出版，包括一些个人日记、信札的次第问世，许多原来似乎已成定论的说法开始受到质疑，许多习以为常的结论土崩瓦解，这当然是一种历史研究的进步，也是世人见识的提升。

张之洞出生在鸦片战争前夕的官宦人家，他在科场上比较春风得意顺风顺水，不像吴敬梓、龚自珍等人场屋蹭蹬受尽折磨，也不是盛宣怀、张荫桓等人一不做二不休绝意科场另走他途，当然也不是如刘坤一、曾国荃等依靠军功而位列封疆大吏。他给人的感觉是一个颇为自负好为人师的清流文人，但就是这样的一位清流文人翰苑文士，被攻击他的人认为根本不适合做行政官员毫无领导能力的人，却从巡抚到总督，任职时间长达 25 年之久，尔后又是军机大臣、体仁阁大学士等。即使他到了缠绵病榻之际，还是督办粤汉铁路大臣。这样的一个时间跨度如此之长影响如此巨大的历史人物，虽然多有解读，有小说文本，有非虚构文本，也有影视作品，但对这一人物与其时代的关系、这一人物丰富的人生实践、这一人物深邃的精神世界，还是有着很大的空白，还是有着很大的解读提升空间。

振羽先生好读书，爱思考，是一位游走于史学界的文艺大侠。每每读到他论世评事的过人之论，心中油然而生敬意。他受父辈和家庭影响，曾经熟读《后汉书》《汉书》等古典名著，仔细研究光武帝刘秀的生平，出版过长篇历史小说《龙飞光武》。据说，他还就《新五代史》《旧五代史》下过一番功夫，尤其注意后唐庄宗李存勖这样的一位大起大落的历史人物。他曾经出版过《诗人帝王》，认真梳理过一些封建帝王的生平事迹、种种作为。他对一些知名文人的解读，更是用心良苦，深入其中，不断推进。他解读吴梅村、钱牧斋、龚自珍，他对常熟翁同龢家族多年研究，出版过《江南彩衣堂》《瓶庐遗恨》等。如今，他又根据《张之洞全集》《张之洞年谱长编》《刘坤一集》《李鸿章全集》等大量晚清人物的有关文献，深入解读张之洞这一复杂的历史人物，逐字逐句分析张之洞与晚清多人的往来函电信札，就他在晚清政局中的所作所为，进行持之有据言之成理的解剖与分析。在他笔下的张之洞成为清流党之前，实际上是有着多年担任地方学政的经验积累，并不仅仅是纸上谈兵的一介书生。成为封疆大吏之后，伴随着岗位的改变、时代的嬗变，接触诸多复杂而具体的实际事务，张之洞的视野、眼光、器局、心胸，也都在发生着重大变化。世人多以主战主和来月旦臧否晚清人物，但张之洞从最初的放言高论一力主战，到后来的审时度势不再唱此高调，而是冒着巨大的政治风险促成东南互保之局，这都是很有意思的转变。

振羽先生还深入具体地谈到了张之洞与李鸿章、袁世凯、刘坤一、鹿传霖、瞿鸿禨等人之间的关系。他认为，就办实业而言，张之洞与李鸿章虽然有分歧，但从总体上看，两人还是合作

大于纷争，同心多于拆台。此种深刻看法，彰显了历史的复杂性，尤有史学之功力。振羽先生笔下的张之洞，并不仅仅着眼于张本人，他以人系事，以事系人，把与张之洞有关联的人物大都一一做了或者详细深入或者简略提要的梳理，如他提到瞿秋白、恽代英的爷爷都与张之洞有过密切的关系，而黎元洪的发迹起步更是与张之洞密不可分。他还提到了革命党人吴禄贞这一复杂的历史人物，他也是因张之洞的推荐而跻身晚清高层。吴禄贞总结张之洞一生，说他是学政、军政，此后才是实业，这三件大事，应该说是很准确地概括了张之洞的一生作为。

众所周知，张之洞也是三江师范学堂的主要创办人之一。三江师范学堂是江南多所高等院校的历史渊源所在。张之洞第二次署理两江总督，完成了刘坤一这一未了心愿，极力促成了三江师范学堂的开办。屈指算来，时光飞逝，已经过去两个甲子了。我想，振羽先生这本书，也有助于为其母校百廿年校庆增色吧。

我有幸与振羽先生相识于多年之前，近年来交流愈多，几乎无话不谈，在许多问题上看法接近，彼此知心。和他交往，我有点高攀了。他是大作家、大学者，坚持读书、写作不辍，成就不可限量。这部《国家重器：张之洞》出版在即，索序于我，仓促之间写下这些，是为之序。

李良玉

2022 年 3 月 18 日

# 目　录

# 引 子



近代史也好，晚清史也罢，因其与当下中国的高度相关性与贴近性，备受瞩目，热度不减。近代史以来的重大事件、重要人物，也往往引起人们极大的关注，不断求索，研读多多，甚至歧见纷纭，大相径庭。这当然也属正常，不必大惊小怪，历史怎会有泾渭分明非此即彼的标准答案？这里要说到的一位重要人物，他七十余载的生命历程几乎贯穿晚清，他的盛名虽然不及曾国藩、李鸿章、袁世凯，但也往往与这些人相提并论，被加以褒贬评说。他一生的丰富性与奇特性，他一生的多样性与传奇性，他一生的复杂性与多元性，从某种意义上说，并不逊色于曾国藩、李鸿章、袁世凯。且让我们拨开历史的云雾，深入浩瀚的文本，静观复杂的晚清时局，走近这样一位不容小觑的历史人物。此人者谁？张之洞。

张之洞，字孝达，号香涛、无竞居士、抱冰。时为总督者，多称“帅”，故时人皆呼之为“张香帅”。他是晚清名臣、重臣、洋务派代表性人物，祖籍直隶南皮，出生于贵州兴义府，即今安龙县。1852 年（咸丰二年），16 岁的张之洞得中顺天府解元。1863 年（同治二年），27 岁的张之洞得中进士第三名，也就是俗称的探花，授翰林院编修，历任教习、侍讲、侍读、内阁学士、山西巡抚、两广总督、湖广总督、大臣等职，两次署理两江总督，官至体仁阁大学士，有太子太保衔，死后追谥文襄。

张之洞早年曾经是清流派首领，纠谈时弊，月旦人物，名重

一时，后顺利转身慨然出京成为封疆大吏主政一方，是推行洋务实施新政创办实业的主要人物之一。张之洞顺应时代变化，特别热心兴办新式学堂。他在武汉创办自强学堂，此学堂被认为是武汉大学的前身。他在南京创办三江师范学堂，此学堂被认为是南京大学、东南大学等多所高校的前身。他创办湖北农务学堂、湖北武昌蒙养院、湖北工艺学堂、慈恩学堂、广雅书院等，瞩目文教，乐此不疲。面对中西文化的激烈冲突与碰撞，他适时提出“中学为体，西学为用”主张，以《劝学篇》而名闻朝野，引发热议。他深知中国落后之症结所在，大力鼓吹亲自实践创办实业，所谓实业救国不遗余力。他创办汉阳铁厂、大冶铁矿、湖北枪炮厂等，一度颇为流行的“汉阳造”就是张之洞的得意之作。

庚子之乱，鱼烂河决，天下危殆。八国联军悍然入侵，义和团运动如火如荼，大沽炮台失守，京津陷落，慈禧太后等仓皇出逃，远遁西北。面对如此艰难危局，张之洞会同两江总督刘坤一等与驻上海各国领事议订“东南互保”，维持东南半壁，最终得到慈禧太后的高度肯定。张之洞在湖广编练新军培养人才，吴禄贞、黄兴等都曾被他送往国外留学，被孙中山称为不言革命的革命家。但张之洞也镇压维新派唐才常、林圭、秦力山等自立军起义，对风起云涌的革命浪潮如临大敌，如坐针毡。

1908 年 11 月（光绪三十四年），张之洞以顾命重臣晋太子太保衔，1909 年病卒于北京。世人多把张之洞与曾国藩、李鸿章、左宗棠并称“晚清四大名臣”。

且让我们静下心来，沉入历史现场，走近这样一位历史人物。

# 一、降生西南夜郎国，少年得意



1837年9月2日，时在道光十七年，张之洞出生于贵州兴义府官舍，他是张瑛的第四个儿子。贵州兴义府，即今日黔西南布依族苗族自治州，治所在安龙县。也有人说，张之洞出生在贵筑县六洞桥，因为当时张锳仍在贵筑知县任上。道光二十一年，也即1841年，张锳才开始担任兴义知府。

张锳何时来到贵州做官？其家世渊源如何？在此略作梳理盘点，明其大致脉络。张之洞祖籍直隶省天津府南皮县，因此之故，他也被世人多称张南皮。张之洞先祖为山西省洪洞县人，始祖张本自洪洞迁徙郭县，张本有子张立，张立子张端，任南直隶繁昌县荻港巡检，又迁徙到天津府南皮县东门之印子头，是为东门张氏。张端有子张淮，明朝正德皇帝戊辰科进士，曾任河南按察使。张淮七传至张乃曾，曾任山西孝义县知县，迁徙到毕家塘。张乃曾就是张之洞的高祖。张之洞曾祖张怡熊，曾任浙江山阴县知县。

张之洞祖父张廷琛，贡生，四库馆誊录，议叙福建漳浦东场盐大使，替补古田县知县。据称，乾隆年间的福建将军魁伦兴起大狱，株连无辜。张廷琛署理侯官县令，又兼署其他官职，他与人为善，实事求是，识者多以为其有阴德。把张之洞的族上谱系梳理一番之后，终于要说到张之洞的父亲张锳了。

张之洞的父亲张锳，字又甫，号春潭，他又从县城东门徙居城南三里的双庙村。张锳少孤，食贫力学，艰苦卓绝。他参加嘉庆十八年的乡试中举，以大挑试令黔中，补安化知县，署清平、镇远、威宁等州县事，又调贵筑，再迁古州同知，署黎平、遵义、安顺诸府事，不久又被擢拔为兴义府知州。张锳先后娶夫人刘氏、蒋氏、朱氏以及侧室李氏、魏氏等。张之洞为朱氏所生，朱夫人是嘉庆甲戌进士、曾任四川和州知府的朱绍恩之女。张之洞兄弟六人，他行四。张之洞 4 岁的时候，其母亲朱氏就去世了，由魏氏抚养。

张之洞幼年禀赋聪慧，5 岁即入家塾就读。他从小读书用功，才思敏捷，四书五经烂熟于心，“倦则伏案而睡，既醒复思”，受到儒家思想的严格教育熏陶，其中丁诵孙、韩超两位老师对他的影响较大。丁诵孙是道光十八年（1838 年）进士，翰林院侍读。在 13 岁以前，张之洞已经学完四书五经等儒家经典，兼习史学、小学（文字学）、文学及经济之学，又自学《孙子兵法》《六韬》等多部兵学名著，打下日后从政和治学的坚实基础，并在 12 岁刊刻了名为《天香阁十二龄草》的诗文集。

张锳对儿子们的学习十分重视，“竭俸金购书数十橱，置诸子学舍，令于日课之外听以己意观之，大率史部书、朱子书及本朝说经之书为多”。有人挖苦讽刺张锳：若辈童年，岂能解此？张锳慨然说道：姑令纵观，不解何妨？浸淫既多，长大能自解。张锳经常对儿子们说：贫，吾家风，汝等当力行。父亲如此谆谆教导，悉加栽培，孩子们自然是奋发苦读，不敢懈怠。据说，少年张之洞常有夜读静思的习惯，“尝篝灯思索，每至夜分，必得其解乃已”。他曾回忆说：“后服官治文书往往达旦，乃幼时好夜坐读书故。”张之洞这种夜间工作的习惯，曾被人指为“兴居无节”，不仅晨昏颠倒，有害健康，还经常影响会见僚属，耽误工作，备受攻讦。这自然都是后话了。

贵州安龙虽然偏居西南一隅，但历史久远，文化厚重。南明永历帝曾在安龙抵抗清军，全国拥戴朱明的文化精英一度汇集于此。兴义府置于安龙，盘江八属文化荟萃于斯。道光二十八年，年仅 11 岁的张之洞在此挥毫书就著名的《半山亭记》。张之洞时年虽幼，但此篇文章，文风舒展，流畅练达，状情绘景，蕴政系民，令人称奇。现将全文转录在此，一睹一代雄才的文心不凡，早慧超群：

万山辐凑，一水环潆，雉堞云罗，鳞原星布者，兴郡也；城东北隅，云峰耸碧，烟柳迷青，秋水澄空，虹桥倒影者，招堤也；缘是数里，蒹葭苍苍，有阁巍然，峙于岩畔者，魁阁也；穿绿阴，梯白石，禅房乍转，画槛微通，石壁一方，茅亭三面者，半山亭也。作亭者谁？吾家大人也。翠萝红蓼，罗列于轩前；竹榭茅檐，攲斜于矶畔，太守之意，得之半山而志以亭也。

岁在壬寅，家大人先守是郡，文风雅俗，焕然一新，固常与民同乐者也。夫其德及则信孚，信孚则人和，人和则政多暇。由是常徘徊于此阁，以寄胜概，而亭未有焉。然其烟云万状，锦绣千里，早已毕具于目前。盖天钟灵于是，必待太守以启之也。爰乃建亭于阁之东偏，古径半弯，危廊数转，不崇朝而功成，易如也。

每当风清雨过，岩壑澄鲜，凭栏远眺，则有古树千红，澄潭一碧，落霞飞绮，凉月跳珠，此则半山亭之大观也。且夫画栏曲折，碧瓦参差，昭其洁也。烟光挹翠，竹影分青，昭其秀也。松床坐弈，筠簟眠琴，昭其趣也。分瓜请战，煮茗资谈，昭其事也。若夫柳岸晓风，芦花残月，云腾碧嶂，日落深林者，亭之朝暮也。水绿波澄，莲红香远，月白风清，水落石出者，亭之四时也。沙明荷净，舞翠摇红，竞秀于汀沚者，亭之晴也。柳眉烟锁，荷盖声喧，迷离于远岸者，亭之雨也。晴而明，雨而晦，朝而苍翠千重，暮而烟霞万顷，四时之景无穷，而亭之可乐，亦与为无穷也。

至若把钓人来，一蓑荷碧，采莲舟去，双桨摇红，渔唱绿杨，樵歌黄叶，往来不绝者，人之乐也。鹭眠荻屿，鱼戏莲房，或翔或集者，物之乐也。衣带轻缓，笑语喧哗者，太守游也。觥筹交错，肴核杂陈者，太守宴也。觞飞金谷，酒吸碧筒，宾客纷酬，杯盘狼藉者，太守欢也。题诗励士，把酒劝农，四境安恬，五谷垂颖者，则太守之真乐也。

俄而夕阳在山，人影散乱者，太守归而众宾从也。是则知其乐，而不知太守之乐者，禽鸟也。知太守之乐，而不知太守之乐民之乐者，众人也。乐民之乐，而能与人、物同之者，太守也。

夫美不自美，因人而彰。兰亭也，不遭右军，则清湍修竹，芜没于空山矣。岳阳之楼，晴川之阁，不有崔、范之品题，则巍观杰构，沉沦于湖滨江渚矣。是地也，不逢太守，则锦谷琼花，不现其佳境矣。为此亭也，则胜迹不令就荒，名花俱能见赏，凡夫出尘拔萃，必无沉滞而不彰矣，所以谓之与民同乐也。不志其佳，使花香山翠湮于野塘，不传于奕世，是贻林泉之愧也。故挥毫而记之，犹恐未能尽其致也。

道光二十有八年七月既望，南皮十一龄童子

张之洞　香涛撰

张之洞年方 11 岁，就能写出如此文章，的确难得。看得出来，他对王勃的《滕王阁序》、范仲淹的《岳阳楼记》、欧阳修的《醉翁亭记》等名文已经深谙其旨，烂熟于心，这才汩汩滔滔，文思泉涌，信手拈来。张锳对此文也颇感意外，他把张之洞的诗文编订成册，就是前面提到的《天香阁十二龄草》，寄给自己的哥哥张锴，让其斧正，自然也不无夸耀炫示之意。担任教谕的哥哥张锴欣喜之余，也语重心长，以“敛才勿露”相告诫。张锳深以为然，他提醒张之洞敛才低调，不能高调张扬。张之洞默然领会，牢记在心，此后他把不少少作都焚毁了。在这一期间，张之洞受教的名师多多，除了前面提到的丁诵孙、韩超外，他也曾经向一代名臣胡林翼多次请教，受益匪浅。胡林翼是曾任两江总督陶澍的女婿。韩超是直隶昌黎人，曾被张锳延请为塾师。此后，韩超就胡林翼幕府于黎平，后成为贵州巡抚，也是一方封疆大吏。

1850年（道光三十年），不满14岁的张之洞千里迢迢赶回原籍直隶南皮参加县试。张之洞不负父兄期望，得中第一名秀才，进入县学。张之洞此番从大西南回到故乡南皮，一路上道经湖南、湖北、河南，小车颠簸，安车劳顿，真是跨越江河，披星戴月，餐风露宿，千里迢迢。多年后，张之洞主政湖广，曾到荆州安陆，指点此地村落，回想当年途经此地的艰辛，往事历历，不胜唏嘘。张之洞北上返乡，途径晋州。他的叔叔张钺在此担任训导，顺便可以稍作休整打尖，再登行程。张之洞进入县学后，深得当地学政程廷桂的器重赏识。这一年，道光帝驾崩，咸丰帝即位。也正是在这一年，洪秀全在金田起事，林则徐被起复为钦差大臣，办理广西剿匪事宜，却赍志而殁，病逝于奔波途中。

1852年（咸丰二年），张之洞又以顺天府乡试第一名中举，即所谓解元，取得参加会试得中进士的难得资格，尚不足16岁呢。张之洞高中举人，还是解元，消息传到贵州，张瑛等全家上下自然是皆大欢喜，吐气扬眉。胡林翼致信张锳：得令郎领解之信，与南溪开口而笑者累日。胡林翼所称南溪，就是韩超。张之洞这科乡试的主试者，有尚书麟魁、尚书朱凤标，还有吕贤基等。旌德吕贤基家世传经，湛深经术，张之洞经常请益领教，颇有豁然开朗之感。

以当时张之洞的学养实力，他应当能够一气呵成，乘胜晋级，早日金榜题名，进士及第，光宗耀祖。但好事多磨，多有波折，直到10年后的27岁之时，他方才得中进士，成为探花。在这11年中，他前几年的时间耗力在帮父亲办理军务，以应付贵州苗民起义，以及结婚生子，后为父亲治丧守制，自然无暇无心于应试。到23岁那年，张之洞将应会试，却又因族兄张之万为同考官，循例回避。第二年，张之洞应恩科会试，又因为同样的原因，还是需要回避，没有考成。但这一切，都被后来掌控晚清政局的慈禧太后所注意到了。

进入同治年，史称同治中兴，自1862年到1874年，慈禧太后掌握大局，威断一切。奕䜣、文祥、沈桂芬等主持中枢，地方大员则是曾国藩、左宗棠、胡林翼、李鸿章等表现不俗，全国面貌颇有起色。张之洞终于在1863年会试成功，成为探花一枚，进入翰林院，此后担任浙江乡试副主考、四川乡试副主考，又担任湖北学政、四川学政，最后回到北京，已经在官场多经历练，积累资本，逐步崭露头角，成为晚清政坛翘楚。

且说同治元年，张之洞到北京参加会试，同考官为内阁中书范鹤生，他得到张之洞的试卷，激赏有加。但他虽然多经努力，张之洞仍旧名落孙山，范鹤生为之伤心落泪。《翁同龢日记》对此事也有记述：见范鹤生处一卷，二场沈博绝丽，三场繁证博引，其文真史汉之遗，余决为张香涛。卷在郑小山处，竟未获隽，令人扼腕。落榜之后的张之洞先入毛昶熙幕府，当时毛昶熙在河南督办团练，与张之洞同行者有一名叫陆给谏者，不幸卒于军中，由张之洞热心张罗，妥善处理其后事。此年底，张之万署理河南巡抚，张之洞又应邀到这位族兄手下，经常为之起草奏折，受到两宫太后的表扬肯定。张之万也说，稿佳甚，留待老弟任封疆入告未晚也。在这一年，张之洞还为死去的父亲而上书贵州巡抚韩超，极言张瑛积劳病故含冤被诬之状：

咸丰乙卯秋冬之间，贵州畔苗蜂起，都匀、麻哈、贵定以下诸郡县咸被攻围，警报狎至。巡抚蒋君强起先君子于家，使率师办贼。先君子以在兴义城守，劳瘁成疾，固辞不获，扶病视事。当是时，贼去省会数十里，新募之军才万五千人。自出省门，步步荆棘，转战而进。身在行间者二百余日，大小数十百战，杀贼万计。一定清水江之乱，一擒贼渠杨崇妹，两解贵定之围。至于蒙犯霜露，绝甘分少，自同将校，有少壮所不能堪者。度支悬罄，不时给饷，自质服御百物，以给军实。以次安辑流亡，鸠集团练为我杀贼，不用官钱。至丙辰七月，迭覆贼巢，遂达都匀城下。徒以当路掣肘，搤腕忳郁，发愤呕血。而且日夜坐卧一帐，寒暑蒸湿，劳苦过差，遂成沉痼疾。此当日三军之所共见，士民之所周知。

故总督某怒其方正，诬以无功，罢归省城。其时病已危笃，至省八日而卒，此而谓之没于王事，夫复何疑。而总督行其己私，不以入告，于是先君子拳拳忧国之苦心，冒死百战至成劳，闇然而就澌灭矣。

是年七月，巡抚以先君子题补贵东道，有旨令总督查明覆奏，于是饰词上闻，更以他人题补。其覆奏有云节节退守，始退至龙头营，又退至旧县，而且年近七旬等语。时先君子年止六十四耳。夫由贵定退扎龙头营，乃巡抚恐贼从他道入犯，飞檄调还，令驻其地，以扼省城门户，非擅退也。若谓又退至旧县，则更妄矣。龙头营去省六十里，旧县去省百余里，谁不知之。在先君子赍志以终，补阙与否，何足损益。惟血战效命以死，而反蒙败北畏葸之声，如此沉冤，其孰甘之。伏惟吾师托志忠雅，勇于为义。倘蒙博采舆论，以疏上闻，请照军营病故例赐恤，俾地下之灵藉以不朽，则之洞兄弟等没齿摩顶，岂敢忘德。昧死呼吁，惟吾师可否之。

张之洞为父亲力争公道的这一书札，持之有据，条理清楚，感情浓烈，感人至深。韩超将此上达天听，最终得以奉旨追赠张锳为太仆寺卿衔，荫子张之涌，以州判候补。

经过张之洞的这一番据理力争，慷慨陈词，其父张瑛终于得到公正待遇，张之洞全家也受到了一定程度上的抚慰，张瑛总算可以瞑目九泉之下了。在这一信札中，张之洞提到的云贵总督，应该是恒春，而贵州巡抚就是蒋霨远，蒋霨远的父亲蒋攸铦也曾做过云贵总督。韩超毕竟曾经是张之洞的老师，他对张家父子的为人也都非常了解，尽心帮助故人，也是人情之常。

1863年，同治二年，张之洞再次进京参加会试，终于如愿以偿，得中第三名进士及第，也就是俗称探花，得以进入翰林院，被授予七品衔编修，正式步入仕途，成为晚清庞大官僚阶层中的一员。

多年期盼，终于有了很不错的结果。张之洞全家自然是喜出望外，只可惜，他的父亲不能分享这一喜悦了。张之洞致信自己的叔叔，陈述自己在京情况，以及父亲张锳终于得到抚恤的实情。但也顺便说明自己的生活窘迫，拮据不已。他如此说道：

> 侥幸成名，惶愧交集。惟有抑畏自将，益加力学，勉图树立，冀绍家声。朱卷、朝殿各卷六月方能刻出，当续寄呈。惟各项费用极力撙节，亦非五百金不办。京师光景窘迫，侄人地生疏，现在托人展转通融，枝枝节节，补苴敷衍，然皆克期秋间偿还，正不知彼时何以处之。左右思维，惟有仰恳吾叔大人格外鸿慈，润其涸辙，是所感祷。

这是张之洞无奈开口向自己的叔叔借钱呢，也从一个侧面多少说明，“长安米贵，居大不易”。但纵观张之洞一生，他经手的金钱不可胜数，他中饱私囊的机会俯拾皆是，他也被指责挥金如土，花钱如流水；但他的清廉方正，不聚私财，也是有口皆碑，几近无可挑剔。

与张之洞的同科状元是谁？就是大名鼎鼎的状元翁同龢的侄子翁曾源。翁曾源的父亲是翁同书，曾任安徽巡抚，但因为苗沛霖事件受到牵累，被曾国藩严词弹劾，几乎要被砍头。后因两宫太后念及翁心存年迈功高，予以体谅，格外开恩，才得以转圜，流放西北。翁曾源能够得中状元，也被认为是两宫太后不无照顾体恤之意。

张之洞与翁曾源关系尚可。翁同书被关押期间，张之洞还曾两次到诏狱中探望过他，也足见两人关系并非泛泛之交，交情匪浅，并非虚言。翁曾源大魁天下，陪伴父亲出塞远行，张之洞赋诗赠别：

玉堂春早花如雪，
捧襟揽辔与君别。
扶将老父辞青门，
西行上陇水呜咽。
陇山之外路悠悠，
轮台况在青海头。
岂独鞍马独憔悴，
花门千骑充凉州。

翁同书流放新疆，但中途又被改为去甘肃参与平乱，后死在军中。翁曾源虽然是状元，但因为身体有病，癫痫时常发作，病废一生，早早就去世了。其弟弟翁曾桂倒是仕途尚可，最终做到了浙江布政使。张之洞针对赠送翁曾源的这首诗，后来还做了一个小注，多少透露出他与翁同龢的彼此隔膜之深：药房先生在诏狱时，余两次入狱省视之，录此诗以见余与翁氏分谊不浅。后来叔平相国一意倾陷，仅免于死，不亚奇章之于赞皇。此等孽缘，不解何也。张之洞此处说到的奇章，是指唐朝牛僧孺，牛僧孺曾被封为奇章郡公，世称奇章公，他与白居易、刘禹锡多有交往。白居易的《太湖石记》中所说奇章公，就是牛僧孺。赞皇则是指李德裕。牛李都是晚唐名臣，两人为首的党争长达近四十载。张之洞主政两广之时，得知李德裕后人在海南崖州，还曾想把他们“许以终身衣食不缺，吾将带往鄂省，将来携之北归中原，为古今忠臣劝。”张之洞把翁同龢比作牛僧孺，自况李德裕，足见两人隔阂之深。

# 二、学政荆楚巴蜀地，耕耘地方



1866年（同治五年），张之洞大考二等。此年，左宗棠奏设福州船厂，孙中山也降生于广东。此后，也就是1867年之后，刚过而立之年的张之洞开始担任浙江乡试副考官、湖北学政、四川乡试副考官、四川学政等职。张之洞任浙江乡试副主考，选拔了袁昶、许景澄、陶模、孙诒让等人，其后，这些人都各有成就，望重一时。张之洞在杭州，虽然久病缠身，但仍旧遍游西湖，流连山水；他还冒雨秉烛，兴致勃勃，访书江南，搜求书籍多多。张之洞曾颇为满足地说，浙江之行，了却三愿，佳士、奇书、好山水。这也再次表明，张南皮先生真是风雅性情文人襟怀啊。袁昶、许景澄与张之洞此后多有交集，师生之谊，非比寻常。许景澄曾是中国驻俄大使，陶模曾任两广总督。但袁、许这两人都在庚子事变中被冤杀，令张之洞悲愤莫名。

1867年12月7日，张之洞抵达湖北省城武汉，就任湖北学政。他上任伊始，就马不停蹄，雷厉风行，整顿学风，提拔奖励有真才实学者，颇得众望。他曾撰写一楹联：剔弊何足云难，为国家培养人才，方名称职；衡文只是一节，愿诸生步趋圣贤，不仅登科。张之洞在湖北主掌学政，多有建树，动作频频，受到曾国藩的注意。曾国藩致书许仙屏，其中有这样的话：往时祁文端、张海门视学吾乡，最得士心。近张香涛在湖北，亦惬众望。三人者，皆宏奖士类，津津乐道。曾国藩说到的祁文端，是有三代帝师之称的祁寯藻，张海门则是张金镛，他们都曾出任过湖南

学政。曾国藩把张之洞与他们相提并论。

1869 年，张之洞在武汉创建经心书院。经心书院原称文昌书院，张之洞此举，得到了时任湖广总督兼署湖北巡抚李鸿章的支持。李鸿章曾致函张之洞：文昌书院创始綦难，执事提倡风雅，振拔寒俊，弟甚愿观厥成。前与小东方伯筹议，而集费拮据，据称先择土地，秋后兴造。一面缄取苏州经古书院章程，商提经费，详定立案，计阁下回省时，当有成议。

张之洞在湖北担任学政三载，作为一种总结，曾编有《江汉炳灵集》，由樊增祥编辑，张之洞为之作序，并为死去的四位学生写有《四生哀》，爱才惜才之情溢于言表。三年湖北学政期满，张之洞返回北京后，住在南横街。回顾三载湖北任职的春华秋实风风雨雨，张之洞颇感为官不易，仕途艰辛。他有一《送妹亚芬入黔诗》：人言为官乐，那知为官苦。我年三十四，白发已可数。

1873 年（同治十二年），张之洞先任四川乡试副考官，考试结束，他随即就任四川学政。蜀道之难，众人皆知。张之洞自北京启程，途经河南、陕西入蜀，经过华山、骊山、灞桥、马嵬驿、剑阁，一路走来，餐风露宿，艰辛万状，不可言表。张之洞曾有书札致自己的同年许振祎，就此经历的叙述，很是生动详细：

> 自出国门，风雨泥途，宵旰劳顿，苦不可言。惟税驾长安之夕，获接清标，举杯奋尘，倾吐积愫，心颜为之一开。此出都以来第一乐也。惜漏深雨急，不敢久留驺从，余怀未尽为怏耳。别后十四日晨，到凤翔府。本拟是日宿宝鸡，讵因积雨旬余，汧水盛涨，深至二丈，广阔数里，向非津渡，并无舟楫，直至十七日始从他处调船挽入汧水。汧流又分为二，须浮渡两次，乃达彼岸。行李宵济，中夜始毕。
>
> 是夜，钟学士从一仆宿山谷败寺中，舆夫皆无所得食。

弟独乘驿马一骑，令纤夫一人前导，亦无灯烛。时阴云穿驳，凝有月影，依依奔窜。是日，骡纲大半颠坠岩谷，天明始得之大道，为行慢矣。颓岸数百尺，岌岌欲崩，踯躅而行。循渭而西，狂波如吼震荡，骇人耳目。从骑尚未渡汧，皆不能属驰。至四鼓，奔驰三十里，始达宝鸡。距城数里有一山涧，亦复暴涨，阔百余步，深四百尺。策马乱流而渡，衣履皆濡。次日日午，钟君及仆马稍稍继至。此夜情景，真恐从来皇华使者所未有也，自诧奇绝。比得渡渭，则巨流浩淼，湍悍非常。止有两船，杂以他人争渡，水势大，驶到彼岸甚难，一日止能渡一次耳。

第二日，衣装仆马方得毕渡。弟等只身前行，复遇风雨。益门以南，荒岩复嶂，蔽日亏云，岚气烟霏。峭寒侵肌，炽炭犹不御，盖无裀枕食裯已二日矣，裯被为渭所阻。今日到凤县，便拟不待辎重襆被，先行兼程疾趋，或可如期到彼。然须从此晴霁方妙，再有雨潦，真无策矣。在凤翔时，地方官吏已禀陕西中丞言雨水阻隔请告川省，以便初度改期，但鄙意终觉如期为佳耳。

自宝鸡以来，即有自备小轿，雇夫十余人，行路始稍迅利。山溪繁多，类皆湍怒。至山上栈道多被久雨冲坏，近虽略一料理，多未修治，峭仄彼促，殊多危境，马坠者屡矣。看此情形，非陕抚擢川督过此一行，行旅终不获坦途矣。此路弟十八年前入京会试，曾往返两次，未尝如今日之苦也。

许振祎年长曾国藩10岁，得益于曾国藩赏识，曾任广东巡抚。张之洞因为中途淋雨，劳顿过甚，到了成都就病倒了。这一路颠簸，吃尽苦头，与张之洞同行的正考官是钟宝华。钟宝华与翁同龢是同科进士，浙江萧山人。但恪遵职守的张之洞还是马不停蹄，不顾自己抱病，仍旧如期开闱。放榜出闱后，他即被任命

为四川学政。

张之洞执掌四川学政，他与时任四川总督吴棠精诚合作，一起在成都建立尊经书院，延请名儒，分科讲授，还仿照阮元杭州诂经精舍、广州学海堂的例规，手订条教，撰写《创建尊经书院记》，凡四千言，有“本义”“择术”“务本”“息争”等，张之洞就“息争”特别说道：学术有门径，学人无党援。汉学，学也；宋学，亦学也。经济、词章以下，皆学也。不惟汉、宋两家不偏废，其余一切学术亦不可废。巴蜀期间，张之洞倾尽心血撰写《輶轩语》《书目答问》两本书，以教导巴蜀士子们应读什么书、应怎样做学问以及如何修养品德等，一代大儒的心胸气概，呼之欲出。

輶轩是指古代使臣乘坐的一种轻车，也是使臣的一种代称。扬雄《答刘歆书》载：“尝闻先代輶轩之使，奏籍之书皆藏于周秦之室。”左思《吴都赋》：“輶轩蓼扰，彀骑炜煌。”《新唐书·陈子昂传》载：“则莫如择仁可以恤孤，明可以振滞，刚不避强御，智足以照奸者，然后以为使，故輶轩未动，而天下翘然待之矣。”姚鼐有《万年庵次刘石庵韵以呈补山》：“前辈輶轩过，风流忆宛然。”《新唐书·高季辅传》载：“为政之道，期于易从，不恤其匮，而须其廉，正恐巡察岁出，輶轩继轨，而侵渔不息也。”张之洞撰著这两本书，也是忧愤于当时的思想潮流，有感而发，心怀天下，以强烈的使命担当表达自己的一己之见，欲矫正时俗，可谓用心良苦。

四川总督吴棠在 1876 年卸任东归，张之洞为之赋诗送行。吴棠跻身晚清封疆大吏，说法多多。高阳说他歪打正着，在慈禧太后还在困顿之际，攀上慈禧太后这一高枝，此后得以飞黄腾达。吴棠与张之洞相处还算融洽，王懿荣之妹，就是吴棠从中搭桥牵线，玉成此一姻缘。张之洞备感四川省试积弊甚多，他经过深入调查，反复考量，奏陈提出整顿办法八条：惩鬻贩，禁讹诈，禁拉搕，拿包揽，责廪保，禁滋事，杜规避，防乡试顶替。张之洞的这八条主张与措施得到上级允准后，他不惮繁难，逐条加以落实。巴蜀政教风气，顿然为之一变。

四川是三苏故乡，眉州苏祠竣工，张之洞把自己珍藏的三苏文粹捐献给苏祠。他还兴致勃勃地赋诗一首：

共我登楼有众宾，毛生杨生诗清新。
范生书画有苏意，蜀才皆是同乡人。

张之洞自己为诗做注说，仁寿学生毛席丰，绵竹学生杨锐，华阳学生范溶，皆高才生。召之从行读书，亲与讲论，使研经学。也就是因为在四川学政任上，杨锐成为张之洞的得意学生。此后，戊戌变法，杨锐喋血菜市口。正在署理两江总督的张之洞回想杨锐曾陪他登临鸡鸣寺，放眼玄武湖，往事历历，不胜感慨，他让人建造豁蒙楼，以纪念自己的这位为变法而壮烈牺牲的心爱学生。

巴蜀岁月，虽然收入颇丰，但也的确辛苦，张之洞曾致信王懿荣，让他为《书目答问》补正。此前，他在四川忠州还写信给王懿荣：弟今年以来，终日劳烦，甚于在楚时数倍。非不欲少自摄养撙节，无如事繁、道远、弊多，非如此振刷，竟不能料理妥当。前月考酉阳一场，山行十余站，大率荒山绝壁，盘路一线，险不可言。天气严寒，大雪迷路，不敢投足。舁夫颠踣，从骑殒毙，不知凡几。此外水程则处处皆滩，惊心动魄，绝无从容怡旷之地。不知当日何苦更改旧制，强令学政亲临按行此一州也。以后生童益多，试事益繁，棚数益多，道远日促，流毒无穷，若非学臣鞠躬尽瘁，则惟有草率敷衍而已。此外，尚有无数淘神怄气之事，笔难殚述。

张之洞与大舅子书札往来，自然用不着多说场面上的客套话。他当然也不会想到，这位王懿荣在1900年的庚子之年，竟然会投井而死，以身殉国，令人唏嘘感叹不已。

张之洞在四川学政任上也是三年，任满回京，就已经是光绪三年了。他途经汉中，去了紫柏山、留侯祠，过凤翔，宿喜雨亭，岁暮时节，方才抵达西安，在此盘桓多日，访朋问友，也是难得休息。张之洞尔后入京复命，这个时候已经是1877年的3月初了，北方还正春寒料峭，他与一家人暂住在京都永光寺中街，又要开始他的京官生涯了。

# 三、跻身台阁做清流，锋芒毕露



同治时期的张之洞，在高中探花这一时期初试锋芒，曾代侍郎刘其年就胜保一案草疏弹劾御史吴台寿、吴台朗兄弟，显示了此后做为清流党要角的张之洞笔扫千军不假辞色的锋利尖锐：

窃臣见御史吴台寿申救胜保一折，披阅未竟，骇然以惊，愤填胸臆。不意方今朝廷清明之世，台谏中竟有毫无廉耻、毫无忌惮之小人如吴台寿者也。

伏思胜保一员，现经廷臣杂治，其罪状之虚实，听之研鞫诸臣。或杀或宥，听之宸断，非微臣所敢与知。若如该御史所奏之狂悖诬罔，则窃有不敢已于言者。其间颠倒是非，妄造黑白，不足深论。其牵引先帝，妄议圣德，造作虚声，恐吓诞罔不经之言，冀以荧惑宸听，间执人口，可谓不遗余力矣。

伏朋党之弊，唐宋明以来历代有之。扰乱国政，攻讦异己，权贵为之包容，台谏听其嗾使，贻祸国家，至深且烈。独至我朝，事事一秉乾断，此弊廓清。乃该御史首犯不韪，公然党魁。此风一开，朝局将不可问。区区之愚，是用大惧。敢将该御史原折悖谬之处，为我皇上敬陈之。

张之洞进而从八个方面逐一进行批驳，可谓层层递进，惊风密雨：



该御史云，文宗显皇帝崇上庙号诏旨，以丰县之捷称武

功首，若谓此不足以为功，是将以诬胜保者先诬先帝等语。夫丰县之役，其视僧格林沁歼灭连镇、冯官屯，胡林翼肃清湖北全省、曾国藩肃清江西全省为功孰多，易知也。特以奏绩在先，故叙次居首。况国家命将出师，岂得执一胜之功，遽为铁券。此次胜保之案，纠弹出自诸臣，而逮问出自皇上。若如该御史斥言者以诬先帝之罪，纵不为言者地，独不为皇上地乎，其悖谬一。

该御史又云，恪遵谕旨，按律科罪，所谓陷君不义、有累圣德等语。给事中赵树吉虽有参劾胜保之疏，朝廷并无即行正法之旨。该御史待定谳失平而后疏论，未为晚也，何以汲汲申叙，惟恐不及。其为阿私死党，彰昭较著矣。而况凭空臆断，竟以不义、累德等语指斥乘舆，其悖谬二。

该御史又云，明亮、阿桂等获咎逮问，旋复起用等语。无论胜保之才略器望非阿桂等之比，即阿桂等之获咎，岂尝骄恣欺罔、跋扈贪劣有如胜保乎？国家刑宪，自有权宜。其赦宥者非情有可原，即功浮于过者也。英亲王勘平中原，可谓功矣，即幽死。年羹尧削平青海，可谓功矣，而缳首。张广泗开辟苗疆，可谓功矣，而大辟。一意姑容，究恐无此政体。今该御史甫当对薄之初，即为仗钺之请。胆大妄为，乃至此乎，其悖谬三。

该御史又云，胜保有克敌御侮、保卫地方之功，无丧师失地、贻误大局之罪等语，臣尤所未喻。胜保始为钦差大臣而贼骑长驱直入，督办皖、豫发捻而皖北糜烂，办山溪回匪而三辅为墟，臣不知其所克者何敌也。丧师败绩，胜保恒事，然此犹为将之常耳。至苗沛霖毛羽未丰，原非难制，胜何一意纵容倚任，而今日成江淮腹心之害矣。又发贼余党陈得才，自狗逆被擒以后，众止数千，狼狈西窜。胜保逍遥于颍州、太和之间，数月并不遏击，致令入关大掠，回匪乘之而起。今陈得才盘踞山南，祸尤未艾。又直东教匪本非劲敌，上年胜保督办，不剿而抚，苟且塞责，至今寖成燎原，近畿残破。以上三端，而曰未尝贻误大局，臣不知所谓大局者何事，所谓贻误者何等也，其悖谬四。

该御史又云，各省将帅争夺功名，使朝廷残害功臣，下寒将士之心，上成君父之过等语。此次参劾胜保之疏，大率系外省督抚、统兵大臣交章入告，百口一词，不知更为缘何故，为此寒心，其悖谬五。

又云借星象风占，以诛戮大臣，此端华、肃顺所以嫁祸柏葰等语。以二凶斥赵树吉，比拟尤属不伦，其悖谬六。

该御史又云，党援之说，宋欧阳修论辩之甚明，焉得以一己之偏辞，隔天下之公论等语。然则该御史不讳为胜保之党朋矣。欧阳修谓惟君子有朋，故八元十乱之属，皆目之为朋。该御史以此自况，是目胜保为君子矣，将推胜保为皋陶庭坚，而且附于望散乎，无耻极矣，其悖谬七。

该御史引唐陆贽言，曰畔者得以为辞，平人亦为怀愍等语。苗沛霖首鼠观望，本未尝甘就范围，就令终归决裂，亦与胜保无预。若如所云，是朝廷转受制于将帅，自今以后，不敢逮一臣、诛一将矣，其悖谬八。

张之洞在一气呵成，例举吴台寿兄弟的八大悖谬之后，进而总结收尾：

总之，该御史自知强词夺理，清议不容，非牵引先帝，无以箝皇上之口，沮言者之气。非造为陷君不义、有累圣德、残害功臣之说，无以胁会审诸臣，使不能议重典。而其所以挟制朝廷者，则尤在将帅寒心、畔人借口等语。臣谨案春秋之法，人臣无将，将则必诛。今该御史将以两宫深隔九重，皇上冲幼，遂为此诬妄之言，意存禁吓，使朝廷不敢不

听。律以无将之义，臣知其无所逃。该御史之兄吴台朗，前在咸丰年间以居心巧诈革职，夤缘得入胜保军营，保至道员花翎，招权肆恶，中外皆知，所以该御史效命私门，甘心鹰犬，且冀起用之年，为三窟之地。原折流布，举国哗然。伏读前降谕旨，如吴台寿所奏，亦无以服天下等因。钦此。是其鬼蜮情状，已在烛照之中，原未尝据为定论。特恐党局既开，此辈必且谓朝廷不加谴责，益复恣睢无忌，散布伪言，中伤善类。此后若有不法之大臣，谁复敢抗疏搏击乎？阻废国法，禁制言路，蟠结党援，思之寒心。臣所争者，非胜保一人之罪名，乃本朝臣子之风气。若该御史之狂悖无上，而犹腼颜与之同列，臣实羞之。

张之洞此疏提出吴台寿的八大悖谬，义正辞严，上纲上线，句句戳心，刀刀见血，犀利尖锐，置人死地。他对清廷朝政典故之信手拈来，令人心折。这一奏折上达之后，吴台寿、吴台朗兄弟两人都很快就被革职拿问。值得一提的是，张之洞的姐夫鹿传霖曾在胜保军中。1861 年（咸丰十一年）前后，张之洞曾在山东巡抚文煜幕府中，因不大适应济南的气候，很快就离开了，曾在任邱坐馆，教导献县刘仙石的孩子读书。刘仙石的儿子刘伯洵也是张之洞的姐夫。后来，刘伯洵的女儿嫁给了张之洞的长子张权。张之洞在任邱之时，有一季艺堂正在胜保军中，他曾想引荐张之洞到胜保麾下，张之洞谢绝了季艺堂的一番好意。

既然说到胜保，状元出身的张之万、曾是探花公的潘祖荫对其也都有过参劾。不过，比较而言，张之洞的参劾火力似乎更为猛烈。现把胜保其人略作交待。

胜保生于何年，《清史稿》未予记载，他字克斋，满洲镶白旗人，是举人出身，还曾进过翰林院。据说他屡上疏言事，甚著风采。1853 年与钦差大臣琦善等在扬州设立江北大营，会办军务，围剿太平天国。后来，胜保被授为钦差大臣，节制各路清军，因久攻高唐不克，他被召进京城治罪，遣戍新疆。后，胜保东山再起，被召还起用，参与剿捻、抗击英法联军、平回等，曾于 1862 年收降苗沛霖，杀害太平天国英王陈玉成。

咸丰十一年，胜保参与支持慈禧太后、恭亲王奕䜣发动的辛酉政变，诛杀肃顺等顾命八大臣。不久，胜保赴山东收编宋景诗黑旗军。胜保专横跋扈，自以为在辛酉政变中立有大功，又党护苗沛霖与宋景诗，拥兵养寇，糜费军饷无数，遭众多大臣轮番弹劾。湖北巡抚严树森参劾他“观其平日奏章，不臣之心，已可概见。至其冒功侵饷、渔色害民，犹其余事”，“回捻癣疥之疾，粤寇亦不过支体之患，惟胜保为腹心大患”。在严树森眼中，胜保不就是当年的年羹尧吗？清廷遂命僧格林沁对他核查覆奏，又令多隆阿对之加以查办并接管其所部军马，后将其押送回京，以“讳败为胜，捏报战功，挟制朝廷”等多条罪状，赐令其自尽，时在 1863 年。《胡林翼遗集》中对胜保也有极为负面之评价：“胜保每战必败，每败必以胜闻”，“胜保在蒋坝，残败不复能军。山东人向呼此公为‘败保’。盖其治军也，如郑公子突所谓‘胜不相让，败不相救；轻而不整，贪而无亲’者矣。”胡林翼如此评价胜保，也足见此人是多么地面目可憎令人齿冷了。

# 四、乌台直谏动天地，首领“青牛”

1876 年（光绪二年），张之洞任文渊阁校理。1877 年，张之洞充教习庶吉士。大概就在此时，张之洞得以认识张佩纶。张之洞细读张佩纶关于朝政大事的奏折，感佩不已，他说：不图郑小同、杜子春复生于今日。张之洞“遂造订交焉”。郑小同是郑玄之孙，汉魏之时的人物，被司马昭所杀。杜子春是《玄怪录》中的虚构人物。但也有人说，张之洞与张佩纶订交，是缘于张百熙的介绍。

清流党要角之一陈宝琛曾说，按照当时张之洞的身份，他还没有资格独自上疏，具折言事。但此时的张之洞已经不再留意考订之学，而是究心时政，心忧天下，虽然他“自还都后处境清约”，但已经跃跃欲试，不断寻找崭露头角的机会了。

1878 年，张之洞为黄体芳具疏力陈时政得失，又代奏参劾户部尚书董恂玩忽职守，在总理衙门举止颇为众议诋訾，被目为奸邪。张之洞代拟此疏上达，被很快驳回，并且认为黄体芳以传闻无据之词，诋毁他人，措辞过当，要交部议严处。

清廷本来准备要将黄体芳连降两级留任，但后来了解清楚是张之洞代言上奏，就没有再处分黄体芳。此时，适逢张之洞儿子结婚，黄体芳前来道贺。张之洞备感抱歉，但黄体芳不以为意，还慨然说道：是何伤，文章出君，气节属我。黄体芳被免予处分，仍旧由张之洞代为上折感谢圣恩。张之洞虽然受到如此一番挫折，但在谢恩折中还是有这样意气扬扬的话：汉廷祷雨，不诛卜式之狂言；宋帝知人，无待苏洵之过虑。

浙江温州瑞安黄体芳，其子黄绍箕、其侄黄绍第也都是晚清政局中虽不算显赫却也是有声有色的人物。所谓当代卖艺黄家如黄宗洛、黄宗江、黄宗英等都是他们的后人，中华书局出版有《黄体芳集》《黄绍箕集》。且将黄体芳及其子侄与张之洞渊源关系略作介绍。

黄体芳，字漱兰，号莼隐，别署瘦楠、东瓯憨山老人，瑞安人称瑞安先生。黄体芳出生于1832年，其长兄黄体正，大他23岁，是一举人，年仅40岁就病卒于北京；其二哥黄体立长他3岁，1851年（咸丰元年），黄体芳与二哥黄体立同时中举。黄体立是咸丰六年进士，曾任刑部主事。1875年，黄体立病死京师，年方46岁，此时的黄体芳正在山东学政任上。

1863年（同治二年），黄体芳与张之洞同榜高中，张是探花，黄为进士二甲第十名。黄体芳与兄黄体立、子黄绍箕、侄黄绍第、侄孙黄曾铭都是进士，有瑞安一门五黄之说。

黄体芳得中进士后，如大多数进士及第者一样，选庶吉士，授编修。1866年，黄体芳翰林大考列二等第四名，转詹事府司经局洗马，这也是张之洞曾担任过的职务。1869年，黄体芳与他哥哥黄体立为母亲庆贺八十大寿，陆尔熙撰、张之洞书《黄伯母吴太淑人八旬寿序》。1870年，黄体芳就任福建学政，其母病逝，黄体芳丁母忧返乡，张佩纶有一挽联致吊：看范孟博立朝有声，尔母曰教子若斯、我瞑目矣；效张江陵夺情未忍，天下惜伊人不出、如苍生何！1872年，黄体芳携眷返京，其子黄绍箕从张之洞受业。张之洞挽联中的范孟博就是汉代范滂，张江陵则是明代张居正。

1873年春，同治十二年，黄体芳因安徽布政使、同乡孙衣言进京觐见，邀朋友雅集，张之洞、吴大澂、许振祎、陆尔熙等人参加。这一年，黄体芳任贵州乡试副主考结束即就职山东学政。

黄体芳在山东就任学政三载，多有建树，但他对李鸿章的不满也溢于言表，与日俱增。据《凌霄一士随笔》载，黄体芳提到左宗棠，认为是社稷之臣，说到彭玉麟，则坦言“非我所能及也”，至于李鸿章，却直说“国人皆曰可杀”。黄体芳尊重左、彭，鄙夷李，“试题以颂左宗棠、彭玉麟而痛诋李鸿章，皆割裂书句以为之，激烈处尤见意气之甚”。彭玉麟去世，黄体芳撰一挽联，广为传播：于要官、要钱、要命中，斩断葛藤，千年试问几人比；从文正、文襄、文忠后，开先壁垒，三老相逢一笑云。

1877年（光绪三年），清流党言辞激烈，弹劾权贵，议论朝政。张之洞、张佩纶、宝廷、黄体芳等名气最大，有翰林四谏之誉。1879年，黄体芳被擢拔为侍讲学士，他弹劾工部尚书贺寿慈，揭发山西巡抚鲍源深，名声大振。就吴可读“尸谏”，他上《遵议已故主事吴可读〈请预定大统之归折〉折》。大概因此之故，他得以转任侍读学士，又迁詹事府少詹事。更为意气风发的黄体芳，又上折痛诋崇厚误国。张之洞、张佩纶、盛昱、王仁堪、张华奎、宝廷等也纷纷上奏，遥相呼应，舆论激烈。张华奎是张树声之子。因崇厚使俄，是军机大臣沈桂芬所推荐，而沈桂芬又是黄体芳的老师。黄体芳致信沈桂芬，劝他割私情、伸公义，不要再为崇厚背书。李鸿藻支持张之洞、张佩纶、黄体芳等，与沈桂芬彼此对抗，此所谓清流党中的北、南两党，彼此错综复杂，政局莫测。

1880年，黄体芳之子黄绍箕联捷，得中二甲第六名进士，入翰林，选庶吉士。黄体芳又简放江苏学政，并得到慈安、慈禧两宫太后召见，对他说“汝虽在外，有见必言”。黄体芳到江苏就任学政，年近半百，信心满满，颇有以纪晓岚、阮元自许之意。左宗棠有联祝贺他五十寿诞：庭玉六寸明自照，龙门百尺高无枝。在这一年底，黄体芳擢内阁学士兼礼部侍郎衔。1882年，黄体芳得到两江总督左宗棠支持，在江阴创办南菁书院，并被擢兵部左侍郎。黄体芳为南菁书院题有两联：东林讲学以来，必有名世；南方豪杰之士，于兹为群。七十子六艺兼通，文学溯薪传，北方未先于吴会；九百里群英毕萃，礼仪表茅麓，东林以后有君山。他又题联江阴南菁书院藏书楼：东西汉，南北宋，儒林文苑，集大成于二先生，宣圣室中人，吾党未容分两派；十三经，廿四史，诸子百家，萃总目至万余种，文宗江上阁，斯楼应许附千秋。对唐代张巡，黄体芳评价甚高，他有两联题在江阴张睢阳庙：男儿死耳又奚言，若论唐室元勋，四百战功名岂输郭李；父老谈之犹动色，但吁扬州都督，亿万年魂魄永镇江淮。一联题过，意犹未尽，再题：无饷又无援，临淮张乐，彭城拥兵，叹偏隅坐困将才，自古英雄千众忌；能文斯能武，操笔成章，诵书应口，幸试院近依公庙，至今灵爽牖诸生。这一年，扬州知州何金寿病卒，就这位清流同道所谓清流五虎之一，黄体芳颇为同情，对他有“清慎勤，万口成碑”之语。黄体芳送他挽联，有如此评价：清慎勤三字传家，知君宦囊萧然，惟有西台留谏草；诗书画一朝绝笔，令我征帆到此，不堪东阁吊官梅。

1884 年，黄绍箕娶张之洞哥哥张之渊之女，两人在江阴学署成亲。黄绍箕是张之洞的学生，又娶了他的亲侄女“五姑娘”，真是亲上加亲了。这一婚姻，黄体芳与张佩纶来往信札中，多有提及，就有关礼数、彩礼要求反复磋商，也可见出，他们之间的关系一度极为密切。这个时候，中法战争如箭在弦，张之洞就要南下岭南，黄体芳提出诛杀马建忠，矛头直指李鸿章。1885 年底，黄体芳再上奏折《李鸿章不宜会办海军折》，他认为曾纪泽要比李鸿章更合适担任此职。此折上达，受到申斥，被认为“妄议更张，迹近乱政”，被降两级调用。

1887 年，黄体芳又上奏弹劾李鸿章与美国商人私订银行合同。1888 年，黄体芳任福建乡试正考官，陈宝琛有诗相赠，同为清流，惺惺相惜，颇有风云之气：别梦江南逐去潮，却从乌石话金焦。战场极目涛犹怒，时事填胸酒易消。三径蓬莱容仲蔚，满山藜藿待宽饶。日华照暖开春殿，天上风珂想早朝。

1889年，光绪十五年，黄体芳署都察院左副都御史，张之洞的门生之一樊增祥有诗赠他：

巨眼衡文海内无，铁冠岳岳侍清都。
已搜吴会英才出，未觉乾坤正气孤。
风节生平羞仗马，霜棱昨夜熏台乌。
他年若上凌烟画，定继朱云折槛图。
老辈怜才世所无，剧于皇甫序三都。
属词东国温凉玉，卓笔西江大小孤。
夜雨吴船曾刻翠，春风楚幕愧栖乌。
牵裾暂缩辛公手，试作诗林主客图。

樊增祥注解说：公尝视学江苏，祥客武昌幕府。樊增祥所说的武昌幕府，就是指在张之洞麾下。次年，王仁堪出守镇江，黄体芳为他送行。王仁堪也是因为上书言事得罪权贵而被逐出京城。他感念恩师情义，为黄体芳即席赋诗：寒宵湛缘注清尊，隔岁离筵泪已吞。沧海横流谁与障，文章元气老弥敦。江山大好教娱毋，风雨相从感对门。安得治蒲三年绩，少酬立雪廿年恩。状元王仁堪，后离开镇江到苏州，官位并不显赫，不久病逝。对这位清流同道与门生，黄体芳如此说道：廉吏可为乎？只留半壁图书，与两袖清风，分贻儿辈；老夫既耄矣，剩有病女涕泪，随大江流水，洒到君前。这一年，宝廷与潘祖荫病死，宝竹坡是清流健将，潘祖荫与黄家父子、张之洞都有交情。1890年，曾纪泽病死，年仅51岁。黄体芳为曾纪泽题挽联：有此佳使臣，万国方知天节贵；真堪续名父，一官惜以地卿终。

厌倦官场、去意徘徊的黄体芳在1891年主动提出因病开缺，被立即“允之”。已到湖北就任湖广总督的张之洞写有四首律诗祝贺这位亲家翁六十大寿：

白日当天事主心，屡收涓壤补高深。贵臣自惮愚忠黯，圣世终容直道禽。欹枕浮云看转毂，扬帆海月望抽簪。后雕独有贞松在，四谏荣名冠翰林。

欧阳门下盛生徒，说与吾文必道俱。岂仅汗流降国士，独将浩气厉顽夫。从游蓝舆春常好，问字壶觞德未孤。不借丹沙红两频，逍遥自在养生符。

公论昭明息谤伤，服公忠实绝他肠。闭关韬隐杯如斗，看镜行藏鬓有霜。椎布同心夸主妇，丝纶传世付诸郎。元城老健贫仍乐，百炼难柔铁汉刚。

觚棱回首五云中，待漏闻珂夜每同。海有横流惭报国，风摧乔木各成翁。坂前重负伤驽马，天外冥飞见远鸿。人惜投闲吾独羡，小车游洛定从公。

黄体芳辞职返乡，翁同龢有如此之说：抗疏不矜，乞身非隐；传经多寿，命酒长生。在翁同龢看来，黄体芳是善饮之人。

黄体芳未到致仕之年就“乞骸”退职，寓居京城。此时，他已是“身不在位，不谋其政”的致仕京官，但他依然锐气不减，十分关注时局，于光绪二十四年四月，抱病写一《二木叹》排律，隐喻两个庸才庸官，即指山东巡抚张汝梅和都察院御史徐树铭，因该两人名字中的“梅”字和“树”字皆带木字旁，故称“二木”。且看黄体芳如何刻画这两位晚清官员：

泰山从古无颓时，梁木从古无坏期。天为万世建师表，隆化原不区华夷。鹤而轩，猴而冠，鬼蜮而人面，猥以樗材窃恩眷。平生亦解谈诗书，肝肠遒随桀犬变。岂不闻，屏翰固本如苞桑，况复泮林密迩鸮所翔。岂不闻，柏署兰台翼风教，况复中兴干楝推三湘。咄哉单鹰觊吾士，非直蓬莱失左股。彼绝日月夫何尤，斯文种子忘其祖。我朝虽曰虚无人，

那堪大道丛荆榛。束发儿童发上指，恨不匍匐达帝宸，吁嗟乎！通家绝交辱柱下，蠢顽更有桓司马。幸赖孤桐峙朝阳，还求大木支大厦。我思南山有竹达苇深，卫公之灵震古今。何不先射双木偶，更拔长剑诛其心。

1895年，黄体芳出都南归，道经金陵。张之洞诚心挽留，让他主持南京文正书院。张之洞致信黄体芳：

漱兰仁兄同年亲家大人阁下：顷得电，知台从已抵浦，兹遣使遣轮奉迎，务祈偕同全眷同来金陵。已备馆舍一所，器用具备，距敝署不远。鄙意拟留我兄在金陵主讲，望不必归浙。如必不肯，亦请全家同来住数月，再商。

公归里后，必且乐蕙帐而倦蒲轮。而鄙人亦老矣，鸡鸣为晦，相见甚难，故必欲坚尼公归，断不可草草信宿也。小女亦甚念嫂夫人，家人又均念侄女，千万尽室来此，至盼！余面罄。敬请台安。阖府统此达意。弟洞顿首。

黄体芳曾短暂主讲于金陵文正书院。但因后来张之洞离开南京回返湖北，黄体芳也就在这年底匆匆离去返乡了。1896年，黄体芳在瑞安倡议建一楼阁，本名话桑阁，后觉话桑与丧音近，又更名飞云阁。1898年，黄体芳有武昌之行。1899年，黄体芳卒于故里，得年68岁。张之洞送他的挽联是：惟公乃心君国，至老不忘，进则谠言于朝，退则正谊于家，流落江湖吟屈赋；如我不合时宜，知己独厚，公事道义相规，私事忧乐相恤，沧浪天海碎牙琴。状元、大学士孙家鼐送他的挽联是：校士秉公心，久有文名惊四海；立朝惟正色，常留谏草炳千秋。黄绍箕的哭父联言简意赅，至为沉痛：出则思乡里，归则念朝廷，得意生平曾几日；病不侍汤药，殁不亲含殓，衔哀从此到终天。

黄体芳是诗文高手，尤喜撰联，望重一时。黄体芳曾有《六朝石头咏》：

径尺磨崖绣藓春，相看如与昔贤亲。心惊北海真书派，身是东瓯旧部民。白虎林亭委烟雾，朱门琴瑟怨荆榛。苍凉片石成千古，藻翰从来信有神。半壁河山尽鼓鼙，过江一叟擅临池。曾闻双节停车拜，想见千夫辇石随。纸尾宸题新点后，枕函褉序未镌时。诸君痛定仍风雅，建绍衣冠事可知。

黄体芳此诗应该写于他在江苏学政任上，他特别提到左宗棠曾经在温州任职。他题南京莫愁湖：桃叶复桃根，海燕郁金香，遗世佳人难再得；西湖比西子，流莺杨柳曲，凝妆少妇不知愁。他题莫愁湖胜棋楼：人言为信，我始欲愁，仔细思量，风吹皱一池春水；胜固欣然，败亦可喜，如何结局，浪淘尽千古英雄。黄体芳还为南京浙江会馆题有一联：溯胜朝定鼎开基，文成经济，文宪学术，皆吾浙才也，群贤继轨，何止三忠，岂同乌巷雀桥，名士争夸旧王谢；与诸君引觞刻雨，左眺石城，右眺钟阜，问斯游乐乎，五载乘轺，于今四至，除却龙蟠虎踞，故乡有此好河山。

黄体芳著有《漱兰诗葺》《醉乡琐志》等。至于张之洞与黄体芳之子黄绍箕的密切关系，在戊戌变法中，再说两人之间的密切互动，此处不再繁琐累赘。

1879年，张之洞补国子监司业，补授詹事府左春坊中允，转司经局洗马。就是在这一年的春天，与张之洞在京才做了三年夫妻的王夫人溘然去世了。此前提到过，王夫人是王懿荣的妹妹，经曾任四川总督的吴棠从中介绍，两人结为夫妻。此前，张之洞的石夫人、唐夫人也都已经先后去世。张之洞从巴蜀归来，长安米贵，居大不易。张之洞曾说，余还都后，窘甚。生日萧然无办，夫人典一衣为置酒。典当衣服，才能准备薄酒一杯，过一生日，也真是够拮据困顿的了。王夫人去世，张之洞颇为伤感，他写有悼亡诗，其中有一首是这样的：

重我风期谅我刚，
即论私我亦堂堂。
高车蜀使归来日，
尚藉王家斗面香。

弹劾过户部尚书董恂，张之洞又在1879年这一年的7月9日上奏弹劾四川总督文格。晚清的四川，只设总督，没有巡抚，实际上是督抚一人。张之洞的奏折如此说道：

> 新授库伦办事大臣、前山东巡抚文格系东乡一案紧要之大员，其咎固不仅在失察失出而已也。东乡事起兵集之时，文格批饬各营痛加剿洗。
>
> 夫洗者，屠也，谓将一村一寨不分首恶，男女老幼而尽杀之也。近年削平发、捻，胁从必宽，投降必赦，亦无全行屠杀之事，何至于非叛之民寨而下令残忍如此。兵勇，虎狼也。箝之犹恐不制，况导之以博噬哉。
>
> 臣在川省时，即闻李有恒等以奉札剿杀一语为籍口。盖调兵虽由吴棠，然其札曰相机剿办，下语尚有斟酌。如文格之不论案情，不审事机，不察虚实，但据禀报，率意批行，国家安用督抚大吏为哉。
>
> 文格在山东之官声，自在圣鉴之中。臣在蜀会与同官，见其办事颇有才具。至此案之失机误事，臣实不能曲为之讳。李有恒、孙定扬固罪无可逭，然文格不量予罪名，李有恒、孙定扬之心未必服也。因曲贷一人之故而使全案不得其平，尤非国法。拟请特降谕旨，饬令文格暂缓赴任，听候部议，庶于政体无碍。

张之洞曾在巴蜀三载，应该知道这一所谓东乡大案。他当年是巴蜀学政，事不关己，对此事无从置喙。此番是一闲差清流，闻风言事，毫无顾虑。张之洞此折上达，文格的库伦办事大臣也就做不成了，只能来京听候发落。值得一提的是，文格是道光二十四年进士，还是一位画家，工花鸟，著有《八旗画录》。

清廷因俄国侵占新疆伊犁，委派左都御史完颜崇厚一行三十余人奔赴俄国交涉索还伊犁。崇厚是镶黄旗人，多经历练，做过盛京将军，署理过直隶总督，也曾参与办理天津教案，还远赴法国代表清政府予以道歉。令人意外的是，崇厚却与俄国签定了丧权辱国的《里瓦几亚条约》。这一条约名义上虽然收回伊犁，但西境、南境均被沙俄宰割，伊犁处于俄国包围的危险境地之中。《里瓦几亚条约》，又称《交收伊犁条件》，或《崇约》。里瓦几亚在克里米亚半岛雅尔塔，有里瓦几亚宫。著名的雅尔塔会议也在此召开。崇厚此行此约，酿成伊犁事件，涉及多人。左宗棠收复新疆，彪炳千秋。曾纪泽接替崇厚不辱使命，殚心竭虑，功不可没。张之洞在此一重大事件中，与张佩纶、王仁堪等放言高论，声震朝野，也因此受到慈禧太后的特别青睐，为他迅速转身成为封疆大臣奠定基础。

伊犁事件，最大的输家是崇厚。说到崇厚，就崇厚父子，不避枝蔓，略作铺陈。

崇厚是完颜家族之后，其父完颜麟庆也是一代名臣。完颜麟庆是嘉庆十四年进士，曾任湖北巡抚，道光间官至江南河道总督，任职十年，蓄清刷黄，筑坝建闸，很见成效。1846 年（道光二十六年），麟庆卒于北京私邸半亩园，得年 55 岁。麟庆为金世宗完颜雍第二十四世孙，其七世祖达齐哈以军功“从龙入关”，被誉为“金源世胄，铁券家声”。麟庆之父完颜庭镃曾官至泰安知府，其母恽珠是清初常州画派代表人物恽格之后，有名才女。麟庆的文学造诣多得益于其母教诲。麟庆把生平涉历之事，各为记录，记必有图，称《鸿雪因缘图记》，他又有《黄运河口古今图说》《河工器具图说》《凝香室集》等。

麟庆性喜山水，曾周游黄河南北、大江东西，又兼爱古旧遗

迹，“探二水三山之名胜，搜六朝五季之遗闻”，自称“最大海水，最好家山。持节防堵，著屐游观。抚三尺剑以寄志，披一品衣而息肩”，撰写《鸿雪因缘图记》。“鸿雪”出自苏轼诗“人生到处知何似，应似飞鸿踏雪泥。泥上偶然留指爪，鸿飞那复计东西”。麟庆作文记述经历，并请幕僚汪春泉和画家陈朗斋、汪惕斋作画。他说这是“我之年谱，而别创一格”。《鸿雪因缘图记》一事一图，一图一记，凡240图、记240篇。在麟庆殁后三年的1849年，其子崇实、崇厚在扬州觅得良工，将其刻板印行，刻工精美，堪称上品。

麟庆自称“万卷藏书宜子弟，一家终日在楼台”，他编有《嫏嬛妙境藏书目录》。麟庆也有诗作，多五言诗，颇见情趣。他还写有一《赠北极阁醉琴道上》七律，只是不知道，这个北极阁究竟在何处，莫非就在济南？久事元君泰岳巅，漫来此地奉金仙。曲中山水参琴趣，壶里乾坤得醉禅。十里明湖澄槛外，万峰秋色落尊前。道心岑寂尘心定，话别长生一粲然。

麟庆长子名叫崇实，他年长崇厚6岁，字子华、惕庵，又字朴山，别号适斋，室名有半亩园、小琅轩馆等。崇实是道光三十年进士，曾任成都将军、署理四川总督、刑部尚书、兵部尚书、署理盛京将军。崇实病逝于1876年，终年56岁，卒后追赠太子少保衔，谥文勤。崇实曾为四川成都蜀汉昭烈帝刘备陵题联一幅：“使君为天下英雄，正统攸归，王气钟楼桑车盖。巴蜀系汉朝终始，遗民犹在，霸图余古柏祠堂。”“桑车盖”指陈寿《三国志》曾记载刘备屋舍东南角有一株桑树高五丈余，远望如车盖。

说过崇厚的父亲麟庆、长兄崇实，再来说似乎名气最大的崇厚。崇厚，字地山，号子谦，别号鹤槎，他是道光二十九年（1849年）举人。1861年（咸丰十一年），崇厚充兵部左侍郎、三口通商大臣，办理洋务，崭露头角。同治年间，崇厚署理直隶总督、奉天将军。1870年（同治九年），天津教案后，他出使法国道歉，恰遇巴黎公社起义。他曾有日记《崇厚使法日记》详细记述这一过程，崇厚还会见了法国总统梯耶尔。崇厚在天津期间，曾创办天津机器制造局。崇厚富有外交经验，并非如墙倒众人推那样的面目可憎一无是处。但这位“授出使俄国大臣加内大臣衔晋左都御史”的崇厚最终于1879年在克里米亚半岛酿成了个人的滑铁卢。他为何在与俄国人交涉中，会如此昧于大局一败涂地呢？史载：约成，朝野哗然，于是修撰王仁堪、洗马张之洞等交章论劾。上大怒，下崇厚狱，定斩监候。

众所周知的是，他因《里瓦几亚条约》而被弹劾入狱，后降职获释，“光绪十年，崇厚输银三十万济军，释归。遇太后五旬万寿，随班祝嘏，朝旨依原官降二级，赏给职衔”。1893年，光绪十九年，崇厚病逝，得年67岁。

且说崇厚丧权辱国的消息传回国内，舆论大哗。群臣上疏，必欲杀之而后快。张之洞上《熟权俄约利害折》《筹议交涉伊犁事宜折》，分析俄约有十不可许，坚持必改此议，宜修武备，缓立约，并要求治崇厚罪。此折洋洋洒洒，说理透彻，气壮山河，令慈禧太后印象深刻，堪称张之洞言官生涯的巅峰之作。张之洞上折之后被慈禧、慈安太后召见，特许其随时赴总理衙门以备咨询。

因为此折是张之洞的得意之作，也是他七十余载宦海沉浮的重要关节。现不避烦琐，抄录如下，可从中一窥一代名臣的披肝沥胆、真知灼见：

> 先是，左都御史崇厚赴俄议约，洞代张佩纶侍讲上疏，请敕崇厚由陆路往俄，先赴新疆体察形势，与左宗棠定议而后行。不省崇厚抵俄，为俄人所愚，订约十八条而还。十一月，诏以崇厚不候谕旨，擅自回京，交部严议，其所议各条，并总理衙门前后奏章，发大学士、六部九卿、翰詹科道公议。此奏沥陈俄约从违利害，有十不可许。

俄约十八条，他姑勿论。其最谬者，如陆路通商，由嘉峪关、西安、汉中直达汉口，秦陇要害，荆楚上游，尽为所据。马头所在，支蔓而盛，消息皆通。边圉虽防，堂奥已失，不可许者一。

东三省，国家根本。伯都讷，吉林精华。若许其乘船至此，即与东三省全境任其游行无异。且内河行舟乃各国积年所力求而不得者。一许俄人，效尤踵至，不可许者二。

朝廷不争税课，当恤商民。若准、回两部，蒙古各盟，一任俄人贸易，概免纳税，华商日困犹未也，以积弱苦贫之蒙古徒供俄人盘剥，以新疆巨万之军饷徒为俄人委输。且张家口等处内地开设行栈，以后逐渐推广，设启戎心，万里之内首尾衔接，不可许者三。

中国屏藩全在内外蒙古。若蒙古台站供其役使，彼更将指重利以饴蒙人。一旦有事，音信易通，粮道无阻，势必煽我藩属为彼先导，不可许者四。

条约所载俄人准建卡伦三十有六，延袤太广。无事则商往，则讥不胜讥，有事而兵来，则御不胜御，不可许者五。

各国商贾从无明言许带军械之例，今无故声明人带一枪，其意何居。假如千百为群，闯然径入，是兵是商，谁能辨之，不可许者六。

俄人商税种种取巧，如各国希冀均沾，洋关税课必至岁绌数百万，不可许者七。

同治三年，新疆已经议定之界又欲内浸，断我南通八城之路。新疆形势，北路荒凉，南域富庶。争硗瘠，弃膏腴，务虚名，受灾祸，不可许者八。

伊犁、塔尔巴哈台、科布多、乌里雅苏台、喀什噶尔、乌鲁木齐、古城、吐鲁番、哈密、嘉峪关等处准设领事官，是西域全疆尽归控制。今自俄人作俑，设各国援例，将十八省腹地遍布洋官，不可许者九。

名还伊犁，而三面山岭内、卡伦以外，盘踞如故。据高临下，险要全失。掷二百八十万有用之财，当一无险要、无地利、无出路、无人民之伊犁，将安用之，不可许者十。

俄人索之，可谓至贪至横。崇厚允之，可谓至谬至愚。皇太后、皇上赫然震怒，谴使臣，下廷议，可谓至明至断。上至枢臣、总署、王大臣以至百司庶官，人人知其不可。所以不敢公言改议者，诚恐一经变约，或招衅端。

然臣以为不足惧也。必改此议，不能无事。不改此议，不可为国。请言改议之道，其要有四。立诛崇厚则计决，明示中外则气盛，缓索伊犁则理长，急修武备则谋定。臣非敢迂论高谈，以大局为孤注。惟深观世变日益艰难，西洋挠我权政，东洋思启封疆，今俄人又故挑衅端。若更忍之让之，从此各国相逼而来，至于忍无可忍，让无可让，又将奈何。

无论我之御俄本有胜理，即或疆场之役，利钝无当，臣料俄人虽五战不能越嘉峪关，虽三胜不能薄宁古塔，终不至掣动全局。旷日持久，顿兵乏食，其势自穷，何畏之有。此时猛将谋臣，足可一战。若再阅数年，左宗棠虽在而已衰，李鸿章未衰而将老。精锐所尽，欲战不能。事关宗社大计，坐视不能，缄默不敢。仰恳将臣此疏一并发交廷臣会议，不胜忧愤迫切之至。

十六日，张之洞又奏陈筹边备讲之计，极言无备不能战。张之洞再次言道：

臣前疏之意，要以急修武备为主。揆诸朝廷之意，似不免以修备为难。臣愚以为，无备则不能战，无备则并不能讲。备之法，曰练兵，曰筹饷，曰用人。

练兵如何，首练蒙古兵，次练陇西之兵，东北之兵，北

洋兵。

筹饷如何，北洋所需本有海防经费，新疆所需本有西征专饷。东三省饷项，可于南洋海防经费或各关提存二成内酌拨。惟整顿蒙军及沿边重镇，亦须增兵增饷。窃思各省营勇现存不下数百营，拟请敕下各省督抚酌量裁撤，大约汰四存六，而边饷出矣。此外，若倍征洋药税，岁可得数百万。酌提江、广漕折运脚，亦可得二三十万。整顿淮纲，所得亦不下数十万。钱流地上，得人斯理耳。

用人如何，蒙古部当以蒙古王率之。刘锦棠前敌大将，若假以事权，则声威益振。至东三省内抚外攘，断非长才不办。可否于京外大员中遴选数人，令将经画关东方略条议以闻，就中察其实有条理，器阔志壮者，授以东方之任。若夫总揽九边，指挥诸将，当责之素习之人。似宜密谕左宗棠将各路线守机宜明白条上。其筹饷事理尤在度支得人。侍郎阎敬铭长于综核，理财有效，今虽养疴山居，并非笃老，若蒙温旨宣召，以理度支，朝廷当不忧馈镶矣。此外文武之才，储备宜广，拟请敕李鸿章、左宗棠切实荐举，以备录用。然臣知国家之意欲战也，即臣之言亦非求战也，必实用战心，实有战具，而后可以为讲之地也。则请更筹讲法。一曰责以义，二曰折以约，三曰怵以势。

总而论之，备为主，讲为辅，操纵为变化。我苟无备，俄人知我虚实，肆其恫喝，虽有辩士，将不得言，言亦不信。虽然，修备之道并非朝廷颁一诏书，疆吏办一复奏已也。窃念自咸丰以来，无年不办洋务，无日不讲自强。事阅三朝，积弱如故。今犹中兴时也，不知十余年后又将何以处之。伏愿皇太后、皇上自今开始，君臣上下，卧薪尝胆，专心求贤才，破格行赏罚。如有以含垢姑安、养晦纵敌之说进者，一切斥勿用，然后修备，始非虚文矣。

张之洞与张佩纶、陈宝琛等先后共同起草奏折 19 件，提出诸如筹兵筹饷、筹防边备的积极建议。现在耐心重温这些滚烫文字，平心而论，并非都是大言欺世，纸上谈兵。张之洞等人的谋划还是很有建设性与可操作性的。最终，中枢命左宗棠率师入疆，又委派曾纪泽斡旋其事，经过一番交涉苦斗、据理力争，终于于 1881 年争回部分权益，伊犁事件得到一定程度的妥善解决。

当时，张之洞、宝廷、张佩纶、黄体芳等被称为翰林四谏，号为清流派。他们拥戴军机大臣、大学士李鸿藻为领袖，而实际上的首领则是张之洞。中俄伊犁交涉事件，张之洞的政治声望得以大大提高，他进一步得到慈禧太后的赏识。1880 年（光绪六年），张之洞被授翰林院侍读，又历迁左春坊左庶子、日讲起居注官，次年擢拔为内阁学士。张之洞的政治行情不断上涨，外放封疆，一展抱负，几乎就要呼之欲出。

# 五、出任封疆大吏，巡抚三晋

众所周知，1881 年至 1884 年，张之洞调任山西巡抚。张之洞正式接到补授山西巡抚之时，是 1882 年 1 月 7 日，这一年的张之洞正好 45 岁，虚岁也不过 46 岁。此番任命，当然是对张之洞此前表现的充分肯定。这个时候，张之洞才刚被擢为内阁学士兼礼部侍郎衔。张之洞向慈禧太后辞行，慈禧太后慰勉有加，还对他说，时势艰难，如有所见，随时陈奏，并让张之洞留心访求人才。这一番耳提面命，谆谆教诲，充分信任，自然让张之洞颇为感奋，也意气风发。

张之洞上折谢恩，出语恳切，发自肺腑，极为谦卑：

> 闻命之下，感惕莫名。窃臣以迂儒历任翰苑，言事则累烦鞫铎，超资而忝掌丝纶。朝议叨陪，曾无汲黯居中之益。圣慈曲庇，岂有仲淹乞外之心。渥荷恩言，遽膺疆寄。伏念晋省山河表里，饥馑洊臻。地险陋则重在巡防，民凋瘵则难于抚字。惟有殚竭愚诚，勤宣德意，以仰答高厚鸿慈于万一。

张之洞作为文章高手，科场骄子，这样的一番披肝沥胆宣示忠诚的表态之言，在慈禧太后听来，自然是十分舒坦，相当满意。

简单处理一下有关琐事，1882 年的 1 月 27 日，张之洞慨然出京，一帮朋友在天宁寺为其送行，自然是一番鼓励嘱托，静候佳音的吉祥好话。张之洞在保定停了一天之后，再经获鹿，过娘子关，就进入山西境内了。他一路走来，走马观花，放眼三晋山河，看到的却是一派寒索，民生窘迫，吏事疲沓，鸦片之祸，“流毒尤烈”。2月10日，张之洞抵达省城太原，12日就去正式上班了。张之洞在山西期间，与张佩纶、阎敬铭来往信札最多。他与张佩纶主要是交换看法，请求指点，同时获取京城动态，掌握时局走向。阎敬铭是前辈，张之洞在他跟前自称小侄。阎敬铭当时正赋闲在晋，朝廷多次让张之洞催促他尽快回到京城，要委以重任。此后，阎敬铭回到北京后，位高权重，对张之洞大力支持，多有关照提携。

在逐步的调查研究处理公务中，张之洞了解山西省情体察民情，开始了自己主政一方的别样人生。张之洞对张佩纶这位昔日同僚曾如此坦诚说道：弟廿二日到太原，廿四日到任。途中昼夜奔驰，到后喘息无暇，劳瘁殊甚。大约新正开印以前，可得数日清静耳。囊谓晋事清简，亦殊不简也。

张之洞坚持认为：晋患不在灾而在烟。有嗜好者，四乡十人而六，城市十人而九，吏、役、兵三种，几乎十人而十矣。人人枯瘠，家家晏起，堂堂晋阳，一派阴惨败落气象，有如鬼国，何论振作有为。循此不已，殆将不可为国矣，如何如何？晋省可办事体甚多，惟习染太坏，病痛括之以懒、散二字，因懒成散，官民同病。懒散之极，将有鱼烂瓦解之势。简、静二字当书绅，但处此时势，不能不帅以清明强毅四字，先令整齐严肃，再议其他。此间私计尚足自给，传闻过也。若新定功费甚巨，决不受也。

张之洞决心不负朝廷，准备彻底整治三晋吏治。他又写信给张佩纶说道：此间官场大患，州县则苦累太甚，大吏则纪纲荡然。鲍太懦，曾太滥，葆太昏，卫明白廉静而稍平，非大加振作，求几于安静不扰之治，不可得也。州县之累，莫若摊捐，廉

者亦必亏空。鄙人欲先去此病，此时正在筹思，不知能做到否？省城局面，大有联为一气，口众我寡之势，天人战胜，看此一两月耳。张之洞更进一步坦然说道：近来鄙人于地方事体略加询访考求，并非有所兴作，然已变色骇怪，一若巡抚之职，惟当缄口尸居，一切不当知，不当闻，不当问者。积习如此，岂一朝一夕之故哉。近来立定课程，丑正二刻即起，寅初看公事，辰初见客。行之多日，似乎稍有微效。张之洞说到的鲍、曾、葆、卫等，分别是他的前任鲍源深、曾国荃、葆亨、卫荣光等，在张之洞看来，也只有卫荣光稍好些，其他人等，都无足观。

1882 年 7 月 16 日，张之洞果断参革游击刘定邦：

> 代州棍徒刘定邦在口外归化城、萨拉齐等处开设粮店，前数年由监生捐纳游击衔，窜身入营，倚势横行，劣迹多端。该职员恶霸狡黠，专以买空卖空为事，情同赌博。刘定邦持其多财，勾串衙门，把持行市，前后坑害商民资本数十万金，因此顿致富豪。出入随带打手多人，各持枪械。于己有嫌隙者则架讼诬累，一人横行罔利，而两厅商民终岁惶惶，不安其业，人人切齿。由于其手眼甚广，羽翼甚多。口外文武员弁，除张树屏一人外，无不结交。官吏既饵其利，复畏其势，不敢拿办。臣密嘱署大同总兵张树屏缉获解省，饬发太原府审讯。
>
> 查该职员多年皆在口外粮店经商，何从得有战功。即使劳绩保奖，亦不能由监生、游击虚衔递保游击实职副将衔，显有虚冒情弊。似此违例买空卖空、害商扰民、勾匪健讼，实为棍徒之尤，相应请旨将游击虚衔刘定邦革去职衔，以便严行惩办，俾除民害而靖边方。

张之洞在此处提到的大同总兵张树屏是时任两广总督张树声的弟弟。张之洞此番扫黑除恶，杀鸡儆猴，深得民心，也大快人心。此年7月26日，张之洞奏明整饬治理晋省办法次第，这也就是他经过深思熟虑之后的治晋方略：

> 今日治晋之道，议者皆以培养元气为言。然而元气之伤，必有所以夺之而始伤。元气之复，亦必有所以助之而后复。臣以为国之元气，在户口蕃息，田野垦辟，政事有纪纲，经赋无侵盗，而聚敛吝啬不与焉。
>
> 民之元气在官吏无苛扰，四民无游惰，而末富奸利不与焉。官之元气在官项无亏累，上司无诛求，贤否不颠倒，功过有黑白，而滥恩曲法不与焉。山西自咸丰以来，较称完善。自葆亨由藩司而接护抚篆，因缘为奸，坏法乱纪，于是民困未起，吏道益衰。至卫荣光之来，始渐整肃。方欲有所设施，遽移苏抚以去，因以一切利病原委，娓娓告之于臣。加以臣数月来之钩考思索，灼见晋省公私困穷，几乎无以自立。物力空匮，人才艰难。上司政出多门，属吏愍不畏法。民习颓惰以蹙其生，士气衰微而废其学。军律日即荡弛，吏胥敢于为奸。譬如尫羸之枢，而复为百病诸创之所攻削，固非表里兼治不可。

张之洞认为，山西要务有二十条：责垦荒、清善后、省差徭、除累粮、储仓谷、禁罂粟，此六条务本以养民。减公费、裁摊捐，此二条养廉以课吏。结交代、核库款、杜吏奸、理厘金、救盐法，此五条去蠹以理财。开地利、惠工商，此二条辅农以兴利。培学校，此条重士以善俗。纾饷力、练主兵、遏盗萌、修边政，此四条固圉以图强。

张之洞认为，其前八条，谨于此次分别附片疏陈，大意是：一、晋荒地未垦尚多，请宽起征年限，以劝垦荒。二、晋省向无鱼鳞册，过割不清，催征为累，惟清丈可以为民除害，请嗣后有绅民呈请清丈者，准勘明举办。三、差徭为州县虐政，现分别裁

减，请降旨饬过境文武员弁不得骚扰，如有额外需索，即据实奏参。四、禁种罂粟。先膏腴，后硗确。先腹地，后边厅。并没戒烟局，多方劝戒。属官有嗜好废事者，撤任停委，弁勇不戒者汰黜。五、裁减各州县应解公费银两，禁止馈送、水礼，严定章程，奏明立案。六、州县有常年摊销十七款，官累不支，拟分别裁抵。十七款之中有例解钱款及绸绢、纸张诸色，请准另筹折解。七、拟在包头镇建仓积谷，并于碛口多建石仓以储之，以备缓急。八、晋省前收各省赈款十五万余两，前已移作善后之用，请提归正款，以昭核实。

张之洞此疏上奏入宫后，很快被奉旨俞允，中枢还有实心为民、洁己率属、深堪嘉尚之褒奖，并分别饬部议行。张之洞不改做言官御史之风，同时特参前藩司护理巡抚葆亨等贻误善后之咎：

晋省去灾祲以后亦已数年，而元气益索，度支益艰，吏治益敝者，大率皆前藩司葆亨、前冀宁道王定安二人所为。其咎约有数端。一曰玩民瘼。葆亨自为藩司及护巡抚，善后之款恢乎有余而吝惜，牛种不肯给发，查勘荒地勒限严急，草草截数，以致壅遏生机，至今凋耗。二曰糜库款。葆亨在晋两年，妄费虚糜，款目含混，不一而足。其将卸藩篆之时，一日中放银六十余万。王定安代理藩司不过一旬，亦于一日中放银三十余万，亦皆非不急之款。三曰累属吏。晋省属吏之于上司，向有致送节寿规礼之陋习，然上下通融，每多蒂欠。葆亨用王定安之谋，改为公费，明减暗增，旧送水礼者，一律改为实银，公然檄催委提，坐扣领款。应酬丰简，祸福随之。晋省官场本窘，又复加以诛求，既竭力事上，岂能洁己以恤民，以致朘削无忌，贪风未改。

此外，当光绪五六年间，喘息未苏，中外汲汲备边，而晋省各衙门张灯演剧，豪宴无度，弥月不休，供张苞苴，较前益盛。败坏风气，非大吏之责而谁。

应如何惩处之处，伏候圣裁。

张之洞此折上达，两宫对此等官员竟然如此贪婪营私、种种荒谬，实堪痛恨，立即将两人革职，发往军台，效力赎罪。葆亨是清廷正蓝旗人，也经多年历练，曾任职贵州、福建，也做过福建巡抚。张之洞对他弹劾，葆亨政治生命就此终结。王定安年长张之洞4岁，有举人身份，曾在曾国藩幕中服务，被曾国藩举荐任昆山知县，后在河北、安徽任职。王定安长于史志，协助曾国藩完成《十八家诗钞》，他自己撰写有著作15部，如《空舲文钞》《续古文辞类纂》等。他的《湘军记》被曾国荃认为要优于《湘军志》。王定安死于1898年，得年65岁。张之洞这样的一番霹雳手段，自然是要赢得好评多多。

张之洞就在山西取得的点滴成效，向张佩纶娓娓道来：微效者何？案无留牍，庶无晏起，当差之委员，来谒之官吏，亦俱无晏起，如此而已。家丁又去其一，只何安、长庆两人。门上签押、执帖用印、内外跟班、看签押房，共此两人也。尽缺虽苦，然已裁去陋规二万六千金矣。欲整吏治，不得不然，非矫廉也。然如此，仍足自给。一笑。

张之洞新来乍到，如此振作，刷新政治，以身作则，动作频频，有抵触反弹，也属自然平常。有人说，张之洞在山西时间不长，却已经使此地面目焕然一新，大为改观。但张之洞离开三晋之时，据说已经是满鬓飞霜，头发全白了。张之洞向张佩纶谈及自己的治晋规划，思路明晰，扼要晓畅，一针见血。张之洞如此说道：晋省事可办者颇多，惟同志无人。大约官积累，民集困，军积弱，库积欠。能去此数者，似亦可算振作。自揣虽不才，尚能办此，但须有指臂耳。晋省州县之累，以摊捐为最。摊捐之多，以办铁运铁为最。弟拟力裁摊捐，以苏民困。前拟办铁动用厘金，总思部议必驳。今拟陈请折例价解部，便可省州县无数之累。晋省不患无铁，而患无铁工。灾后人民流离，工匠寥寥，无人熔造。直隶开平铁务已兴，京师岂患无处采买乎？

张之洞踌躇满志，只是遗憾缺少人手：近日有所规画，次第举办，一月以后当有可观。大意在清官累，厉廉洁，苏民困，核蠹弊，除吏奸等事，皆中法，非西法也。凡此皆从民所欲，去民众所苦，迹似非清净无为，意仍不相背耳。先行其言，而后从之，故不欲多谈，俟已有端绪规模，再详陈也。张之洞还对张佩纶说了这样一番私房话：寒斋文字，可谓案无留牍，实惟此间盛内外大小衙门第一积滞之说，真不可杰甚矣，人之妄也。近来诸事日熟，仆役不觉其少，门稿、签稿从此永不设立矣。

张之洞备感推动一切工作都需要有得力之人来落实，他身处并州，人在黄土高原，在忧心法国图谋越南与云南的同时，却仍旧不忘向中枢举荐人才。张之洞向中枢如此说道：

> 窃惟人臣之义，无急于以人事君者。上年冬间，蒙恩简任晋抚，陛辞之日，钦奉皇太后懿旨，谕以时事艰难，朝廷广开言路，命臣如有所见，准其随时陈奏，并諭臣以留心访求人才。尝见巡抚胡林翼官止鄂抚，而性好举贤，畛域无分，岁时不绝。其所称引，不识面者居多，以故荐贤满天下，卒收其用，为中兴之功首。世称其忠，今享其利。臣虽不肖，心窃慕之。臣所举中外文武官吏凡五十九人，素无通识者居其什之七。学术不同而同归于济世，器量不同而同归于端人。谨将遵旨胪举人才缮列清单，恭呈御览。京秩十四人，有张佩纶、吴大澂、于荫霖、李文田、朱逌然、陈宝琛、王文锦、黄国瑾、吴大衡、文治、夏震川、王仁堪、盛昱、胡瑞清等，外官二十九人，有徐延旭、易佩绅、刚毅、游智开、高崇基、黄彭年、孙凤翔、陈宝箴、李秉衡、马丕瑶、薛福成等，现任、前任口外八旗大臣可膺边寄者六人，有依克唐阿、富升、李云麟、升泰等，武职十人：张曜、宋

庆、吴长庆、曹克忠、唐仁廉、郭宝昌、方耀、程文炳、程允和、宋得胜等。

张之洞这一番举荐人才，放眼全国，在今天看来似乎有点匪夷所思，越界乱政。一个地方官员，纵览朝野，如此大规模举荐人才，是否出于公心？是否受人之托？是否把手伸得太长？你又不是吏部尚书，怎能如此提供大规模的名单？但清代政治运作就是如此。这样的举荐，有一定的风险，当然也会带来一定的声誉。盛宣怀后来离开李鸿章而投身张之洞，有一重要原因，就是张之洞乐于举荐人才，而举荐之人往往也的确得到了重用。但，张之洞认为自己不是无组织无纪律的拉帮结派搞团团伙伙，不懂政治规矩，他是因为慈禧太后的悉心委托才如此诚心竭力为国家办事情呢。

一切顺利、心情大好的张之洞致函张佩纶，觉得大事可为，他信心满满地说道：晋事已见全局，略得纲领，目前正在经营，目不暇给。事事皆因牵连相因，欲整顿一事，不能不百废待举，劳顿殊甚。过一月后，便可从容矣。以今观之，晋事大有可为，薄劣亦能粗了。但能得朝廷垂鉴，求无不允，则今日之晋虽不能为强国，足可以为治国，断不至如从前颓墙倒壁、乌烟瘴气也。此时惟苦人才不足，稍为可靠能了事者，俱已委任优待，大率一人兼二事甚或三事。若将中驷磨练造就，未尝不可，然非一两年内所能办猝也。

张之洞还与张佩纶谈到了阎敬铭：丹老至太原，一切详述，已肯拜职矣。实心为国，实心为民，语语破的，精密老辣，自愧不及远深。鄙人僻在一隅，大事都不闻知，《海防新论》交议未及，大约止沿海及本省耳。如蒙朝命，洋务亦可与闻，下采刍荛，则当抒其管蠡，不至后时发议，徒为不切题之文章也。他又致函张佩纶云：山西官场乱极，见闻陋极，文案武营两等人才乏极，吏事、民事、兵事应急办之事多极，竟非清静无味之地也。

不急求大治则可，养成祸乱则不可，慈始愿所不及料者。朝廷若假以三年，当为国家治之，然须宽其衔辔，予以刍牧乃可。鄙人种种行径，自知大为贵人所不喜。知则知矣，管则不管也。待罪而已，遑言矜乎。京师此时以安静为妙，此极要义。

身在太原的张之洞，念兹在兹的还是北京的动静，天下的走势，国家的安危。他已经是胸有全局的封疆大吏，不再是仅仅专注于某一具体问题坐而论道的一介经局洗马了。

张之洞整顿吏治，提拔官员，当然也罢斥不作为官员，设立教案局，禁种罂粟，大修贡院，举行乡试，简拔人才。张之洞劾罢贪纵害民州县九人，褒奖循良之吏太原知府马丕瑶等六人，其余不知振作、不免庇累者，严檄教戒，许其自新。这也算是区别对待，给人出路，培养造就一个干部，也的确不大容易呢。

张之洞写给友人书札，反复论说山西官场之乱。张之洞特别注意整顿吏治，一上任便勤考吏属，振作革弊，劾罢贪纵害民的县官，奖励好的官吏，严禁鸦片，胪举人才，编练军队，清查仓库。山西的铁运销奉天、上海等地，陆运成本很高，他改由天津出海，海运降低运费，又在产地筹办冶炼局。他创办令德堂，也是仿照阮元诂经精舍、学海堂的例规，聘请王轩为主讲，杨深秀为襄校兼监院。杨深秀后来成为戊戌六君子之一。

张之洞在1882年致函被他遵奉为老师的李鸿藻，对自己可以在山西做出一番成绩，信心满满：

> 鄙人之志，惟欲在此稍久，至少亦须三年，意中欲办之事一一办成，已办之事一一见效，庶几心安理得，不虚此行。为国计，可使晋人实受其福。鄙人政成法立，可保十年之内不改观，三十年之内不至尽行废坏。若所兴之利日开，所树之人日盛，所可保三十年者，恃此耳，则后胜于今，亦未可知。

在张之洞看来，山西也是重地：晋国本非小国，况辅帝畿，扼边塞，在今日定是关系者。将此一方整理强固，于国事亦有丝毫补益。此公义也。为身计，则鄙人精力渐差，才智本钝，钝者迟钝也，必须看题详审，笔墨和调，然后能放笔为好文字。今到晋已十阅月，方略将全局看清，粗将线索寻着，可望渐入佳境。若朝秦暮楚，扬历中外，其名甚美，其效甚少，何如久于是邦。吏民日习，士马日精，心力日觉宽闲，事机自日见顺利。既有实在功效，条教文移一切可为后法，将来刊成抚晋奏议二十卷，亦可当晚年著书一种矣。此私心也。公私如此，思之烂熟，灯前涉笔偶为足下发之，以当言志诗耳。

英国传教士李提摩太在山西传教，刊行《救时要务》等小册子，并举办仪器、车床、缝纫机、单车的展览和操作表演。张之洞会见了李提摩太，读其书，受其影响，拟筹建洋务局，虽然未及实现，因为南方吃紧，而他再获重任南下岭南，但此举却在三晋大地产生了一定影响。张之洞在当年就有这样的精心部署，来延访洋务人才：

> 地球上下各国通商以来，中外交涉事体繁多，自应筹知彼已之法，为可大可久之图。开物成务以富民，明体达用以自立。三晋表里山河，风气未开，洋务罕习。而各国使命所历，几遍天下。遇有交涉事件，恐难以空疏无据之才出而肆应，自不得以远距海疆，阙焉不讲。
>
> 查直省各局林立，取精用宏，裨益甚多，关系甚重，为国家储宏济之才，为民生裕日用之资。凡兹美利，屈指难赅，亟宜仿照兴办，极力讲求，开利源以复旧规，图近功而勤远略。现于省垣建设洋务局，延访习知西事、通达体用诸人，举凡天文、算学、水法、地舆、格物、制器、公法、条约、语言、文字、兵械、船炮、矿学、电汽诸端，但有涉于洋务，一律广募。或则众美兼备，或则一艺名家，果肯闻风

而来，无不量材委用。各省局厂、学堂人才辈出，擅长者当不乏人，已咨请选择资送来晋。此外官幕绅商如有讲求此事，自请北来，即希量加考核是否确有实际，如非虚诞，亦并量予津遣。所有路费，咨照归款。其自行投效者，但察其果有所长，一体量能礼遇，优其薪资，以收实效而资利用。

仰该司局即于东门内新买金姓房屋设立洋务局，先就晋中通晓洋务之人及现已购来各种洋务之书研求试办。详立课程，广求益友。如有试造新式各器，不得吝惜工料。该处地势宽阔，将来酌于附近添修院落，以为制造厂所。所有新出关涉洋务各书，随时向津、沪购买。刻即筹款赴苏雇募机匠便员，令其在上海购买外洋新式织机、农器数种前来，以为嚆矢。各省著名通晓中外交涉事务之人，即由清源局随时访求，指名禀请，以便商调，借资倡办。又备具文启多张，分咨各省饬属张贴。

文曰：方今万国盟聘，事变日多，洋务最为当务之急。查中外交涉事宜以商务为体，以兵战为用，以条约为章程，以周知各国物产、商情、疆域、政令、学术、兵械、公法、律例为根柢，以通晓各国语言文字为入门。世用所资，至广至急。

晋省僻处山陬，亟愿集思广益。其有研精天算，周历地球，通晓诸邦之形声，熟于沿海之险要，或多见机器、运用得法，或推阐洋法、自能创造，或究极船炮之利钝，或精通矿学之法门，或贯彻新旧条约之变迁，或能剖析公法西例之异同，兼擅众长者俾为人师，专一门者亦资节取。苟能褰裳就我，即当开阁延宾。到晋后，量才礼遇，优其薪资，俟美利渐臻，详请奏奖。

细读以上不无苦口婆心的文字，可以看得出来，张之洞对于办理洋务已经递进到了务实操作的层面了，说他是洋务运动的先行者与实践者，并不是溢美过誉之词。应该说，张之洞作为传统士大夫，他对西学的真切认识，始于他在山西巡抚任内，而最先影响他的人，就是英籍传教士李提摩太。光绪三年，山西发生灾荒，李提摩太赴山西从事救荒与传教。救灾之后，他曾于光绪七年写有《救时要务》，建议政府发展教育、科学、工业、交通运输等事业。张之洞聘请李提摩太为顾问，助其举办新政。李提摩太为了说服张之洞等人，还从伦敦购置科学书籍与仪器，在光绪七年到十年间，按月在太原向政府官吏及知识分子演讲及试验表演，主题包括科学、技术、化学、机械（以车床、缝纫机及单车为教具）、蒸汽动力与工业发展、电学、摄影与光学、医学及外科手术等。前往听课的官吏与绅士很多，他们对近代科学的神秘，无不感到奇妙。张之洞接受启蒙，受到影响，遂设桑棉局，募苏州织绸机匠来晋教习。

张之洞日理万机，忙碌不堪。他就长治县徐德强禀告，有一回复，很有意思："日计不足，月计有余"。坚持此两语，必为好官。精力用去应酬者七，经理民事者三，为附郭通病。该令既引以自咎，尽可力矫积习，无虑人言。但心忧天下放眼全国的张之洞，并不局限于三晋之地，他特别关心南方与法国纷争，除多次与张佩纶讨论此事外，他也不断上疏，陈述自己的看法与主张。1882 年 6 月 5 日，来到太原不久，张之洞就法国图谋越南，不吐不快，有话要说：

> 法国图越窥滇，蓄谋已久。中国自固藩篱，断无坐视之理。臣目击时艰，不胜焦灼。敢就愚见所及，规划决策，以备圣裁。第一，成算。法人狡谋已遂，情势已彰，徒遣密使侦探无益，徒在法京辩论亦无益。惟有遣使带兵赴援保护，助越之势，沮法之气。此古人所谓守境不如守四夷之说也。第二，发兵。今日断宜迅速发兵，非芸人之边功，乃自守之先着也。第三，正名。外国通例，原有保护属国、保护商人

之条，我之出兵，无妨明告诸邦，并非勤远挑战。第四，审势。势者何，缓急是也。他年受病之处在滇，而今日制敌之道则在粤。论敌之注意，则滇急而粤缓。论我之下手，则滇缓而粤急。若不从两粤进兵，批亢捣虚，则滇防徒糜费耳。第五，量力。闽粤人与洋人狎，不畏洋兵，而皆习于海战。粤西兵勇自同治年深入越境，代平土寇，地利亦熟。滇界虽亦与越邻，但道路回远，声息较阻。滇军亦较弱，必须及早措置，训练经年，始可用耳。第六，取道。粤西陆师万人出龙州、镇南关，粤东水师二万人出廉州海，入越南港口，皆会于越东京。第七，择使，宜派忠正明干人员两人为出使越南大臣，办理护商议约事宜。第八，选将。广东广韶南镇总兵方耀身经百战，沿海知名，可统粤船。黄岩镇总兵贝锦泉习于水战，可统闽船，广西布政使徐延旭可统援军出关。云南布政使唐炯可统滇军临边布置。第九，筹饷。援饷取给于闽海、粤海两关四成洋税，滇饷取给于川。第十，议约。我师入越，责以公法，示以战意，为之居间调停。法不得逞，则与越立约必有限制，有损于华之条自不能萌。第十一，相机。我师在越，然后曾纪泽在法京得以行其说。驻越、驻法使臣互相关会操纵，相机为之，法人必可就范。第十二，刻期。自中枢定议之日起，分头调拨部署，速行两月，可集广州，再二十日达越京，水师十日亦可会于越京城下，滇军出蒙自临越界后，粤西军一月亦可到防。第十三，广益。大局须自内定。其调将吏、遣间谍、添船募士诸事宜，令李鸿章及南、北洋大臣等自抒所见，随时条议采择。第十四，定局。大要此事即使一切迅速，亦必须秋间始有端倪。彼时李鸿章百日已满，似可令其先赴粤省一行，详酌条约，布置久计，再返天津。第十六，持久。广东为洋舶来华第一重门户，越事既须经营，则以后粤防愈要。拟请增设南洋大臣一员，以两广总督兼之。其两江总督所兼，或即更名为东洋大臣。三口鼎峙，首尾联络，气局较紧。

张之洞尽述十六条方略后，进而言道：总之，今日事势，不防不可，欲防不能。非庇属国无以为固吾圉之计，非扬兵威无以为议条约之资。士卒必须闽粤之人，师行必须水陆并进。责两广以援，责云南以守。防援同此一兵，动静同此一饷。即使越之东京不复，而法之锋焰必衰。即使滇之商路终开，而我之守备已固。此事有进无退，有益无损。

张之洞的这十六条方略，清晰明白，纵横捭阖，他对形势的分析与掌握，他对敌我双方的分析，他提出的应对措施，不能不引起朝廷中枢的注意。所谓人才难得，此之谓乎？

1883 年 11 月 30 日，张之洞就南方形势变化，更为迫切焦虑，再次奏陈，提出十七条建议，催促朝廷，早做决断：

法兰西贪悖不道，翦我属国，逼我边徼，必欲吞灭刘团，尽有越地。事势至此，边患已亟，来春二月，必有举动。

窃以为今日之事，定计宜坚，赴机宜速，自守宜固，料敌宜审，必如是而后有济。敬陈战守事宜十七条，曰决战计、固根本、策敌情、择战地、用刘团、用越民、务持久、散敌援、防津沽、防烟台、防粤、防江南闽浙、筹饷需、备军火、速文报、备重臣。总而论之，防不如战，近不如远，迟不如早，而要以争越、封刘、战粤、防津为四大端。若已有战衅而无战心，徒有战形而实无战具，则其祸不可胜言。惟在宸衷独断，决机速行，小有利害，不为动摇。

又谓：法人复陷北圻数城，援师偶挫。窃恐此时必有以撤兵弃越闭关息事之说，动圣听者，臣窃以为不可。若果如此，则前功尽弃，而后患不可胜言。为今之计，惟有严饬云

南、广西督抚协规合力，厉兵决战。即或相持不下，亦必大小数十战，持之一半年。俟彼实有悔祸之机，再议息兵可也。否则，忽而趋战，忽而罢兵，将帅无所适从，诸军为之解体，从此海防一说，皆属空谈，岂惟一法，恐东西洋各国皆将生心矣。

又谓：越事关系大局，尤视圣心之定与不定。伏望皇太后断之于上，中外诸大臣谋之行之，然后上下内外、文武军民同秉此坚定之一心，十八省合为一身，南北洋联为一气。人谋既和，天道佑之。诚能如是，不必合天下之全力，即广东省城之义民，足以破法人而有余矣。

张之洞如此关心南方，全心谋划，中枢也就决定让其南下广州，主持大局。张之洞从1882年1月7日正式得到任命赴晋，到1884年5月2日离开太原，巡抚山西不过两年多时间，虽然他有点心有不甘，但南方的召唤更具挑战性，战略位置也更为重要。张之洞不敢懈怠，匆匆交接完毕，他就马不停蹄地赶赴北京了。

回顾抚晋岁月，盘点施政得失，张之洞曾推动编有《晋政辑要》。胡钧《张文襄公年谱》载：公在晋勤于政务，无片刻暇，诗文皆辍笔。署中不用幕友，惟慎选属史，委以簿书笔札而已。李秉衡到晋，即派营务处总办。其属吏为公识拔见于公牍者，有补用道高崇基、太原府知府马丕瑶、潞安府知府何林亨、平定州知州沈晋祥、霍州知州杜崧年、朔州知州姚官澄、候补直隶州知州俞廉三、方龙光，太原县知县薛光钊、阳曲县知县锡良、万泉县知县朱光绶等。公尝言，人才难得，当节取而磨砺之。一省政治清浊，贵在大吏。道府以下，无非视风气为转移。候补知府安颐在善后局于款目未能细加清厘，奏请降级调用，仍留办清源局事，及局事竣结，奏请开复原官，称其任劳任怨，备极艰苦。其举措之公如此。

许同莘《张文襄公年谱》亦载：公于晋政，其勤至矣。始至之日，官积累，民积困，军积弱，库积欠。刻意振作，而同志无人。致张幼樵（佩纶）副宪书云，晋事日不暇给，事事皆牵连相因，欲整一事，不能不百废俱举。惟苦人才不足，稍可靠能了事者，俱已委任优待，大率一人兼二事或三事。若将中驷磨练造就，未尝不可，然非一两年内所能猝办也。又云：文案无人，一切笔墨皆须已出，不惟章疏，即公牍亦须费心改定，甚至自创。非不知任人则逸之义，其如未得其人何。此二札在到任之历二年，纲举目张，民有余粮，官有余力。山阴俞凛轩（廉三）侍郎云，公在晋时，早作夜思，无片刻暇，诗文皆辍笔不为。不用幕友，惟慎选掾属，委以簿记笔札。侍郎亦掾属之一，司例案事，从未干部中驳诘，公称其精练。今墓木拱矣，惜当日未从问公轶事也。公在晋欲大举经营铁矿，筹巨款购外洋军火，以练晋军。语见致张副宪书中。其论边事，谓北商路日辟，西陲藩篱未固，深谋本计，边备为先。大青山以南，归化城以东以西，延袤数千里，西汉元朔以来，久为郡县，即定襄、云中、五原三郡之地。辟地拓垦，以壮边塞之藩蓠，建仓屯粮，以足管伍之兵粮，均为今日筹边要义。盖目光所注，在数十年以后。

《抱冰堂弟子记》有如此记述：边外七厅蒙地，开垦升科，屯田练兵，确可举办。自归化城东至丰镇，西至和林格尔，规划已有大略。适擢粤督去，未竟其事，后任踵而行之。辛丑以后，遂大举兴办，令德堂教士之法，汉学、宋学并重，已见上文。其遗事有可述者，杨秋湄精篆隶，书缪篆制门联。壬午冬，课诸生，公肩舆入门，见篆联，遽令停舆，审视良久。入堂点名毕，语僚属曰：吾今日不止阅诸生佳文，并得饱观绝迹也。遂以巨纸乞秋湄篆书魏风伐檀篇，分书唐风蟋蟀篇，榜之厅事两壁。及调任两广，又乞依原式临石鼓文，分刻十篋，临绎山碑，分刻二橱。既成，椎拓以赠知好。

政声人去后，为官实不易。张之洞离开山西，回京复命，在颠簸途中还是病倒了。他到京后，住在天宁寺，据说，“劳顿过度，心忡气喘，鬓发多白”“舌本枯涩，不能多言”。为官不易，为有作为不怠政之官更为不易，看来并不是一句虚言啊。

# 六、南方战云骤起，参与抗法



1883年（光绪九年），中法战争爆发，张之洞因力主抗争而被临危授命，朝廷有让他接替张树声就任两广总督的动议。1884年，法国在越南日益猖獗，边疆告急。张之洞不断上疏建议战守，请严督滇、桂之战，急修津广之防。4月，清廷急召张之洞晋京。张之洞更为系统地上陈抗法之事，多所谋划。1884年5月20日，张之洞得到署理两广总督的正式任命。他于6月8日谢恩出都，经天津、上海，走沿海水路于当年的7月12日抵达岭南广州。

张之洞到达广州之后，妥善处理与张树声、钦差大臣彭玉麟等人的关系，大体同心一致，立即加强防务，整合力量，严饬沿海督抚，严密防守，同仇敌忾，大战在即的气氛异常紧张起来。此年6月，法国侵略军攻占中国台湾基隆，张之洞奏请饬吏部主事唐景崧，往会刘永福，以合击法军。黄体芳等也有要倚重刘永福的建议。张之洞认为："援台惟有急越，请争越以振全局"，"牵敌以战越为上策，图越以用刘为实济"。清廷采纳张之洞的建议，加刘永福为提督记名。刘永福率领黑旗军骁勇善战，屡创法军。但由于广西布政使徐延旭、云南布政使唐炯所率军队在抗法战争中配合不力，打了败仗。唐炯军匆忙逃走，使黑旗军寡不敌众而遭到失败。后，唐、徐均被撤职查办，张之洞也因推荐徐延旭等不当而交部察议。

1885年，法军侵占中越边境重镇镇南关，形势十分危急。此前，张之洞奏请急调前任广西提督冯子材、总兵王孝祺等援桂，驻扎镇南关附近。1884 年 11 月 24 日，张之洞致函冯子材：

前奉台函，欲亲率劲旅进图广安、海阳。展诵之余，欣佩无似。惟需三十营之众大举南征，实非粤省之力所能，兹拟请麾下以十营出关，取道龙州，直指那阳，进规广安。另派王镇孝祺抽拨省防八营，亦由龙州出关，进薄船头，以分敌势，与贵部互相援应。务祈速募精选，于文到二十日内即行部署启程，以操胜算。

同日，张之洞调右江镇出关援越，令冯子材、王孝祺各带一路赴龙州出关：

法人围台湾，事机紧迫，援济不易。今日事势，缓台惟有急越。屡奉谕旨进兵越南，牵制敌势。昨经本督部堂电奏，争越南以振全局，复蒙谕旨饬办。

查滇、桂西军现经分路进讨，惟滇军及刘提督永福之军正攻宣光，尚未东下。桂军扼守谷松、观音桥等处，兵力尚薄，必应东路再增劲兵，以收犄角夹击之效。查前广西提督冯（子材）老成宿将，熟悉边情，昔年剿平越匪，威望远播。广西右江镇总兵王镇孝祺威重不浮，谋勇素著，曾官粤西，情形亦熟，若率军协剩，必能得力。今定由广东出军两枝，一枝即饬王镇统本部四营及抽拨粤军八营，由梧州赴龙州出关，会合西提督苏（元春）一军，出谷松，进攻船头一路，听西抚院潘（鼎新）节制。一枝由冯提督募勇十营，由钦州上思州亦赴龙州出关，出那阳，进攻广安一路，仍与西抚院潘商酌办理。于龙州设立东军转运局，派委前署廉州府知府张赓云管理，并派委署廉州府知府黄杰为冯提督营务处，以便经理一切。并饬委正佐三四员前赴钦州，以资差遣。两军应需军火，责成军装、军火等局上紧筹备，分别拨

> 解。该镇立即整饬队伍，点齐装械，迅速启程。
>
> 军行所到，纪律为先，不得骚扰地方，并藉攻击教匪为名，残害越民，致失众心，驱之资敌。尤不得顿兵挫锐，坐失事机。此举乃全局所关，庙谟注重之所在，必须于数月内攻克坚城大敌，免致来年春深瘴发，进兵为难。该镇务须力矢公忠，激励士卒，安抚越人，与滇、桂、刘军和衷协力。王、冯两军相距不得过远，务使声息相闻，互为策应。

在张之洞看来，当时的中越边境形势是：时官军在越者，苏元春、陈嘉十八营扎谷松为中路，杨玉科、方友升九营驻郎甲为西路，王德榜十营驻那阳为东路，皆距谅山数十里。而桂抚潘鼎新率叶家祥、董履高驻谅山。苏军屡胜多伤，方军战守不利，退至方家桥。法添兵来华以大队并力越南，扬言先逐桂军，再拒滇军。张之洞认为桂军力单，如粤师出东路而桂军攻西路，则敌首尾不能相顾。冯军前征越匪，著有威望，又罢兵未久，其众易集。王孝祺本任省防，察其才可大用。时参将莫善喜自请率师围越，令率五营为冯军后援，以参将陈荣辉三营辅之，适唐景崧围宣光不下，募二营以益之。于是，广军规越四十营，分道并出。令广西按察司李秉衡总理关外诸军营务，以明赏罚，决战守。但张之洞最为倚重信赖的还是老将冯子材。12 月 1 日，张之洞又致函冯萃亭：

> 执事接文后，即于月之朔日鼓行而西，军事神速，使敌有疾雷不及掩耳之惧，必建大功无疑也，钦佩，钦佩。十营为数略少，以饷绌故。兹复竭力图维，勉筹八营之饷，以厚军力。九千之精锐，胜于十万之横磨矣。际此物力艰难，营中规模止能照楚军章程办理。一有增益，便干部驳，将来报销尤难措手。今即饬议营中公费一切章程，另备公牍咨达雄麾，即乞照办。若麾城新邑，勘定殊方，朝廷自有懋赏。

> 至前咨请贵部与王镇互相联络，不得相距过远者，诚以王镇虽令就近听西抚节制，而萃、勤两部均属广军，并非划为两起。船头、那阳相距尚迩，声息自必相通。将来进捣各城，深入敌境，距桂军渐远，王镇一军自必趋重东路，与贵部互相策应，势成犄角。大抵今日战越情形，滇军攻西路，桂军攻中路，广军攻东路。勤军如克船头，以后军锋自应径指东南，断不使麾下一军孤行无继也。以上各节，已另檄王镇遵行，并以奉闻。

年近 70 岁的老将冯子材听从张之洞部署，率军集结，兵贵神速，奋力殊死抵抗，反败为胜，大败法军，扭转战局。法国茹费理内阁倒台。但是清廷却决意乘胜求和，命令前线各军停战撤兵。前线将士闻讯，“皆扼腕愤痛”。张之洞接连电奏缓期撤兵，竟遭李鸿章传旨斥责。中法之战，取得胜利，但是外交斡旋，胜而犹败，舆论哗然。张之洞致电总署“敕北洋速与法商，令将台口即日认真弛封，以符约，并令勿添兵来华。告以彼不开口，显然背约，越地将帅闻之必皆愤怒，撤兵必不能速，以此为词，及早力争”。

张之洞在 1885 年 4 月 29 日致电广西巡抚李秉衡拟设制枪弹局于南宁：前此枪弹购自外洋，战时苦无以应，乃购机制造。电桂抚云，桂防无了期，机器局宜设邕。得覆，虑设糜费。乃止，仅以新到机枪发各营，而存旧枪于龙州，发安分团练应用。5 月 3 日，张之洞致电天津李鸿章，谓“今议详约，万望力争。天下责任，惟在公也”。李鸿章覆电张之洞，予以解释：款议始终由内主持，专倚二赤，虽予全权，不过奉文画诺而已，公徒责望，似未深知。李鸿章所说二赤，是指赫德。

李鸿章的意思很明白，也很圆融：香涛老弟，你不了解中枢的具体情况，执意决定讲和的，是你我的上司，并不是我李鸿章能说了算啊。

同日，张之洞致函云贵总督岑毓英，详陈粤军艰苦情形，尤其为唐景崧、刘永福在越南的卓越表现，说了不少公道话：

去年秋间，云、粤、刘三军会师宣光城下，敌强瘴恶，道远粮艰。先经历战数旬，扫除城外援贼，于是薄城穴隧，肉搏围攻。贼已穷蹙待毙，法虏自入中国以来实未尝有如此挫困者。徒以桂军失谅，丑虏分援，以致此功未竟。闻报之后，为之愤懑顿足。

特是诸军之效命摧锋，诸将之和衷戮力，实不可泯。在云军夙蒙训练，节制严明，固深钦佩。而粤军仰禀荩筹，不致笼东怯敌，亦差幸师律无乖。特虑公㧑挹过甚，是以代为上陈，幸蒙俞允。所奉三月十三日电旨，当经飞电台端，想已入览，尚祈于云、粤各军均予量功给奖，以励戎行，俾粤省偏师亦附末光。至粤军艰苦情形，则有不能不更为奉渎者。

唐薇卿吏部率营出关之时，正值宣、太路梗，滇、粤道迂，勉由牧马进取。琴帅初以郎甲被挫，恐敌内犯，嘱唐军留防牧马。洞力趣其前进，以会剿为急。薇卿途次接台书，亦嘱其绕道入滇。渠以军行既久，前军亟盼会剿，不愿迁延时日于无用之地，竟尔间关崎岖，逾越圻千有余里，皆行无人之境。山箐险恶，不见天日。夜堕深堑，昼逢猛虎。马蝗尺余，飞噬人肌。遇绝壁高岭则攀援而登，遇深溪断岸则踯躅而过。人马颠殒，不可数计。备历种种艰苦，而后达于宣光。其行军之难如此。地方幽僻，无粮可办，远至数百里外始可采买，而运者尤复不易。至于搬运军火，接递文报，节节设站，处处留兵，既防前敌，又顾后路。至于军资耗损，需费繁多，更不待言。其转运之难如此。

比攻宣光，与云军犄角，搏战多次，逼城而营，有十一月初五日之捷，有十二月十一、十二、十三、十五日之捷。

嗣后围攻愈紧，或直冲决口，或缳草猛进，或冒死登城。营哨各官、先锋精锐，伤亡如积，而卒不少却。其鏖战之苦又如此。今日事定师还，幸荷圣恩重荷，敢希查明入告，同葆恩纶，庶使弟可以对此锋镝余生之将士，其为铭刻，岂可名言。

再，刘提督永福一军虽有左育之挫，而前此亲率所部奋勇先驱，围宣截敌，迭获胜仗。至左育虽败，然实系血战两日，前译出西人自河内来函及法人东京新民纸叙述详悉。盖此役刘军虽败，彼之精锐歼毙已多，以故未能遽行上窜，迟回旬余，而云军东下，遂获大捷。是其部众力战，犯难尝敌，亦尚有益官军。且以后须调赴粤边，尚须资其捍圉出力。倘蒙俯加甄录，俾益感戴国恩，坚诚内向，则粤边之幸，皆我公之赐也。

岑毓英出道很早，久经战阵，不到 40 岁就位列封疆大臣，曾两次署理云贵总督，他弟弟岑毓宝也署理过云贵总督，其一子岑春煊更是担任过云贵总督、两广总督，另一子岑春蓂曾做过湖南巡抚。岑毓英年长张之洞 8 岁，在 1889 年就死在昆明了，得年 60 岁。中法之战，张之洞与岑毓英两人分别作为两广总督与云贵总督，配合还算默契，两人在对待刘永福黑旗军的看法与态度上也基本一致。张之洞致信岑毓英，极言粤军之艰苦卓绝劳苦功高，也是为粤军做出的贡献予以彰显褒扬，评功摆好。张之洞这封信中提到的琴帅就是一代名将彭玉麟。世人多知，中法之战，冯子材受到张之洞的启用而战功卓著，享誉中外。此后，冯子材这位张之洞信札中的冯萃亭与张之洞还有交集。而张之洞这封信浓墨重彩极力揄扬的唐薇卿、刘永福，特别是唐薇卿，似乎有在此略说一二的必要。

唐景崧在其 40 岁之前，除了科场得意，是同治四年进士，后为吏部一主事，此外真是寂寂无名，乏善可陈。但他的崭露头角，不同凡响，被人称做晚清班超，则是因为他以一介书生底层官员在中法之战中，自告奋勇，主动请缨，前往越南说服刘永福的黑旗军一同抗法；与此同时，他还书生掌兵，浴血奋战，表现不俗，很为中枢以及张之洞、岑春煊等所肯定。

唐景崧，字维卿，又作薇卿，号南注生。他祖籍湖南东安，先祖迁居广西桂林府灌阳县江口村。唐景崧父亲唐开旭字懋功，是一举人。唐开旭有三子六女，三子即唐景崧、唐景崇、唐景崶，唐景崧有一孙女唐筼嫁给出身世家的史学名家陈寅恪。

1861 年，咸丰十一年乡试，唐景崧考中解元。1865 年（同治四年），唐景崧赴京参加会试、殿试，考中二甲第八名，赐进士出身，授翰林院庶吉士。后来，据说是每隔六年，唐景崧的两个弟弟也都相继中进士、点翰林，遂有"同胞三翰林"的一段佳话。

1880 年（光绪六年）夏，唐景崧丁父忧后回京就职。此时中国四郊多故，面临边疆危机。西北中俄关系紧张，东南又有日本吞并我属国琉球，而南方则是法国蚕食我另一属国越南。唐景崧在北京郎潜吏部经年，比较关注越南问题，为此他取一"南注生"的号，表明其关注南疆之志。

1881 年冬，法国吞并越南北圻的图谋，如司马昭之心，昭然若揭。1882 年，越南贡使阮述一行来华，唐景崧借机与之交流，进一步确认法国的狼子野心及刘永福之黑旗军对越南的保护之功。当时，清廷高层及主要封疆大吏大都着眼于巩固中国边防，而唐景崧则主张联络刘永福以救越南稳西南边陲。为此，他分别向军机大臣宝鋆和李鸿藻投递说帖，得到李鸿藻赏识。唐景崧按照李鸿藻建议，将说帖改为奏折，效法汉代终军请缨出使南越之举，自请出使越南联络刘永福，以解北圻之急。

慈禧太后将唐景崧奏折留中不发，却不露声色地下旨令唐景崧"发往云南，交岑毓英差遣委用"。但唐景崧没去云贵总督岑毓英处，而是道经广州前往越南。唐景崧在广州谒见时任两广总督曾国荃，曾盛赞其请缨奏折是“三十年来无此文”。曾国荃向唐景崧提供大量有价值情报，建议唐先赴越都富春，再去保胜寻见刘永福，同时派人陪同唐一同前往，又让人先行帮唐打探消息，然后与之会合。曾国荃还赠给唐路费三百两。

1882 年 1 月 12 日，唐景崧抵达富春。他经过充分接触，得出判断，越南君臣“昏愚萎靡，战守绝无经营，即议和亦毫无条理”。唐景崧离开富春，因曾国荃已致函告知法国驻华公使宝海正与直隶总督兼北洋大臣李鸿章谈判越南问题，中法局势缓和，让他暂时不必前往保胜。唐景崧便先回广东谒见曾国荃，完成《越南情形稿》，曾国荃对此给予高度评价，建议他改为奏折。唐景崧将《奏为详度边情敬陈管见恭折仰祈圣鉴事》一折呈曾国荃代递中枢。在此奏折中，唐景崧反对宝海和李鸿章分割北圻的草约，他提出暗中接济刘永福军火鼓舞其抗法、团结旅越华商、屯田越南、加大对越南事务的财政投入力度等积极切实建议。

1883 年，唐景崧自广州启程，从海阳再入越南，拟赴保胜会晤刘永福。刘永福得知唐景崧系奉旨而来，便将会晤地点定在越南的山西省。唐景崧了解到刘永福在中越两国均受排挤的尴尬处境后，向他提出三策，上策是割据北圻七省称王，请求中国册封；中策是进军河内、击退法军；下策是固守保胜，若兵败，再投奔中国。刘永福经过思考后选择唐之中策建议。

唐景崧联络刘永福期间，清廷接到岑毓英批评唐景崧“擅自径往越南，深为可虑”的报告，中枢催促唐景崧迅速回到云南听候差委，岑毓英也写信劝唐景崧入滇，并警告其“挑刘召衅”的严重后果。唐景崧回信岑毓英表示“有祸惟自当之”，但唐景崧接到慈禧太后让其回国的旨意，只好启程北返。刘永福听说唐景崧奉命回国，“既骇且疑”。他致函唐景崧说，倘若唐景崧抽身而退，他将返回保胜。唐景崧回函劝其“念一身、念子孙、念中国、念越南”，顾全抗法大局，坚定其抗法决心。刘永福受唐景崧鼓励，坚定抗法决心，遂于 4 月 13 日在怀德城外取得纸桥大捷，斩杀李维业。唐景崧途中闻讯，喜极而泣。他还为刘永福作讨法檄文，提出“当为中国捍蔽边疆，当为越南削平敌寇”的口号。纸桥捷报传到北京，慈禧太后对唐景崧刮目相看，她于 5 月 23 日准广西巡抚倪文蔚等所奏，让唐景崧暂留越南。

1883 年（光绪九年五月初六），唐景崧从谅山前往怀德城外的黑旗军营，再次会晤刘永福，安抚伤员，鼓励士气。在此期间，刘永福帮助唐景崧组建队伍，号为武炜营，又经广西巡抚徐延旭奏请，广西提督黄桂兰所统四营归唐景崧节制。唐景崧开始带兵，共辖六营。八月初一，法军进攻丹凤，佯攻山西，唐景崧识破法军计谋，出动桂军两营援救丹凤，取得胜利。八月初四，慈禧太后赏唐景崧四品衔，以奖其功劳。九月初，唐景崧自越南山西赴桂军驻地北宁，正式接管桂军四营。

1883 年 12 月 14 日（光绪九年十一月十五日），孤拔率六千余名法军进攻山西，中法战争正式爆发。经三天激战，山西失守，刘永福、唐景崧败逃至兴化，相拥而泣。十二月十五日，唐景崧赴保胜会晤岑毓英。是年除夕夜，唐景崧在山西上书北京，提出两策：若放弃越南，就直接占领越南北圻诸省；若保存越南，就出兵直捣富春，推翻亲法傀儡政权，扶植新君。但唐景崧此建议未被采纳。

1884 年（光绪十年正月），唐景崧偕岑毓英南下兴化，与刘永福一起守城。此时法军由米乐统率，转攻北宁。二月十五日，北宁告急，唐景崧回援不及，北宁失守。二十日，唐景崧折返谅山后，应徐延旭之邀，在其幕下帮办营务，二十九日，唐被正式任命为总理前敌营务。四月，徐延旭被问罪去职，潘鼎新接任广西巡抚，唐景崧于五月初四入镇南关，在广西龙州养病。

唐景崧与潘鼎新关系不睦，唐景崧有去职之意，但在七月，

他得到新任两广总督张之洞的鼓励挽留，继续坚持在越南抗法，应准于七月十六日新募四营，号为“景字营”。经张之洞建议，清政府加授唐景崧五品卿衔。八月二十日，唐景崧领兵出镇南关，直奔宣光，驻扎于三江口，十一月初七与同来攻打宣光的刘永福会合，张之洞准给唐景崧又增加两营。唐景崧提出围城打援之策，与滇军会攻宣光，黑旗军负责在左育打援。经三天苦战，清军攻克周边炮台，但未能拿下城堡。张之洞来函催促攻下宣光城，从光绪十年十二月二十八日至光绪十一年正月十一日，唐景崧、丁槐等指挥清军六攻宣光，终未攻陷。在此期间，法军从桂军手中夺取谅山，得以分援宣光，刘永福在左育打援失败，唐景崧于正月十七日撤至宣光省城西北的沾化县。

1885 年（光绪十一年二月），唐景崧退保高平省牧马。当月，黑旗军在临洮、桂军在镇南关取得胜利，张之洞又给唐景崧增加四营，唐景崧的景字营扩充至十二营。唐景崧受清军捷报鼓舞，决心攻取太原，但此时中法停战协定已经签署，清廷下旨全线班师。唐景崧请求暂缓撤军，被清廷拒绝。1885 年 5 月 3 日（光绪十一年三月十九日），唐景崧撤回龙州，结束其两年半的“请缨”生涯。唐景崧后来感慨：“请缨之志，终憾未偿。”

唐景崧班师入关，劝说刘永福离开保胜，率部至广州听候朝廷调遣。1885 年（光绪十一年七月二十日），清廷命唐景崧赴云南负责中法勘界事宜，十月十八日，唐景崧以战功补授福建台湾道兼按察使衔。1886 年（光绪十二年十一月十四日），清廷以战功再赏唐景崧二品衔，并赐号“霍伽春巴图鲁”。

1887 年（光绪十三年三月初一），唐景崧抵达台北府城，四月初九日接印任事。他协助台湾首任巡抚刘铭传开发台湾，如清丈土地、开山抚番等。刘铭传向朝廷建议对唐景崧“交部从优议叙”。唐景崧在台湾创斐亭吟社，大开雅集，结交许南英、丘逢甲、施士洁等台湾文士名流。

1891 年（光绪十七年四月），台湾布政使邵友濂内渡养病，刘铭传推荐唐景崧署理台湾布政使，后实授。翌年二月，唐景崧进京陛见。四月十三日，年逾半百的唐景崧回到阔别十年的北京，逗留两月，受到光绪帝两次召见。唐景崧在台湾任内监修《台湾通志》《台湾澎湖志》等。此外，唐景崧还刊刻诗文合集《得一山房四种附一种》，包括他在中法战争期间所写的《请缨日记》。

1894 年（光绪二十年七月），甲午中日战争爆发，光绪帝将驻扎汕头的南澳总兵刘永福调赴台湾，让他与唐景崧一起协助台湾巡抚邵友濂办理军务。但唐景崧与邵友濂不和，光绪帝令唐景崧接替邵友濂，署理台湾巡抚。唐景崧接篆上任，积极布置台湾防务。他与驻扎台南的刘永福等将领通力合作，购买枪炮弹药，命丘逢甲组建义勇军，与富商林维源协商团防，请求将福建候补道杨汝翼所率 2500 名湘军调入台湾，驻防鹿港。

1895 年（光绪二十一年正月初十），清廷为挽回岌岌可危的战局，曾命署理两江总督张之洞与唐景崧商议直捣日本本土之策。经过七天研究，张之洞与唐景崧一致认为不具备攻日条件，清廷不得不放弃此计划。正月二十三日，日军攻陷威海卫，北洋水师全军覆没。甲午战争，中国败局已定。清政府被迫派李鸿章赴日求和。马关议和期间，日本为迫使中方割让台湾、澎湖，在停战协定中故意不将台湾、澎湖包含在内，并于二月二十七日进攻澎湖，经过激战，于两天后占领澎湖。面对日军压境，唐景崧竭力布防，但深知“论台之力……久支强寇，实无胜算，略可恃者，军民心尚固结耳”。

《马关条约》签订，割让台湾、澎湖。唐景崧在前一天已从张之洞处得知条约内容，“立时气绝”。四月二十六日，光绪帝命李鸿章之子李经方前往台湾，负责交割事宜。台湾军民不愿被日本统治，遂按照陈季同提议，推唐景崧为领导人，立“国”保

台。四月二十九日，台湾士绅发表《“台湾民主国”独立宣言》，誓言“愿人人战死而失台，决不愿拱手而让台”，推举唐景崧为总统。唐景崧应允请求，暂缓内渡，领导抗日，等事定后，再到北京席藁待罪。“台湾民主国”成立，唐景崧在巡抚衙门北向望阙，就任“总统”，大哭而入。他定年号为“永清”，寓意永远尊奉清朝，任命刘永福为大将军，俞明震为内务大臣、陈季同为外务大臣、李秉瑞为军务大臣，派姚文栋前往北京，报告建“国”情形。

五月初六，日本首任台湾总督桦山资纪指挥日军在基隆澳底登陆，台湾保卫战正式打响。五月十一日，基隆陷落，台北门户八堵失守。台北人心惶惶，“总统府”护卫营亦发生哗变。五月十二日，唐景崧面对难以收拾的局面，穿戴巡抚朝服，北向叩拜后准备开枪自尽，被家仆聂升所救。后唐景崧登上德国商船“驾时”号，于五月十五日抵达厦门。

唐景崧在厦门稍事休息，又乘坐“驾时”轮北上，于光绪二十一年五月二十七日抵达江宁，拜会署理两江总督张之洞。张之洞将此电奏清廷，请示唐景崧是否入京陛见，清廷于五月二十九日回电勒令唐景崧“休致回籍”。唐景崧得到张之洞馈赠的十万两银票，于九月离开江宁，返回桂林。稍后，刘永福亦内渡大陆，台南失守，台湾彻底沦陷。唐景崧有诗“圣明未忍诛臣罪，衮钺何妨听后人”，据说，直到临终前数日，他仍然“呜咽追诵之”。此诗出于《台阳诗话》：“圣明未忍诛臣罪，衮钺何妨听后人”，此唐薇卿总统（景崧）乙未除夕感怀句也。读此，亦可怜其处身万难矣。况脱身系奉朝命，犹非诸将可比。闻其临终前数日，犹呜咽追诵之。

唐景崧住在桂林府城榕湖南岸五美堂别墅。1897 年（光绪二十四年），康有为来桂林讲学，唐景崧开始与康有为、岑春煊等人过从甚密，参与创立圣学会及《广仁报》。1899 年，光绪二十五年，广西巡抚黄槐森建体用学堂，唐景崧参与创建，被聘为主办堂务（校长）兼中文总教习。该学堂后改造为广西大学堂，成为广西大学和广西师范大学的前身。

1900年（光绪二十六年），庚子事变，唐景崧与其学生马君武等试图响应康有为勤王号召，但因唐才常自立军起义失败而使计划流产。1902年，广西会党起义，唐景崧又谋求复出为广西团练矿务大臣，由广西巡抚王之春上奏请求，被朝廷拒绝。

唐景崧听闻慈禧太后、光绪帝从西安回銮北京，便试图借助张之洞对他的赏识赴京觐见，谋求复出，但行至广州就染病逝世，享年61岁，时在1903年3月2日（光绪二十九年二月初四日）。

唐景崧以书生文官投笔从戎，主动请缨报国，在边疆建功立业，先后参与中国近代史上的两次反侵略战争，可谓一生传奇。中法战争之中，他不远万里，甘冒风险，深入越南，沟通清政府、黑旗军以及越南北圻官员之间的关系，促成三方合作抗法，尤其是鼓励策动刘永福抗法，功不可没。他书生掌兵，人在一线，亲自参与指挥。山西兵败后，又在广西巡抚徐延旭幕下任总理前敌营务。他指挥景字营并联合滇军六攻宣光前后长达三十六昼夜，虽未攻下城堡，但牵制东线法军，为东线清军反攻创造了条件。甲午中日战争结束后，唐景崧在日军接管台湾中，成立抗日政权“台湾民主国”，领导台湾军民抗日，后因孤立无援而仓皇内渡。

唐景崧在台湾主持监修《台湾通志》，虽因乙未战争爆发，被迫中断，仅有《台湾通志稿》传世，但仍作为台湾第一部地方志而具有重要价值。唐景崧回桂林闲居，积极改造桂剧，亲自创作四十部桂剧剧本，整理为《看棋亭杂剧》，又创立广西桂林春班，为桂剧发展与传承做出贡献。宝鋆称赞他“壮哉，班定远也!”张之洞则如此评价唐景崧：“臣察其为人，既能亲临行阵，深悉洋战利病、越地情形，又能筹画大局，抚驭民夷，条理井井。如此人才，实不易得！洵属可任兵事，无愧边才之选。”云贵总督岑毓英对唐景崧也给予充分肯定：“该主事以一书生，招募新集之勇，随同攻坚陷阵，不少退却，使非有胆有识，报国情殷，何能如此奋勇？”

文廷式指责唐景崧：唐署抚未内渡时，殊有慷慨之志，二三月间往返与余电商，余能力争以犯不测，而唐则竟不顾其言，致命遂志，其难如此。或言交割之期若延两月，台地尚可支持，实不料其如是之速也。然唐既不能筹措于前，又仓黄奔遁于后，难以逃责备矣。台湾诗人丘逢甲，针对文廷式等人苛责唐景崧、刘永福，他如此说道：平心而论，唐、刘均未可厚非。是时如为身计，已奉朝命，即以地委日而去，岂不足以自全？而皆不忍去者，犹冀万一保全此土此民。非特此土此民也，台弃而天下大局遂不可问，今日胶、澳、旅大之势，当时已早忧之，故权为自主，以振人心，从受笑怜，亦不敢辞。然其时守台，固自守之，非为君守，固无异与存亡之义。唐变起而去，刘力绌而去，虽责以不死，以义无可殉而死也。

台湾著名诗人、史学家、连战的祖父连横也说：世言随陆无武，绛灌无文，信乎兼才之难也。夫以景崧之文、永福之武，并肩而立，若萃一身，乃不能协守台湾，人多訾之。顾此不足为二人咎也。夫事必先推其始因，而后可验其终果。台湾海中孤岛，凭恃天险；一旦援绝，坐困愁城，非有海军之力，不足以言图存也。且台自友濂受事后，节省经费，诸多废弛；一旦事亟，设备为难。虽以孙、吴之治兵，尚不能守，况于战乎？是故苍葛虽呼，鲁阳莫返，空拳只手，义愤填膺，终亦无可如何而已。

唐景崧是晚清谜家，在当京官期间与韩芸谷、田其年、古铭猷等谜家在伏魔寺结成谜社，猜谜制谜。唐景崧著有《谜拾》一书，“佳者颇多，脍炙人口”，不乏“谜中绝诣”。其子侄唐运溥、唐毅斋、唐温斋等亦受其影响，沉迷猜谜，著有《谜学》《听雪书屋廋词》《卧云室隐语》等。

唐景崧生性豪爽大方，喜欢请客。某日，一朋友来他家谈话，唐景崧说："秋菊始花，霜螯正肥，愿留君一醉。"于是让仆人去买螃蟹，仆人回答家里窘迫没钱买螃蟹。唐景崧顾左右而言他，后把儿子帽上的银饰取下，让仆人换钱买螃蟹，得以与友人欢宴。

曾朴《孽海花》中，对唐景崧多有演绎，书中赞扬他"替民族存亡争一线""未尝不是个赴义扶危的豪杰"，又描写其失败是因为部将李文魁和方德义争夺唐府丫鬟银荷所致。实际情况是，基隆陷落，唐景崧的护卫军官李文魁策动兵变。唐景崧逃遁厦门，李文魁追赶而来，伺机暗杀唐景崧。李文魁醉酒狂欢之后来到水师提督杨岐珍寓所，唐景崧不在。李文魁徘徊街头，引起厦门营官印宝昌的怀疑，将其拿获，从其身上搜出匕首等凶器，审问得知他是李文魁，于是就地正法。据说唐景崧离台内渡时携带巨款，唐景崧对此"笑而不辩"。有学者认为是日本谍报道听途说，不足为据。唐景崧还著有《诗畸》等。

至于刘永福，也略作介绍，录以备忘。刘永福与张之洞同岁，都是出生于1837年，他是钦州人，又名义，字渊亭。刘永福出身寒苦，少为佣工。后迫于生计，投军从戎，经多番苦斗，以七星黑旗为队旗，称黑旗军，进据越南保胜，成为越南北圻一支重要武装力量。他扩充队伍，因纸桥大捷，被越南封为三宣提督。

唐景崧不避艰险，深入越南，说服刘永福受清政府收编，以记名提督在中越边境抗法，曾在临洮大败法军。1882年4月，法国又进攻越北，觊觎中国云南、广西。1883年4月，唐景崧作为天朝派来的"联络员"进驻黑旗军，为其出谋划策。唐景崧告诉刘永福，"天朝宽大为怀，凡我华夏子孙，但能御外侮，卫国疆者，皆是大清的好子民”。1884 年，黑旗军在越南的山西等地与清军一道抗法。1885 年 2 月，黑旗军在左育与法军援师血战，予敌重大杀伤后败溃。同年，中法停战，经张之洞协调，刘永福率部回国，被赐予“依博德恩巴图鲁”和“三代一品封典”荣誉。1886 年 4 月，刘永福为南澳镇总兵。1887 年 5 月，刘永福调署碣石镇总兵，旋入京朝觐，11 月返任。

1894 年 7 月，中日甲午战争爆发。清政府命刘永福赴台帮巡抚邵友濂办理防务。8 月，刘永福率黑旗军赴台北，后又奉命驻守台南，与接替邵友濂担任台湾巡抚的唐景崧共同抗日保台。1895 年 4 月，清政府战败求和，与日本签订《马关条约》，把台湾、澎湖列岛割让日本。6 月 7 日，台北被日军攻陷。刘永福在台南发出抗日号召，表示为保卫国土“万死不辞”，“纵使片土之剩，一线之延，亦应仓促，不命倭得”。8 月中旬，战争转入台中。彰化之战，黑旗军和义军与日军展开肉搏战，击毙日本号称精锐的近卫师团一千余人，打死其少将山根信成。刘永福黑旗军的精锐七星队三百余人也壮烈殉难，彰化失守。刘永福痛心疾首，发出“内地诸公误我，我误台民!”的悲叹。嘉义一战，日酋近卫师团长北白川能久中将重伤毙命。10 月 15 日，日军进攻台南打狗港，据守曾文溪的黑旗军和义军将士孤军不敌，台南失守。1895 年 10 月 18 日，刘永福见大势已去，仰天捶胸，呼号哭说：“我何以报朝廷，何以对台民!”刘永福终因粮尽援绝，弃军内渡厦门。

1897 年春，刘永福回钦州闲居。1902 年，粤督陶模调刘永福署琼州镇，后改调碣石镇。1904 年，刘永福以风湿病发作三请辞职，粤督岑春煊批曰：“声望素孚，威扬中外，纵有微恙，卧治也可”，不予批准，加以挽留。1915 年，袁世凯与日本签订丧权辱国的“二十一条”，刘永福闻讯后，义愤填膺，即拍电上京，请缨抗日，反对复辟。1917 年元月 9 日，刘永福在钦州溘然长逝，终年 80 岁。刘永福回望平生，不无自豪，他在临终遗言中说：予起迹田间，出治军旅，一生惟以忠君爱国为本。无论事越事清，皆本此赤心，以图报称。故临阵不畏死，居官不要钱，虽幸战绩颇著，上邀国恩，中越均授以提督之职，居武臣极地，亦可谓荣矣。

李鸿章评价刘永福“真乃高人一筹，诸统领莫及焉！”张之洞说他是“为数千年中华吐气”的“义勇奇男子”，彭玉麟认为刘永福“为越南之保障，固中华之藩篱，其功亦伟矣！”黎元洪则称刘永福“钦州渊亭，国之宿将！”

张之洞在 5 月 4 日还致函老朋友潘伯寅，就岭南岁月，大倒苦水：

> 到广之日，即逢海警。内防外援，应接不暇。兵食兼筹，无一不难。事机则非常之紧急，而我之人才物力，文法习气，则无不患非常之疲缓。数月以来，寝馈并废，烛武之精亡矣。洞所殚精竭虑，全力注之者，尤在征越一举。今兵机方利，而款议骤成，以后事体尚难预料，此时惟有仍不懈弛而已。洞屡次电奏，力争撤兵不允，近日复叠奏苦争详约。此所谓日中不灵，操办不割，即使口舌劳敝，挽回一两端，亦不过补牢拾渖而已。

潘伯寅就是潘祖荫，科场骄子，出身名门，也是探花公。

5 月 6 日，张之洞致电天津李鸿章：

> 赫若充使，华之利也，令兼税司为妙。或令赫党接管，令赫照料。分费数成，总税之利，公使之荣，一身三窟，永不肯舍，则华、英之交固矣。固英、亲德、防俄、御法、明拒倭奴。胜倭则各国慑之矣。洞迂人而好奇计，望裁之。

这是张之洞向李鸿章发牢骚说怪话，他对赫德极为戒备，对此人的看法很差。中法之战，胜而犹败，在张之洞看来，赫德在

其中发挥了极为不好甚至是破坏作用。所以，张之洞讥讽说他是“一身三窟”。

1886年（光绪十二年），张之洞在广州创办广雅书局和广雅书院。是年的4月9日，张之洞就开设广雅书局如此说道：刊布经籍，乃兴学要务，致用之本源。近年江、浙、楚、蜀诸省各设书局，刊行甚多。广东岭南名区，人文荟萃，此举未备，殊为阙如。查本衙门向有海关经费一项，本部堂到任以来一直发交善后局专款存储，留充公用，今即将此款提充书局经费，专刊经史有用之书。即在菊坡精舍设立书局，委蒋署运司总理局事，委候补知府方守功提调局事。延请顺德李学士文田为总纂，南海廖太史廷相、番禺梁太史鼎芬、番禺陶孝廉福祥为总校。择日开局，并将详细章程拟议详定。

此处出现的梁鼎芬，后来追随张之洞到湖北，是张之洞幕府中的重要人物。他与文廷式的故事，多有描述，此处不赘。他此番回到家乡广东，是因为他在中法战争中，弹劾李鸿章而被连降五级。但张之洞爱惜其才，把他招致自己门下。这也是张之洞的过人之处。李文田，号若农，是咸丰九年探花，他勤于治学，是研究蒙古史专家，也是书法名家。李文田大张之洞3岁，死于1895年，得年61岁。

就广雅书局，许同莘《张文襄公年谱》载：是为粤省有书局之始。初设于菊坡精舍，后就机器局修葺应用。集资四万三千两，发商生息。又商捐每年五千两，合之息款，凡七千三百九十五两，以充常年经费。搜罗经学通人著述，陆续刊行，以踵《皇清经解》之后。史部、子部、集部诸书，凡可考鉴古今，裨益经济，维持人心风俗者，一律搜罗刊布，令门人缪荃孙在京访求应刻之书。以南海廖泽群为总校。经部首刊者，洪雅存《毛诗天文考》，北江全集所遗者也。



张之洞还曾致函缪筱珊：广州开书局刊书，拟分三类，一续学海堂经解，一补史、考史、史注之属，一洋务，此须合外国记述及华人书关涉洋务、边海各防者，择要纂成一书。事体太大，须思一收束，仓卒不能定，望代思之。子、集两部有佳者，亦可带刊。按粤局未刻洋务书，惟属人在上海译述。又按广雅书局以光绪季年停办，国变后版片坌积，编次错乱。番禺徐绍棨董理图书馆事，择版式画一者得一百五十余种，汇为《广雅丛书》，其属于史学者九十三种，别为史学丛书。缪筱珊，即缪荃孙。

广东原有端溪书院，设在肇庆，张之洞聘请梁鼎芬主持端溪书院。后来，梁鼎芬率师生来到广雅书院。张之洞又聘朱一新到广雅书院主讲。当时梁鼎芬因弹劾李鸿章主和而获罪，朱一新因弹劾太监李莲英而降职。张之洞抵住非议，自有定见，继续延聘他们，发挥他们的所长，也足见张之洞的格局襟怀之大，雅量容人。

1887年8月3日，张之洞奏陈创办水陆师学堂：

> 广东南洋首冲，边海兼筹，应储水陆师器使之材，较他省为尤急。光绪六年，前督臣张树声、抚臣裕宽于省城东南十里长州地方建造实学馆。臣之洞到任后，察看该馆生徒学业尚堪造就，改名博学馆。即就其地改为水陆师学堂，并添购地段，增建学舍，以区功课而臻完备。其水、陆师均各额设七十名，先挑选博学馆旧生通晓外国语文、算法者三十名为内学生，再遴选曾在军营历练胆气素优之武弁二十名为营学生，再拟选业已读书史、能文章年十六以上、三十以下之文生二十名为外学生。其水师则学英国语文，分管轮、驾驶两项。其陆师则学德国语文，分马步、枪炮、营造三项。其规制、课程略仿津、闽成法，复斟酌粤省情形，稍有变通，大抵兼采各国之所长而不染习气，讲求武备之实用而不尚虚文。堂中课程，限定每日清晨先读四书五经数刻，以端其本。水师学成之后，拨入练船，教习四员皆用洋弁。陆师学

三年，学成后，择优出洋，分处各国学堂、陆军练习。

紧接着，在8月5日，张之洞又就创建广雅书院奏陈北京：

善俗之道，以士为先。致用之方，以学为本。欲端民俗，盖必自厚士始。士风既善，人才因之。臣以文学侍从之臣，过蒙圣恩，滥忝兼圻之寄，才识迂拙，无所建明。至善俗储才之端，职所当为，不敢不勉。因于广东省城西北五里源头乡地方，择地一区，建造书院一所，名曰广雅书院，计斋舍一百间，分为东省十斋，西省十斋。讲堂、书库一切具备，延聘品行谨严、学术雅正之儒以为主讲，常年住院。调集两省诸生才志出众者，每省百名，肄业其中，讲求经义史事、身心经济之学。广置书籍，以备诵习。丰其膏火，每月两课，校其等差，优给奖赏。道远各府州分别远近，加给来往盘费，总令其负笈住院，静心读书，可以自给，免致内顾为忧，纷心外务。

院内功课，经学以能通大义为主，不取琐屑。史学以贯通古今为主，不取空论。性理之学以践履笃实为主，不取矫伪。经济之学以知今切用为主，不取泛滥。词章之学以翔实尔雅为主，不取浮靡。士习以廉谨厚重为主，不取嚣张。其大旨总以博约兼资、文行并美为要归。严定条规，违者即行屏黜。欲其不分门户，不染积习，上者效用国家，次者仪型乡里，以仰副圣天子作育人才之至意。

其书院常年经费甚巨，臣以历年积存廉俸、公费等项捐置其中，并顺德县沙田充公之款，南海绅士候选道孔广镛等捐款，发商生息，岁共得息银七千一百五十两。查黄江税厂羡余历年即以提充端溪书院经费，自改章后征收较旺。上年臣奏定三六平余一项除支销外，尚有赢余，即于此款内每年拨银五千两。又于红盐变价充公项下每年拨银五千两。拨款、息款共岁得一万七千一百五十两，以充书院师生膏火、监院薪水、人役工食、一切祭祀、岁修杂费。其旧有端溪书院，臣已檄饬道府酌提书院本款，就原有规模修葺完整，以存旧观。学海堂年久未修，亦经饬司量为葺治，于设专课生十名之外增设十名，会课改为每月一次，责成学长申明旧日章程，以期无废前规。

张之洞南下岭海，本为中法纠纷而起。但硝烟一旦消散，勘界之事虽然纷乱如麻，值得总结回顾检讨的事情多多，而张之洞还是不忘兴教育建学堂，而他此时的建学堂，已经不是传统意义上的学堂了。他从太原而来，置身两广，感受欧风美雨，视野眼光都有更大提升。细读他创办广雅书院的奏折，并不仅仅是装点门面趋迎时髦。他就办学宗旨、具体科目、人员选拔、办学经费等均事无巨细，考虑周详。有这样的设计安排，有这样的条理分明，广雅书院办得风生水起，自然也在情理之中了。岭南广雅书院，张之洞极为看重，他以广雅自命，就是一种证明。张之洞的大幕僚之一、也是大名士梁鼎芬说：公开府两广，设书院书局，皆以广雅名，又以自名其堂。广者大也，雅者正也。大而能正，公无愧焉。

中法战后，总算松下一口气来，但战后诸多事宜处理，仍旧是千头万绪。张之洞备感疲惫，病体难支。1886 年 1 月 24 日，时在光绪十一年，张之洞提出开缺养病：窃臣幽冀下士，学术迂疏，以编修积资十有七年，荐升坊局，孤根薄植，独被特达之知。朝廷轸念时艰，广开言路，应诏竭虑，屡有敷陈，不加谴诃，转邀迁擢，由内阁学士授任晋抚。上年四月奉召入觐，遽闻督粤之命。甫到省门，海警已迫。粤省当八面受敌之区，又须兵食并筹，东西兼顾。内防外援，无一不难，无一不急。臣竭其心思，夜以继日。自到任以至解严，夜寐不过数刻，罕有解带安息之事。今年以来，饮食日少，精力日减，语言稍多，即觉舌本枯强謇涩。五月猝值水灾，臣方患疮症，困顿床褥，痛楚万状，仍力疾自作函牍，延客筹措赈务。近来病势益深，加以喘嗽气逆，用心稍久即发怔忡，医云惟有静养调理，非药饵所能速效。惟有仰恳天恩，俯准微臣开缺回籍调理，俾得从容医治。臣年未五十，倘蒙福佑，渐臻痊复，惟当葆性摄生，读书学道，俾识力稍有增益，或可为将来报国之资，不胜感悚屏营之至。

奉旨：着赏假一月，毋庸开缺。

1886 年 4 月 24 日，张之洞以病体未有痊愈，再次奏请续假：经月以来，政务之繁愈甚。举凡规画善后、督察盗案、部署匪乡、综节库款、核催围工、筹画沙田、惩劝将吏、料理一切交涉事宜，千条万绪，纷至沓来，无一非棘手之事，无一有可循之例。加以痼习太重，曲折大多，急之则棼，缓之则玩。每遇一事，无不烦屡次之文牍、语言。然人才止有此数，又不便操之过急。其接见僚属，钩考案牍，仍复夜以继日，寝馈不遑，并无片刻休息之时。故转瞬匝月，病体仍未轻减。惟有仰恳天恩，再予赏假一个月，俾得加意医治。

奉旨：着再赏假一月。

1887 年 8 月 5 日，张之洞再次恳切奏请开缺，回籍调理：

> 臣前因假期届满，恳恩准于开缺，回籍调理。本年五月十四日奉硃批，着再赏假一月，毋庸开缺。瞬经一月，所患肝郁、气痛、怔忡、眩晕等症，有增无减，精神萎顿不支。接见僚属，语言稍多，辄觉舌强气喘。医者云心血亏耗太过，若非屏息劳烦，培养元气，断难就痊。臣以一介腐儒，受恩深重，捐縻顶踵，不足云酬。特念病日增困，久妨贤路。心思既竭，无补时艰。自憾早衰，徒滋负疚。惟有再行吁恳天恩，俯准开缺，回籍调理，另简公忠大臣来粤接任，以免贻误。臣获卸仔肩，庶得留心摄卫。惟冀苏沉痾而图后效，非敢偷惰而外生成。至目前紧要事件，仍当力疾会商东、西抚臣办理。

但北京方面却朱批回复：着再赏假两个月，毋庸开缺。钦此。

张之洞的确劳神费力，殚精竭虑，需要休息调养。但他三次上折，先是请假，此后又是提出开缺。他身体真的如此之差吗？是他矫情做作？还是另有原因？据说是因为当时的广东巡抚倪文蔚与他貌合神离，最终势同水火。朝廷最终把倪调离，由张之洞兼任，后来，吴大澂来接任广东巡抚，张之洞与吴大澂彼此相处愉快。再后来，吴大澂的女儿还嫁给了张之洞的次子，两人成了亲家。

且说光绪五年，马建忠著有《铁道论》，提出借洋债以开铁路。光绪六年，台湾巡抚刘铭传也提出来修建铁路。这一提议，自然有先见之明。但修在哪里？谁来操作？如何规划？都是很现实的大问题。中枢让有见识大臣就此各抒己见。有史料载：台湾巡抚刘壮肃公铭传入觐，疏言铁路之利，请筑铁路由清江至山东，由汉口至河南，俱达京师。北由京师东通盛京，西讫甘肃。若未能同时并举，可先修清江至京一段。旨下南北洋议奏。台谏力言不可，乃止。

史载：光绪十年，中法和议已成，李文忠、左文襄等先后疏陈善后事宜，请造铁路，兴大利。疏下王大臣议，善其言而不能用。光绪十三年，海军衙门王大臣又以为言，始筑津沽铁路。光绪十四年路成，海署请经营推广。会粤商陈承德请接造天津至通州铁路，直督以闻。已如所请矣，翁文恭等交章谏阻。又有言宜于边地及设于德州、济宁间以通河运者，诏俱下海军衙门。寻议上，请饬沿江沿海各将军督抚各抒所见。于是，刘壮肃请由津沽造路至京师，护理苏抚黄方伯彭年请先办边防、漕路，而试于津通。公请缓办津通，改自芦沟桥起，经河南达于汉口。疏入，交海军衙门复奏。

此处的刘壮肃就是刘铭传，李文忠是李鸿章，左文襄是左宗

棠。这些人说话的分量，当然非马建忠所可比。而此处的公，则是张之洞。他赞成修筑铁路，但路线究竟如何选择？他主张先修芦汉铁路为宜。

1889年（光绪十五年）4月2日，张之洞正式上奏朝廷，建议修筑芦汉铁路，自芦沟桥至汉口，以贯通南北。他认为铁路之利，以通土货厚民生为最大，征兵、转饷次之。他提出芦汉铁路是“干路之枢纽，枝路之始基，而中国大利之萃也”。此折关系重大，也是张之洞此后二十年念兹在兹的一件大事要事。现择要转录在此。张之洞如此说道：

> 泰西创行铁路，将及百年，实为驯致富强之一大端。其初各国开建干路，以通孔道。迨后物力日裕，辟路日多，支脉贯注，都邑相属，百货由是而灌输，军屯由是而联络。上下公私，交受其益。初费巨资，后享大利，其功效次第，实在于此。今中国方汲汲讲求安攘之略，自不得不采彼长技以为自强之助。
>
> 臣愚之见，窃以为今日铁路之用，尤以开通土货为急。盖论中外通商以后之时局，中国民生之丰歉，商务之息耗，专视乎土货出产之多少，与夫土货出口较洋货进口之多少以为断。近数年来，洋货、洋药进口价值每岁多于土货出口价值者约二千万两，若再听其耗漏，以后断不可支。惟有设法多出土货、多销土货以求之。中国物产之盛，甲于五洲，然腹地奥区，工艰运贵，其生不蕃，其用不广。且土货率皆质粗价廉，非多不利，非速不多，非用机器、化学，不能变粗贱为精良，化无用为有用。苟有铁路，则机器可入，笨货可出，本轻费省，土货旺销，则可大减出口厘税以鼓舞之。于是山乡边郡之产，悉可致诸江岸海壖，而流行于九洲四瀛之外。销路畅则利商，制造繁则利工，山农泽农之种植，牧竖、女红之所成，皆可行运得价则利农。内开未尽之地宝，

外收已亏之利权。是铁路之利，首在利民。民之利既见，而国之利因之。

利国之大端，则征兵、转饷是矣。方今强邻环伺，外患方殷。内而沿海沿江，外而辽东三省，秦陇沿边，回环何上万里，防不胜防，费不胜费。若无轮车铁路应援赴敌，以静待动，安得无数良将、精兵、利炮、巨饷而守之。夫守国即所以卫民，故利国之与利民相表里。似宜先择四达之衢，首建干路，以为经营全局之计，以为循序渐进之基。至津通一路，其缓急轻重之宜，尚有宜加审察者。

臣愚以为宜自京城外之芦沟桥起，经行河南，达于湖北之汉口镇。此则铁路之枢纽，干路之始基，而中国大利之所萃也。此路既成，但有利便，并无纷扰。民受其益，人习其事，商睹其利，将来集资推广续造，不至为难。关东、陇右以次推行，惟力是视。二十年以后，中国武备屹然改观矣。难者曰，干路之利诚如此矣，其如费巨难成何。则请以分段之法为之。拟分自京至正定为首段，次至黄河北岸、又次至信阳州为二三段，次至汉口为末段。中原地势平衍，工力可省，一股不过四百万内外。合计四段之工，须八年造成，则款亦分八年分筹。中国之大，每年筹二百万之款，似尚不至无策。

慈禧太后就张之洞所奏，如此言道：前因筹议铁路事宜，谕令沿江沿海各督抚各抒所见，以备采择。嗣据陆续覆奏，详如披览，其偏执成见、不达时事及另筹办法尚未合宜者毋庸议外，张之洞、刘铭传、黄彭年所奏，各有见地。而张之洞所议自芦沟桥起经河南达于湖北汉口镇，划入四段分作八年造办等语，尤为详尽。着总理海军事务衙门即就张之洞所奏各节，详细核议，奏明请旨。

慈禧太后这一倾向性如此明显的表态，再经过一番讨论，大家至少在表面上还是觉得张之洞的方案切实可行。于是，朝廷准奏，计划北段由直隶总督主持，南段由湖广总督主持，芦汉铁路，南北分段修筑。

张之洞经过中法之战，不仅仅是要办洋务、修铁路、建新式学堂，他痛切感受到了新式武器的厉害，他在修建珠江大堤不久，便提出来要筹建枪炮厂。张之洞主政一方，多干实事。就修筑珠江堤岸，他非常重视，向北京报告道：广东省城南临珠江，亦称省河，承西、北两江之下游。历年来省河北岸官地，民间逐渐侵占填筑，与水争地，淤停日多。近年地方豪族往往明目张胆，填筑河身，盖造房屋，动辄斗入河心数十丈，若不亟为禁断，将来接踵效尤，河身日窄，三十年后，为患何可胜言。惟有在省河北岸坚筑长堤，整齐画一，增损均有所不能，侵占填筑之弊不禁自绝。迭经臣亲督委员周历河道，勘查地势，南关自天字码头起，东至东关东涌尾止，西至沙面止，又越沙面之西旧名西炮台西至横沙止，东西共长一千八百丈有奇，一律筑成石堤，总期于水势无碍。修成之堤一律坚筑马路，广修行栈，鳞列栉比。堤高一丈，堤上共宽五丈二尺，石磡厚三尺，堤帮一丈三尺，马路三丈，铺廊六尺。其沙面以东粤海大关之左，现为洋行、香港轮码头，拟于其右添设丁字码头，为将来官设轮渡停泊之所，并在沙面以西之横沙地方，为招商局轮船建造码头一所，以惠远商。西关沿河南自横沙起，北至增步上，约长一千丈，旧有民间自筑护田围基，一律加高培厚，酌开小涌，并设窦门，既防外涨，兼泄后路自白云山南之内水。统计西关、南关一带堤基、码头及河南挑河之费，约共需银四十余万两。若分段填筑，所费尚不甚多，拟先由官暂行筹垫。于本年三月内兴工，八月内即可竣工。每一段修成之后，即随时招令公正绅商承领新填地段，缴还修筑经费，准其盖造房屋。此项工程随垫随还，不动库款，应请毋庸造册报销。

冷兵器时代结束了，再无坚船利炮，只能是坐以待毙。8月3日，张之洞奏陈筹建枪炮厂：

广东地方，边防海防胥关紧要，枪炮一项最为急需。臣于光绪十三年五月内奏明建设枪弹厂，只以为经费所限，故仅得小试其端。必须设厂自筹枪炮，方免受制于人，庶为自强持久之计。光绪十二年间，曾据文武官绅及盐埠各商分年捐资，以三年为限，均集银八十万两，在福建船厂及本省分造甲乙至壬癸兵轮十号，并购配炮械，均经奏明办理有案。因复督同司道、将领筹议，拟将前项捐款接续劝办，以作开设枪炮厂专款，自光绪十五年起，扣至十七年底止，续捐三年。

查后膛新式单响、连响各洋枪，如马梯尼、毛瑟、哈乞开、司黎意等名目，以及次等旧式洋枪，不下一二十种。综计诸式中，惟德国之毛瑟枪，各军购用最多。近又访知该国照单响毛瑟枪式改造连珠十响，军中一律换用，实为最新最精之式。至纯钢后膛炮位，向推德国之克虏伯、英国之阿模士庄两种为最精，而克虏伯厂以泥罐炼钢，后膛横门坚固，尤出其右。该厂口径十五生以上炮造法深奥，经费太巨，目前未可猝办。至所制十二生以内过山炮式，运载轻便，利于陆战，近日洋战步队专特炮队为前驱，亟宜先行仿造，以立初基。

惟克虏伯炮专以出售，不肯为他国代造，所有一切机模无从觅致，未免临渊徒羡。臣又访知柏林地方力拂机器厂于该国枪炮模式常有承造，情形最熟，因电托出使德国大臣洪钧与之商询，该厂应允能办。因与订定造枪机器一分，每日能成新式连珠十响枪五十枝，汽机马力一百二十匹。又造炮机器一分，每年能成克虏伯口径七生半至十二生过山炮五十尊。共净价一百五十一万七千七百六十马。又添购枪尾、尖

刀机器全副，净价八万一千四百八十三马。其合银三十余万两，十一个月成交。昨已付汇定银，妥立合同，绘就厂图寄粤。此外购地设厂造屋，约需银数万两。其枪管钢料及罐炼炮钢，俟开铸伊迩，暂向德国名厂购备，以期精良适用。一俟机器运到，厂屋落成，开炉铸造，当再将各项工费、铸造情形，详晰奏闻。

有人说，张之洞粗疏轻信，大而化之。这种报告，能是甩手掌柜之所为？张之洞提到的洪钧，就是同治七年的状元郎，他比张之洞小两岁，病逝于1893年，后人提到他，多是因为他的如夫人赛金花。

接到中枢新的任命，李鸿章的哥哥李翰章前来广州接替张之洞。张之洞还以为是李鸿章推荐他前往湖北，就在8月16日致电天津李鸿章，表示感谢：

洞调两湖，自为创办铁路。昨自津来人，面述尊教，知此举由公推毂，惶愧无似。令兄南来，粤事有托，欣慰尤深。此举一切章程，谅早经公筹定，祈速详细电示。

但李鸿章在8月18日回电张之洞：

调楚想为创办铁路，闻由邸主持，非鄙意也，似系传说之误。复疏尚未入告，月内外当见明文。凡铁路须由近水处生根，木、铁、机器均易转运，办一节有一节利益。鸿初拟由汉口而北，邸谓须两头分办，由渐前进合拢。事在必行，似难限期。借款尚未议章，筹款更无指拨，鄂省应另设局，招集公司，祈预筹，俟开办时再商。

张之洞本以为是李鸿章推荐自己就任湖广总督，但李鸿章却说是醇王奕譞之意。至于到了湖北如何开展工作，李鸿章的意思是，一切都还在务虚阶段，主要看你的拿捏功夫了。张之洞开弓没有回头箭，也只能勉力向前兢兢业业了。

回顾在岭南近六年光阴，张之洞在1889年11月14日奏报北京，不无感慨：

新任督臣李瀚章业已抵粤，臣当将两广总督关防、盐政印信、王令旗牌及文案卷宗，于光绪十五年十月二十二日派委督标中军副将王世清、广州府知府孙楫赍送新任督臣接受，即于是日交卸督篆。臣督粤五年，边海繁难，菲材鲁钝，虽日日鲜偷安之暇，而事事深内歉之心。顾牖户而亟绸缪，抚闾阎而惭富教，事多草创，修饰尚望于将来。现在料理行装，定于下月初间由海道乘轮，遵旨驰赴调任。又以督办铁路事宜任大责重，事属创举，奏请调遇缺侯选道蔡锡勇、在籍山西候补道陈占鳌、候选知府沈嵩龄、候补知州凌兆熊，候补知县赵凤昌、薛培榕等赴鄂差委。

北京回复：

奉旨允准。

胡钧《张文襄公年谱》载：公在粤六年，始则经营战守，继者整饬吏治，培养民力，请求立国自强之道。凡所规画，其用款率取之于清厘中饱。阎文介在枢府日，与公内外同心，有所奏陈，辄蒙报可。光绪十四年，文介去位，枢府不惬于公，赖醇亲王一意扶助，遇事奏请特准。阎文介就是阎敬铭，与张之洞多有交集。

《抱冰堂弟子记》虽然有不无为张之洞评功摆好之嫌，但所说多有根有据，并非捕风捉影，胡乱妄说：已丑、庚寅间，大枢某、司农某立意为难，事事诘责，不问事理。醇亲王大为不平，于议覆所奏各事，皆请特旨施行，且极口称赞，有粤省报销不为多一也，于沙路河道立阻敌船铁桩二也，修琼廉炮台三也，修镇南关炮台四也，购枪炮厂机器五也，购织布机器六也，清查沙田

给照缴费七也。并作手书与枢廷诸公，曰幸勿藉枢廷势恐喝张某。又与大司农言曰，如张某在粤有亏空，可设法为之弥补，不必驳斥。然初到粤时，藩库存款不及五十万两，善后局欠债无算。临去粤时，存现款正项银二百万两，书院、书局杂项银五十余万两而交后任李筱泉督部，时中外哗言公在粤滋用巨款，李至是愕然惊服，肃然起立，长揖以谢。

前所谓书院、书局杂款者，即粤海关每月例进之公费，公不以入私，而发善后局存储备用者也。书院、书局之外，尚提充各项公用，亦成巨数，临交卸时以清单札发善后局备用，该款亦积存二十七八万，且不奏闻，谓我用省，冰炭敬止送师门及门生与同年三品以下者为数亦微，他人用多，酬谢尤繁，倘一奏裁，势必另筹，有碍吏治，贻害地方，吾不为也。惩于某公等立意为难，取张曲江“无意与物竞，鹰隼莫相猜”语意，自号无竞居士。由兼署抚篆时，督、抚两署相邻，中为通道，世传两署架飞梁，糜费无算，此说亦诬。其时于东西墙之上横支木板，长三丈余，隔以竹篱，如守更之棚，所费才数十金。抚署后园辟畦种菜，筑草亭其中，有一联云：“稼穑艰难君子教，菜羹风味士夫知”，其朴素可想。

张曲江，即唐代名相张九龄。张九龄是广东韶州曲江人，曾修大庾岭古道，撰有《开凿大庾岭路序》，有“古代的京广线”之誉。他仕途坎坷，多遭磨难，但风度翩翩，望重一时，人称“曲江风度”。他有《曲江集》传世。张之洞自号无竞居士，取自张九龄诗文，不无自况思齐之意。

# 七、总督湖广近廿载，砥柱中流



1889年8月8日，清廷调张之洞任湖广总督。张之洞离开广州，经香港，到上海，还曾在镇江停留，途中大概有四个多月时间，到达湖北武昌，已经是1889年的12月17日了。

世人多知，李鸿章虽然也是进士出身，但他脱颖而出，还是因为曾国藩，虽然潘世恩、翁心存都曾对他有所帮助。李鸿章追随曾国藩，最终独立成军，独当一面，在平定太平天国、捻军中后来居上，青出于蓝而胜于蓝，先后任江苏巡抚、湖广总督，尔后是直隶总督兼北洋大臣、文华殿大学士。至于甲午战争之后，李鸿章声誉一落千丈，最终还是两广总督，后来为钦差大臣，签订《辛丑条约》。张之洞小李鸿章14岁，科场顺利，做湖北学政之时，李鸿章正是湖广总督，两人曾经合作共事，大致有三年时间。但张之洞是清流党，受李鸿藻影响，对李鸿章多有批评。中法之战，张之洞力主抗争，李鸿章则认为见好就收，认为当时的最大危险还是东瀛日本，这与张之洞的见解多有抵触。

中法战争结束，张之洞奉命北上，总督湖广，修铁路，办兵工厂，兴办学堂，与李鸿章有竞争，也有合作。但仅就开矿、办厂而言，细读两人来往函电、信札，李鸿章并没有刻意刁难张之洞，两人都从大局出发，还是彼此理解相互支持。当然，他们就具体问题还是有争论、有分歧。且来看甲午战争之前的张之洞与李鸿章。



张之洞离开岭南，走水路经过香港，到上海，曾经约见盛宣

怀，无非是商议在湖北修筑铁路的一些想法与规划。1889 年 12 月 14 日，张之洞一行十人还颇有雅兴地在镇江停留，去了金山寺、焦山寺，观瞻苏东坡、杨继盛的“遗物”，难得放松，兴致盎然。同行者都谁？张之洞曾留下如此题记：光绪十五年十一月二十二日，南皮张之洞偕嘉兴许景澄、番禺梁鼎芬、江阴缪荃孙、龙溪蔡锡勇、黄岩王咏霓、定远凌兆熊、恩施樊增祥、巴县潘清荫、绵竹杨锐、武进赵凤昌同游焦山，观杨忠愍公书卷，题记岁月云尔。张之洞在离开广州北上履新途中，还想起唐代李德裕的后人留在海南，他提出愿意协调帮忙，让他们北归中原。但李德裕后人“均不愿远出”，令张之洞还不无遗憾呢。可以看得出来，陪同张之洞畅游镇江金山、焦山者，几乎都是张之洞庞大幕僚团队中的核心成员。

三天之后，张之洞一行逆水行舟，抵达武汉，12 月 18 日，张之洞就正式开始上班工作，处理公务。第二天，他向北京谢恩奏陈，汇报自己已到湖广任上。这虽然是例行公事，但张之洞说得却极为恳切：臣一介庸儒，迂疏寡效，渥承巽命，迭领连圻。昔视学以采风循行江汉，今绥疆而问俗远及衡湘。顾兹中原，管毂三区，适当潦水告灾之后。臣惟有敷宣德意，期苏泽野之嗷鸿；整饬戎行，务靖江湖之伏莽。所有地方应办事宜，随时与湖北、湖南抚臣和衷商榷，认真筹办，以冀仰答高厚鸿慈于万一。

有意思的是，张之洞此折，只字不提修筑铁路之事。他说到整军经武、维护社会稳定，还提到了湖广刚刚遭受的水灾，更提到了自己备感责任重大，只能切实认真，勉力前行。

但张之洞心里非常明白，他总督湖广，除了稳定大局，处理日常，更为重要的还是就如何修筑铁路，要有一套办法，并要尽快看出成效。修筑铁路，钢铁从哪里来？资金从何处筹措？各方面的人才又从哪里召集？需要钢铁，就要找矿，还要有煤，这一切还都没有一点眉目，近乎一张白纸啊。12 月 20 日，张之洞致电海署、天津李中堂。海署是醇亲王奕譞做主，李中堂就是李鸿章，他当时是直隶总督兼北洋大臣，是炙手可热的晚清重臣。张之洞对李鸿章如此说道：盛道宣怀到沪后，连日晤谈，详加考究。据白乃富云，大冶铁佳而多，惟当阳煤少，仅敷数年。因与盛道商，令白乃富再往鄂省沿江上下勘访他处煤矿。管见总以煤铁距鄂较近者为宜。闻麻城界上亦有煤铁颇佳。前在粤募有德矿师二人，英矿师一人，已电召来鄂，拟令分查近鄂各矿，并详饬水运可通之黔铁、湘煤运费，再为筹计。

张之洞告诉李鸿章，他在上海已经与盛宣怀会晤，就湖北大冶铁矿、当阳煤矿，甚至麻城煤矿，与李鸿章通气。张之洞还说明了招募德国、英国人员的有关情况。这个白乃富，是比利时人，此后在李鸿章、张之洞、盛宣怀的来往电文中，还会反复出现，也是一个很活跃的外籍人物。

张之洞还曾致电贵州巡抚潘霨，询问贵州青溪铁厂的有关生产情形。潘霨告诉他：各厂即日开炉，每日夜应出生铁二十五吨。炼钢现有别色麻炉两座，每两刻能炼一吨。炼熟铁炉设有八座，轨条机现备十三副，轨板机一副，能轧四尺宽，长则随便。当时的贵州地处西南一隅，已经有这样的钢铁厂，生产能力还如此强劲，实在是有点出人意料。这不会是潘霨吹牛浮夸吧？

找煤、找铁，并不完全仅仅是为了造出铁轨，铺设铁路，张之洞还要造枪炮，武装军队。12 月 31 日，张之洞向北京奏陈借拨粤省枪炮以应缓急。张之洞在岭南之时，就已经开始布局制造枪炮。他现在调离岭南，不便再过问两广之事，就惟有奏陈北京，希望能够把一些枪炮拨付给湖广，以备急需。张之洞如此说道：臣前在两广任内，历年购置外洋各种后膛精枪、行营车炮为数不少，存储尚多。湖北地处上游，会匪伏莽，窃发时虞，亟应筹备军实，以应缓急。而各营犹复沿用旧式前膛枪炮，于后膛枪队炮队操演之法，多未通晓。臣前经奏明借拨黎意枪一千支，自

粤启程时，复与军械局司道商酌再拨黎意枪一千支，共两千支，枪弹二百万粒，七生半克房伯行营车炮十八尊，炮弹九千枚，随带赴鄂。其价值应俟广东核明后，由湖北筹拨归还。当时的枪炮多购自国外，看其质量、数量，也不算差，更不算少。

1890 年 1 月 17 日，海署致电张之洞：顷阅军机处交钞粤督李奏：设厂炼铁，订购机器，已付定银十三万有奇。大炉倾销铁砂甚巨，矿务稍延，即难源源供用。营建厂屋，非数十万金不能，厂成后，厂用相需甚殷，粤省何能常为垫支。现在直隶、湖北创办铁路，如将铁厂量为移置，事半功倍。请拟此项机器应设何处，如何指拨动用。炼铁厂可否移置鄂省，俾省开矿重购之费，应需各款，所指何款，并希酌筹电复。

1890 年 1 月 20 日，张之洞就查勘煤铁事致电海署、天津李中堂，通报进展，汇报情况，寻求支持。张之洞说道：

> 本月下旬，洞在粤募来之英矿师巴庚生、德矿师毕盎希司瓜兹、矿匠目戈日阿士，及烟台所募比国矿师白乃富，先后到鄂，并在粤访有德国久造铁路之工弁时维礼亦召来鄂。与该洋弁、洋师等晤谈详商。据白云，大冶铁佳，以理论之，附近百里内外必有煤。如沿江上游宜昌以下有煤，大冶铁亦可炼等语。现拟委员伴送矿师等同赴大冶一带勘煤。大冶毕，即溯江上勘沿途至宜昌一带。至湖南煤铁，宝庆、衡州、辰州三府均甚多，畅行湖北、江西、安徽、江南等省，至今犹然。三府皆通水运，远近率皆千余里，下水。已择数种，令矿师阅。
>
> 据称，宝产、衡产煤皆佳，铁佳者数种。现委员赴湘，分路考究多少贵贱运货，并函致护湘抚沈臬司晋祥就近筹访。大约湘煤、湘铁皆甚佳甚多，足可敷用，估约尚不甚贵，但虑收多抬价，须筹一采买转运之法。如大冶实无煤，或用湘煤炼冶铁，或用湘煤炼湘铁，或参买黔铁。贵州潘抚

来函议定，如鄂用黔省机器炼成之钢，总令其价较洋钢稍廉。总之，必可济用。

至勘路一节，先宜密办。拟以造电线通豫、鄂为名，往勘线工，则线路即将来车路，且此线亦在所必造也。明正拟派员同德弁时维礼及造线员匠密勘由汉抵汴之路，德弁可遵改中国衣冠，以免惊疑。至徐州利国监煤铁，曾与盛道及白乃富议及，矿均可用，但距鄂远，且冬春运河浅涸，似可稍缓，俟鄂必不能炼再议。洞在粤订购之炼铁机器，移鄂最便，详具另电。

张之洞还就将粤订炼铁机器移鄂开办之事，向李鸿章详细报告：

洞在粤订购炼铁机器，原为粤民开利源，塞漏卮。然库款无可动拨，故暂向汇丰借银购办，待机全到、价全清时，须明年十一二月。彼时粤有巨款一宗，系闱姓商人六年届满更换，照章须于冬春间预缴饷银一百四十万元，合银九十八万两，上届奏明有案。以之支付铁机及造厂约五六十万两，充然有余。俟厂成利见，粤商必然争先缴价承领，此数十万之款仍可收回，不过官任其劳，民享其利而已。彼时或推与商办，或官自办，可临时斟酌。洞在粤数年，深知粤商性情。提督方耀熟悉商情，久驻惠州产煤之区，屡与洞详谈，深以粤省自炼钢铁为有利，故敢决计为之。

今两广李督既不欲在粤置机采炼，且此机内本订有造铁轨机器，自以移鄂为宜。正拟上陈，适奉钧电，谨当即电使英刘大臣将此机运鄂。将来大冶煤便，即置大冶。若大冶煤艰，湘煤湘铁尚合算，即设武昌省城外江边。要之，在鄂总有大用。至已经借垫之银十三万余两，已商李督。顷接复电，允许即由粤归还，于明年预缴闱饷项下动支。以后续付

价值及造厂各经费，拟请均署于部筹铁路经费项下拨付。机为粤一省用，则应粤筹。铁路为全局事，自应请动部款。

1890 年 1 月 23 日，海署再次致电张之洞：铁为盛举之根。今日之轨，他日之械，皆本乎此。宏论硕画，自底于成。部款岁二百万，已奏准的项矣。粤订炼铁机器既移鄂，本署即据入奏。粤督请移铸械厂于北洋，刻正详商，然必须得铁后次第及云，总以将来军旅之事无一仰给于人为衡。虽不必即有其效，万不可竟无其志，谅同情耳。

海署的意见，应该就是奕譞的意见，而奕譞不可能不向慈禧太后汇报张之洞的进展情况。最高领导支持很重要，张之洞自然明白这一道理。悠悠万事，铁为根本。

大冶铁矿，究竟情况如何？附近能否找到煤矿？张之洞不能完全听盛宣怀一面之辞，他还札委知府扎勒哈哩等查勘大冶等处煤矿：湖北大冶铁矿，前经山东登莱青道盛道（宣怀）派委比国矿师白乃富前往履勘，查得矿苗甚旺，铁质亦佳。惟限于时日，未及详绘细图，分辨层次，而且有铁无煤，亦难镕炼。亟宜派员再往复勘，兼于大冶左近沿江一带寻觅煤矿。经本部堂电调原派比国矿师白乃富来鄂，会同所募德国矿师毕盎希、英国矿师巴庚生，再往确切详勘。如大冶附近无煤，即溯江上驶，直抵宜昌以上至归州、巴东一带川省交界止。查有补用知府扎勒哈哩、同知盛春颐、员外郎衔翻译委员辜汤生等堪以派委，带同该矿师等前往大冶、武昌、兴国、广济、蕲水各州县，确查煤铁各矿。

张之洞找矿，并不是急功近利不讲科学，眉毛胡子一把抓，一味蛮干。他依靠洋人，借助他人经验，进行认真查勘。湖南之宝庆、衡州、辰州、永州，四川之夔州，贵州之青溪县，陕西之汉中府，山东之峄县，分派委员履勘。山西则属冀宁道履勘。其在湖北境内者，先后派员查勘。又令在粤所雇英德矿师来鄂，司履勘化验之事。其连类而及者，湖北鹤峰州、长乐县均有铜铅矿，兴国州有银铅矿，湖南沅陵县有金矿，先后派员查勘，采样化验。张之洞行文铁政局称，迩来查勘有矿处所，多经前人试采，旧迹犹在。其所以终无成者，或因滋事封禁而废于半途，或因资本不继而亏于一篑。坐废地宝，殊属可惜。盖意在广开地利，不止利用煤铁也。银铜各矿以苗脉不旺，不能大举。铁政局委员知县邓端轍就勘矿文牍，分别辑为详表一卷。张之洞当年所为，真可谓前人栽树，后人乘凉，这些筚路蓝缕，披荆斩棘，开辟新路，留给后人的，岂止只是钦敬而已？

鲁迅说，在中国挪动一张桌子，都要流血。这话听起来有点耸人听闻，但也说明办事之难。北京有一官员左绍佐听闻张之洞要在武昌西山樊口开矿，他致信张之洞，极力劝阻。张之洞在1890年2月22日，回电答复这位左绍佐：武昌西山、樊山，草树茂密，气势宏敞，外江内湖，安得有煤有铁。且古今名胜，即有之，鄙人亦不肯开。若有冢墓，更不待言。请遍致同人，千万不必过虑。若虑矿徒为奸，尤非所悉。今日大举，设官开局，自有兵役弹压。昔日僻壤，立成巨镇，开采之处，每年必增百余万生计，可养数万工作贩运小民，于地方但见其利，未见其害。武昌固决不开，但他县终须有开采之处，其利益日后自见。故附论及之，以释群疑。

左绍佐，字季云，号笏卿，别号竹笏生，湖北应山人，光绪六年进士，授翰林院庶吉士。他历任刑部主事、员外郎、郎中、都察院给事中、军机章京、监察御史、广东南韶连兵备道兼管水利事。左绍佐任京官时，直言敢谏，曾参奏满汉大员奕劻、璞寿及袁世凯等专权误国。他的《竹笏日记》，涉及时间约为1902年到1927年，就岁时灾歉、人民疾苦、税目繁多、官吏贪婪等情况均如实记载，如对两广总督张鸣岐的投机活动，就有详载。左绍佐在1928年去世，享年82岁。

1890年3月16日，张之洞致电李鸿章，告诉他决计以楚煤

炼楚铁：大冶铁确佳而多，南北两省煤确有数种可用，如湖北当阳，湖南宝庆、衡州皆可用。现决计以楚煤炼楚铁，取材总不出两湖。

张之洞同时也致电海署：湖北、湖南两省煤铁样各已取到十余种，须用化学机器煎炼，方能确定等差。洞去夏在粤即向外洋访募化学教习英人骆丙生，并购化学机器。骆昨日始到鄂，机器已到沪，专待化机到，即可炼试。大冶铁已据数矿师复勘，咸称佳而且多，惟附近有煤而不合用。南北两省煤确有数种可用，已分遣矿师、委员复勘。俟两省委查者俱回，筹计运费，即可定用何处，总可令价较洋铁为廉。现拟定计炼楚铁。前盛道在沪拟有开徐州利国矿一禀，管见拟从缓议，缘原议系借官本招商股，事多周折，与洞办法不同，且与现在情形不合。至所拟另奏派督办煤铁大员一层，尤可不必。

3 月 17 日，张之洞致电海署，以湘省民情，洋人断不能往勘机器采煤，请电商南洋大臣速调徐建寅、徐华封两员来鄂，以便分发赴湘勘矿。徐建寅、徐华封兄弟是徐寿之子，徐寿是中国近代化学启蒙者和造船工业先驱。徐建寅自幼受其父影响，热爱自然科学，1861 年随其父在安庆军械所供职。1879 年，他出使德、英、法等国进行考察。1886 年在会办金陵机器局时，他采用西法制成新式后膛枪和铸钢。1890 年，徐建寅应湖广总督张之洞邀请，会办湖北铁路局。是时，张之洞正兴办汉阳铁厂和枪炮厂，急需大量用煤。为减少从外国购买，徐建寅于大冶附近“勘得真煤层”一处，经试开，质量极佳，“与英国之上等煤足堪匹敌”。1901 年 3 月，徐建寅在钢药厂与员工试制无烟药时，失事殉职，是中国近代牺牲在科研岗位上的第一位科学家。他著译有《造船全书》《兵学新书》《化学分原》《水雷录要》《欧游杂录》等。

3 月 24 日，张之洞奏陈粤省订购织布机器移鄂筹办。他说明如此操作的道理所在：

购机织布原奏，本已声明如营运有效，再推广于沿江各省。鄂省沿江产棉之区甚多，自较广东开设为宜，第非仓卒所能兴办。今李瀚章既经奏请移机鄂省，事关为民兴利，臣自当力任其难。

惟创建此厂，地广工精，加以常年经费为数甚巨，鄂中物力艰窘，与粤省情形相去霄壤，此款一时实无从另筹。查闱姓商人认捐另款之八十万元，本为布机而设，与正饷无涉，原案具在。迭经电商李瀚章拨归鄂省。现准李瀚章复电，以粤省用宏费绌，未肯全拨，允于此项拨洋银十六万两，为鄂省布机建厂之用。惟运脚、保险之费本应即在购机价本之内，合计为数约计四五万两，拟由粤省于另筹八十万元一款项下支清，此外即不复索之于粤。

至布局常年经费，臣前在粤因海防紧急，借有山西善后局生息银二十万两。年来粤省业将此款筹出，尚未归还晋省，李瀚章来电嘱将此项晋款生息银拨归湖北，作织布厂常年经费之用。臣当已应允拨借，仍照粤省认息九厘，按年汇还晋省。鄂省对江之汉口镇，贸易素盛，特阛阓辐辏，并无隙地可以设局。现在省城文昌门外勘得管地一区，高广坚实，近在江边，便于转运。地基纵横各百余丈，间有民房，从宽给价购买。另行奏催江苏补用知县薛培榕由粤来鄂，监修工程。俟该员到鄂，即日兴工。

张之洞格局宽阔，气魄宏大，找铁矿，觅煤矿，炼钢铁，造枪炮，还要开织布局。齐头并进，忙而不乱。但如何筹措资金，也在考验着张之洞。1890 年 4 月 16 日，张之洞就枪炮厂、铁厂经费及湘鄂电线事电复海署：

目前所需，惟造厂经费。厂成后如何制造，容洞筹拟办法，陈请钧署核定。大约惟第一年需费较多，以后每年所造之件可分拨各省各营应用，令各省各营备价领械，辘轳收支，则本局所垫不能甚多，不致多费部款。且各省需多则多造，需少则少造，可随时消息，洞必当竭其愚虑，筹一专款持久之法。

私衷窃拟炮厂常年经费竟全不动用部款，惟第一年暂借部款，随即筹还，容筹定详陈。目前造厂、购地、购料、兴工需费，拟请将前电约估之经费十五万两拨发来鄂，以便支用，庶免节次请拨烦渎。工竣核实造报，请钧署核定，再咨部核销。但此时无须动部存之款，恳请电查各省新海防捐已收若干，酌量指拨，电知各该省令其电汇来鄂应用。但恳勿拨广东之款，缘粤尚须筹付此项枪炮机器价值也。

**张之洞觉得说得还不够透彻，再次致电海署：**

炼铁机器价值各费，除头批五万余两已由鄂省于认筹（铁路）经费项下支付外，至以后各批炼铁机器价值，拟请查明各省认筹铁路经费已复到者若干，俟各批应付价时，当随时电达钧署，即请酌量指拨来鄂应用，无须以部已筹定二百二十万之款垫付，庶不敢遽耗部中现款。

**张之洞还就湘、鄂之间架设电线一事致电海署：**

目前十八省皆接通电线，惟湖南省与鄂远隔湖山，文报迟滞，遇有地方紧要政务，呼应不灵，殊多窒碍。且现在筹办采运湘煤各事，尤须信息捷速。拟由鄂省接造电线通至长沙、湘潭一带，即与产煤铁处所相近，且通商务市镇。均用华工，不用洋人。拟即令电报局承造，勿庸官筹经费，将来养线经费统归商局。

询之该局盛道宣怀，已经应允。至湘潭以上再能接至何处，应由商局自酌。若衡州、宝庆、永州有关煤铁处所能否旁出接造，应俟临时体察，或官或商，酌拟请示。

电线若成，于两省公事及煤铁要务均有裨益。谨候核示遵，以便将路勘定，再行具奏。再，鄂省现在筹办煤铁，所有外洋矿师、化学教习、测绘工师及分路查勘煤铁矿委员、学生、翻译等薪水盘费，购置化学制炼器药炉座并省城局中员役、房屋杂费，数月来皆系垫发，此款拟于鄂省所收新海防捐项下拨支。

海署复电张之洞：三电接到。线务希饬盛道遵办，并咨译署存案。鄂省新海防捐留垫勘矿一切杂费，希分咨户部、本署、北洋，免致与各省捐款偕提北洋应用。枪炮厂应用十五万两，本署当照电分询，独遗粤、鄂。惟现定议户部捐项归本署，各省捐项归北洋代还铁路公司前借洋债之七十余万两，俟归清方能统归本署。此节希与北洋电商复知，庶本署不为食言。

又，上月总署条陈关东时局，两次遵议，佥谓铁路宜移缓就急，先办营口至珲春，续办芦汉。又有谓鄂省后湖之堤工艰费巨，自孝感至河南信阳四百余里山路培垫尤难，非数年内能了，此时先将今年二百万归鄂经理矿、炉等，来年改归东路云云。惟芦汉之路可徐办，而炉座炼铁不容中辍。若二百万鄂、东分用，固两不济事；设专归东，鄂之采炼无款，将若之何。本署左支右吾，智力实困，特商其略，希酌复详求，非所厌也。

4 月 22 日，张之洞致电天津李鸿章中堂大人，询所办营珲铁路是否即用鄂铁，抑兼用他铁，或另开铁矿。李中堂回电答复：东路需急办，应购西洋钢轨铁。将来鄂钢炼成，自可拨用，然须随拨随付价，界限乃清。

4 月 28 日，张之洞致电海署、天津李鸿章，告鄂当专意炼铁造轨：廷议移缓就急，芦汉之路可徐办等因，谨当遵办。湖北即专意筹办煤铁，炼铁造轨，以供东路之需用。惟开办炼铁事宜，造厂安炉，购机采煤，修运矿之小铁路，购运煤之小轮，疏铁厂通江之小河，以及开办之初，尤须多屯煤斤，方无停火糜工及居

奇涨价之虞。事端甚繁，所费甚巨，二百万断不敷用。然部款难筹，洞所深悉。

时局多艰，岂容再缓。谨当仰体荩谟，力任其难。即请先将二百万拨归鄂省，此外即不再请部款。其余不足之款，洞当竭力筹划，随时请示。

总之，殚此血诚，绵力为之，务期将中国开辟煤铁利源风气一事，必使办成为度，总使民足以兴利，官足以济用。然必须仰恳钧署主持，始有策可措。至此二百万必须足数实银，不再扣减，方可勉强腾挪应付。此时正在择地购料建厂以待机器，急需支用。敢请酌拨数十万来鄂，以济要需。如蒙允行，可否由部酌核将鄂省解京之的款设法划抵，以省解汇之费，洞必当核实妥办。谨候裁示。

大致在半个月后，海署回电答复张之洞：诸费经营，钦佩无及。炼铁需款，酌拨数十万，势所当然，其划抵鄂解京饷之议，已咨商户部。京捐一项，本署待用孔亟，殊难挪转。枪炮厂需十五万，前咨部筹，统俟复到，即行电达。本年二百万归鄂，王大臣公商如此，并未出奏，缘东轨章程尚未统定耳。至关东造路乃总署密陈，向不分行，本署亦未奉到谕旨。

5 月 1 日，张之洞致电远在伦敦的薛福成，称轧花机器必不可少，轧花之利甚厚，请代询机器价格。薛福成其人，也很有故事。薛福成，字叔耘，号庸庵，无锡人。他兄弟三人，大哥薛福辰，薛福成行二，三弟叫薛福宝。薛福成曾服务曾国藩，后服务李鸿章，因缘际会，成为外交家。薛福成一生撰述甚丰，著有《庸庵文编》《筹洋刍议》《出使四国日记》《庸庵笔记》《出使奏疏》《出使公牍》等。

5 月 3 日，李鸿章中堂来电：西洋多以铁石就煤，无运煤就铁者，炉厂似宜择煤矿处安设。5 月 5 日，张之洞就铁厂选址事电复天津李中堂：详询洋师，外洋有移煤就铁者。但视所便，不拘一格。此间铁聚而煤散，铁近而煤远。铁逆水而煤顺水，且煤在鄂省上游及湘省内河。若运铁石往炼，炼好又须运下武汉，是煤一次而铁两次矣，故鄂事以运煤就铁为宜。且距省城近，经理较便。

为了筹钱，5 月 8 日，张之洞致电烟台盛宣怀，商议官商合办典铺，以筹措资金：

> 鄂省当铺取息三分，民间不便。今拟饬减为常年二分，冬、腊两月分半，以惠贫民。兹特筹措官本二十万金，发商承领，开设官典，武昌、汉口各一家。每家各领官本十万，照前议减之数取息，以为各典铺之倡率。官只取月息八厘，此外余利尽归该铺。而此间富商有名望者颇少，未敢深信。闻阁下早年曾在汉口开设典铺，于此间情形自必熟悉。此事莫若即令招商局承办，官必力为扶持。官商合力，永无亏折停歇之患，于民生、商局均可有益，官款亦稳。尊意如何，祈筹酌速复。

盛宣怀很快就回电张之洞，予以拒绝：招商局防微杜渐，不敢旁参他事。电报局分造各线，尚缺资本，如发生息，可以六厘附。

5 月 17 日，张之洞再次致电伦敦薛福成，请代为询问前定炼铁炉机日出百吨，今欲赶办钢轨，日出二百吨，将已定炉机参合添配，应加炉座、卷轨机各若干，价值连运、保费共几何。

同日，张之洞致电海署、天津李鸿章，再陈铁厂应拨款速建：

> 大冶铁矿，据矿师及化学洋教习报称，铁质可得六十四分有奇，实为中西最上之矿。其铁矿露出山面者约二千七百万吨，在地中者尚不计。即再添数炉，百年开采亦不能尽。且附近之兴国州兼出极好锰铁，甲于各洲，尤为两美。至

> 湘、鄂两省多产白煤，现经详细化炼，可用者十余处，尤为他省罕见。烟煤亦在所需，亦经化炼，更属不乏，虽远近不等，多系近水。
>
> 现拟运煤就铁，系照十年前矿师博师敦拟鄂省开炼煤铁办法，其所估计煤价与现价约略相等。据博师敦云，必有利益，确能省于洋钢洋铁，必然无疑。况目前洋铁日昂，以后必更日贵，此乃中国大利。煤铁两端均可供官民之用，保外耗之财，煤并可资各口洋轮之用。此时虽需经费，将来利于民并利于国，经费仍可按年提回，滴滴归源，毫无虚糜。且厂成出铁以后，经费便可辘轳周转，并非年年需费。惟事体繁重，开办宜速，早一年有一年之利，早一月有一月之利。机器不久即到，不能露置，以致锈坏，造厂断难再缓。户部拨岁筹二百万，河工借拨外，余存当尚不少，伏望钧署深维全局，筹度主持，俾得及早举办，实于大局有裨。

5月18日，张之洞致电天津李鸿章，恳请东路勿多订洋轨，还是以支持“民族工业”为好：

> 东路应购西洋钢轨，每年造二百里。鄂省所定机炉约计每年制成钢轨断不止二百里，足可供尊处之用而有余。鄂厂运煤就铁，系照十年前博师敦所拟办法，据云甚为合算，总可较洋轨为廉。造厂等事，刻即开办，一年后即可开炉出铁、出钢，造成钢轨无算。合计全路二千余里，所省当不下数十万，似不必多订洋轨，方与中国炼铁塞漏之本意相符。

李鸿章复电张之洞：营珲甫经勘路，迨定图购地后，方可兴工，断无预定洋轨之理。向来订购章程，须令各国铁厂将货价呈送，定期开封，择货精价廉者购办，未便预为限制。鄂省机炉到齐，盖厂安设，运煤开铸，计尚需时，似一年后未必能造成合用钢轨。英匠言印度造路甚长，该处所开铁矿，轨尚不合式，仍需远购英轨，非得已也。鄙意俟鄂厂成轨，取样比较，如果合用，即价略昂，必当自用自物，况如尊论较洋轨为廉耶，似应届时商办。

这一天，张之洞还致电上海道台盛宣怀：

荆门白煤佳而嫌薄，归、兴及湘省白煤甚多，只可合并收买，自可足用，而价不涨。大冶铁已勘明化炼，确系佳矿。此矿前经阁下远募良师访得，实为首功，拟每年酌提余利若干，以为酬劳。尊意拟如何办理，望密示，以便筹酌。

就张之洞这一电文，盛宣怀回复道：

冶铁英矿师估值六千万。宣怀不获随侍供驱策，徒抱苦心十五年，空赔公款十五万，受大人深恩，何敢下情径达。乃蒙追念微劳，欲每年酌提余利若干，并饬密复，以便筹办。似此恩谊，恨不沥肝以报。

查鄂矿原发部款二十万千，鄂款十万千，除不能报楹之款自办外，实用公款十五万八千千，均有月报可凭。傅相以炼铁难筹巨款，半途中止，致难奏销，不得已将未用钱十四万二千千发典生息，分作十年，归还三十万千。讵料光绪十年典商胡雪岩、刘翌宸倒账，此项本钱倒去十万余千。本已失，利尽赔。户部复饬缴制钱，钱价比光绪初年每银一两少换四百文，遂致赔上加赔。宣怀以此败家，若非得官，必不能了。询之恽道、瞿道，略知其详。招劝华商出资接办，拟每吨煤、铁酌提若干弥补此项，俟弥补毕，仍提捐助赈。嗣奉电谕改归官办，只得议开利国，以图补救。华商仅能凑本八十万，又未敢轻动，且患两矿自相倾轧，不得彼此联络，踌躇未决。

伏蒙下询，如可于荆煤按吨提银一钱，冶铁按吨提银三钱，代为弥补垫赔官本，俟弥补完毕，存鄂以济各省灾赈。

宣怀得此则积累一清，子孙感德。不得，亦自作之孽，毫无怨尤。但使后人闻风兴起，不致寒心，援宣怀以为戒，是在大人为国家持远大之见耳。所有实赔细数及已缴、未缴实数，可否饬准开单呈核，乞钧示。

盛宣怀言犹未尽，又致电张之洞：

路既改办，矿更要紧。洋钢不能以目前为断，钢价忽高忽落是殷鉴。白乃富云武昌设厂，是铁石、灰石皆须逆运，恐运费太巨。郭师敦原勘在黄石港近灰石山处觅定高基，安置炉机，荆煤下运黄石港，与武昌运费必不相上下。此系二百年远计，似宜从郭不从白。宣凡有所见，必直陈宪台，事后必知宣心无他，宣言皆实。

盛宣怀此一电文，提到的傅相，自然是李鸿章，而鼎鼎大名的胡雪岩与盛宣怀还有这一番“合作”，但红顶商人胡雪岩得益于王有龄、左宗棠，又最终在李鸿章与左宗棠的争斗中成为牺牲品。诚如盛宣怀所言，胡雪岩在光绪十年“倒账”，而胡雪岩在光绪十一年，即1885年就去世了，得年62岁。盛宣怀提到的恽道、瞿道，都是他的常州同乡，当时都在张之洞幕府中，他们都分别有著名的孙子辈恽代英、瞿秋白。

5月26日，张之洞致电盛宣怀，陈述铁厂设在武昌城外的理由：

黄石港，地平者洼，高者窄，不能设厂，一也。荆襄煤皆在上游，若运大冶，虽止多三百余里，回头无生意，价必贵，不比省城。钢铁炼成，亦须上运至汉口发售，并运至省城炼枪炮，多运一次。不如煤下行铁矿上行，皆就省城，无重运之费，二也。大冶距省远，运煤至彼，运员、收员短数掺假，厂中所用以少报多，以劣充优，繁琐难稽，三也。厂内员司离工游荡，匠役虚冒懒惰，百人得八十人之用，一日作半日之工，出铁既少，成本即赔，四也。无人料理，即使无弊，制作亦必粗率不如法，炼成制成料物，稍不合用，何从销售，五也。铁厂、炮厂、布局三厂并设，矿物、化学各学堂并附其中，洋师、华匠皆可通融协济，煤厂亦可公用，六也。厂在省外，实缺大员无一能到厂者。岁糜巨款，谁其信之。若设在省，则督抚、司道皆可常往阅视，局务皆可与闻，既可信心，亦易报销，七也。此则中法，非西法。中法者，中国向有此等积习弊端，不能不防也，并告以现择得省城东南二十里汤生湖边金鸡垸为厂址，且设炮厂于此。

张之洞再电盛宣怀：冶矿可开三百年，访矿首功，岂可转令受累。荆煤虽不能开，要以冶铁为主。鄙意拟按每年炼成总数，或钢或铁，每吨提银二钱，以为弥补奖励创办矿务官商经费，立案永远照办，不拘年限，年年具领，勿庸存鄂拨作他用。揆之西法，凡创办商务工作，必皆系如此办法，始可鼓舞振兴。此乃至公，并非私谊。荆煤岁产不过数千吨，提亦无多，且收买多少不定，不如统归铁价，便于核计也。

5月28日，张之洞致电天津李鸿章，称鄂必能造成合用钢轨：尊意谓印度造路因铁轨不合式，仍远购英轨，鄂厂一年后未必能造成合用钢轨。惟印度购英轨一节，据洋矿师云，印度无好煤，其煤内之灰太多，每百分中有十四分至二十分不等，不能炼铁。盖炼铁之煤，其灰必须在十分以内者乃可。今荆、湘之白煤，详加化炼，灰在十分之内，可用者二十余处，其灰自三四分至八九分不等。邻界四川之奉节、巫山，江西之萍乡，所产亦多可用。此与印度煤劣不能炼钢之情形不同。

至冶铁之佳，久已昭著。煤佳铁良，一照西人成法，若以西法造成，似不至不合用也。再，钢轨无须极精之品，询据各矿师，均称造轨只须贝色麻法即合用。现购之炉，贝色麻、西门士两法俱备，若以最精之法炼之，当无不合。至一年后造成，则以

部款能否应手为断。如部款能定准期拨足，自当督率赶办，以赴事机。即稍迟，不过再多数月耳。冶铁荆煤，幸承公指示，遵照寻求，已见明效。此后一切机宜，当随时秉承荩画，函电往复，商请裁酌。公为铁局总裁，洞不过为铁局提调而已。

李鸿章回电张之洞：公讲求西法至精。此事利害相共，知无不言。见推逾分，岂所敢承，惟盼建成济用而已。

6月1日，张之洞致电海署、天津李中堂：

> 炼铁机器二批价及头、二批运、保共约银七万两，付价之期已逾。若失信远人，不惟于要需窒碍，于使臣亦诸多不便。查鄂省应解部款，本年尚有固本饷七万五千两，厘金项下东北边防经费八万两，江汉关六成洋税项下未解东北边防六万两，似均在可划之列。敢请钧署转奏，拟即将应解固本一款划抵，以便汇付。

海署次日即来电：

> 铁路经费一百万，经户部咨复，除鄂之伍万留用外，其余九十五万，准由本年鄂解京饷内拨地丁三十六万，厘金八万，盐厘十六万，西征洋款二十万，厘金边防八万，旗兵加饷内划拨七万，截留抵用。

6月3日，张之洞札司道筹办炼铁厂事宜，设铁政局。张之洞说：原订练铁机器获准改运鄂省择地安设，大冶、兴国所产之铁锰、灰石各矿，荆门、归州、兴山及湘、川所产之白煤、烟煤甚多合用，足供煎炼冶铁之用，近复承准海署电示截留京饷抵用。事关紧要，亟应赶速办理。特于城内广武局公所设立铁政局，以候补道蔡锡勇为驻局总办，会同筹办一切，以专责成。应即于省城武胜门外塘角地方近江处所择地建造。自五月起，务须于一年内造成铁厂，以便安炉炼铁，赶造钢轨。

蔡锡勇，字毅敬，福建龙溪人，中国速记法的创始人，西方复式会计科学的引进人。蔡锡勇比张之洞小 10 岁，1867 年（同治六年），他毕业于广州同文馆，1876 年（光绪二年），调任驻美使馆翻译，期间获哈佛大学名誉博士学位。光绪十年由张之洞派充广东洋务局总办，负责办理交涉事务，开设银元局、枪炮厂、水陆师学堂以及制造兵轮等事。光绪十五年，蔡锡勇由张之洞调任湖北铁政局总办，先后筹办湖北炼铁厂、湖北枪炮厂、银元局、织布局、纺纱局、缫丝局。蔡锡勇曾任督府总文案、湖北补用道，直接参与创办自强学堂，仍为“总办”。自强学堂，“讲求时务，融贯中西，精研器数，以期教育成才，上备国家任使”，倾注了他的大量心血。他曾研制中国拼音文字方案，著有《传音快字》。1898 年 2 月，蔡锡勇猝患脑溢血，不治去世，被追赠“内阁大学士”。

8 月 27 日，张之洞就枪炮厂造厂经费筹措一事，再次致电总署、天津李鸿章中堂：

> 枪炮厂造厂十五万，前蒙钧署奏准由部划借，将来由粤收专款捐项归还。昨承钧署咨户部片复，此项造厂十五万由部拨借，部中实在无法应付等语，曷胜焦急。机器陆续已到，物料多已购订，断难中止。查此厂关系自强要图，早成一日有一日之益。窃思此项部借粤还，系钧署与粤督商允，奏奉俞允之案，断无虑其不还，洞所深知。部中不过以现款难于筹垫，查湖北粮道库有帮津水脚兑费等款，积年存有二十余万，部中并无指拨用款。恳请钧署奏明暂行于上项数款内借拨十五万，以供造枪炮厂之用，俟光绪十八年夏间由粤归还。如此一转移间，于部款并无所损，且无须由部另筹，而炮厂得以济用，不致停工糜费，损坏机器，实为两有裨益。

四天后，李中堂来电：铁厂拟设大别山下，自为得地。枪

厂、布厂想同一处。工巨，限两年余或可开炉。借粮道库漕项存款，作造炮厂费，由粤归还，与海署奏案相符，必可准行。惟醇邸初八大病后，元气虚弱，难遽视事，海署无人主持，一切停待。倘久置不复，尊处径奏，交该衙门核议，或较速耳。

9 月 6 日，张之洞致电海署告勘定炼铁厂基于大别山下：

> 铁厂地，沿江上下数百里，遍觅难得。大冶黄石港，早年盛道及郭师敦寻无善地，禀鄂有案。兹复迭派洋工师多人及徐道等各员生详往测绘，滨江皆被淹，一高阜仅三十余丈，有坟七座。省东南二十里有金鸡坑，地势高广，但须作闸疏河，劳费太巨，冬令内湖结冰，亦不便。
>
> 今择得汉阳大别山下有地一区，长六百丈，广百丈，宽绰有余。南枕山，北滨汉，东临大江，运载极便。气局宏阔，亦无庐墓。与省城对岸，可以时常亲往督察。又近汉口，将来运销钢铁货亦方便。惟须填筑地基九尺，则盛涨不淹，沿江亦须增堤数尺耳。筑地虽贵，较之他处筑闸开河，所省尚多。外洋各工师佥以为宜，洞亦亲阅可用。
>
> 中国与外洋不同，此厂若不设在附省，将来工料员役百弊丛生，必致货不精而价不廉，一岁出入数十万，过于运费多矣。现已与北洋商定，即于此地建厂，枪炮厂亦并设此地。惟洋师云，此工在外洋总须三年。今竭力赶办，兴工至开炉，至速须两年余。现仍设法赶办。

海署来电同意：所择汉阳大别山下既于建厂为宜，应即举办。

11 月 22 日，张之洞札委盛春颐办理荆当煤务：湖北荆门、当阳等州县向产白煤，质坚灰少，堪以炼铁。兹查盛丞业经复署当阳县篆务。荆、当一带煤矿，其转运出山之口皆在当阳地方。所有开采事宜，应责成该署县一手办理，事权归一，呼应较灵。

所有前勘定素产白煤之荆、当交界之窝子沟、当阳属之大林堡等处煤窿应如何督劝商民集资采运，开挖新窿，疏通运道，招徕船夫，俾出煤日多，销路畅旺。盛春颐是盛宣怀的侄子，他在蔡锡勇去世后，在张之洞办实业中也发挥了重要作用。

11 月 25 日，张之洞札委副将周得胜等开采大冶铁山矿砂：炼铁厂基已定于汉阳县大别山下开设，兴工造厂，所有大冶开采矿山，兴修运道各事亟应次第举办。业经另札派委候补知县张飞鹏、同知施启华等带同洋员前往会同地方官开办。查有副将周得胜籍隶大冶，熟悉铁山情形，堪以添派办理，合行札委。该将即便遵照，随时商同委员张令等，妥速办理。

李鸿章在 11 月 28 日致电张之洞：盛道电："大冶江边明家山得上等煤矿，煤样合炼焦炭，煤铁、锰矿与灰石均在一处，天生美利。如在江边设厂，百世之功。惜在大别山下，转运费力，屡沮不得，将来迁徙不易。"大别设厂已动工否，能否及早筹之？

11 月 30 日，张之洞札饬王树藩等查勘大冶王三石、明家湾、胜山寺等处煤矿。

12 月 1 日，张之洞照会宜昌镇复勘川楚接界峡路工程。自四川巫山县之青莲溪起，至宜昌府北门外东湖县治地方止，计程共四百三十里。沿江纤路高低宽窄不同，且多险峻，不便行旅。令开炸山崖石壁，加宽加高，均以一丈为度，于高险处加栏石，每百余步内外酌留宽展处一所，以便轿杠骡驮来往相让。其桥道一律修成平桥，或间用木桥。复勘后陆续集款，分年兴修鄂境峡路，以利商民。

同日，张之洞电复天津李中堂，坚持铁厂设于大别山下：大冶乃碎煤，不能炼钢。或尚有佳煤，但不能停厂工以待不可必之煤。即使就煤造厂，用费或省四五万，一切糜耗不止一二十万矣。盛道不知此间煤质，又未将布厂、炮厂等事利害通筹耳。

一年实践，逐步摸索，积累了经验，也逐步开拓了局面。12

月 17 日，张之洞奏陈勘定炼铁厂基、筹办厂工及开采煤铁事宜，是一种阶段性总结，也是在实践摸索中的进一步理清思路、稳扎稳打：



设厂炼铁，浚利源而杜外耗，为中国创办之举。工程浩大，端绪纷繁，约以开铁、采煤、造厂为三大端。上年冬腊间，经臣派员带同外洋工师赴大冶、兴国等州县及沿上下游一带查勘煤铁，并委员分赴湖南及四川边界查访煤窿，于本年春间先后查勘回省。查明大冶县铁山实系产旺质良，取用不竭。兴国州产有锰铁，尤为炼钢所必需，适与大冶接界。至炼钢炼铁以白煤、石煤为最善，或用油煤炼成焦炭亦可。湖北荆门、当阳产有白煤，兴山、归州、巴东亦产白煤，为数较少。湖南之宝庆、衡州、永州三府所属各县地方，及接界之四川奉节、巫山，江西萍乡，所产白煤、石煤、油煤、焦炭尤为旺盛，均属一水可通。大冶之铁矿，铁质六十分有奇。湘、鄂各煤，合式可用者有二十余处。

至建厂一节，查大冶开采铁矿，炼铁厂自以附近产铁地方为最善。惟该厂基及储厂屯煤处所长三百余丈，宽六七十丈，地宜平原高阜，兼通水运。臣迭派矿师洋匠及道员徐建寅督率测绘员生前往查勘，该（大冶黄石）港沿岸平处皆属被水之区，其高阜仅宽数十丈，断不能设此大厂。复饬于省城各门外及沿江沌口、金口、青山、金沙洲、沙口一带上下数百里寻觅测量，非属低洼，即多坟墓，否则距水较远，滨江无一广平高燥之处。

兹勘得汉阳县大别山下有地一区，原系民田，略有民房，长六百丈，广百余丈，宽绰有余。南枕大别山，东临大江，北滨汉水。东与省城相对，北与汉口相对，气局宏阔，运载合宜。当经督饬局员及学生、洋匠详加考核，佥以为此地恰宜建厂。大率其利便共有数端。荆、湘等煤皆在上游，若下运大冶，虽止多三百余里，上水回船既无生意，脚必贵。今设汉阳，懋迁繁盛，商贩争趋，货多价贱，其便一也。钢铁炼成，亦须上运汉口销售，并须运至枪炮厂制造。今炼成发售，如取如携，省重运之费，其便二也。人才难得，通达洋务、谙习机器者尤不易。观鄂省铁、布、枪炮三厂并开，断无如许之多精通得力委员分投经理。至西洋工师、绘算各生，尤不敷用。今铁厂、枪炮厂并设一处，矿学、化学各学堂俱附其中，布厂亦在对江，皆可通融任使，其便三也。员司虚浮，匠役懒惰，为中国向来之积习，不可不防。厂距省远，物料短数，煤斤搀杂，百人仅得八十人之用，一日仅作半日之工，出铁不多不精，成本即赔。今设在对江，督查甚易，其便四也。官本二百余万两，常年经费、货价出入亦百余万两。厂在省外，实缺大员无一能到厂者。岁糜巨款，易动浮言。今则督抚、司道等皆可亲往察看，百闻不如一见，其便五也。矿渣煤渣每年约出三万余吨，除填筑本厂地基外，兼可运往汉口后湖填筑湖身，汉口城垣可免盛涨冲灌，沿湖居民可免淹浸，其便六也。

据洋匠估计，自八月初勘定厂基之日起，两年为期，约可开炉造轨。现仍设法竭力赶办，务期早成一日有一日之益。臣惟有殚竭愚忱，悉心经画，督饬各员赶购物料，趱办厂工。一面兴修大冶运道，开采铁矿并兴国锰铁，以备炉厂安妥，即可炼造，一面筹办运煤采煤事。实事求是，务底于成。

张之洞在这里提到了“实事求是务底于成”。实事求是，此后的一代伟人邓小平也曾反复强调，念兹在兹，终成改革开放之局。务底于成，成败利钝，检验标准，首在实践。也就是说，实践是检验真理的惟一标准。同日，张之洞又奏明调粤省“广昌”兵轮来鄂，改名“楚材”，专归铁政局调遣，以供拨运机器及将

来运煤拖矿之用。

1891年4月26日，张之洞奏陈妥筹湖北枪炮厂常年经费，井井有条：

前承准总理海军衙门来咨，光绪十六年二月十九日，会同户部具奏议复广东枪炮厂改移鄂省一折，内称“开厂后常年经费，应由湖广总督张之洞预为妥筹，奏明办理”，业经遵照筹办。

窃以为天下艰巨之事，成效则俟之于天，立志则操之在己。志定力坚，自有功效可睹。臣督饬洋匠悉心考求，通盘筹画，计原定造枪机器一分，每年能成新式连珠十响毛瑟枪一万五千枝，造炮机器每年能成克虏伯七生半至十二生行整炮、台炮共一百尊。又应添购造枪炮药、造白药、造弹、造炮车、造炮架各机器，每年须成枪弹七百五十万颗，实心、开花各种炮弹共二万颗。统计一切工料员匠杂项，常年经费约需银七十五六万两。特款巨难筹，此次开厂试办，所有枪炮、药弹先拟各造一半，约需银四十余万两。

当此度支极绌之际，海军衙门及户部既难筹拨，各省一时断不能遽有拨款，嘱鄂代造，惟有就鄂财用，自行筹画腾挪。查湖北省土药税一项，近二十年以来所收税银大率每年少者仅二三万两，多者六七万两。臣详加体察户部原定税章每百斤收银三十两，随征银四两七钱，本极允当，历来未能核实征收，漏税甚巨。

臣到任两三月后，查知情形，即经力排众议，详考要隘，添设局卡，雇募巡勇，实力稽征。自上年七月新章开办之日起，截至十二月底止，较之光绪十五年收数已经加倍，商情帖服。此项税银现经竭力整顿，如事无更变，每年除局用经费外，约可收银二十万两，拟即全数拨充枪炮厂常年经费。又查光绪十年鄂省因办理江防，奏请将楚岸行销之川、淮各盐每斤暂行加抽钱二文，以充江防饷需。嗣因筹解海军衙门北洋海防经费，又奏明以此凑解，约计淮盐加抽江防银六万两，仍留作本省凑解北洋海防经费外，其不敷之数另行于厘金项下设法整理凑拨，即将川盐加抽银约十万两腾出，一并拨充枪炮厂常年经费。此外尚不敷银十余万两，容臣再行随时筹画，奏明办理。

张之洞筹办实业，千头万绪。虽然他意志坚定，奋力推进，但阻力重重，掣肘甚多。醇亲王奕譞的支持非常重要，但是，醇亲王在1891年1月1日病逝，这对张之洞来讲，是一重大打击。有人说，“海署于煤铁、枪炮诸事不复有所主持，故鄂厂经费益艰”。1890年，光绪十六年十一月，醇亲王奕譞突发疾病，光绪帝亲自前往探视。不久，奕譞命归黄泉，得年51岁。奕譞在甲申易枢事件之后复出，出任光绪十一年新成立的海军衙门总理大臣，也就是张之洞反复提到的海署。经过奕譞与李鸿章努力，截至1888年（光绪十四年），一支由“定远”和“镇远”两艘铁甲战舰领衔的北洋海军终于成军。《清史稿》载：醇贤亲王尊为本生亲，乾乾翼翼，靡间初终，预绝治平、嘉靖之议，载在方策，彰彰迈前代远甚。迨时移势易，天方降割，乃以肺腑之亲，寄腹心之重，漠然不知阴雨之已至，一发而不可复收。天欤人欤，亡也忽诸，尤足为后来之深鉴矣！

胡钧的《张文襄公年谱》就奕譞病逝后张之洞所面临的巨大压力艰难局面有如此记述：公初筹设该厂系在粤督任内。粤筹款较易，鄂则甚难。厂既移鄂，中央督责而不许支已定之款，各省坐视，均云得械始少付价，公之计划几功败垂成矣。乃于万分竭蹶之中，整顿土药，每年得多收二十余万两，以充枪炮厂常年经费。开办之始，浮言万端，幸底于成，公所谓天下艰难之事俟之于天，立志则操之于己，志定力坚，自有功效可睹。俗儒庸吏，乌能测其浅深哉。

查当时鄂厂所造器械，皆系南北洋、广东、山东、四川等省制造局所无。各省间有能造枪者，既系旧式，所出亦少。鄂省所造克虏伯各种车炮，为当时边防海防陆路战守必不可少之利器，当时专恃购之外洋。不独财用外耗，万一遇有缓急，敌船封口，洋埠禁售，受制于人，束手待毙。且陆路远购之器，种式参差，弹码各异，极易误事。兼之或系旧枪改造，或系弹码曾受潮湿，蒙混居奇，流弊已见。不独公身历目睹，当时诸臣亦所熟知。乃过时辄忘，反笑骂人之多事。此末世人才销乏之征，而公之孤立无援，其心志为独苦矣。

创办实业，开创新局。阻力不仅来自上层的意见不一，各种掣肘；也来自底层的节外生枝，胡搅蛮缠。1892 年 8 月 21 日，湖北大冶县李家坊里绅李杜文恃众逞横，阻挠铁山运道，气焰嚣张。张之洞严饬该县拿解来省，从严究办：李杜文素不安分，遇事生风。上年开办铁山运道，派充运道首士，原以就地取材，弃瑕录用。该首士宜如何激发天良，力图报效，庶几藉晚盖以赎前愆。乃近闻运道修至李家坊一带，专办委员林令照章派拨熟习工作之长夫五十名前往铺石，而李杜文竟欲尽该处乡夫，不许由石灰窑派往之人与闻其事，并将各夫头所领锄铲物件抢去趱逐，旋复带领多人哄至分局。迨林令函达该县出差传讯，李又率族众赶至老鹅庙，将夫头殴打掳捉，勒索讹诈。如果属实，殊属恃众逞横，形同化外，此种风气，万不可长。李杜文怙恶不悛，阻挠要工，王法俱存，岂容宽纵。饬由县签差，拿解来省，以凭从严究办。

工程浩大，环节多多。很难排除有人借机中饱私囊，从中渔利。张之洞闻听有人克扣资金，拖欠工钱，极为震怒。1893 年 1 月 4 日，张之洞札大冶县迅将路工积欠工价清查明晰，并拿获东方堡为首滋事之人：



本月二十一日，东方堡有乡民索欠做土钱文阻车争闹之事，实堪诧异。查大冶路工早经告竣，据铁政局九月分册报，已发银二十一万四千八百余两，钱三十二万九千六百余串，较原估已多用银八万余两，均系林令一人经手，何以尚有积欠乡民做工钱文。是否委员侵挪，抑系委绅冒领，均应澈底查办。委员则应提省勒追，绅士则应详革究办，何得延不清理，致令小民守候工价，滋生事端。

该令经手银钱数十万，管理员司数十人，月糜局费甚多，岂无一精于核算之人，而必待总局派员为之核算，已属离奇。且工程已竣，各夫工价欠与不欠，何以久不核定。即支有补土补修之工，诬椀不清，而款项已发若干，未发若干，具有账目可查，何以并所欠钱数多少均未能悉知，实属颟顸已极。应即责成该令迅将所欠乡民工价若干，会同李令澈底查明。究系何员何绅侵挪冒领，致此积欠，分别禀请参革勒追，不准稍有含混稽延。至东方堡乡夫虽有工价未清，尽可向地方衙门及委员、分局禀恳呈诉，何得擅行聚众掷石，阻车伤人，实属刁顽，目无法纪，此风断不可长。并责成该令勒限十日，将为首滋事之人拿获禀办，以儆效尤。

张之洞自1889年夏秋莅任湖广，迄今有大致两年多时间过去，一切都有了眉目，步入轨道，总算让人稍微心安，大可吐气扬眉。1892年12月3日，张之洞致函天津李鸿章商铁厂招商承办事宜：

湖北炼铁一事，现在大冶铁山铺直达石灰窑江岸运道铁路（铁矿路五十余里已完，煤路十里亦计日可成）已成，兴国州锰铁运道小铁路亦将次修成。汉阳炼铁厂大致已备，大约明年二月，各炉及贝色麻钢厂、钢轨厂、西门士钢厂、熟铁厂均可一律竣事。统计购机、造厂、铁路、码头、煤井、轮船、驳船等费，共用银三百余万两（部款二百万，已奏准

由鄂省自行筹挪八十余万，又另筹垫二十余万，又粤订机器价十数万，勘矿杂费数万）。惟明春即须开炼，亟须筹定常年成本，计每年约需银一百万两。若无开办巨款，惟有厂成以后，奏请停工。以奉旨饬办之件，若付之停废，不惟失策，亦非政体。

窃思此事自应先与中堂筹商，以期周详妥善，成此大举。现拟有一办法，尊处铁路经费未经动用者尚多，拟于此项铁路经费内由部预支轨本五十万，满一年后核计尊处用料若干，仍照用过货价拨付现银，以后每年如此。俟关东路工告成之年，总计盈绌，或鄂找津，或津补鄂，照数清结。此不过先后一转移间，于尊处经费毫无所损，而中国铁利从此兴矣。至钢轨各件，如有不精，不能合用者，惟鄂省是问。至经久之计，终以招商承领、官督商办为主。非此不能持久，非此不能节省，迅速旺出畅销，前年曾致书台端详言之。

拟于开炼后，即一面招商承办。窃思方今有才思、有魄力，深通西法商务者，惟津海关盛道为最。前三年初议建设铁厂时，盛道曾条上一禀，有慨然自任之意。近日来电，仍持官督商办之说。若盛道能招集商股，只须集资数十万，酌缴鄂省挪垫官本，以为归还鄂省挪借枪炮厂等项之用，即可付之承领。自承办第二年起，或每年认缴官息若干，永远纳息，或每年认抽还厂本若干万，分几年还清，均可临时商酌办理。

今日铁务，非公大钧宏运，一力维持，恐无他妥善之策。若能照议举行，从此风气大开，兵、农、工、商各事，取用不竭，有裨富强之计，则中国铁务虽鄂省经理之，实台端主持创成耳。盛道若能照所拟各节招商督办，俟定议时，当会同台端具奏。商局、电局，事皆关涉各省，由盛道一手遥领督办，日起有功。是铁厂一事在津遥领，自无不可。至盛道承办以后，若晚在此，厂事当一切与公会奏商办。即晚去鄂后，亦如招商、电报诸局例，统归尊处主持，断不虑其停废矣。

万事开头难，但开弓没有回头箭，一切都要咬牙坚持，绝对不能半途而废，功亏一篑。张之洞曾致信阎敬铭，就自己总督湖广以来的繁重情况，向自己素所尊重的老师、前辈予以通报，言辞沉痛，并非无病呻吟：

洞自为外吏以来，如日行荆棘中，愈入愈深，毫无佳境。总由不自揣量，以至愚极弱之才，而所为者任重道远之事，又益之以不合时宜之性情。虽时时猛省痛砭，终不能更改。铁厂事繁重已极，工大用宏，经费十分支绌，须今年冬始略有规模。枪炮局甫加经营，事体亦甚精微浩博。织布局将次工竣，夏秋间可开织矣。

数年来，蒲柳早衰，益觉朽钝，不堪任事，日日思投劾而归。徒以创办诸事自缚，羝羊触藩不能退，遂揆以出处进退之义，甚无谓也。去年湖北一省，教案迭出，情形皆甚重要，缠扰不休。近日大致已议结，尚余余波耳。会匪孽芽长江上下游一带，几成巨患，幸严缉败露，诛渠魁数人，近已解散。然根株已深，终为江湖五省日后之患。近日荆州又有旗民互斗，致毙民人二命之案，亦甚棘手事也。

张之洞还向阎敬铭提到了胡林翼文集的整理编纂情况，对汪士铎颇多指责：先师胡文忠公抚楚记，承命校刊，谊不容辞。惟原书体例太不画一，叙次亦不尽合法，附语颇多枝蔓语，不解梅村名宿，何以疏率如此。似宜稍加芟节改正，始可付刊。已属幕宾整理之，当作速刊成，奉呈钧览。江汉汤汤，形胜犹昔，而贫富强弱，与吾师佐文忠以治楚时，殊若霄壤。立国在人，岂不

信哉。

张之洞在武汉精心运筹，辛苦万状。但还是有人觉得他好大喜功，挥金如土，甚至把他说成是东晋的殷浩、宋代的王安石。这是怎么回事？1893 年 3 月 12 日，大理寺卿徐致祥弹劾张之洞。诏令两江总督刘坤一、两广总督李瀚章确查复奏。

徐致祥的奏折全文如下：

> 张之洞博学多闻，熟习经史，屡司文炳，衡鉴称当。臣昔年与之洞同任馆职，深佩其学问博雅，侪辈亦群相推重。该督当时与已革翰林院侍讲张佩纶并称畿南魁杰。洎光绪五六年间，前军机大臣李鸿藻援之以进，蒙我皇太后、皇上虚衷延揽，不数年荐擢巡抚，晋授兼圻，寄以岭南重地，而该督骄泰之心由兹炽矣。司道大员牌期谒见，有候至三五时、候至终日而仍不见者，视为故常，毫无顾忌。至候补府州县以下，概不接见。属员之贤否不问也，公事之勤惰不察也。所喜者一人而兼十数差，不喜者终岁而不获一面。其赏识之员，率皆浮薄喜事、功利夸诈之辈也。厚重诚朴者，则鄙为无能而不用。兴居无节，号令不时，即其幕友亦群苦之。探访本地富豪及寄籍留寓者，家有厚资则抵瑕寻隙，借端罚捐，作为乐输。或令其认罚，其数竟有至一二十万两不等者，已大失政体。所罚之款，恣意挥霍。虽未必入己，而取之尽锱铢，用之如泥沙。名曰办公，实则耗归于无何有之乡，中饱于不肖吏之橐。而该督明知之而隐忍之，属僚中无一敢诤者，同寅中无一和衷者。藩司王之春，壬佥也。掊克聚敛，报复恩仇，夤缘要结夫人而知，而该督以为有才，竭力保奏保举。直隶州知州赵凤昌，细人也，小有才，奔走伺候，能得其欢心，该督倚为心腹，终日不离左右，官场中多有谄媚赵凤昌以钻营差缺者，声名甚秽。该督方自以能使贪使诈，而不惜甘受其愚，且深讳其失。统计该督莅粤五年，

亏耗国家帑项及私自勒捐者，总不下数千万两。惟建设广雅书院、书局，培植士林，差强人意，然规模已太侈矣。其余非虚糜即销纳。

光绪十五年，该督创由京师芦沟桥开铁路至湖北汉口之说，其原奏颇足动听。迨奉旨移督湖广，责其办理，该督闻命即爽然若失。盖明其事不成，而故挟此耸动明廷，排却众议，以示立异。而不料皇太后、皇上烛照如神，早窥破其隐矣。说既不行，则又改为炼铁之议，以文过避咎，乞留巨款。轻信人言，今日开铁矿，明日开煤矿，附和者接踵而来。此处耗五万，彼处耗十万，主持者日不暇给。浪掷正供，迄无成效。该督又复百计弥缝，多方搜索，一如督粤时故智。他如借电竿以震湖南，毁通桥以运机器，众怒莫遏，几至酿成巨患，贻宵旰忧。又如督署被焚而不入告，州县补缺而勒捐派。凡此之类，指不胜屈。《书》曰：罔咈百姓以从己之欲。今该督前后所为，无非咈百姓以从己欲之事。刬削元气，漠视民生。展转相寻，恐滋祸乱。楚北在京人士言及，靡不叹息，尤痛恨该督被皇太后、皇上如此宠遇，而逞臆妄行一至于此也。

臣统观该督生平，谋国似忠，任事似勇，秉性似刚，运筹似远。实则志大而言夸，力小而任重，声厉而内荏，有初而鲜终。徒博虚名，无裨实际，殆如晋之殷浩。而其坚僻自是，措置纷更，有如宋之王安石。方今诸臣章奏之工，议论之妙，无有过于张之洞者。作事之乖，设心之巧，亦无有过于张之洞者。此人外不宜于封疆，内不宜于政地。惟衡文校艺，谈经征典，是其所长。

昨岁该督祝大学士李鸿章寿文，极意谀颂，末有度德量力，地小不足以回旋。夫以两湖幅员之广，毕力经营，犹恐不足，而顾嫌其地小，夷然不屑为耶，何其狂诞谬妄若此之甚也。该督之兄张之万久居政府，中外臣工或碍于情面，不免有投鼠忌器之见，故无一奏陈于我皇上之前者。臣迹其行事，采诸公评，据实参劾，事理昭彰，谅张之万亦不能曲为之庇。至黜陟进退，权操自上，非臣下所敢擅预。伏乞皇上圣鉴。

徐致祥此折，笔锋犀利，内容丰富，提到了李鸿藻、张之万，把张之洞比作东晋殷浩、宋朝王安石。殷浩，字渊源，河南西华人，东晋大臣、清谈家。殷浩早年见识高远，度量清明，富有美名，酷爱《老子》《易经》，善于清谈。他隐居十年，不曾出仕，后接受征召，拜建武将军、扬州刺史，以抗衡大司马桓温。后因北伐失败，受到大司马桓温弹劾，坐罪废为庶人，郁郁病逝，享年54岁。李慈铭如此说过殷浩："王济之傲纵，王澄之狂暴，殷浩之虚合，谢万之佻率，郗超之奸谄，王忱之轻狠，皆乱世无赖，蠹国败家，而士类相矜，以为标准。"徐致祥如此指责张之洞，堪称刻薄。张之洞实际上很对王安石不以为然，他曾有一《非荆公诗》：大妇鸣环治酒浆，弹筝小妇斗新妆。为君辛苦成家计，冻折机丝不怨凉。

徐致祥其人，略作赘述。徐致祥小张之洞一岁，字季和，嘉定人，咸丰十年进士，选庶吉士，授编修，累迁内阁学士，曾督顺天学政，为大理寺卿。史载：光绪十年，法越构兵，德璀琳以和议进，朝旨未决。徐致祥上三策，谓：决战宜速，任将宜专，军势宜联。闽事棘，言何璟、张兆栋无干济才，而荐杨岳斌、张佩纶堪重任，颇嘉纳。

徐致祥一贯反对修筑铁路，"时议筑铁路，致祥闻而恶之，痛陈八害，并请力辟邪说，亟修河工，上责其诞妄，镌三级。越二年，铁路议再起，又再阻止之。先后封事十数上，而惓惓于抑奄寺，治河工，为时论所美"，"十八年，授大理寺卿，连劾枢臣礼亲王世铎、山西巡抚阿克达春，而纠弹张之洞尤不遗余力"。

但徐致祥弹劾张之洞，是否有人指使？是否有李鸿章的幕后策划？似乎无确切证据。徐致祥此后就甲午战争中国惨败，照样弹劾李鸿章："中日之役，我师败绩，上奕劻、李鸿章误国状，请逮捕叶志超、卫汝贵等置之法，而畀冯子材、刘永福以征讨名号，庶可振国威、作士气。"山东教案，德使海靖勒罢李秉衡职。徐致祥却说："昔岁罢刘秉璋，今兹罢李秉衡，是朝廷黜陟之大权操之敌人也。为请顾全国体，毋慑敌。"

张之洞与李鸿章，背景不同，经历有异。李鸿章得益于曾国藩，在1867年就已经是湖广总督，1870年后任直隶总督，是晚清重臣。中法之战，张之洞与李鸿章多有分歧。中日之战，张、李两人更是意见相左。但此后，维新变法，庚子之乱，两人意见大体一致。针对张之洞在湖北轰轰烈烈创办实业，开辟新局，李鸿章虽然在选址、筹款等具体事情上，与张之洞有意见分歧，但总体上看，他还是支持张之洞，并没有无端阻挠，加以破坏。李鸿章母亲八十大寿，张之洞还写诗祝贺，也是一种示好。张之洞此诗唤做《合肥李相太夫人八十寿诗》，虽然是应景之作，但这也是一种政治需要：八座焉能比盛隆，五朝亲见更谁同？恭逢辛卯生明夜，妙契庚申驻景功。圣佐简蠙天咫尺，家兼周召陕西东。邦畿鸣雁今康乐，愿戴慈云颂閟宫。

1893年，李鸿章七十大寿，张之洞有《李少荃傅相七十寿序》，洋洋洒洒，非常冗长，不乏溢美之词，这也受到徐致祥的诟病指责。但张之洞对李鸿章，避而不谈中法战争，却说到了李鸿章教"南北各军用外国连珠炮、后门炮""设上海、天津诸机器制造局""筑北洋各海口新式炮台""购造铁甲兵轮船""设天津武备学堂""设十九省电线之报""设中外轮船招商局""立开平煤矿公司"，等等，等等，这都是具体实在的业绩，虽然用语不无粉饰，但也不是无中生有向壁虚构。张之洞还提到了李鸿章"开上海广方言馆、格致书院，译外国诸书"，组织人员，编纂

《条约类编》三十卷刊行，不遗余力创设北洋海军等。至于修筑铁路，张之洞当然也要提及，他还需要得到李鸿章的大力支持协调各方：昔者持旛司南，越裳之使不惑；鸣鼓记里，晋代之造无差。圣如周公，贤如谢傅，岂矜技巧哉？取适时用而已。今玉门四万里，奇肱飞车；广轮十二分，壶公缩地。牡关牝辖，铁笼冒田单之奔车；干别枝分，金椎筑秦皇之驰道。堑山堙谷，矫若龙游；掣电奔雷，行如鱼贯。长芦经始，辽沈踵成，接轸分涂，方行天下。将使木牛流马，武乡厌输挽之迟；赤骥盗骊，造父失驰驱之度。万流奔越于日下，百货辐辏于交衢。一旦有军旅之事，则朝发咸池，夕宿崦嵫，刍粟如飞而来，将军从天而下，王道荡平，永无反侧，普天文轨，从此来同。公于是创造中国铁路。

张之洞总结归纳道：凡此诸大端，兼包九流，利赖百世。内则使民浃其所习而渐收成务之功，外则与敌共其所长而隐格猾夏之志。以视古之身都将相，职管华戎。虎皮甫纳，已赐歌钟；鸟夷来同，遽颁圭卣。以徙戎为自守上策，以闭关为中兴远谟，平内地一州而辄谓镜清寰海，悯农家一物而谬称燮理阴阳者，广狭洪纤，夐乎远矣。

有意思的是，此时的张之洞面对李鸿章，姿态极为谦卑，对李鸿章的肯定与礼赞近乎阿谀。且看张之洞如何说：如之洞者，馆阁后进，章句小儒，适会多艰，谬领一道，所处江海四冲之地，皆有樽俎交际之宜。读公章奏，幸无河汉之惊；睹公设施，辄有符契之合。遂欲砭订悬顽，冀以补苴罅漏。百夫决拾，睹善射而从风；十驾驽骀，随良骥而思奋。工商并举，愧卫文布帛之寒酸；蓝筚初开，忘楚国山林之僻陋。桓宽文士，乃论铁官；元凯经生，思营武库。虽度德量力，地小不足以回旋；而前步后趋，山高岂禁于仰止？是则为桷细木，皆因宗瘤以成功；学海百川，益助沧溟之洪量者矣。

正是张之洞这一祝贺李鸿章七十大寿的序文，令徐致祥大为感冒，认为张之洞“极意谀颂”李鸿章，又说湖广“地小不足以回旋”，实在是“何其狂诞谬妄若此之甚也”。

李鸿章任湖广总督时，曾在黄鹤楼有一联：数千里奔湍激浪，到此楼前，公暇一凭栏，江汉双流相映照；十余年人物英雄，恍如梦幻，我来重访鹤，沧桑三度记曾经。张之洞任湖北学政时，重游黄鹤楼，也曾题联：江汉美中兴，愿诸君努力匡时，莫但赏楼头风月；辅轩访文献，记早岁放怀游览，曾饱看春暮烟花。1889 年，时年 52 岁的张之洞就任湖广总督，颇想有一番作为，他登临黄鹤楼，心境当然不同于当年做一省学政之时，他又题一联：昔贤整顿乾坤，缔造皆从江汉起；今日交通文轨，登临不觉亚欧遥。他要扎根江汉，大干一番，追赶亚欧列强，也不是完全没有可能啊。

东坡适意在黄州，梦想琼楼天上秋。文字虽多无讽刺，笙歌既然得清游。鸭衔破纸三寒食，鹤听哀箫一钓舟。钩党汹汹催白发，西山应恨不淹留。徐致祥的弹劾，刘坤一与李瀚章的调查，会是什么结果？张之洞能够渡过这一难关吗？

张之洞与刘坤一因历史机遇，风云际会，当然还有个人努力，都成为晚清重臣。他们曾分别主政湖广、两江，多有交集，彼此密切合作，自甲午战争、戊戌维新到东南互保，相互通气，极为默契。

尤其是在 1901 年夏秋之交，两人联袂上奏《江楚会奏变法三折》，更是成为晚清新政的基本纲领。刘坤一或北上抗日或病故之后的两次两江总督之缺，都是张之洞代为署理。刘坤一病逝任上，抚恤刘坤一子嗣，论说刘坤一一生勋业，也都是张之洞忙前忙后，竭尽心力，颇见彼此交谊之深。

但众所周知，刘坤一来自湘系，军功行伍，沙场拼杀；张之洞出身清流，抨击弹劾，议论风生；刘坤一是科场落魄者，张之洞是会试探花郎；刘坤一出道很早，年长张之洞八九岁，还远不到不惑之年，就已经是江西巡抚，封疆大吏，张之洞虽科场得意，但仕途坎坷，年过不惑之年才得以巡抚山西。查《张之洞全集》《刘坤一集》，两人真正发生密切交集，大致是在刘坤一赋闲近十年在1891年复出之后，时在光绪十七年，刘坤一再次担任两江总督，形格势禁，多年风雨，刘坤一与张之洞的联系沟通方才日益密切起来。

刘坤一自25岁奋然从军戎马奔波，南北征战，在其族侄刘长佑的帮助之下，逐步脱颖而出，不到十年时间，也就是1864年，就已经成为江西巡抚，羡煞多少所谓科举正途出身者。刘坤一说："为政之道，要在正本清源。欲挽末流，徒废心力。国朝良法美意，均有成规，因其旧而新之，循其名而实之，正不必求之高远，侈言更张。大乱既平，人心将静，有志上理者，其在斯时乎！"这样的见识，至少说明，刘坤一对洋务与新学的颇为抵触与不以为然，昭然若揭。有论者称，他任职江西期间，"军事既定，坤一治尚安静，因整顿丁漕，不便于绅户"。

刘坤一在江西任巡抚近十年，1874年，调署两江总督，次年实授两广总督。这个位置，张之洞经过此后十年的努力方才得到。正在顺风顺水炙手可热的刘坤一，面对新的环境、新的形势，当然不能完全采取在江西的施政举措，也逐步开始认识到洋务、维新的必要。但他却为何在1881年就此止步，闲置近十年时间，到1891年才又出任两江总督并受命"帮办海军事务"？摆在桌面与场面上的话，是说他母亲年迈多病，此后是丁忧在家守制。但正在精力充沛的黄金岁月，他却有漫长十年空白，一定另有隐情。翁心存曾经赋闲十年，张之万是在任命其担任闽浙总督之时主动请退在苏州悠闲十年后再度进京。刘坤一与他们相比，情况不大一样，是因为有人不断弹劾他，紧盯着他不放。弹劾刘坤一的众人中，有一人不能不提。这人是谁？籍贯江西的左都御史胡家玉。

胡家玉为何会就刘坤一不断进行弹劾？他与刘坤一之间到底有怎样的恩怨纠葛？

胡家玉是江西南昌新建人，年长刘坤一 20 岁，是道光二十一年的恩科探花，出身清正，却一直未见飞黄腾达。

1865 年（同治四年），胡家玉奉密旨查办湖南巡抚恽世临升职而原巡抚毛鸿宾被参等各项事情。他查明复旨上奏，将恽世临降级。胡家玉回京后的次年，升任左副都御史，在军机大臣上学习行走。此后不久，胡家玉又升兵部左侍郎。曾国荃曾弹劾胡家玉受贿。经查明，胡家玉以不知避让而部议革职留任，免除军机行走。1867 年（同治六年），胡家玉捐赈米四百石，得以复职，兼署刑部左侍郎、右侍郎。也许，自此，胡家玉与湘系结下恩怨伏笔。

清廷在镇压太平天国之后，财政拮据。江西钱漕积弊深重，官绅对立堪称炽热。同治九年，胡家玉上奏请裁掉江西地丁浮加征银。刘坤一就此有《覆陈斟酌地丁征解折》，详细论述江西地丁浮加自同治元年曾国藩开始的历史沿革，有益地方，对胡家玉予以驳斥。刘坤一甚至说胡家玉此举，是煽动刁民，影响社会稳定：臣于鲁鱼典等滋事折内，业已详晰陈明，案犯多非花户，类皆无业游民，假减钱粮为名，歆动粮户，设局抗官，敛钱肥己。刁风日长，地方官几至无从措手，不得不据实惩办，以资整顿，并非钱漕新章，激成事变。江省地丁征收解支数目，应请仍照奏定章程办理，以免纷更，致滋流弊。

刘坤一的意思很明白，胡家玉所奏纯属无稽之谈。这场官司打到慈禧太后、同治帝处，胡家玉的不依不饶与刘坤一的强势悍厉，都让中枢印象深刻，成为当时朝野上下令人瞩目的一大公案。

同治十二年四月二十八日，胡家玉再次奏请裁掉江西地丁浮加征银。同治帝采纳其意见，谕令速为禁止，不准丝毫浮收。如

查有私立捐款、公费名目额外加征者，严行参办。面对皇帝谕旨，刘坤一态度却更为强硬，他奏请仍加丁漕以抵漕运规定节寿礼月费各种陋规。刘坤一在奏折中再次提到他的前任曾国藩、沈葆桢等也都是如此办理，此举符合江西省情，胡家玉是无理取闹，胡搅蛮缠。刘坤一此折唤做《覆陈丁漕改章现宜着办折》，此折在胡家玉奏折的一个月后发出。胡家玉反复据理力争，力陈其弊，但经部议还是增加丁漕，每两加二百文。

到了同治十二年九月初八，刘坤一再上《胡家玉陈奏丁漕流弊据实覆陈折》。刘坤一此篇奏折，洋洋洒洒，极为冗长，但对胡家玉的指责痛击逐条批驳，言辞更为猛烈凌厉：惟胡家玉折内，语多失实，且于臣有加罪之词，为臣名节攸关，不得不沥陈于君父之前，以证其欺诞。

在此奏折中，胡家玉还受到刘坤一的切实参劾。刘坤一提出胡家玉当年在湖南办案没有做到“打铁必须自身硬”，还说此人“阳奉阴违”“面欺其主”。刘坤一说：近因捐输加广学额，每届科生多至一万六七千人。首县承办科场供应，犹以赔累甚巨为言。乃胡家玉谓“文、武乡试例支耗银一万二千八百余两”，意为揣度，以为“不至不敷”，并谓“即有不敷，可以动支税契等款，免致摊派累民”。殊不思国帑出入，岁有常经。江西税契等款待用之项甚多，若乡试动支一万余两，则别项何以给之？岁科考试经费，原以学政廉俸甚薄，而终年周历各郡，其夫马供应万不能不取给于有司。乃胡家玉亦欲绳以定例。胡家玉曾为贵州学政，自问夫马供应是否出自俸廉！宋臣岳飞有言：“为大臣者，安忍面欺其主。”胡家玉何得以此违心之谈，形诸奏牍耶？

不要以为刘坤一对胡家玉的反击就此打住，他甚至提出胡家玉如此纠缠，并非不知实情，实在是挟嫌报复，心怀鬼胎，沽名钓誉，是“导天下以作伪”。刘坤一慷慨激昂地说：臣以为江西前督抚臣所定丁漕征收章程，并无病民之处，即一切支用各款，亦难遽事更张。否则臣未沾染丝毫，何肯再三为前任争论。胡家玉亦未尝不知外间实在情形，前函致藩司，谓明知地丁一正一耗不敷征解，只可有加之实，不可有加之名，或即现折所称“必避加赋之名”之意。不思江省于地丁所加之三钱九分，大张晓谕，为府县办公等项之用，于国家正供未益锱铢，不得谓为朝廷加赋，亦不得谓为怨归君上。若如胡家玉所言，居其实而避其名，则是教人阳奉阴违，导天下以作伪，从此事事务求蒙蔽，其害尚可胜言！胡家玉以明给道府县办公之费为非廉吏，而使之巧避其名，然则必如胡家玉之暗受赃私，而后为廉吏耶！

刘坤一翻出旧帐，挖苦奚落胡家玉：胡家玉前为卿贰，参预枢机，奉命前往湖南查办事件，乃竟收受馈遗二千两，嗣经发觉，仰邀鸿慈，仅予革职留任，毋庸在军机大臣上学习行走。胡家玉狃于故智，乃欲人亦效其所为，真可谓援儒人墨矣。如系姑为是说，其实不欲江西守令得此办公之资，抑何责己太宽，而责人太刻！

刘坤一还嫌说得不够透彻，他进而言道，胡家玉家族多年借故欠税，令人难以容忍：若如胡家玉所言，行其实而避其名，势必至尽踵前日之弊而后已。胡家玉本身及其弟侄，按照户粮核计有田六七百亩，自咸丰初年至今历二十余年，从未完银一厘、完米一合，尽归被水被旱，报请缓征。夫此数十年中，岂无一年有秋之候？此数百亩中，岂无一亩成熟之田？乃倚恃京秩，丝毫未完。《传》曰：“皮之不存，毛将安傅。”胡家玉竟不知正赋为何物，又何论乎加收！而顾为是喋喋者，自为见好乡里，实将以贻乡里无穷之害，而劣绅刁民磨厉以须矣。又安知胡家玉将来不以名去实存，更得持官吏短长哉？

刘坤一犹嫌不足，又说胡家玉让他为自己私事徇私多行方便干预地方。这样的指控，更为一针见血，也的确是已经彼此撕破脸皮刺刀见红了：臣自抵任以来，接胡家玉干预原籍诸事之信，

不一而足。即如厘金一项，业经减之至再，胡家玉复欲重裁。修堤、放赈，亦已次第举行，而胡家玉欲照大歉之年，滥加推广。臣以目前经费为难，地方亦无甚苦，婉词告谢。而胡家玉之谬妄招摇，日甚一日。前以丁漕新章奏奉谕旨之后，辄致书臣与司道，谓“越五日仰蒙召对，恩谕有加，遍告同乡京官，莫不称庆”。古人不言温树，岂胡家玉未之前闻？且谓如何面陈，故作隐跃之语，意在恫疑虚喝，使臣不敢置词。臣因通省利病所系，仍即据实具奏，蒙恩俞允，出自圣主权衡，初非臣下所敢希冀。何图益逢其怒，贻书丑诋，虽父兄之训饬子弟，长官之督责属员，尚不至此。

刘坤一在奏折最后总结道：臣以胡家玉身列九卿，臣亦备员疆吏，大员互相诟詈，体制攸关，遂即置而不答。今胡家玉竟以欺诞之语，上渎宸聪。虽天听维明，不加臣以谴责，而臣横遭谤议，天下其谓之何！臣荷皇上特达之知，承乏江西，于兹九载，自惟无以仰酬高厚，然于裨补地方之事，不敢不实力实心。至于操守一途，尤臣与僚属兢兢共勉者。无论通省，并无供应节寿一切陋规，即馈只鸡斗酒，臣犹以为端不可开，严行训饬。今胡家玉视臣为贪酷之吏，并以江西无廉吏，皆臣所致，臣何以堪。是以辗转思惟，不能缄默也。

心中块垒，一吐为快。反击火力之猛之狠，酣畅淋漓。刘坤一当然还是要顾及到礼数周全，他例行公事地就此折收尾：谨恭折具陈，伏乞皇上圣鉴训示。谨奏。

当时的给事中、与张之洞是同科进士的边宝泉就胡家玉多年不缴租赋、刘坤一有袒护失察之过，也上疏参劾刘坤一。《清史稿》载：先是都御史胡家玉疏陈丁漕积弊，语侵巡抚刘坤一，坤一覆奏家玉逋赋未完，且私书嘱讬公事。宝泉复劾：“坤一藉词箝制地方长吏，此端一开，启天下轻视朝廷之渐。”疏入，坤一下部议处。刘坤一与胡家玉都被革职。边宝泉后来担任过闽浙总督。1878 年，胡家玉因病离职，后卒于南昌寄庐，得年 78 岁，其著作有《胡小蘧通参自订年谱》。

在这一参劾刘坤一的聚讼纷纭中，据说，张之洞是支持边宝泉、胡家玉而对湘系大将刘坤一的跋扈嚣张不以为然。就这一公案，《清史稿》载：同治十一年，左都御史胡家玉疏劾之，坤一奏家玉积欠漕粮，又屡贻书干预地方事。诏两斥之，家玉获谴，坤一亦坐先不上闻，部议降三级调用，加恩改革职留任，降三品顶戴。寻复之，命署两江总督。

胡家玉的左都御史官衔，就其历史沿革，略作介绍。左都御史，又称总宪，明清时期归都察院主管，掌院事。1383 年，明洪武十六年设左、右各一人，正三品。1730 年，雍正八年俱升为从一品，其右都御史为总督之兼衔，不设专员。

胡家玉虽然并没有彻底搬倒刘坤一，这一番闹腾，却也对彼此都有影响。光绪元年，刘坤一先是署理两江总督，进而擢两广总督，1880 年又回任两江总督兼南洋大臣，但一年后，刘坤一黯然去职。

两江总督兼南洋大臣是一惯例，这南洋大臣是怎么回事？为何不是两广总督兼任此职？1842 年 8 月（道光二十二年），中英签署《南京条约》，开始五口通商。五口是指广州、福州、厦门、宁波、上海。五口设钦差大臣，办理外交及通商事务，故名五口通商大臣，由两江总督耆英担任。1844 年 3 月，耆英改任两广总督，五口通商大臣衙门移至广州，之后由两广总督兼任此职。1859 年 1 月（咸丰八年十二月），两江总督何桂清任办理洋务钦差大臣，五口通商大臣衙门遂移到上海，之后一直由两江总督或江苏巡抚担任此职。1860 年，此职改称南洋通商大臣，江苏巡抚兼任。1866 年（同治四年末），由两江总督兼任。1868 年南洋大臣衙门迁南京。南洋通商大臣和北洋通商大臣同为清末在地方管理外交事务的重要官员。历任南洋通商大臣有薛焕、李鸿章、沈

葆桢、左宗棠、刘坤一、端方、张之洞、周馥等人。

刘坤一回任两江总督，是 1881 年（光绪七年）。有人举报刘坤一幕府中的陈小圃“盘踞把持”“物议沸腾”。这很容易令人想起后来徐致祥弹劾张之洞，涉及到张之洞属下的王之春与赵凤昌等。尤其是赵凤昌，最终被开除，黯然离开张之洞。刘坤一对陈小圃极力开脱维护，对他更为信任器重。且看刘坤一就此事上折《查明幕友并无把持情弊折》中都说些什么，此折发于光绪七年二月二十五日。

刘坤一开门见山，先说清楚事情原委：

> 窃臣承准军机大臣字寄：“光绪七年二月初六日奉上谕：‘有人奏，风闻江宁幕友陈方坦即陈小圃，绰号小虎，曾充书办，同治初年夤缘入署，盘踞把持，百弊丛生，加以嗜好甚多，时出冶游，物议沸腾等语。所奏如果属实，自应严行惩办。着刘坤一、吴元炳查明具奏，毋稍徇隐。原片抄给阅看。’”等因，钦此。

就这样对自己“身边工作人员”的严厉指控，刘坤一认为均属诬告，他逐一进行解释回击：臣查候选主事陈方坦，系浙江海宁州学生员，前督臣曾国藩重整淮纲之时，延之进署，襄定盐务一切章程，才识极其精明，人品亦甚端正，故历任各督臣均未更换。臣两次与为宾主，知之颇深。言者谓其夤缘入署，不思曾国藩用人极其慎重，岂陈方坦所能钻营？且曾国藩在江多年，陈方坦何能始终蒙蔽，以遂其恋栈之计？

刘坤一的言下之意是说，陈方坦，也就是陈小圃、陈小虎，资格很老，自曾国藩主持两江，他就在此办差。我刘坤一与他两度共事，他的表现有口皆碑，他“才识精明”“人品端正”，并非“夤缘入署”。



刘坤一认为说陈小虎“盘踞”“把持”，纯属污蔑，简直令人啼笑皆非：言者谓其盘踞，不知所谓盘踞者，辞退之后，任意逗遛，从旁干预，或已出而复入也。今陈方坦历岁蝉联，日日在公办公，是其分所应尔，似与盘踞不同。言者又谓其把持，则亦有故。盖自外洋轮船驶行长江，尽占贸迁之利，即有大力者亦莫能与争。幸盐务一项，载在条约，专归华人，华船尚有什一之获，且系循环转运，原商得擅奇赢，由是忌之羡之，或请换票，或请加票，以图搀夺。而臣与各前任督臣，恪守成法，固此财源，诚恐一涉纷更，并此每年数百万课厘亦不可保，大有妨于国家度支，是以屡次批驳，致所欲不遂者造为疑似之词，不敢归咎于官，而归咎于幕，此把持之说所由来，其实则臣等主政，非陈方坦所能操其柄也。

刘坤一一针见血地指出，所谓盘踞把持，无非是欲加之罪何患无辞，是有的人“不敢归咎于官而归咎于幕”，主政者是我刘坤一，陈方坦怎能操持权柄？刘坤一非但说自己不会被陈方坦所忽悠左右，陈方坦的前几任领导，曾国藩、李鸿章、马新贻、李宗羲、沈葆桢等，都是办事认真精明的总督，怎么会让陈方坦上下其手玩弄于股掌之间：臣自藩臬而任封圻，历官东南各省，窃以公事之有无假借，无论何项衙门，惟视官之勤惰。居官者徒署纸尾，即一书吏，亦得以售其欺，如果事事亲裁，则幕友何能为役。前任两江督臣，自曾国藩以后，如李鸿章、马新贻、李宗羲、沈葆桢等，办事认真，早在圣明洞鉴之中，讵陈方坦所能高下其手。

就陈方坦“八小时之外”的私生活，刘坤一也言之凿凿，掷地有声，为之慨然担保：至于冶游一节，经臣确查，亦无实迹。第陈方坦在宁年久，亲朋往来，岁时宴会，在所不免，此系人情之常，无关弊窦。臣当诫令以后益加检束，以杜人言。

刘坤一再次申明，陈方坦人才难得，招人嫉妒，可以信赖：陈方坦谙练盐务，洁己自爱，且无幕友习气，臣正资其襄理，否

则断不敢稍存袒护，代人受过，上负朝廷。

陈方坦一事，算是有惊无险，终于过关了。有人奏报？会是谁呢？有人说，也许就是张之洞，或者为张之洞所知情。

陈方坦一案才了，但又一与胡金传有关的南京三牌楼命案，令刘坤一为之颇费口舌，大伤脑筋。这南京三牌楼命案，究竟是怎么回事？光绪七年的八月二十日，刘坤一会同新授江苏巡抚漕运总督黎培敬、代理江苏巡抚谭钧培，上《堤工出力各员择优请奖折》，作为附片，又奏胡金传革职归案，文字简短，但事情却不简单。这一折片题目是《请将胡金传革职归案审讯片》：

> 据金陵保甲局道员吴邦祺拿获窃犯李大凤供指沈鲍洪等谋毙人命，随获沈鲍洪等到案，分别讯供，核与光绪三年十二月间金陵城内三牌楼地方已经获犯正法之命案情形相同，虚实是非，均应澈究。查三牌楼之案，系营务处缉捕委员副将衔尽先参将胡金传购线获犯，难保无教串情弊。相应请旨，将副将衔尽先参将胡金传暂行革职，归案审讯，以期水落石出。

刘坤一说，四年前，在南京三牌楼有一命案，早已经结案，办理者是胡金传。但最近金陵保甲局道员吴邦祺又查获一案，案犯李大凤指认当年三牌楼谋毙人命者是沈鲍洪。这就奇怪了，胡金传当年已经破案，案犯已被处决，现在又冒出一个案犯。究竟谁被冤枉？真凶只有一个。究竟是谁在枉法？经过两个多月深入细致的查验工作，刘坤一终于查明，胡金传严刑逼供，匆匆结案，枉杀无辜，草菅人命，放过了真凶。此后，周五、沈鲍洪被斩，胡金传也被杀，其他人员也受到处理，其中也牵涉到孙云锦。孙云锦，与状元张謇关系密切。这一案子办结，等于推翻了前任两江总督沈葆桢的定案。



刘坤一在江西巡抚多年，因胡家玉之事颇受影响，总督两江，陈宝琛、彭玉麟对他也多有质疑弹劾。张之洞上折弹劾刘坤一：“嗜好素深，又耽逸乐，比年精神疲弱，于公事不能整顿，彭玉麟与之筹议江防，颇为掣肘。”

三牌楼一案完结不久，左宗棠于十二月二十四日到任，刘坤一去职。刘坤一在奏折中称：惟臣母年逾七旬，近日病益增剧，兹闻臣已开缺，屡书促臣回家。臣渥被国恩垂三十载，犬马恋主，谨先遵旨入觐，以申瞻就之忱，而后仰恳鸿慈，俯准回籍养亲，俾得长依膝下，即臣蒲柳就悴之质，借沾雨露涵养之仁。臣业遣妻子南旋，以慰倚闾之望，一俟明正冻解，航海进京。

光绪十二年，刘坤一丁继母忧。大致十年之后，光绪十六年，刘坤一起复。1891 年，刘坤一受命“帮办海军事务”，任两江总督。

但在 1893 年（光绪十九年），刘坤一奉命追查张之洞。此时的刘坤一，经十年沉潜，格局大变，对张之洞的锐意进取兴办实业充分肯定。他在光绪十九年二月二十九日，有一《遵查疆臣参款据实覆陈折》，细说暗查张之洞的基本结论：

> 窃臣承准军机大臣字寄：“光绪十九年正月二十四日奉上谕：‘有人奏疆臣辜恩负职，据实纠参一折。据称湖广总督张之洞，自移督湖广以来，议办炼铁，并开煤铁各矿，乞留巨款，轻信人言，浪掷正供，又复多方搜索，设电竿，毁通桥，几酿巨患，督署被焚而不入告，州县补缺勒捐，逞臆妄行。藩司王之春掊克聚敛，直隶州知州赵凤昌声名甚秽等语。着刘坤一按照所参各节，确切查明，据实具奏。原折着摘抄给与阅看，将此谕令知之。’”钦此。仰见我皇上好问察言，整饬官方之至意，跪诵之下，钦悚莫名。
>
> 伏查原奏所参各节，事隶鄂省，江宁相距较远，莫知底蕴。因即遴派妥员驰往该省，密为访察，并详询来往官绅，互证参观，粗知崖略。

如原奏：议办炼铁，并开煤铁各矿，浪掷正供，多方搜索各节。

查煤铁两项，实为时务所急须。张之洞创办炼铁，并开煤铁各矿，一应事宜，均系隶于铁政总局。炼铁必须开矿，事本相因。原估经费二百数十万两，以为开矿炼铁之需，所购外洋各项机器，现已运到八九成，各厂房屋亦已兴筑过半，有炼生铁、熟铁者，有炼精钢、粗钢者，分门别类，名目甚多，现正接续兴造，安设机器，规模阔大，需费浩繁。大冶铁矿开采，业已见铁。煤矿以江夏之马鞍山、大冶之王三石两处片段较厚，煤质较佳。王三石所采之煤，现已陆续运厂。马鞍山因井内有石，开挖较难，凿井未深，出煤尚须时日。由厂屋以至江口，由大冶以至黄石港，均设铁路，以通运道。各处矿厂均雇有洋匠，分司其事。闻准拨经费，目下所余，已不甚多，其中用款不无挪移，所谓搜索者，或即指此。大凡草创之事，与立有成规者，难易本有不同，省费亦各有别，兴作改易，势难滴滴归源。今湖广督臣张之洞，开矿设厂，置炉炼铁，本系仿效西法，事属创始，工作既未熟谙，用款不无稍费。且各项机器均系购自外洋，向来采买洋料，价值均以金镑合算。近年镑价日涨，闻以银购镑，亦多短绌，所需经费，恐难符原估之数。前因经营伊始，用人较多。近闻工作稍简，业已核减薪水，裁汰员役，似尚无浪掷情事。

又原奏：设电竿，毁通桥，几酿巨患各节。

查前岁湖北创设电线，接至湖南澧州，该处乡民因事非经见，不便于民，麇聚多人，将电竿一律焚毁。当经该处地方官出为弹压，议结完案。武昌望山门外，向有新桥一座，前岁开办矿务，因该处桥孔多而且窄，轮船往来有碍。张之洞曾令拆毁，议改铁桥，以利转运。嗣因民情未洽，即令如旧修整，并未激成事端。

又原奏：督署被焚而不入告，州、县补缺勒捐各节。

查两湖督署内失慎，事在光绪十七年，仅焚群屋数间，头门、大堂等处均属完好。张之洞殆因所焚系属闲房，官书文卷并无损失，是以未经入告。至州、县补缺，均系循照例章，近因各省时有偏灾，间劝筹捐济赈，并无勒派别项捐款情弊。事本善举，捐出乐输，原奏所称勒派捐款，殆系传闻之误。

此访查张之洞之梗概也。

又原奏：藩司王之春掊克聚敛，直隶州知州赵凤昌声名甚秽各节。

查王之春由广东臬司升任湖北藩司，用人行政，均系禀承督抚臣办理，实无掊克聚敛情事，如何报复恩仇，亦查无其人。臣前次承乏两江，王之春时以道员需次江苏，当差勤奋，于时事尚属留心。现任湖北藩司，颇乏规益，而承流宣化，按部就班，亦未见有夤缘要结之弊。赵凤昌籍隶江苏，前以丁忧知县，由粤调鄂，办理督署笔墨事件。其人工于心计，张之洞颇信用之。该员虽无为人营谋差缺实据，而与通省寅僚结纳最宽，其门如市，迹近招摇，以致物议沸腾，声名狼藉。此访查王之春、赵凤昌之梗概也。

刘坤一针对王之春，笔下留情。但对赵凤昌，就不客气了。刘坤一如此总结此番调查：

臣维张之洞学有体用，识达经权，仰蒙圣主特达之知，畀以兼圻重寄。该督臣系怀时局，力任其难，将以炼钢开生财之源，保自有之利，造端闳远，用款诚不免稍多。然揆其本心，实为图富强、规远大起见，果能办有成效，洵足资利用而塞漏卮。现在铁路一应事宜，规制虽未大备，而始基既立，实未可废于半途。

该督臣谋国公忠，励精图治，上思朝廷倚畀之重，下念同朝责望之殷，必能张弛合宜，终始其事。相应请旨饬下张之洞，督率承办各员，共体时艰，力求撙节，妥为经理，以竟全功。

湖北布政使王之春，器局深稳，职守颇能认真，既经查无掊克等项情事，应请毋庸置议。

保举候补直隶州知州赵凤昌，不恤人言，罔知自爱，似应请旨即予革职，并勒令回籍，以肃官方。

刘坤一此折与两广总督李瀚章暗查张之洞的奏折，在总体上都是高度肯定张之洞。李瀚章是李鸿章的哥哥。来自湘、淮的封疆大臣都为张之洞实事求是说尽好话，这让徐致祥的弹劾力度大打折扣。但诚如刘坤一所言，赵凤昌被彻底拿下，实际上是丢卒保帅。此后的赵凤昌给予张之洞的帮助依旧很大，所谓惜阴堂主，是清末民初的著名人物，他病逝于1938年。至于王之春，也是晚清一知名人物。他字爵棠，号椒生，湖南清泉人，弱冠从戎，先后为曾国藩、李鸿章、彭玉麟部属，后历任山西、安徽、广西巡抚。他曾出访日本、俄罗斯、德、法等国，多次向朝廷上书自强新政。王之春晚年被解职，待罪京师，后迁寓上海。1903年（光绪二十九年十月），王之春遭爱国志士万福华谋刺未遂。万福华被捕，黄兴、章士钊等被牵连入狱，轰动一时。王之春从此湮没政坛，回乡静居，病卒于1906年（光绪三十二年）。王之春一生喜著书，现留存的有《船山公年谱》《通商始末记》《谈瀛录》《王大中丞椒生奏议》《使俄草》《中国通商史》《椒生随笔》《椒生诗草》《防海纪略》《王椒生集》《憩园记》《高州府志》等。

经过这样一番彼此磨合，张之洞与刘坤一两人之间大为默契，倾力合作。甲午战争，刘坤一北上协调指挥湘军出关与日军交战，张之洞署理两江总督，彼此相互支持，不遗余力。1895年强学会成立，张之洞与刘坤一都予以支持，但他们与康、梁变法主张又有不同。慈禧太后有罢黜光绪帝之意，刘坤一坚决反对。《清史稿》载：光绪二十五年，立溥儁为穆宗嗣子，朝野汹汹，谓将有废立事，坤一致书大学士荣禄曰："君臣之分久定，中外之口宜防。坤一所以报国在此，所以报公亦在此。"

庚子之乱，终成东南互保局面，张之洞、刘坤一是其中的核心人物。史载：拳匪乱起，刘坤一偕李鸿章、张之洞创议，会东南疆吏与各国领事订约，互为保护，人心始定。车驾西幸，议者或请迁都西安，坤一复偕各督抚力陈其不可，吁请回銮。1901 年（光绪二十七年），刘坤一偕张之洞会议请变法，以兴学为首务，中法之应整顿变通者十二事，西法之应兼采并用者十一事，联衔分三疏上之。诏下政务处议行，是为实行变法之始。这就是著名的"江楚三折"。

1902 年，刘坤一提出兴学"应从师范学堂入手"的主张。尽管刘坤一在当年 10 月即不幸病逝，然而他的倡议仍然产生影响，其接任者张之洞等循这一思路精心设计，筚路蓝缕，终于创建三江师范学堂。刘坤一病逝，史载：光绪二十八年，卒，优诏赐恤。嘉其秉性公忠，才猷宏远，保障东南，厥功尤著，追封一等男爵，赠太傅，赐金治丧，命江宁将军致祭，特谥忠诚。祀贤良祠，原籍、立功省建专祠。赐其子刘能纪四品京堂，诸孙并予官。

张之洞疏奏刘坤一"居官廉静宽厚，不求赫赫之名，而身际艰危，维持大局，毅然担当，从不推诿，其忠定明决，能断大事，有古名臣风。世以所言为允"。

张之洞与刘坤一，从当初的彼此隔膜，到最终的相互支持，共撑危局，堪称晚清政局中的一缕清风。刘坤一有《刘坤一集》传世。

当然，经验不足，都是探索，张之洞办企业也曾闹过一些笑

话，走了不少弯路。他致电驻英公使薛福成欲购炼钢厂机炉，英国梯赛特工厂厂主回答说："欲办钢厂，必先将所有之铁、石、煤、焦寄厂化验，然后知煤铁之质地如何，可以炼何种之钢，即以何样之炉，差之毫厘，谬以千里，未可冒昧从事。"张之洞慨然大言曰："以中国之大，何所不有，岂必先觅煤铁而后购机炉？但照英国所用者购办一份可耳。"英国厂主听他如此自信满满，只得从命。结果，机炉设在汉阳，铁用大冶，煤用马鞍山。马鞍山煤，灰矿并重，不能炼焦，不得已只好再从德国购焦炭数千吨。光绪十六年至二十二年的六年间，已经耗资560万两，但还没有炼成钢。后改用江西萍乡的煤，制成的钢又太脆易裂。经过这样一番摸索，不断缴学费，张之洞才知道他所购的机炉采用酸性配置，不能去磷，钢含磷太多，便易脆裂。张之洞又向日本借款300万元，改用碱性配置机炉，方才制出优质的马丁钢。

汉阳铁厂是钢铁联合企业，1893年（光绪十九年），终于建成，它包括炼钢厂、炼铁厂、铸铁厂大小工厂10个、炼炉2座，工人3000，采煤工人1000。这是近代中国第一个大规模的钢铁工业，而且在亚洲也是首创的最大的钢铁厂，日本的钢厂建设比它还要晚几年。

张之洞创办湖北织布局。1892年，织布局在武昌开车，纱锭3万枚，布机1000张，工人2000。织布局虽然盈利，但张之洞将织布局的盈利弥补铁厂、枪炮厂的亏损。张之洞看到棉纱销路很广，便决定开设两个纱厂。他致电驻英国公使薛福成向英商订购机器。1897年，建成北厂，纱锭5万多枚，此为湖北纺纱局。但南厂一直没有建成，机器停放在上海码头任凭风吹雨打，后来张謇领去办了南通大生纱厂。1902年，湖北纺纱局、织布局、缫丝局、制麻局转租给广东资本家组织的应昌公司承办。

张之洞在担任湖广总督期间，除了办实业，维护社会稳定，在晚清这一纷乱的历史进程中，在他的具体策划和亲自指导下，湖北地区先后成立了自强学堂、武备学堂、农务学堂等。武汉科技大学的前身湖北工艺学堂也是在这个历史时期由张之洞策划和指导而诞生。不仅是湖北地区，张之洞署理两江总督时在南京还创立三江师范学堂。张之洞无论在太原、广州、武汉，都十分重视教育，创办和整顿了许多书院和学堂。在岭南，有广雅书院、书局；在湖北，有两湖书院、经心书院，又设立农务学堂、工艺学堂、武备自强学堂、商务学堂等；在南京，设储才学堂、铁路学堂、陆军学堂、水师学堂等。他还派遣留学生到日本留学。在学堂、书院的学习科目方面，他针对社会需要有所改革，添增了一些新的学科。他也注意训练军队，在两江总督任职期内，曾编练过江南自强军，人数1万，地点在徐州，军官全部由德国人担任，采用西法操练。1896年（光绪二十二年），他回任湖广总督，将自强军交给两江总督刘坤一。

# 八、署理两江总督，较量东瀛

张之洞正在武汉精心运筹操作铁矿、煤矿，炼钢铁，建兵工厂、织布局等，全神贯注，殚精竭虑。但中日关系却紧张起来，这让以天下安危为己任的张之洞因此而不得不分散精力，谋划应对，关心这一重大事变。

1894 年 6 月 25 日，两江总督刘坤一致电张之洞说，李鸿章告诉他，日本调重兵至朝鲜，传闻将用兵入长江内登岸，虽然不无恐吓之意，“究宜预为筹备”。刘坤一对张之洞还说：敝处已电知沿江文武水陆各军一体严防，并饬沪道随时探报。两江、湖广地处长江中下游，一江贯通，多万野平畴，经过太平天国浩劫一场后的休养生息，不过三十载。若日本沿长江长驱直入，深插中国腹地，可如何是好？1894 年 7 月 8 日，张之洞致电李鸿章，询问“东事近日情形”。所谓“东事”，就是中日之间的这场激烈冲突。

7 月 22 日，张之洞致电盛宣怀，急切询问这位李鸿章的心腹：“东事日来情形若何？内意及傅相若何，彼使尚在京否？”盛宣怀两天后回电张之洞：上主战，派翁、李会议，内外尚合拍。惟倭势猖獗，不受调停，恐弄假成真。使未下旗。盛宣怀的电文虽短，但内容重大，信息多多。盛宣怀了解到的信息是，光绪帝主战，让翁同龢、李鸿章商议办法，日本猖獗嚣张，并不接受调停，日本驻华大使仍旧在北京。这些内容，关乎国家大政方针，也都是绝密信息。

张之洞在紧急致电盛宣怀探问消息的同时，还拍电报给中国驻日本大使汪凤藻，探问“倭事日来作何动静，实情如何”。汪凤藻告诉张之洞：倭增兵分布，冀抗我师，实则迫于党议，欲退不得。有人评论说，汪凤藻本系词臣，性情淡雅。他对日交涉皆一本于政府授意，自己虽有嘉言善计，终不得用。

7月25日，中日战争爆发。7月29日，清廷电令汪凤藻撤旗归国。他回国后绝意仕途，“家居不再出”。

张之洞根据这一情况，已经明白中日之战不可避免。他与刘坤一紧密磋商，勉力加强长江防务。张之洞饬水陆防营认真操练，临阵磨枪：倭人启衅，奉旨筹备江防。现值江防吃紧，亟应饬照营制定数，汰弱补强，募足人数，认真操练，俾各悉成劲旅，以备调遣。

8月1日，中日甲午战争爆发后，张之洞曾奏请派马队“驰赴天津，听候调遣”，并建议以“外洋为助”。他鉴于“倭势日强，必将深入”，建议“慎固津沽及盛京”。8月15日，张之洞致电刘坤一：闻金陵局中残缺水雷甚多，如果修理可用，鄂省当派人赴宁局修之。在长江布置水雷，以阻挡日军，这也是未雨绸缪之法。

战端一开，间谍出没，舆论战、心理战也都次第而来。这样的操作套路，并非今日才有。8月18日，刘坤一致电张之洞：沪道电，倭人在沪向设有日清研究所，约七八十人，五月以前陆续散去，闻多改作华装及僧服者，分赴京、津、烟、江、浙、蜀、闽、台各处，芜湖尤多。请饬属一体查拿。

8月25日，张之洞致电总署，建议利用国际舆论，揭露日本侵朝之罪：江汉关税司穆和德称，日本无理占据朝鲜，狂悖残暴，其击沉“高升”英船一事尤为英人所切齿，英廷必不干休。而日本则贿属洋文报著论，曲为解说，颠倒是非，一若其曲全在中国者，最足惑人听闻，中国不可漠然置之，不为辩正。拟请钧

署电龚星使（照瑗）速延英国文人著论，刊入英京《泰晤士日报》，声数日本占据朝鲜之罪，其击沉“高升”轮都实属藐视英国，以激动英人公愤。英廷办理此事，畸轻畸重，全视公愤为转移。使英有切责日本之言，日人自不敢肆无忌惮等语。所陈不为无见，谨据情电达，请裁酌。引导舆论，制造舆论，影响人心，争取支持。张之洞还是很有这方面的认识与见地的。

张之洞就刘坤一提醒日本间谍一事，自然是高度重视，立即采取应对措施。8月26日，张之洞致电总署请拿办日本奸细：

> 倭人薙发，改易华装，潜入内地，探我虚实，专作奸细，事未败露，难辨其安分与否，最为隐患。二十四日未刻有倭人薙发改装，在汉口租界外行走，营勇向前盘诘，正欲查拿，该倭人即持刀抗拒，避入租界，英、美领事不肯交出，谓系日本安分人，即时护送其登轮往沪。既系安分，何必改装，情弊显然。拟请钧署知照美使，日本人现在中国无论是否安分，不准薙发改用华装，如查有华服倭人，即照奸细拿办。切嘱美领事不得袒庇，庶免混迹内地，泄我事机。

战事不顺，连连败绩，张之洞忧心如焚，坐卧不安。9月18日，张之洞致电天津盛宣怀：我军水陆皆挫，焦急愤叹。镇（远）、定（远）二铁甲此次临阵否，倭人密谋拟向何处，祈复。

盛宣怀当即回电：倭兵十六进平壤，左镇宝贵阵亡，叶统各军退守安州，尚恐难支。十八，大鹿岛外海军遇倭船，苦战三时，致远沉，经远火，超勇、扬威搁沙。倭沉三船。现调铭军、宋军六千五百人去扼安义州。

根据当年淮军利用华尔、戈尔“洋枪队”之经验，9月27日，张之洞致电总署请准洋关人员投效军营：南省各关有洋人数名已抵上海，欲往北投军，总税司电饬各军人即回各关，不准投效军营。查各关洋员有熟谙枪炮兵法者，颇不乏人，若能就地取材，亦足以资臂助。请钧署转饬总税司，凡在各关当差人员有意投效军营者，准其暂行告假，事后皆准回关当差。

还是在这一天，军情危急，张之洞致电总署转奏朝廷力陈津防、关防、辽防管见五条：

一、就近募勇。天津民多义勇，击发逆有效，近年习见洋人枪炮、船雷，可先募津勇十余营，以习战营官领之，可为官军之助，将来易于遣散。又宋庆之军久扎关东，与土人相习，旨既派宋帮办，不如即令宋就地添募十营八营。又东抚李秉衡已到任，可令在豫选曾经战阵营官募勇十余营，听调较速。

二、戒诸军坚守，稳扎稳打。倭气狂悍，又恃械精，利速战，不利持久。我陆军但能自固，倭必不敢越之深入。

三、海军断倭后路。我船宜游行旅顺至鸭绿江一带，倭无船接济，彼陆兵亦难深入。

四、设法购船。此时添船为最急。洋人言美洲如秘、麦、智国不甚拘公法，拟请敕出使各大臣及赫德设法密购，令他国洋人出名，到津再换中国旗。不惜重金，当可商购。

五、联络各国。英忌倭，实忌俄，颇袒中国。闻德因开战时倭漏知会，亦不悦倭，似宜结约借助。俄虽与倭亲，倭踞朝鲜，亦非所愿，宜加意联结。若俄稍掣其肘，倭兵力自分。即不得力，亦免暗中为患。

以上各条，明知无补高深，时事紧急，竭其愚诚，仰候圣明采择。

10月2日，山东巡抚李秉衡致电张之洞：秉衡昨日出东省往海上视军，此间军械后膛枪仅存千余杆，又次之次者，无以制敌。

10月3日，张之洞电复济南李秉衡：东省烟台海防吃紧，自以利器为先。尊处如需军火，应奏请北洋分拨。若虑北洋不能多拨，请筹备数万金，洞当为公设法向外洋购觅之，但须三个月到。惟兵事尤贵得人。尊处带营者是否得力，惟公慎选之。烟台海滨无炮台，专恃陆战，无险亦须设险，方有益。

次日，张之洞又致电李秉衡：敝处正在购械，速汇三四万金至汉口，当为公一并定购毛瑟枪三数千枝，快炮十数尊。这个李秉衡，曾经是张之洞属下，两人后来并不融洽。且对此人略作交待。李秉衡年长张之洞 7 岁，字鉴堂，辽宁庄河人，初捐资山东莘县县丞，迁山东莘县知县。1884 年（光绪十年），李移任广西按察使。法军侵越犯边时，李秉衡主持龙州西运局。翌年，他与冯子材分任战守，取得谅山大捷，彭玉麟奏言："两臣忠直，同得民心，亦同功最盛。"1900 年庚子之变，李秉衡被起用为巡阅长江水师大臣，与张、刘有隙。他虽然一度列名张之洞等人发起的东南互保协议，但并不认可张、刘的主张，还极为排斥。八国联军进攻大沽后，李秉衡由江苏江宁率兵北上，保卫北京，在天津杨村败绩，退至直隶通州后服毒自杀，时年 70 岁，谥忠节。

10 月 7 日，张之洞致电天津吴大澂：此拟购奥枪一千，弹百万，并快炮六尊，弹六千。惟鄂省事万分难办，且京城总谓洞是好乱花钱之人，请必不允。若由公电奏，声明系预为铁营买枪，请饬湖北认出此款，准湖北息借商款应用，此枪断不拨与他军，事必可行，胜于洞自奏矣。

10 月 8 日，有旨从翰林院编修徐世昌之请，召张之洞入京之议。10 月 15 日，两广总督李瀚章致电张之洞：前承示，谓宜多备洋枪，心甚韪之而力未逮。此事谋于平日，原非甚难，及购船置械，言者条陈无用即禁之。裁勇提银，不留余地。迨事变猝临，敝省远济畿辅，近筹防务，杼柚已空，何暇为此。至于任事需才，道在激劝。近年奖章繁密，动虞触碍，而部中徇言官之议又加甚焉。一人不合，罪及全案；驳而复奏，罪及荐者。此二百余年未有之科条也。虚荣加人，已难鼓舞，并此靳之，何以使众。我公入都，晤当道诸公，希切实陈之。

10月16日，张之洞电复广州李瀚章：陛见之旨已奉到，刻须料理湘、鄂各军北上。各军行后，方能启行。又有经手购枪炮巨款，需饷甚巨，仓卒难筹，焦急万状，行期尚须旬余。谏电深切时弊，自当留意。

10月17日，张之洞就10月12日户部催问“订购枪械的款若干，拟借何项库款，贵督北上后何人接办”电复户部：购枪炮系借粮道库兵米款十万两，宜昌关税十万两，皆与奉拨解部款无涉，拟俟从容筹捐归还。至枪炮已定者，共约需银四十二万，尚有廿二万无着，务祈速拨的款，以备速汇应急。鄂省贫窘万分，尚认借垫筹捐巨款以供前敌。他省博大殷富，似可酌令分任，庶免专令贵部为难。应如何办理，请裁酌。洞北上后，即奏交江汉关道恽祖翼经理，以后仍禀明督、抚奏咨。此项所买枪炮，皆为北路诸军之用，均非鄂省防军自用。

10月26日，张之洞致电天津李鸿章：此时只有购兵船、借洋款、结强援三事为最要，乃总未见举办，忧灼万分。若不添船，处处坐受攻击，但有招架，而无还手，大局危矣，似宜急速痛切上陈。九连城军情如何。

10月27日，李鸿章回复张之洞：数月来屡商购智利快船，忽允忽翻，迄无成议。京借洋款必不借镑，亦屡议无成。倭寇大队数万过鸭绿江，宋帅（庆）督队苦战不利，谓我枪炮不如倭之快且远，新募各军恐更难恃。各国守局外之利，强援无可结也。

听李鸿章这样一番话后，张之洞想到了李鸿藻。李鸿藻资格老、威望高，当时奉旨商办军务，又入军机处。李鸿藻，人称高阳相国，对张之洞一直是信任有加，两人交情非同一般。10月28日，张之洞致电北京李鸿藻，力陈救时策五条：

宋军败，辽沈危，此时惟购快船、购军火、借洋款、结

强援、明赏罚五事为急。有洋款则船械可购，兵可多练，再迟则人不肯借矣。北洋议购智利快船四，鄂省议购巴西快船二，何以不速购，似不宜嫌贵。有此六船，连原有五舰，尚可游行海面，断其运兵运械之船。无船则坐困待攻，且彼船愈来愈多矣，一也。

鄂省请购快枪二万五千支，不宜惜费，二也。

华商不信官，难借巨款。镑价此时七两已甚贵，不能太长，少订年限，俟从容借华款归还，洋款镑纵长不能多也，且年息五六厘，较华商轻，三也。

英、俄必须结援，俄尤要。俄、英兵船略助声势，倭即退阻，不能进攻。似可叩其所欲，权其轻重，急救危局。若待辽、沈糜烂，榆关不支，再思结援，晚矣，四也。

林国祥不赏，卫汝贵不罚，如何能战，五也。

设京城有警，此时热河亦不可避，不忍言矣。管见备采。

既然张之洞对甲午之战如此热心，颇多主张，中枢干脆让他署理两江总督，而让刘坤一奔赴前线，整合湘军，取代淮军，与日军作战。11 月 2 日，张之洞调署两江总督，“勿庸来京”。

11 月 6 日，张之洞致电刘坤一，通报自己顺江而下，两天后即可抵达南京。

张之洞虽然离开武汉，署理两江总督，但上谕说得却很清楚：张之洞奏鄂省织布官局招集商股增设纺纱厂，并添设机器缫丝各折片，业经批谕照所请行矣。湖北炼铁、织布各局，均经张之洞办有头绪，现虽调署两江总督，所有各局应办事宜，仍着该督一手经理，督饬前各员认真妥办，冀广利源而济民用，将此谕令知之。钦此。大家都听好了，不要以为张之洞去了南京，湖北的事情就不能过问了。一切经办事宜，还需要张之洞最终拍板定夺。

张之洞发给刘坤一的电报也很有意思，战事吃紧，一切从简：初八日乘“楚材”启行，十一日可抵江宁。请告首县，鄙人素性俭约，又值军务倥偬，公馆预备，不可华侈，文武巡捕家丁等向无门包，嘱该县等务须遵办为荷。

日本兵锋正锐，北方局势危急。日寇是否会逆江而上，扩大战火，张之洞不能不加以考虑防备。他在 11 月 7 日离开湖北前往南京途中，札委镇防各营，部署田家镇防务，要求至为具体：

田家镇为湖北第一门户，扼守之策无过于此。前经本部堂会同抚部院亲往履勘，督饬各营将弁、洋匠、学生等逐细测量，详加筹度。该处江面最窄，南岸半壁山前，冈阜连绵，远望二十余里，可筑凭高击远之炮台。

北岸冯家山山势参差，可资隐蔽，可筑伺便近攻之炮台。中路吴王庙地势当冲，近外临港处正对长江中洪，敌船来路，可筑迎头攻击之大炮台。近内正对半壁山山根处，江面宽止一里零二分，势如狭路短兵，可筑据险腰击之群炮台。半壁山近山山脚龙王寺地方，依山近水，远望不见，可筑埋伏暗击之炮台。

南岸前路大矶头杨泗墓地方，地踞山顶，前路有山隐蔽，可筑保护水雷之炮台。大矶头地方水势较平较浅，约在五六丈内外，可安水雷。大矶头岸上及对岸均宜作小土台，安快炮数尊，以护水雷。南岸旧有石垒，宜用土在外将三面垫平，作成极坦斜坡。此垒可扎陆勇，以护南岸山上炮台，击登岸之舢板。垒前数丈外可开通一小河，引江水通湖，宽约四五丈，可以护石垒，防敌人陆兵。

吴王庙近外旧有横港横堤，亦宜开掘宽深，以护吴王庙之大炮台。至田镇口门以内，西北之阳城山之右边半坡，于建台最为相宜，敌炮不能环攻而我炮可以远击，最为得势，惟距江较远，必须甚大之炮方能得力，拟俟将来购有巨炮再为布置，可作明台两座。

总之，高处宜明台，低处宜暗台，大炮宜明台，小炮宜暗台。台前必宜作极坦之斜驶，斜坡则炮力不入，断不可作成墙式。惟湖北素无台上大炮，即中等后膛炮亦复寥寥。现经电商两江督部堂刘借到大炮三尊，中炮二尊，其余将各轮船之炮及鸿字营旧台之炮酌量起下移用，并向沪局订造十二生炮二尊，百磅弹快炮二尊。虽造成尚须数月，此时可将台位预留，以待炮来即行安设。现将各炮台地位、炮数、作法绘具图说，分发各营，俾有遵守。

11 月 7 日，他在致李鸿章电中指出“无论或战或和，总非有船不行”。11 月 8 日，张之洞抵达南京，他在当日奏准调前任雷琼道朱采、驻新加坡总领事黄遵宪来江南差委，调广东总兵李先义率粤勇五六营来江南扼守。

11 月 13 日，张之洞正式接篆视事，署理两江总督。在南京上班的第二天，他听说有割台之议，立即致电李鸿章：传闻法国调停，倭索台湾并费千万等语，不知确否。窃谓台湾万不可弃，从此为倭傅翼，北自辽，南至粤，永无安枕。且中国水师、运船终年受其挟制，何以再图自强。台湾每年出产二百万，所失更不可数计。不如不争高丽，倭亦不能独吞也。鄙意与其失地赔费求和于倭，不如设法乞援于英、俄，弭以商务利益，英、俄当为我用。英、俄本强，我虽吃亏于英、俄，而不屈于倭，中国大局尚无碍，兵威亦尚未尽损，犹可再图自强雪耻之策，似与古语“远交近攻”之义相合。

11 月 17 日，张之洞向北京奏呈已到两江：

臣性愚不足经世，才钝无以匡时，属以海寇方张，戎机为要。无陶侃勤王之略，有魏牟望阙之诚。甫奉纶音，已戒期而北发。旋移符节，遂衔命以东来。查两江为形胜之要区，南洋兼交涉之重任。地广而元气未复，当思培养之方。官多而吏治易淆，贵有澄清之术，事非旦夕之可致。

今且江、海之兼防，应变为先，如臣何补。惟有征缮以固覆围，转输以济缓师，辖市舶则务联中外之交，绾军符则愿作旗民之气。十年恋主，每回首于趋朝。一日在官，誓尽心于所事。当随事与三省抚臣并江宁、京口副都统和衷筹办，以冀仰酬高厚鸿慈于万一。

张之洞思虑再三，决定调冯子材来江南，加强武备。冯子材答应前来，两人还就部队待遇、驻防何处、士兵服装、旗帜颜色进行了务实的深入探讨。

张之洞在11月17日上奏北京，进行汇报，然后发三份电报，催促冯子材前来江南。因为中法之战，张之洞总督两广，冯子材无论是镇南关大捷还是后来到海南岛平定黎乱，都与张之洞配合默契，成效卓著。值此国难当头，张之洞又想到了这位英雄老将。

11月18日、21日、29日，张之洞致电冯子材速来江南驻防：

尊意须若干营，驻防何处，或相机迎击，或专任一方，切实示知，以便筹酌具奏。此时北路兵已多由粤往，缓不济急。封河已近，南洋为急。若公肯出，总在江南地方，江阴、吴淞最为前敌要地。公若来时，再当商酌防所。

冯子材回复张之洞：

公欲材往，须听自募旧部五千人，以甘苦久同，庶缓急可恃。北兵虽多，均系胆怯，且人心不一，难期得力也。

11月21日，张之洞致电总署转奏朝廷，请敕冯子材募旧部速来江南驻防：

吴淞江口与扬子江口均极关紧要。查云南提督冯子材，七月内曾奉旨饬令北上。洞深知其忠勇性成，精力甚健，屡与询商。近称精力未衰，尚堪策马督战等语。仰恳圣恩敕冯子材募旧部粤勇十营速来江南，办理吴淞口沿海等处防务。洞前已奏明令总兵李先义粤勇六营，现拟令奏调之副将林保等续募六营，到后均归冯提督节制。此军专为吴淞、宝山、川沙、南汇一带沿海游击之师，阻其陆兵登岸，兼可督饬吴淞、狮林两处炮台将士认真扼守，兼顾海滨江口。粤勇素性猛悍，若能依西法练熟，此一军屯驻上海，将来用处甚多。待我之战舰渐多，以洋将率粤勇，大可出奇东渡。虽不敢谓必然办到，然亦宜备此一著。

张之洞此时还有出奇兵东渡日本的想法，这让李鸿章等人一定觉得此香帅是否神经不大正常？但有此设想，尽管是纸上谈兵，也不算是大言欺世故为惊人之语吧？

12 月 14 日，张之洞致电总署转奏朝廷，力陈江南种种棘手之事：

近日洋报、洋商、各领事皆云倭第三队兵船日内将扰南洋，或由川沙登岸扰制造局，或由崇明以北路入长江，或踞崇明为巢穴。看此情形，恐不久即有战事，已饬各营各台严备。

惟洞到任止一月，筹办军务，昼夜不遑。兵募而未到，饷筹而未收，械订而未运。大炮无从购觅，炮台仓卒难改。木质兵船本难得力，水师之将尤难急求。苏抚、漕督、上海道、淮运局，各镇将、州县，纷请拨营拨械，实无以应之。新募之营甫成未练，宁、沪两局军械尽给北上诸军，洋购者，自造者，均搜罗无遗。江南地段太广，沿海沿江，处处精华，防不胜防。

自应严扼江口，而江面太宽。崇明以南，吴淞炮台系旧式，不合法。崇明以北，入江之路，向未设防。江阴皆系前膛老炮。江阴以外，如川沙、南汇一带，关系沪局，防营未备。崇明孤悬海外，倭若踞之，扼长江之喉，最为危险，仓卒断无良策。南岸浒浦一带为入苏门户，北岸通州一带为里下河门户，皆无炮台、防营。崇明两营而已。

现惟力筹筑土台，拦江路，募土勇，用洋弁诸法。如战事在月余后，庶可赶办。地广、饷缺、期迫，种种棘手。惟有饬将吏竭力筹维，相机备御。

的确是一筹莫展，无从措手。唱高调容易，激昂慷慨也不难，但落到实处，硬碰硬，就不是一回事了。

12 月 20 日，清廷派户部侍郎张荫桓、署湖南巡抚邵友濂前往日本谈判议和。

12 月 31 日，张之洞致电中国驻英国大使龚照瑗：

目前和议断不能成，张、邵此行恐亦无益，故鄙意以为，今日中国甘以重利饵他国，断不可以丝毫利益与倭人。英、俄肯助我，则以兵威胁倭，使之速即罢兵。胁和者，谓借他国之助，于倭人不赔兵费，彼所要求之事一件亦不允许，不过彼此罢兵，两不索费而已。我国体不失，大局无碍，根本不摇，尚可徐图雪耻。若我自与讲和，则倭欲太奢，设或勉允数条，必致国体大伤，将来亦难补救，悔不可追矣。

总之，胁和则可，讲和则不可。胁和则以利益与他国而不屈于倭，国威未挫。讲和而以利益与倭，则为倭所居，从此不能立国矣。

1895 年 1 月 1 日，张之洞以防务吃紧，有备无患，急札沿江沿海各属办理渔团：江苏沿海各厅、州、县渔船甚多，练习风

涛，熟谙沙线，其中不乏勇敢之士，堪资御侮。应即责令地方官赶办渔团，编成保甲，勿使贪饵助敌及接济引水等事。遇有奸细，立时擒获送官，并可训练技勇，随时操演。当时人在南通的张謇，正是根据张之洞此项要求，办理渔团，以做应急之需。

卫汝贵被革职逮问，张之洞奉命查抄他在江苏邳州、睢宁、安徽五河、泗州等地的当铺。

张之洞还是很不放心长江防务，他要实地考察，以便做到心中有数。据许同莘《张文襄公年谱》载：张之洞乘广甲轮，抵上海，将阅制造局，而敌舰南来之警至，即赴吴淞口，密以存英厂之大炮二尊，令德商运至江阴炮台。部署事半，至江口天心沙，欲试口门拦沙之力，命司机者向暗沙驶行，果搁浅，以他船曳退。又设靶江心，命台舰同时发炮，命中亦少，知江防不可恃。张之洞抵镇江，留一日，议以敌舰来时，亲驻镇江督率调度。以金陵在上游，指挥不便也。是行带洋弁及出洋学习炮台之员，一一检阅。凡不如法者，饬速改正。贵州镇总兵丁槐谙地营之法，适统兵过金陵，属至江阴指示。提督杨文彪经刘忠诚（坤一）奏调北上，时调募粤勇皆未至，江南空虚。以杨文彪尚知炮台作法，令将镇江各台修改，奏请改派湘军张挂林五营出关。

这一月，通海、淮扬、川沙、金山、乍浦均铺设电线，以通军情，彼此呼应。

1895 年初，日军进犯山东半岛。张之洞急电山东巡抚李秉衡，建议他“责成地方官多募民夫，迅速星夜多开壕堑，于要路多埋火药，作地雷”，以阻止日军进犯，并表示拟拨枪支弹药支援山东守军。在丁汝昌自杀殉国后，他还曾建议将驻扎台湾的刘永福调来山东抗日，保卫烟台。

2 月 7 日，张之洞急札钱德培、陆元鼎督饬民渔团练开筑堤濠以御敌：

倭寇扰及山东，南洋襟带毗连，通州、海门均应严备。

而海门外临巨海，若敌人乘间登岸，内扰通、泰、如皋、东台以窥扬州，则米、盐利源，关系尤重。现已派记名提督张仲春统率所部湘仲字五营先行前往海门扼守，余营随后陆续派往。

惟地段绵长，兵力尚薄，必须民团协助，以期众志成城。应由地方官分饬绅董整饬团练，赶作堤濠。堤外之濠宜宽深丈余，濠底及堤之外面，酌量布置荆棘树枝，多插削尖木桩、竹枝及一切碍足之物。堤内之沟上须深五六尺，勇丁即藏沟内，便于伏兵狙击，施放枪炮。似此扼守有凭，庶可固士气而限奔突。

此事必须分段筹办，使富者出资，贫者出力，则事固易集，守亦有资。堤濠既成，当由官发给枪炮子弹，令各团以长堤长濠分段守护，而以派去之营勇专当冲要。

兵民合力，声势自壮。特委江苏候补道钱德培、陆元鼎分别前往督办海门、通州一带及如皋、泰兴、东台一带民渔团练开筑堤濠事宜。

战场厮杀，自然不是书房清淡，空发议论。张之洞有协调中法之战的经验，他就通海一带如此部署，至为具体。尤其是他主张兵民合力，众志成城，抗击入侵，即使在今天看来，也不能说没有道理。

这一天，山东巡抚李秉衡致电张之洞：东省前敌仅此未练之十数营，败挫后，恐文登失，无进兵路，急拨孙万林未整之八营前驰救，仅六营当方张之寇于宁海东，势均不敌，惟急盼丁槐一军先到，以救刘公岛，遏凶锋。乃顷奉电旨，调丁槐回畿辅，是目前竟同撒手。计贼日内如破刘公岛，必以舰亟攻登州，无兵可救。文登、登州若失，后路更无兵，贼可长驱。衡死不足惜，山东不可问。有山东方可保畿辅，而急切无大支援兵，何以救之。言至此尽矣。

次日，张之洞致电李秉衡：

> 丁槐军调畿辅，闻之惊讶焦灼，惟此一军最好。丁今午电已抵莱州，距烟台近，距畿辅远。公自行剀切电奏，或可邀准。此外无良策。

张之洞在回复李秉衡后，又致电督办军务处请饬丁槐一军应援烟台：

> 烟台、登州正在危急万分之际，正盼丁槐军赶到一战。洞已筹拨快枪一千枝，快炮六尊，兼程运赴丁军应用。顷接东抚李电，丁槐军奉电旨调回畿辅等语，不胜焦急。顷接丁槐自莱州来电，该镇本日午刻已抵莱州。查莱州距烟台止三百余里，距天津一千数百里，距山海关更远。若径赴烟台，数日即可迎敌接战，似宜先催丁军仍赴烟台。如他军渐集，再抽丁军扎畿辅一带，庶可救山东危局。若能破烟台、威海登陆之贼，畿辅自缓。如畿辅需营亦急，则于此次江南援东诸军酌派，改道赴直。诸军行走在后，距烟台较远，较之调回丁军尚可省往返周折。
>
> 惟洞人微言轻，不敢屡次渎奏。大局所关，又不敢缄默。伏恳钧处详加筹画，权度缓急。应否奏请圣裁之处，统侯钧酌。

军事指挥，极为专业。张之洞不在中枢，又不在前敌，但天性使然，喜欢建言。他这番建议，出于好心，但在他人看来，不无干预前敌指挥之嫌。对此，张之洞也并非官场素人，岂能不知？而他还是以大局为重，不吐不快。

张之洞与李秉衡都提到的丁槐，也是晚清名将，在中法之战中有卓越表现。丁槐出生于1849年，在家排行老三，故字衡三。他的父亲丁耀南，于清道光、咸丰年死于平乱之中。按清代荫封制度，其子均被赐抚恤并赐官职，丁槐被赐云骑尉世职。随后丁槐从军于岑毓英等，作战勇敢，屡建功勋，曾获得二品封典与赫勇巴图鲁勇号。1883 年，中法战争，丁槐在宣光战役中，与刘永福军合攻被法军占领的宣光城，迫使法军投降。丁槐声名大振，被人们称誉为“飞将军”“滇军中之第一劲旅”。甲午之役，丁槐先随岑毓英一道办理台湾军务，随后又奉调驻守山东泰安，并在泰安城东掘地设营，大建炮台，囤兵勇于此。因屡有战功，时人赞其为“九边杰出之才”。光绪三十年，丁槐升授广西提督。1917 年，张勋复辟，黎元洪隐居日本使馆，密令时任总统府军事顾问的丁槐密带“中华民国之玺”“荣典之玺”“册封之玺”“大总统印”“陆海军大元帅印”五枚民国大印前往上海三洋泾泰安客栈待命。次日，即 7 月 13 日，丁槐携带总统五颗大印抵达上海的消息立刻传到冯国璋耳中。他派人向丁槐索印，丁予以拒绝。他写信答复冯国璋说：此行是呈明元首，冒险护印到沪，未有元首证状，不敢私相授受。丁槐担心夜长梦多，就住进英国在上海租界。7 月 20 日夜，英国租界突然派人将丁槐捕去，搜到五枚印信，次日即将丁槐引渡北京。丁槐被引渡到京后以盗印罪名候审，不久即获释放。1923 年，丁槐由当时的陆军总长张绍曾任命为两广慰问使。丁槐在诗、书、画上均有造诣，有儒将之称，绘画尤以画梅见长。丁槐晚年信奉实业救国，经营有庆昌和文华商号。他从外地延聘匠人，引进木机织布技术，在鹤庆丁氏宗祠内创办手工机房，教授附近妇女制作布匹，鹤庆“织业大兴，机杼声相闻，日出布数百匹，供给本地需用外，尚能多数销运邻境”。1901 年（光绪二十七年），丁彦、丁泰、丁槐三兄弟出资修建“云鹤楼”，为鹤庆标志性建筑。1935 年，丁槐去世，蒋介石等曾送挽联吊唁。

威海陷落，北洋水师全军覆没，震惊中外。2 月 11 日，张之洞致电总署转奏朝廷，以威海被陷，战舰几尽，请借款购船，另成南洋水师：

威海被陷，中国战舰几尽，海面全为倭据。彼以数船游行南北，毫无顾忌。我沿海八省，备多力分，断不能处处皆有精兵利械。既难制胜，饷亦不支，南北转运，亦多荆棘。即使能遏其深入，亦不能断其接济。彼活便，我坐困，大局愈危。除迅速购船之外，再无良策。南洋现有之木壳四兵轮，船薄行迟，炮无新式，将弁难求，实无大用，断难出洋。恳请朝廷迅速决计，不惜巨款，速购穹甲快船五艘、大鱼雷炮船十数艘，雇募洋弁洋兵率之速来，选中国健将劲卒佐之，粤将宜多用，并购公司船数号为运船，方能行驶迅速，随战舰同行。

窃谓南洋所购者，宜自为一军，与北洋分为两枝，督饬整顿，方能各专责成。如倭船攻北洋，则南洋一枝攻长崎各岛，或截其运船。如倭船攻南洋，则北洋一枝攻朝鲜等处，或截其运船。只须我有兵船十数船在东洋、南洋海面游行，无论能战与否，倭必处处顾虑自防，其国来华之兵必不能多，军火必不能接济无阻。此费约需银两千万。然倭必不肯就此罢兵，若再深入，所损岂可数计。即肯罢兵，索费亦必不止数千万。安危所系，断不宜惜。较之徒养陆勇数百营，耗费多而不能制敌者，胜之多矣。此事洞夙夜焦思，舍此无补救之法。

2 月 23 日，总署回电张之洞：张之洞电奏已悉。威海被陷，北洋战舰尽失。若欲重整海军，自非另购铁、快等船不可。购船先须筹有款项，着张之洞即在上海等处洋行商订借款，电知户部、总署奏明办理。如集有成数，即设法购船，以备海洋御敌之用。钦此。

北洋水师，惨淡经营多年，经此一战，几乎全军覆灭，令人痛惜难平。但，总要面对现实，力求补救。张之洞此番设想，虽不无道理，却也难以落实。他就南洋、北洋彼此呼应支持，甚至有进击朝鲜、长崎之说，更近乎天方夜谭。

2 月 2 日，张之洞还曾致电北京道台裕朗西，以京城富室甚多，一旦京畿戒严，携带不易，莫若及早汇存江南，嘱其向各巨室剀切劝导。张之洞如此说道："此举若成，存款充裕，便可放手办事。设京畿有警，即可为大举勤王之计。"裕道台回电张之洞：富室不待蒙尘，搬移已多，无从劝导。张之洞被不软不硬碰了一鼻子灰，如此自讨没趣，也不知他是怎样的心情。

同日，南京下关发生一件小事，但张之洞极为重视，亦见其不乱方寸，有大臣之风。却原来，英兵轮船舰长登岸拜访下关营官，该营兵勇抛掷泥块，肆意辱骂。营官亦未回拜，殊为失礼。张之洞对下关营官严加申饬，要求查明生事勇丁，责儆为要。

2 月 27 日，张之洞致电台湾巡抚唐景崧：久闻倭人有索台湾之说，不知确否。此地近逼闽、浙，若为倭有，沿海永远不能安枕。且其地可富可强，万分可惜。开议在即，似宜速将此情沥陈朝廷，自不肯轻弃。公身处台湾，深悉其中利害，若尊处电奏，当可动听。

唐景崧回复张之洞，已将他的意见，取其大概，上奏北京：台湾逼近闽、粤、江、浙，为南洋第一要害，然我控之为要，敌据之为害。欲固南洋，必先保台。台若不得，南洋永远不能安枕。且治台者倘稍假便宜，略宽文法，不惜资本，广浚利源，实属可富可强之地，外人所以垂涎也。近日，海外纷传，倭必攻台，又闻将开和议，倭必索台。明知遥传无据，朝廷亦断不轻许，无如台民惊愤，浮议哗然，深恐视台如汉之视珠崖者。百端谕解，莫释群疑。微臣职在守土，倭如攻台，战事死生以之。倭如索台，和款非能与议。而一岛关南洋全局，惟有沥陈利害，上备先事之运筹，下慰愚民之怀惑。冒昧以陈。

2 月 28 日，张之洞致电总署转奏朝廷，简略陈述李提摩太前来南京谈救急之法，言不及义，语多闪烁，徒费口舌：

前接北洋电，云英教士李提摩太自言有救急之法，已电总署奏明奉旨，不妨一试等语。查该教士屡向洞言，亦与致北洋电同。既奉旨一试，当即再约该教士来宁详问，语多闪烁。除最谬之语，驳斥不论外，大意言，此时惟有设法恳英助中国，方能支持。问如何方肯助，李云须多与英国商务利益，如准英商在中国开铁路、开矿、兴各项化学工作制造等事。若与英国议定，准其在中国办二十年，每年所出之利酌量分与中国，二十年限满仍交还中国自办。当诘以二十年太久，.答云或十数年。又诘以英以何法助中国，答云极力劝和，不使倭人妄为。诘以能助水师、陆军帮我攻倭，答云不能助兵，只能胁和。并云此系该教士为好之意，自出己见，至如何办法，如何立约，英廷所重者何事，究愿如何帮助，须总署与英公使、中国星使与外部自行商办等语。

税务司穆和德来言，大致相似，惟增入添口岸一条。查两人所言，皆系悬揣之词，总归于以利与英，则英可助中国胁和。以洞管见论之，无论英、俄、法、德、美何国，此时能助我水师攻战，则我必胜，倭必蹙，中国自可重许以利益如以上诸条，皆无不可。若能允以势力胁倭，使其和平罢兵，不索地，不索重费，则我酌量许以利益，亦无不可。若仅空言劝和，则何必徒以利益与他国乎。应否令总署与英使、外部商酌之处，恭候圣裁。

国家陷入绝境，列强都来插手，不无乘机忽悠、火中取栗之意。同日，张之洞再次致电总署转奏朝廷，请以台湾作押借英款购兵船，或许英在台开矿，藉资保台。张之洞此举，真有点走投无路，病急乱投医了：

近日倭有数轮游弋澎湖，显系意在台湾，甚属孤危可虑。窃谓此时似可与公使、外部商之，即向英借款二三千万，以台湾作保。台湾既保借款，英必不肯任倭人盗踞，英必自以兵轮保卫台湾，台防可纾。如照此办法，英尚不肯为我保台湾，则更有一策。除借巨款外，并许英在台湾开矿一二十年。此乃于英国有大益之事，必肯保台湾矣。我有巨款，即可速购各国现成兵轮，于战事必有大益。而既许英以矿利，则保台必所乐从。是否可行，伏候圣裁。

张之洞此种想法，被李鸿章斥之为书生迂腐不堪之论。张之洞坐卧不安，殚精竭虑，真是为此操碎了心。他在同日又奏陈整顿南洋炮台、兵轮情况：

臣去年冬亲阅海口、沿江各炮台，大率皆疏谬无法，实出意料之外。当经在台指示各将领，似皆听之茫然，实堪诧异。

长江为南洋门户，江苏形势雄踞，物力殷富，每年南洋海防经费例拨数十万，不知二十年来，何以全无人讲求及此。本任督臣刘坤一尚能留意经营，乃承办局员全不通晓，守台将领一味模糊，以至炮台如此乖谬，实不可解。各台洋炮多系旧式前膛，或间有后膛者，亦甚小甚旧，种类尤杂。其大炮皆系上海制造局自造者，炮身不长，机器不灵，施放过迟，一点钟只能放七八炮，徒贪弹重药多之力，殊少及远放捷之功。若外洋克虏伯二十一生、二十四生等巨炮，并无一尊，不特无十年内之新式长炮，即旧式后膛大炮亦且无有。江阴炮台则止有前膛大炮四尊，并沪局自制后膛大炮亦无之矣。

至造台不合法，大率数端。如镇江、江阴等处江岸有高岗长岭，乃造台不于山巅山脊，而或作于平地低处，以致失势受地，或作于山坳，以致旁多阻碍。各台或在平地，或在半山，往往后靠山岩。敌炮随意击中山上，则山石炸裂满

台，是自为敌人多添炮子。多炮密排一台，不思高下参差，一台毁则多炮废。子药库不知深藏，即在台旁作一小屋，但中一弹立致摧压焚毁，全台之炮皆成无用。暗台则一炮作一小门，又不知开里外八字，炮为门束，每炮上能打一两度，不能旋转多击。自碍炮路，尤为荒谬。各台前面作平台，长数十丈，宽四五丈，适以留敌人炮子，足以炸伤全台，尤不解作何取意。营房与炮台不知分为两事，台之左右前后多作房屋草棚，引火受炮。营房围墙多作白色，夜视分明，徒为敌人之的。至于炮手，并无专人，系令各营勇轮充，兼当杂差，更换无恒，以致生疏杂乱，诸事废弛，从来未闻有此办法。

现在各台已成之局，势难更动，止能将其最荒谬之处量加修改，力图补救。一面选募洋弁，专挑炮弁炮勇，优给薪粮，常川驻台，教习操练。至南洋各兵轮，除“南琛”派赴台湾及船炮过劣者不计外，尚有“南瑞”“开济”“寰泰”“镜清”四艘，及蚊子炮船四艘。历年裁省经费，炮勇、管机人等，尤鲜好手，管带各员类皆柔弱巧滑之人，万无用处。而水师将弁尤难其选，现经多方搜访，择其耐劳气壮者，陆续更换，责令认真操练，仝行驻泊崇、宝、沙尾，与狮子林炮台互相辅助。

张之洞此番考察，问题导向昭然。此种战备，如此儿戏，如何能够打仗？能够打胜仗？张之洞此电是2月底发出，但信息灵通的张之洞得知李鸿章即将在3月初赴日本和谈，他在3月3日致电李鸿章，询问日本提出的有关要求以及是否外国公使已经离京。两天之后，也就是3月5日，李鸿章回复张之洞，他的确要赴日本马关和谈，至于所索赔款、让地，胃口不小。各国使节并无出京之说。李鸿章不愿多说，但有一汪乔年，却在3月5日致电张之洞，把高层意旨与李鸿章行踪，说得明白：倭要割地，上意勿许。初六，太后召相议，以辽东或台湾予之，如不肯，则两处均予。事甚秘。相今日请训，明出京，十一可到津，乘“公义”“礼俗”两船径赴广岛。此日，郑孝胥在其日记中也有如此记述：初九日，夜三鼓，始邀饭，同坐者王雪澂、叶临恭、杨叔峤也。南皮颇叩海军及日本各事，又以时事日亟，兵易得而将难得。乃为陈开陆军学堂及制造洋火药局、鱼雷艇三事。退食已四点钟。俄而天曙。

3月19日，张之洞分别致电唐景崧、刘永福，鼓励他们御倭保台，“忍小任大，和衷共济，建立奇功”。张之洞对唐景崧说：倭垂涎台湾已久，其窥台似亦可信。然台湾山险民强，瘴盛雨多，甲申、乙酉间，法攻半载，不能深入。前二十年，倭人到台，病亡过半。公之才略忠勇，必能御倭。刘镇永福此时自不便调，其人虽有偏处短处，究系曾经百战之将，较之寻常提镇之未见战阵、习气太深者，胜之远矣。且素有虚声，藉以定民心、壮士气亦甚好。此时事机紧急，切望略其所短，曲意联络，优加鼓舞，当能为公效臂指之力。其人吝啬而重利，此病甚易治。公长于驭将，笼络一刘永福何难哉。渠此次系帮办，公似宜稍予以面子，彼便颠倒奔走矣。

张之洞说刘永福吝啬重利，但用人之际，要看大节。他又致电刘永福，加以安抚：麾下来江，本所甚愿。奈近日探报屡言倭将攻台，若奏请内渡，断难邀允。麾下忠勇性成，兵民信服，立功报国，正在此时。处台为难情形已知梗概，已电嘱唐抚院和衷优待，亦望麾下忍小任大，和衷共济，建立奇功。鄙人与麾下及唐薇帅皆系旧交，两君同处海外，支持危局，鄙人不能奋飞相助，昼夜悬念。惟盼两君同心，则必能破贼成功矣。

3月28日，张之洞致电台北唐景崧：

> 澎竟不守，愤灼万状。以后如有款，托洋行商船当可寄。有轮于台总有益。中国事事皆迟误，真可痛也。合肥被

倭民潜以枪击伤颊，弹尚未取出，不知无碍否。闻所议要挟太甚，不详何事。惟闻欲以津关作押，再停战议和，真狂悖也。

4月1日，中日于奉天、直隶、山东三省暂行停战21天，张之洞电饬海州各文武照旧严防备战，不可松懈。

4月2日，张之洞就济台事宜致电总署：

台湾危急万分，已将存沪枪弹尽数解济，惟为数不多。屡接唐抚电，义勇能战，惟求发械，情词痛切。五日来，一日数电，无非此等事。闻壳件洋行有械万余件，系钧署令密存沪局。台湾正有船在沪，仰恳可否于此项军火内酌拨若干件，交其原船解台。此时尚可冒险运，再迟有械亦难运矣。

4月3日，总署致电张之洞：现在奉天、直隶、山东，倭允停战二十一日，而彼方图攻台湾，不在停战之内。该处孤悬海外，如被敌困，无法挽救。尤虑军火缺乏，难资战守。本日据唐景崧电，奏请饬粤省拨可用后膛枪五千枝，配足子弹，另拨毛瑟弹三百万粒，火药十万磅，交知州唐镜沅设法运台，着李瀚章速即拨解，以应急需。并着张之洞、谭钟麟一并酌量筹拨。至唐景崧请调兵轮赴台听用，并着张之洞、李瀚章酌量调派。钦此。

4月4日，张之洞电复总署转奏朝廷，力陈台危当援，惟南洋兵轮，船薄行迟，徒供糜碎：庚电奉旨恭悉。台危待济，自应力筹。前数日已将上海存枪尽数拨一千六百余枝，弹一百余万，交台轮解往。近又索神机炮弹，亦竭力解拨。至调兵轮一节，南洋除最劣之轮外，止木质四兵轮，船薄行迟，每一钟头止行十海里，又无快炮，在长江依辅炮台，尚可协助；若战于海上，敌船围攻追击，徒供糜碎，有损于江，无益于台，而中国从此无一兵轮矣。台湾宜救，洞夙夜焦思，每日通电，力之所能，毫无吝惜。惟实在为难情形，不敢不据实上陈。

4月17日，《马关条约》签订在即，张之洞致电当时中国驻俄国大使、自己的学生许景澄，就割让辽东，泣血哀告，希望俄国予以干预：

和议已成。倭据朝鲜，赔巨款，割要地，凡已占辽境东至旅顺、营口，台湾全岛，皆属于倭。此合肥致盛道电，必非虚语。从此中华何以自立，令人痛愤发指。

尊电及爵堂（王之春）电皆云俄允俟倭索太过，约邻劝让。查俄土之约，土虽已允，各国胁而改议。此事于俄利害相关，上年俄皇在倭被刺，今李相亦然。凶狡诡谋，各国共见。倭占韩占辽，尽据东方海面，俄亦事事受制。此乃地球事实，并非纵横虚谈。

请阁下急速面谒俄皇，沥恳相助。俄与本朝乃二百余年盟聘之国，交久谊亲，不比他国。倭若得志，断不能如中国之睦邻守约。三年前俄皇游历汉口，仆周旋数日，甚为款洽，深承优待，其意甚殷，面言鄙人情谊，他日必不能忘，回国后尚令俄领事寄语致谢。此时仆本拟自行电恳俄皇为包胥乞秦之举，特以中国大员向未闻有与各国之君通电之事，未敢冒昧。特请阁下代为转陈，务达鄙意，诚切恳求。若肯代解危急，我国家必有以报。

张之洞致电许景澄，提到俄国沙皇曾经到过武汉，又以申包胥乞求秦国复楚这一典故描述当下时局，令人读来五味杂陈。

张之洞在同日，又致电台北唐景崧，告诉他和约已定，割地赔款，切齿痛心：

顷接盛道（宣怀）电，云李相（鸿章）创口渐愈，子未取出。约已定，二十三日画押，即回津。辽东至营口又全台均割，赔款三万万等语，可骇已极。辽地或指已占者，然北无旅顺，南无台湾，中华海面全为所扼，此后虽有水师，何从施展。

梗辽、沈之路，扼津、登之喉，卧榻养寇，京师岂能安枕；北洋三省，沿海水陆，永远不能撤防，国用如何能支。畏倭如此，各大国必然肆意要挟，如何能拒。三万万何从搜括。此后何论自强，直恐不能自立矣。大局败坏，切齿痛心。不思倭寇止有此数，中国甚广，岂能百道并攻，悬军深入。彼所恫喝，惟在犯京。

暂时巡幸以避凶锋，关内援军日多，军械渐集，二百余营何至不能一战。即有挫败，岂能尽扫诸军。彼陆路深入数百里，军火饷需来自海外，截其归路，一溃即不支矣。英、俄各国以我空言求助，故藉局外为辞。既肯以地与倭，何不以僻远之地赂英、俄，于全局尚无妨碍。至商务等事，更可通融。有助则必胜倭，胜倭则兵威振，各国仍不能藐视，何至甘受倭之吞噬哉。

仆自去秋至今，屡次电奏沥陈，深遭时忌。近已与王使之春电商购得兵轮十艘，洋将琅威理、洋兵二千，三月到华，船炮价二百万镑，用费一年约二百余万两，款系王借，已电奏。但和局已定，恐难允矣。时局如此，愧疚愤恨，聊为公发之。

4 月 13 日，张之洞在南京宴请冯子材于署中，集中的话题自然还是《马关条约》。张之洞在 4 月 18 日致电海州王得胜等六统领，告已奏请冯子材总统海州诸军，冯子材已经率领兵弁数十人自扬州至清江，赴海州察看地势军情。冯军现驻扎镇江，有战事即可全赴海州前敌。

4 月 20 日，张之洞再次致电总署转奏朝廷，沥陈倭约各条贪苛太甚，远患近忧，宜结英、俄、德相助，或许能有转机：

闻和议各条，不胜焦灼痛愤。倭寇狂悖至此，种种显然利害，中外诸臣必已恳切陈奏，无待洞渎陈。其中如旅顺不交还及威海刘公岛驻兵、天津驻兵各条，尤为可虑。

查旅顺、威海乃北洋门户，若倭不退还，则北洋咽喉从此梗塞，以后虽有水师，何处停泊，何处修理。旅顺、刘岛常驻倭船，在津又驻陆军，近在肘腋。彼日肆要挟，稍不满欲，朝发夕至。且倭约各条贪苛太甚，台湾民悍，不甘属倭，必然启衅，各省军民必然痛恨深怒，断不甘心。稍有枝节，彼即谓不依条约，立刻生事。

查要挟各条之言，圣明岂有不知。朝廷所以勉为和议者，不过为保全京城根本，姑冀目前粗安，徐图补救。若照倭索诸条，更是自困自危之道，虽欲求目前旦夕之安，亦不可得。又洋报有与中国联合备战守一条，大略是为中国经理各省机器制造局、铁路等事，尤为险诈。

查购买洋械本难常恃，幸各省尚有数局，可造枪炮弹药，稍资接济。今若令倭干预，则内地军火运道皆在倭掌握之中。水师既不能再振，陆军亦不能自主，中华何以立国。且倭踞威、旅，则自辽阳以至威海、荣城周回二三千里，处处水陆皆须永远设防，所费太巨。当此赔款巨万之际，经费将从何出。至苏杭织丝绸，川楚织纱布，则各国亦必效尤，改造土货，中国工商生计从此尽矣。海军无归宿，陆兵无利器，威、旅弃则京畿无屏蔽，商民贫则军饷无来源，各国欺凌，人民嗟怨，外患迭至，内变将作。恐系大学士李（鸿章）伤重错迷之际，李经方等冒昧应允。

窃惟遣使议和，乃朝廷休兵息民之盛德，顾全大局之苦衷。洞虽愚蒙，亦知仰体，断不敢为大言迂论以渎宸聪。所虑者，京城不能安，和议不能成，不论远患，先有近忧。伏望圣明熟思深察，可否敕下王大臣迅速会议，设法补救，以候圣裁。但此时总须乞援，方易措手。惟有速向英、俄、德

诸国恳切力商，优予利益，订立密约，恳其实力相助。此时先恳各国共同告倭，令其停战议和，以便从容筹办，尤为紧要。迫切上陈，万分惶悚。

张之洞实在是于心不甘，坐卧不安。他这样耗尽心力，可又有几人觉得他是在为国家殚精竭虑寝食难安呢。这一天，张之洞又致电盛宣怀，询问俄、法、德不允割让辽东半岛，是否有实际根据，是否出自三国之意，抑或系中国所托。英于台湾及中俄强弱最为关心，何以推卸不管，必有他故。盛宣怀很快回电：俄、法、德不允，系巴兰德来电所云，似出于俄。惟俄出亦但阻辽东，未必甘为我用。英不愿俄独雄东方，且倭约彼于商务有益，故推诿。交际须在平日，临难又不肯利饵，拘泥成法，寸步难行。

4月20日，唐景崧致电张之洞：总署来电，大致谓台绝地难守，战亦徒损生灵，京师视台尤重。倭定约两月交台，以全大局等语。辽、台俱割，大局何望。台民愤恨，一时哭声震天，无可抚慰，惨不可言。

4月21日，张之洞电复唐景崧：

昨已将和议逐条利害沥陈，请以重利求各大国力助，不知有益否。顷王爵堂（之春）自巴黎来电，云法外部谓倭力竭疲甚，不能久，冀华坚持，法、俄两国已电劝倭减让等语。又西人云，普法议和，普索法两省地，法以两省人不愿属普，普不能驳。中国可援例听台湾民自便等语，均照转总署矣。乞援借助必须有实际相饵，人方肯为我用，惟在权其轻重而已。

事由总署主持，疆臣不能擅许。远交近攻，最切今日事势，倭焰初张，仆即力持此议。去冬至今，敝处分致英、德、俄星使转商外部电商数十次，电奏数次，百计俱施，然卒以无权，事竟不就。爵堂购船、借款、选将募兵诸事，以和局已成，未蒙允准。总之，内无定见，外无同心，仆与公及鉴堂（李秉衡）三人同为痛愤而已。

据《郑孝胥日记》载：1895年4月23日夜，南皮召见，同入者桂、沈、程、恽、陈、阮、王、徐、叶、郑。叶申南幸之旨，欲连衡以迎天子。南皮笑其迂而不达。恽、陈劝南皮与太监李莲英私结以动太后之意。南皮曰："吾知之，吾不能。"沈复言宜推善名于翁、孙等，使无扰吾事。南皮曰："今事关系重大，非平日比矣。"观南皮谈论，意在明和战之害，以悟上意。和则不可为国，战虽不胜，犹未至于不国，其意识，度越诸辈。惟言或割西藏以与英，或割新疆以与俄，则兵事可以立息，余于末坐乃微言其未可必成。南皮颇护己说，盖各国之情事，固不能谙悉也。三鼓乃散。

这十人，都是张之洞幕府中的要角，郑孝胥认为就战和利害，张之洞的见解要高于同辈诸大臣，但郑对张之洞主张以新疆、西藏之割让俄、英来换取他们的支持，却颇不以为然。他认为，张之洞对世界列强彼此之间的算计，还不过是一知半解而已。

张之洞于4月26日向清廷再次上奏，认为日本意在吞噬中国，宁割边壤以联英、俄，抵抗日本，提出废约办法"惟有乞援强国一策"：

倭约万分无理，地险、商利、饷力、兵权一朝尽夺，神人共愤，竟在吞噬中国，非仅割占数地而已。各省口岸、城邑、商业、工艺、轮船，处处任意往来，任意制造，一网打尽，工商生路尽矣。倭在华制造土货亦照洋货纳税，各国效尤，如何能拒，厘金亏矣。赔款二万万两，六年付清，又加五厘利息，即借英国洋款转付，分期摊还，每年亦须还本息一千数百万两，各海关洋税空矣。今借款系赫德一手承办，专借英款，将来无论如何搜括，亦不能还清，英国必索我地方作抵，是又生一患矣。民贫极则生乱，厘税去则无饷，陆师海军永不能练，中国外无自强之望，内无剿匪之力矣。威、旅之兵必致永远不撤，京城亦永无安枕之日矣。一倭如此，各大国援例要挟，动以窥伺京城为词，更不能拒，后患不可胜言矣。然非藉兵威不能废约，此时欲废倭约，保安京城，中国惟有乞援强国一策。

俄国已邀法、德阻倭占地，正可乘机恳之。乞援非可空言，必须予以界务、商务实利。窃思威、旅乃北洋门户，台湾乃南洋咽喉，今朝廷既肯割此两处与倭，何不即以此赂倭者转而赂俄、英乎。所失不及其半，即可转败为功。惟有恳请敕总署及出使大臣急与俄国订立密约，如肯助我攻倭，胁倭尽废全约，即酌量划分新疆之地，或南路回疆数城，或北路数城以酬之，并许以推广商务。如英肯助我，则酌量分西藏之后藏一带地壤与若干以酬之，亦许以推广商务。俄英两国只须有一国允助，其兵船已足制倭而有余，则兵不血刃而倭约自废，京城自安。同一弃地，而捐荒远之西域，可保紧要之威、旅，全膏腴之台湾，且可尽废一切毒害中华之约。权其轻重，利害显然。盖俄、英本强，然历次条约尚无吞并中国之意。即以重利酬之，于彼有益，于我尚无大损。倭专心欲害中国，正苦饷力不足。若此约允行，则从此既强且富，是我助以吞噬中国之资矣。

此因和议已许割地，故拟为此权宜转移之策，冀以救急纾祸。忧愤迫切，仰候圣裁。

《马关条约》的签订，中国近乎亡国灭种。张之洞如此负有使命感、责任感之人，他实在是咽不下这口气。4 月 29 日，张之洞致电总署转奏朝廷，请藉民变恳请诸国拒倭：

顷王之春电云，顷赴外部，约言德向助日，因俄、法牵制，复忌其强，遂有压日之举。兹日电称，彼邦屡胜，碍难相让，若照所请，恐激民变。若从民变着想，当有权衡等语。查路透电报，倭拒俄、法诸国，确系以恐民变为词，正如法外部之言相同。倭既藉民变以拒诸国，我更可藉民变恳诸国以拒倭。昨台抚唐（景崧）江电称台民不愿归倭，欲劫留崧与刘永福在台同守，乘机欲乱，有劫司库、械局之谋，以有备而止。二十八日砍死中军，枪伤平民。是台湾民变，其势已成，辽民亦必不服，毫无虚假。窃思恐激民变一说正合西例，可冀西洋各国动听，且措词最得体。仰恳朝廷熟筹全局，一面饬总署迅速与各国公使商，一面电许（景澄）、龚（照瑗）两使迅与俄、德、英商，电王使（之春）迅与法商，或有转机。

4 月 30 日，张之洞致电唐景崧商筹保台之法：

台民必留公，宜速与台之巨绅大豪若林朝栋、林维垣等商定办法。台民既有主脑，方不致乱。各府县官吏及电报、驿站须令安堵勿动，擅动者以军法从事，力以必能保台不归倭自任。众情略定，方能从容设法。盖条约本言两月内交台，此两月中尽人力图之耳。同舟遇风，刘（永福）必尽力。

张之洞又电唐景崧：

鄙人四次电奏请赂诸国以西域边地、商务实利助华废约，均不报，日来不知有转机否。若公在台言台，措词自异，亦不妨从民变着想，一面电奏，一面电王、龚、许诸使代为设法。仆极力阻倭约，保辽、台，或电奏，或电各使，百计俱施，无所不可，但办法与尊意迥别，但能结强援以翻全约，不能为台求各国保护也。若各国护台，则台仍非中国

有矣。至协饷济械一节，江南借款至今未妥，万分焦灼。若废约开战，则江南防务难撤。若朝廷恝然弃台，台为自主，与中国无涉，则协饷济械又有窒碍，只可届时相机商办。

5月7日，张之洞致电汉口道台恽祖翼：前日有旨令李商展换约日期。倭已允将全辽及旅顺还中国，惟俄止阻辽，此外恐不管。刻又电奏，力请缓期，并结三援翻全约各办法，法已允发兵保台，屡有电旨饬王爵堂商办，龚从中阻挠，令人急死。鄙人言不足重，阁下电恳常熟（翁同龢）主持方有益。恽祖翼是一举人，常州人，他后来曾任浙江巡抚。恽祖翼兄弟三人，另有弟恽祖贻、恽祖祁，常州恽家门第鼎盛，与常熟翁同龢家族关系密切，互相联姻，盘根错节。张之洞与恽祖翼都出生在1837年，他向这位下属如此致电，大概也是希望借助翁恽两家的特殊关系，能对时局有所补救，也真是用心良苦啊。

5月10日，张之洞致电中国驻俄大使许景澄、驻法大使王之春：十四日晨，俄、法、德公使告总署，倭允还辽、旅，换约展期七日。旨令伍、联暂勿换。倭使伊东恫喝，合肥电奏，午后允之，亥刻换讫，五鼓伊东即行。旋接伊藤电云照议暂停换约，已无及矣。国事一误再误，愤恨欲死。前电俄云虽批准仍可改，此时有何法挽救，俄、法更有何意见。挥戈填海，古来常有之事，万望勿遽歇乎。鲁阳挥戈，精卫填海，探花手笔，的确不同凡响。

5月15日，张之洞致电李鸿章，把他“比之崇厚，令其引咎”。李鸿章复电，予以驳斥：吾事事奉旨而行，与崇厚迥不相同。且中国今日非变法不足自强，岂书生腐论所能补救耶。《郑孝胥日记》载有此事。前文曾经提及，张之洞当年极言要杀崇厚以谢天下，世人皆知，李鸿章当时对张之洞的放言高论就不以为然。时过还不到二十载，张之洞又将李鸿章比作崇厚，李鸿章岂不极言驳斥张之洞？

5月24日，唐景崧致电张之洞称，清廷谕令唐景崧“着即开缺，来京陛见。其台省大小文武各员，并着唐景崧令陆续内渡。次日，绅民闻知，又蜂拥毕集，万难离台。日内台民即立为民主国，只可随民去做，无可奈何矣。敝眷即来金陵，寓两广会馆。设有意外，乞公庇之”。张之洞立即致电唐景崧：

> 台民欲劫公守台，无可如何，然名目宜酌。电奏只宜云约为民会、民政之国，不可云民主，不可云自立。外洋总统甚大，似不相宜，须稍变，或云总管，或云总办，谗谮嫌疑，亦须防也。

张之洞官场经验丰富，他深知名正言顺之必要，劝唐勿称“总统”，可称“总管”“总办”，不能说“民主”“自立”，这个张之洞，很善于从政治上看问题啊。

5月27日，张之洞再电台北唐景崧，告他已经拨三十万交汇丰银行汇台，并告倭步兵以十六人为一百，马兵以七人七马为一百，凡言某队兵几万人，皆虚张人数，不要对此而惊惶失措。

5月28日，张之洞电复台北唐景崧：公为台民劫阻暂留，自系万不得已，深为焦灼。然自处须有分寸，方见恪守臣节，朝廷方能鉴察，天下方能共谅。奏事及行文内地各省及台湾本省，自应仍用开缺本衔与巡抚关防。此层尤须迅即电奏并电知各省为要，声明此系暂时权宜，以免倭人向中国生衅，事定后仍归中国。奏咨内只可云民会、民政，不可云民主，只可云暂留，不可云暂主。措词须平淡谨畏，方为得体。致各省电太不妥，望速妥酌，更正声明，要紧。张之洞再三叮咛，反复提醒，足见其见识之高，思考周全。

6月2日，总署奉旨来电：现在和议既定，而台民不服，据为岛国，自己无从过问。惟据英、德使臣言，上海、广东均有军械解往，并有勇丁由粤往台，疑为暗中接济，登之洋报，而此等谣传，实于和约，大有妨碍。着张之洞、奎俊、谭钟麟、马丕瑶饬查各海口究竟有无私运军械、勇丁之事，设法禁止，免滋口实。钦此。

就在6月2日这一天，李经方与日本台湾总督桦山资纪在基隆口外签订台湾交割文据。6月3日，日军攻陷基隆港。5日，张之洞仍致电唐景崧，希望他激励士勇民众坚守台北府，并鼓励唐“自率大支亲兵，获饷械，择便利驻扎，或战、或攻、或守，相机因应，务取活便，方能得势”。而6月4日，唐景崧已经有电文告诉张之洞：基隆血战六日，将士伤亡不少，统领张连非重伤、全军顿散，基隆不守。教民四起，省城瓦解，事不可为矣。唐景崧7日乘船退回厦门。最后只剩刘永福在台湾领导军民坚持抵抗日本侵略军，但是“饷械奇绌”，多次向张之洞求援，张之洞虽有饷械，却不敢接济。6月21日，张之洞致电总署转奏朝廷，前护台抚唐景崧已遵旨内渡，于6月19日到江宁，本日已晤面，恳为代奏请旨应否仍行入京陛见。北京次日即回电：唐景崧着即休致回籍。钦此。

甲午战后，纷纷扰扰。如何总结如此沉痛教训，励精图治，奋发图强。7月19日，张之洞有奏陈修备储才九事折，洋洋洒洒，痛心疾首，情真意切：

> 此次和约，其割地、驻兵之害，如猛虎在门，动思吞噬。赔款之害，如人受重伤，气血大损。通商之害，如鸩酒止渴，毒在脏腑。及今力图补救，夜以继日，犹恐失之。若再因循游移，以后大局何堪设想，此臣之所以痛心疾首，不能不披沥迫切上陈于圣主之前者也。
>
> 久闻倭人扬言，此次和约，意在使中国五十年内不能自振，断不能再图报复。又以意在使中国瓜分，宣言十年内外，必可立见此局。朝廷虽有守约之信，窃料倭人断无永好之心。且西洋各大国从此尽窥中国虚实，更将肆意要挟。是

日本之和不可恃，各国之和亦不可恃。故今日时势，侥幸者或以为可以偷旦夕之安，愚臣独以为不久即将有眉睫之患。

夙夜忧惧，不知所出。谨条陈九事，愿圣明决而行之。

一曰宜亟练陆军也。今外洋各国无一国不汲汲于兵事。我若狃于和局，从此罢兵节饷，而不复为振作之计，是中国永无战胜之日矣。目前陆军以德国为最强，自宜取法于德。臣谨就江南情形，酌量筹议，教练万人为一军。其教练之法大率有三；一则募洋将管带操练，一则遣员弁出洋学习，一则各直省各设陆军学堂，延西人为师，择强壮朴实之少年子弟入学，学成亦发各营，量加委用。三途所出人才，又可展转教练各防营，驯至中国练成能战精兵十万人，不特永无内患，必可不忧外侮矣。

一曰宜治海军也。今日御敌大端，惟以海军为第一要务。故今日无论如何艰难，总宜复设海军。论今日大势，自以南洋、北洋、闽洋、粤洋各设海军一支为正办。若限于物力太巨，则南、北洋两支断不可少。至水师尤难于陆路，将领必用洋将为之，俟洋将于各船弁勇中考有出色可信者，再以派充各船管带。

一曰宜亟造铁路也。方今地球各国无一国不有铁路，千条百道，交错纵横，军民农商，事事称便。臣原议由汉口至芦沟桥先成干路，嗣以议造山海关铁路，遂将此项经费改归北洋。军事之兴，一切隔阂，兵饷、军火转运艰辛，劳费百倍，而仍有缓不济急之患。使铁路早成，何至如此。中国应开铁路之地甚多，当以芦汉一路为先务。此事需款虽巨，可使洋商垫款包办，限以三年必成，成后准其分利几成，所限满后，悉归中国。惟此事断不宜英、法诸大国商人包办，恐获利以后，收回或费唇舌，惟小国远国商人则无此虑。若中国自办，则委员视为利薮，旷时糜费，十年亦难成矣。

一曰宜分设枪炮厂也。凡要冲之地，根本之区，均宜设局，尤宜设于内地，有事方能接济沿海沿边。至各厂制造，大率普宜以小口径快枪及行营快炮为主。或枪炮兼造，或枪炮分造一项。总之，必宜择定一式，各厂统归一律，以免诸事参差。

一曰宜广开学堂也。人皆知外洋各国之强由于兵，而不知外洋之强由于学。夫立国由于人才，人才出于立学，此古今中外不易之理。应请各省悉设学堂，自各国语言文学以及种种制造、商务、水师、陆师、开矿、修路、律例各项专门名家之学，博延外洋名师教习。

一曰宜速讲商务也。西人常论中国人最工贸易，惜国家不为保护，任其群起逐利，私作奸伪，不顾全局，以致百业皆衰。至护商之要，不外合众商之力以厚其本，合国与民之力以济其穷。今宜于各省设商务局，令就各项商务，悉举董事，随时会议，专取便商利民之举，酌剂轻重，而官为疏通之，勿使倾轧坏业，勿使作伪败名。凡能集巨资多股设一大公司者，奏请朝廷奖之。

一曰宜讲求工政也。世人皆言外洋以商务立国，此皮毛之论也。不知外洋富民强国之本，实在于工。今宜于各省设工政局，加意讲求。

一曰宜多派游历人员也。不知外洋各国之所长，遂不知外洋各国之可患。拘执者，狃于成见，昏庸者，乐于因循，以致国事阽危，几难补救。延误至此，实可痛心。今欲破此沉迷，挽此积习，惟有多派文武员弁出洋游历一策。查外洋各国开疆拓土，行教通商，皆以游历为先导。今宜多选才俊之士，分派游历各国，丰其经费，宽其岁月，随带翻译，纵令深加考究，举凡工作、商务、水陆兵事、炮台、战舰、学校、律例，随其性之所近，用心考求。归国之日，由总理衙门课其能否，察其优劣，将此项人员发交有洋务交涉省份分别委用，或派往各省商务、工政等局差委，咸先令补总理衙门章京，或再派充出使参赞、随员等官之选。劳绩期满，即行迁擢。内外互用，必广其出身之途，方能鼓舞，则不惟使才即出其中，而中外文武人才之出，正未有艾。至于亲贵大臣及满汉世家子弟，尤宜选其贤者遣出游学，优予褒奖。抑臣尤有进者，国家取士用人，首重科目。而科目出身者，毕生困于考试，见闻狭隘，精力销磨，以致未能尽娴经济，若洋务、军务，更难语此。故议者多欲变通科目取士之法。然事体甚大，未易更张。窃谓游历人员可多取诸翰林、部属及各项正途出身之京、外官，回华后优予升途，将来任以洋务等事，必远胜于洋行驵侩，江湖杂流，且较之词曹但考文字、外吏但习簿书者，切于实用多矣。

一曰宜预备巡幸之所也。近年凡与外洋有构兵之事，各国洋人之议，多谓京城距海口太近，必宜迁都腹地，于战事始能操纵自如。似宜择腹省远水之地，如山西、陕西等处建设行宫。遇有外警，则暂时巡行，然后滨海及边关诸将可以放手攻战，毫无牵制顾忌。

以上九条，非特远虑，实为近忧。惟需款浩大，猝不易筹，窃恐廷议必难于举办。而区区之愚，窃谓此数事乃中国安身立命之端，万难缓图。今日赔款所借洋债已多，不若再多借十分之一二，及此创巨痛深之际，一举行之。负债虽深，而国势仍有蒸蒸而上之象，此举所借之款，尚可从容分年筹补。果从此有自强之机，自不患无还债之法。如畏难惜费，隐忍图存，将益为各国所轻侮，动辄借端生事，侵占索赔，一再相寻，则天下之事非臣子所忍言者矣。

伏望我皇上存坚强不屈之心，厉卧薪尝胆之志，广求忠直之言，博采救时之策，将向来因循废弛、罔利营私、漠视君国之习，严惩切戒。先令天下现有之人才激励奋发，洗心涤虑，庶几所欲措施之要务，可以实力奉行，所欲造就之人才，可以接踵而起，夫然后有成效可睹矣。仰恳宸衷裁断，早赐施行，天下幸甚。

张之洞此九条，可称“乙未九条”。据郑孝胥称，张之洞让王秉恩传话，请郑孝胥代为草拟，郑孝胥提出八条，有巡幸、铁路、陆军、海军、商务、学堂、制造、游历等，约2000余字。张之洞增致十之五，以工政为专条，请设局。“乙未九条”是张之洞在当时最为系统的维新主张，与此后和刘坤一联合上奏的“江楚三折”堪称姊妹篇。王秉恩，字雪澂，四川人，曾任广雅书局提调、广东按察使，病卒于1928年。

8月26日，张之洞就俄国提出假道东三省修筑铁路，提出己见，认为此举后患无穷：

俄国建造西伯利铁路，意在网络亚洲东方一带贸易。先闻总署允其假黑龙江南岸造铁路，以接于海参崴已成之路。近英文新闻纸，又言中国允其沿鸭绿江而南建造铁路，以江口为水陆衔接之所。查俄国久谋在东方觅一冬冻不久之海口，今以鸭绿江口畀之。此路一成，俄可独擅亚洲东方贸易转运之权。

今中国方谋以铁路自强。查铁路之利，凡分二大项，一收本国往来之利，一收外国货物经过之利。中国目下力虽未逮，日后必须扩充，收外国之利而后路愈富，国愈强。中国居亚洲东方，此一带贸易之利，中国应收之，俄国不应夺之也。且辽东根本重地，后患甚大，不可不防。为今之计，惟有速与议，凡自俄境入华境以后，其铁路皆由中国修造，俄国运货运兵皆可行用，惟运兵须议定章程限制。

此举关系东方海面商务，事涉南洋，非敢越俎。俄人是否允许，可否谕知洞处，以便另筹办法。

据许同莘《张文襄公年谱》载：俄户部大臣微德告我驻使，俄筑西伯利亚铁路，将来宜与东三省相接。西文报记其事，且谓中国已允，故电总署言之。得复，谓俄未来商。八月，俄使喀希尼照会总署，明言其事。请派人入境查勘，总署欲以自办阻之，而未与言。明年二月，李文忠奉使贺俄皇加冕，俄皇申前说，谓中国自办，恐力不足，不如令华俄银行承办。四月，立密约，许俄路入境以达海参崴。七月，遂订东三省铁路公司合同。

微德，现多译维特，是俄国当时的财政大臣，此人在日俄战争俄国失败后，曾奉命赴美国与日本谈判，签订《朴茨茅斯和约》。

9月10日，中枢批评张之洞“近来电奏，词多繁冗。嗣后如有电奏，非数百字可尽者，即具折以闻”。

这是批评张之洞的文风不够简洁直接，开门见山，直奔主题。颇以文章自负的张之洞就此批评，是虚心接受，还是听出了弦外之音？

9月26日，张之洞致电刘永福深表愧歉，请他自定行止：

> 守台之举，出自阁下义勇，鄙人并未置词。至守台两月俄即来援之说，实系讹传。俄国在北，如何能顾及台湾，鄙人并未发此电。今或去或留，仍请阁下自酌，鄙人不敢与闻。至协济饷械，迭奉谕旨严禁，万不敢违。愧歉万分，务祈原谅。

10月2日，张之洞致电厦门道台易顺鼎，切告奉旨不准过问台事：

> 台事奉旨不准过问，济台饷械更迭奉严旨查禁。此时台断难救，且事必不能密，万一泄漏，徒碍大局，朝廷必然震怒。且东洋必更加诘责要求，岂不所损更多。是欲为国家而

反累及国家也，鄙人实不敢任此重咎，阁下亦有不便。此事关系重大，务望权其轻重，速离厦门，从此不管台事，免生枝节。

10月3日，张之洞又电易顺鼎，促其“迅速离厦，万勿再管台事，以免平空生波。如必不肯速行，鄙人惟有奏明请旨，饬令阁下回湘”。

10月19日，刘永福战败，退归厦门。

1895年11月6日，张之洞次子张仁颋溺死在总署园池，令张之洞大为悲伤。张仁颋就是吴大澂的女婿。12月1日，康有为曾来南京，与张之洞会晤。张之洞在南京的使命基本结束，1896年1月2日，他接到上谕，让其回到本任。2月29日，张之洞卸任署理两江总督篆务。

张之洞的第一次署理两江总督，就这样结束了。

1896年3月3日，张之洞自南京启程，回返湖广总督本任，3月16日，张之洞回到武汉。在此前的3月11日，张之洞上奏北京，言称他已经回任：臣以下驷之庸材，处上游之重镇，自惭需缓，莫补时艰。假节江东，曾无迁地为良之效。回车汉上，定有驾轻就熟之功。训勉钦承，悚皇莫喻。查湖广自去秋以来，北潦南旱，匪伏民穷。况值商埠新开，益觉军容之难弛。臣惟有因时抚定，竭力经营。广仁以利疲氓，明耻以求战士。凡现办之铁政、银元、炮厂、学堂诸事，皆有关乎通商、惠工、任能、劝学之端，在议者讥其并鹜之劳，而微臣常觉有后时之惧。为山复篑，何辞积累于寸铢。未雨彻桑，敢懈绸缪于闲暇。其一应地方事宜，当随时与湖北、湖南两抚悉心商办，以期仰答高厚鸿慈于万一。

屈指算来，张之洞从1894年11月8日到南京，到1896年3月3日启程离开南京，溯流而上，登采石矶、太白楼，又登小孤山、石钟山，3月11日抵达武汉，大致有一年又四个月时间。

许同莘就此总结说：

公初署两江，凡一年又四阅月。自筹防迄于善后，其间无一日休息。始至之日，未受篆即奏陈军事，筹购军械。及奉旨仍回本任，于两江吏治民生，力谋整饬裨补。同莘之母舅张望屺先生尝言，乙未除夕三鼓，犹在幕府治事。丙申元旦，亦在署竟日。今集中载此数日发折凡十余件，其一证也。

于商务一意振兴，维持尤力。沪商叶成忠、何瑞棠声誉素著，御史张仲炘言其运粮济寇，密旨严拿惩办。公疏言：两人素有身家，且为各路军营或为台湾后路粮台委以采办军米重任，则其平日为人，必当为各该军营等所深信，似不致悖谬若此。臣遴委司道大员三次详查密访，不能得其影射私售之实证。此等违禁济寇重情，既无证据，碍难以展转流传之词，率兴大狱，株累商民，应请毋庸置议。

许同莘感慨道：

此事保全甚众，沪商不知也。

于官邪吏蠹，则厘别必严。查复文武大员各参案，据事直陈，无所回护。道员刘麟祥总办上海制造局，言路劾其任意挥霍，亏空巨万。是时制造局以整顿军械故，直隶于督办军务大臣。廷寄敕公督饬刘麟祥认真规画，毋庸王大臣督办，并饬查有无亏短。公奉命即饬刘麟祥交卸候查，不以有督饬规画之旨，稍存瞻顾。

论才以廉朴为先，宜昌镇总兵刘鹤龄，甲午冬奏调至江办理防务，年老矣，以不营私财，故而用之，欲激励诸军，挽回风气。鹤龄既卒，奏请优恤，称为廉将。乙未冬，举行计典，致赵中丞电云，黄道开张，马道朴素，鄙意拟先尽朴素者。黄，谓上海道黄祖络，马，谓江安粮道马祖培也。湖

北副将刘恩荣因公亏累，公致谭敬帅电云，刘副将操守最好，不缺额，不扣饷，因公受累，似可不必参办。

许同莘此处提到的谭敬帅，即谭继洵，湖南浏阳人，年长张之洞 14 岁，咸丰十年进士，他字子实，号敬甫，所以有“敬帅”之称。谭继洵出身寒苦，家道中落，其长兄谭继升对他体恤周至，关爱有加。谭继洵得中进士后，京官十七载，勤勉忠实，后外放西北，受知于谭钟麟、左宗棠。1889 年，他调任湖北巡抚，与张之洞共事，也曾署理湖广总督，人称张之洞“事多专决”，“继洵不敢与抗，谨饬自保而已”，“每之洞约联衔条陈新政，皆谢不敏”，“不敢附从”。“戊戌六君子”之一的谭嗣同是其次子，他病逝于 1901 年，据说是受其子株连忧惧而死。他有一挽联送其子谭嗣同：谣风遍万国九州，无非是骂；昭雪在千秋百世，不得而知。

许同莘继续总结张之洞在两江作为：乙未八月，疏陈以湖北铁厂招商承办。九月，函致翁叔平尚书，言及铁厂用款。吴县汪荃台（凤瀛）附跋语于函后，今录存之：常熟极修边幅，与文襄行径本不甚同。然作京官时，虽踪迹较疏，而同在清流，未尝不互相引重。迨文襄开府粤、楚，兴作繁多，规模宏大。常熟局量较隘，视文襄举动不无挥霍之疑。汉阳铁厂开端，中国创举，事事借重客卿，糜费所不能免。常熟时筦度支，文襄请款，动遭驳诘。赖醇贤亲王一意维持，厂事得不中辍，卒以预估之数一再追加。用至六百余万，仍不足用，始奉旨招商接办，非文襄本意。此函词意虽极推崇，实望其维持到底。筱山传述之言，盖以撙节为规。故篇末云云，即申明无可撙节之意耳。此事始末，文襄亲为余言之。要之事皆因公，初无私怨，则可一言决也。此处说到的汪荃台，即汪凤瀛，曾是张之洞的总文案，其兄汪凤池、汪凤藻、汪凤梁。汪凤瀛有 8 子，如汪荣宝、汪东等。筱山指缪荃孙。

光绪十七年，王可庄（仁堪）太守官镇江，议兴复文宗阁。十八年，太守移知苏州，为溥玉岑学使陈集款钞书之法，学使奏请于朝。已邀允矣，时绌而举赢，未能也。公至两江，议踵而成之。香岩老人六十寿言，公议复建金山文宗阁，借校写四库书为名，招集四方贤士为强学会，以追复曾文正开府两江书局采访局宾贤之盛。会离任，事中止。以建阁校书之名，为讲学图强之实，需以岁时，此阁之成，固意中事。此与兴复白鹿一条，皆有志而未逮者。溥玉岑，即溥良，曾任礼部尚书、察哈尔都统，当时是江苏学政，其曾孙为当代著名学者、书法家启功。香岩老人，就是张之洞，他有一号为香岩居士。

张之洞初次署理两江总督，主要是因为甲午战争，刘坤一北上前线，张之洞坐镇两江。两人在战争中，彼此支持，和衷共济。但在这一章此前文字中，较少涉及刘坤一，现将张之洞与刘坤一在甲午战争乃至以前的彼此交集，集中说明一二。

世人多知张之洞与刘坤一彼此携手，联合李鸿章、袁世凯等，当然还有盛宣怀、赵凤昌、余联沅、张謇等奔忙其中，热心沟通，终成东南互保之局。但，在甲午战争中，两江总督刘坤一一度北上抗日，收拾残局，虽然时间不长，也不能说无所作为，一无可观。刘坤一甚至提出来与日本进行持久战的主张，曾被目为笑谈。也有人提出，背后攻击日本本土，让张之洞、唐景崧提出具体方案，两人最终觉得缺乏可操作性而无奈放弃。

1894 年，已过 65 岁的刘坤一临危受命，于此年深秋，勉强自南京浦口北上。张之洞顺江而下，自武汉前来南京，署理两江总督。他对刘坤一竭尽全力，出谋划策，提供后勤保障，予以有力支持。这在晚清政局之中，也是一种极为难得的顾全大局，同仇敌忾，共克时艰。

1890 年，刘坤一复任两江总督兼南洋通商大臣，1891 年又受命帮办海军军务。1894 年中日甲午战争，刘坤一被授予钦差大臣职衔，节制关内外各军对日作战。1894 年 8 月 1 日，中日两国正式宣战。8 月 7 日，刘坤一兼署江宁将军。26 日，他在《续办江海防务折》中报告镇江、江宁一带昼夜戒备的筹防情形，为防日军“窜入南洋，以图分忧”，特“将一应战守事宜妥为布置”。

10 月之后，日军在辽东、辽南攻陷许多城池，清廷为挽救危局，28 日谕刘坤一为钦差大臣，“关内外防剿各军均归节制”，并派湖南巡抚吴大澂、四川提督宋庆为帮办。刘坤一奉命北上，表示“惟有殚竭血诚，于一切防剿机宜，仰秉圣睿，悉心筹划……亟图补救，迅扫狂氛”。

1894 年（光绪二十年十一月十七日），刘坤一致电张之洞：坤起程后为风雨雪所阻，至十六夜始抵德州。询悉河尚未冻，拟于十七日坐船起程，由津通入都较为便捷。途中虎勇留滞甚多，衣装军械绝少，此外，尚无所见。知念谨闻。头批洋枪，务望迅饬解津为祷。

五天之后，张之洞有《致天津刘制台》电文：洽电悉。刻想抵津为慰。虎勇留滞，装械均少，实深悬念，请公就近设法拯济之。余虎恩一军为两湖北上诸军之冠，公到后必督师，此时厚抚之，即归心于公矣。南洋紧急，万本华一军已赴江阴浒浦，并闻。

又四天后，刘坤一致电张之洞：坤自德州坐船，大病。行至静海，河冻。张罗车马数日，今始抵津。传见余镇，以尊旨谕之，甚为感奋。头批尚有马枪一千，专为北上诸军之用，仓猝未经谕及，即请全数及弹解津。续购比枪何时到沪？盼甚。

前线打仗，要有人，有枪。刘坤一向张之洞所说的比枪，是指从比利时购买的新式武器。

光绪二十年十二月十三日，刘坤一致电张之洞：治弟于十月廿八日由浦启程，雨雪载涂，十六日乃抵德州。贱躯小有感冒，因朝旨敦促，未敢稽迟，遂易舟北上。讵行未三日，水泽腹坚，又复舍舟登陆，节节阻滞，直至冬月杪，始抵都门。腊朔陛见，遽膺督师之命，固辞不获，罔知所裁。拟俟各军队伍、枪械到齐，稍为部署，即遵旨出驻榆关，与清、祝两帅筹商进兵之策。力小任重，大公祖何以教之？

余镇在津接晤数次，忠义奋发，胆识兼优，在诸将中不可多得，具征藻鉴之精。允拨新购枪枝五千，仅敷余镇及程提督两军之用。将来续购比枪解到，务求全数运津，分拨前敌，以利师行。我公全局统筹，必能先其所急，弟与东征诸将，曷胜感祷！

刘坤一比张之洞大七八岁，也比张之洞出道要早。刘坤一已经是江西巡抚的时候，张之洞还远没有跻身疆臣。但刘坤一在1881年开缺，其族侄刘长佑在1882年云贵总督任上也开缺回乡。此后刘坤一沉寂近十年，而张之洞则在1882年巡抚山西，此后总督两广，如今则坐镇湖广、署理两江总督，早已经炙手可热，非比当年了。

1895年1月12日，张之洞致电钦差大臣刘坤一：

> 昨，曾道呈阅尊电，公欲将续购之比国快枪万枝全数解津等因，窃思南洋需用军械，公共购两万一千余枝，议定南北各半，其马梯尼一万一千余，公提去九千余，苏州奎中丞及崇明县索去共一千，已分尽矣。今快枪一万原议半留江南者，又全提解。宁、沪两局所造快枪抬枪，公临行时已提去六百枝，今又全数提用，是江南全无一枪可领矣。新募六十余营，徒手何以击贼乎？弟奏购枪虽不少，然须奏明拨用，前解到一万余枝已奉旨全数解津。若南洋之款所购，本为南洋用者，尚不令江南留用，则部款所购以后续到虽多，更难请留矣。且各枪运费甚巨，尚须江南筹付。筹款无非捐借，如何向民间措词乎？公虽在北方督师，然粮饷军火，何一不由江南供给？若有兵无械，与无兵同。设敌船阑入长江，或由海州横截清江浦，或由金山

登岸攻制造局，饷械之路从此梗绝，北方数百营岂不束手乎？此时不与江南少留军火，恐将来续到数百万金之军火，皆不可得而用矣。

是江南者，非东南之一省也，乃北方关外关内数百营饷械之后路也。公为督师钦帅，即公之后路也。弟不知兵，然闻曾文正自言："我用兵无他长，惟后路办得到耳。"到者，稳实周密之谓也。文正亲切宾僚所言亦同。老成之论，当为公所饫闻。尊电询及续购分拨枪数，以便统筹全局，甚佩甚感。敢请将南北全局大军后路俯赐筹度，此次续到原为江南订购快枪，江南应购若干枝？以后弟所奏购续到之枪炮，江南可留用若干件？明晰指示，以便遵行。公调二十余营，弟未尝请留一兵。近日计北军粮饷、杂费、运费、军火月需二十余万，未尝请缓一项，何也？北方军情紧要，江南不敢不力任其难也。若请留军火，非为江南也，为北军之全局后路也。即候示复，千万切祷。

张之洞此封电报，是与刘坤一论形势，讲道理，说明前线与后方的关系，他还引用曾国藩的话来说服刘坤一，清楚明白，软中带硬。这一番推心置腹的由衷之言，立即产生效果。

两天后，刘坤一回复张之洞：

洽电谨悉。坤因前敌相继败退，后招后调各军均无利器，不得已为全提比枪之请。公欲截留一半，敢不惟命是从，已更正矣。查头批马梯尼枪，动用筹防局款，声明为南洋各营之用。解津五千杆，仰体雅意，拨余虎恩二千杆，余三千杆给程文炳，原系南洋援师，尚符原案。二批比枪万杆，指拨捐借之款，声明为各省营勇之用，有卷可稽，要亦不能拘泥。自尊处续购快炮、快枪，本请酌提一半，归督办处分赐几许，一听卓裁。弟后路惟靠南洋，为仗大力，决无异议。统希鉴谅为荷。坤一。

刘坤一此封电报，向张之洞说明原委，表示理解，也再次申明后方支持的关键与不可或缺。

接到刘坤一来电的十天后，张之洞致电天津钦差大臣刘坤一、中堂李鸿章：

枪械查确另复，总之，不久必到矣。倭方注意威海，未必复有大力以图奉天，不过恐我分兵南援耳。昨闻威海危急，关东得手，新调陈、李、万、张、丁诸军甫行，到关尚早，距威数近，特奏请先援威海，随后再赴榆关，并请截留新到精械若干。窃谓旅顺已失，威海尤应力争。倭若兼得威、旅，扼我门户，全据北洋海面，则京师坐困矣。我守威海师船尚可进攻退守，彼尚未能来去自如，且北边严寒，彼必暂松，故敢为是请。究竟不知朝廷允否，公统筹全局，当必鉴谅，不怪其越俎也。特以奉闻。

在此前一天，刘坤一来电，告诉张之洞，根据李鸿章的电报，倭寇要夺取奉天：

接合肥电："倭将尽销北军，以图奉天。"而我前敌各军多无枪炮，有亦子药缺如，后应亦然。南洋头批马梯尼尚未到津，不知二批比枪何时抵沪？公续购大批有无准信？为数若干？伏祈电示。北上诸军所需药弹，并希饬局赶紧接济为荷。坤。

刘坤一接到张之洞复电，于次日，即光绪二十年十二月三十日回电张之洞：

坤闻荣城失守，威海甚危，即经电饬李占椿、陈凤楼等二十营，由山东路驰往救援，以顾南北大局，与台指吻合。惟前接电，许以马枪千支，全数解津。兹据浦局复称："只

有五百支解来，余五百支，奉谕留存陈基湘营"云云。是否浦局错误，抑千支之数分为两批，头批五百支到浦，二批五百支未到？现在此间各军需马枪甚多。伏祈查明饬催为祷。若只五百支，则陈凤楼领三百支，清准领二百支，尚少五十支，竟无一支到津。公其念之。先候电复。坤。

同日，李鸿章也致电张之洞：

承念威海危急，奏饬陈、李、丁马步队就近援威，力顾大局，感佩莫名。电旨深以为然，岘帅意见相同，已分电严催。鸿迭饬该防水陆将领死守以待，但虑援军路径稍生，缓不济急，又电属鉴堂转饬沿途地方官，多备车辆应付，连日载道，抽队迎击获胜，若能苦守两旬，可期夹击。海城未复，贼势已稍松。鸿。

不要以为张之洞只是空发议论，纸上谈兵。年少之时，他陪同父亲张瑛平乱，曾有一定作战经验。岭南五载，统筹中法战事，张之洞的战略、战术思维与实际经验大为提升。张之洞重用冯子材、倚重刘永福，更是可圈可点。看其电文，张之洞的提醒建议，也不算过于离谱，不切实际。

1895年1月27日，光绪二十一年正月初二，张之洞致电刘坤一：

第一批军械十二月初自镇江北运，闻全未到津，迟延可怪，令人焦急，总由车少之故。惟江南转运局皆附于北洋转运局，此吴道之意，为省费耳。然车少械多，则不免有先后积压矣。

鄙意欲江南自行设局为便，惟车皆自北方雇来，此间未能深悉情形。请公就近查询，饬该局筹议如何方能迅速，车若干方能敷用，宜养长车若干辆，骡若干头，或从北方雇夫，或在豫东雇，或自行购买畜养，总以随到随运，不致耽延候车为主。即或遇械多之时，候本局车往返亦只可候一次，总之，两次必须运完。中途必宜多设数局，两局相距不过二百里内外，则车辆周转较速。此时须预发银若干，惟期军械迅速，多费亦所不惜。以后军械尚多，事机日急，若似此延缓，军械到而事已误矣。必急思变计为要。公若筹有办法，弟当竭力办之。祈速示复。

当年打仗，骡车、驴车运载作战物资，有许多制约因素。兵马未动，粮草先行，此之谓乎？

三天后，光绪二十一年正月初五日，刘坤一致电张之洞：沃电谨悉。随与林道悉心商酌，请公遴委道府大员，于清江设立江南转运专局。其先在淮局会办之方令，须即调回宝局帮办。又济局会办之江南委员郭倅汝修，并改为宝局。若难胜任，即请尊处另行委人接办。至德州、天津、榆关、锦州四处，本系江南转运专局，自可仍旧。现在林道所雇均是长运之车，限日来回毋庸延绥。若于一百里间设一分局，委实雇车为难。将来如何自备车骡，以及如何多设分局，应由该道妥立章程，酌定数目，详细禀复。林道以需款甚巨，前已挪借三万金，拟请二十万金电兑来津，以资接济。即请饬支应局酌拨若干万两，是所盼祷。坤。

光绪二十一年正月十二日，张之洞致电刘坤一：比枪事周折太多，因原议运广东黄埔，今既改运，既电龚使复请粤省委员往港密议，许以重价，始允改运上海。原订初一自港行，因新年轮停，粤复电至昨日始开。又因洋轮不进长江，复托沪行设法运镇。电英，电粤，电港，电沪，查行名，查船名，其事又须秘密往返商询，今始就绪，约三两日内可抵沪。一到沪，即催运镇，到镇后始算到也。以后则易办矣。

兵贵神速，十万火急。战场形势，瞬息万变。但，正是旧历春节，环节多多，后勤保障，协调难度之大，可以想见。

两天后，光绪二十一年正月十二日，刘坤一回电张之洞：

三次佳电敬悉。昨已面饬转运局员，谨遵台指办理。兹承详示，旷若发蒙。坤会计不精，心神大乱，前以李总统在宁领换之枪，误为在浦截留亦其一也。续购比枪一项，煞费苦心，将来到镇，请赶解三千杆来津应急，余二千杆存为黄浦富、何明亮新勇之用。未审我公另购之大批快炮、快枪，何时到沪？统乞电复。坤。

刘坤一说自己“心神大乱”，颇有自我批评之意。他说到的“李总统”，应该是指李鸿章，所谓“总统”，与有人所理解的现在的“总统”是两码事。

光绪二十一年正月二十九日，刘坤一致电张之洞：

江南北上各军，络绎于途，所需一切饷械，筹济不易，转运尤难，仰赖硕画经营，不遗余力，令人同深感荷。

津局林道核议设局养车各节，昨已电达左右。当此时艰孔亟，但求于事有裨，糜费在所不惜。惟该道谓沿途分局太多，起卸不无耽延，似亦有说。嗣奉续电，权衡利害轻重，即饬该道谨遵妥办矣。

治弟在都门时，本议多带数军出关，今则程、董两部既已留卫京畿，江南各营又复调援东境。昨因乐亭滨海，闪殿魁十营新募难恃，复调马心胜一军，会同分段防守。敝处仅止余虎恩、熊铁生、牛师韩、宋朝儒、刘光才、杨金龙、贺星明等军，或十营，或数营，统计虽万余人，实则枪械不足，队伍未齐，转晌冰融，殊觉毫无把握。威海南北两岸次第失陷，援军尚在中途，恐难应急。万一铁甲等舰为敌所有，如虎傅翼，沿海各省，受害无穷，中夜旁皇，忧心如捣。

东南财赋所系，得公坐镇其间，挈纲提领，将来挽回全局，以及一切善后，询非大力莫能担当。世变方殷，靡究靡极，万全何策，尚望时赐箴规。

看刘坤一如此陈述，烂额焦头，勉强支撑，哪有什么取胜信心可言？实际上，败局已定，无力回天，只是时间问题而已。

作了过河卒子，只能勉力向前。1895 年，刘坤一开始加强军队调度，派吴大澂统率湘楚各军 20 多营万余人陆续出关，委新疆藩司魏光焘为前敌营务处。1 月初，盖平失陷，清廷"谕刘坤一进驻山海关"，16 日，刘坤一遵旨出驻山海关，同时"抽调各营，分派帮办，并陈事宜八条"。当时清军在海城、营口、牛庄、田庄台一带集结有七八万人，而日军在海城、盖平不过 2 万人。2 月底以前，清军曾四攻海城，均遭败北。3 月间，清军先后失去鞍山、牛庄、营口、田庄台等地。清军的节节败退，使刘坤一重整军队以图反攻的设想化为乌有。不到 10 天时间，清军从辽河东岸全线溃退，宋庆、吴大澂溃而西走，从双台子退至石山站。

1895 年 4 月，刘坤一得知和议将成，他坚决反对割让辽东半岛和台湾。他说："既经赔款，又须割地，且割完富未扰之地，无此办法。辽、台并失，南北皆危，并恐各国从此生心，后患不堪设想。如畏倭攻京城，不得已而出此下策，则关、津、畿辅均宿重兵，讵不可一战？"4 月 30 日，刘坤一再次致电督办军务处认为"宜战不宜和"。他分析"倭奴远道来寇，主客之形，彼劳我逸"的形势，强调"在我止须坚忍苦战，否则高垒深沟，严为守御，倭寇悬师远斗，何能久留，力尽势穷，彼将自为转圜之计"。他愤然表示"坤一职在兵戎，宗社所关，惟有殚竭血诚，力任战事，此外非所敢知"。

5 月 2 日，光绪帝批准《马关条约》。5 月 5 日，刘坤一再次上奏，痛陈日本"若得辽、台，如附两翼，中国必有噬脐之祸。辽、台与倭该国联成一气，日益强盛，将来即求援西洋各大国，亦无能制其死命。是此和议一成，惟任倭为所欲为，贻患无穷，何堪设想”。刘坤一对清廷将台湾拱手相让，很不甘心，意欲挽回。29日，他致函台湾巡抚唐景崧，鼓励他设法保住台湾，表示“愿振臂一呼，远为同声之应……但属力所能至，无不尽力勉为”。他还派幕僚易顺鼎“持函渡台”，转达支持之意。

《马关条约》签订，割让台湾。就此奇耻大辱，刘坤一一再提出对日本的“持久”主张，他在给光绪帝的奏折中说：“赔款割地后果严重，宋朝殷鉴凿凿，天下共知”，“坤于新定条约虽未尽悉，要之让地赔款多节，固难允行，后患更不堪设想，宜战不宜和，利害重轻，此固天下所共知，亦在圣明洞鉴。”“有钱赔款，不如用兵两年。况用兵两年，需饷不过数千万，较赔款尚不及半，而彼之所费愈多。持持久作战之要，抱一决死战之念，鼓动军心，是最优选择”，“‘持久’二字，实为制倭要着。诸将一闻和约，义愤填胸，必欲一决死战！”

光绪二十一年五月十六日，刘坤一还致电张之洞：

> 时事之变，至今日极矣。台湾自立民主之国，奉唐中丞为总统，实创千古未有之奇。薇卿智勇深沉，讵自同于孤注。而治弟鳃鳃焉虑难持久，劝其厚结外援。回信虽未言明，而气定神闲，好整以暇，似已先有成约。第夷情莫测，能否不为反间所动，以保始终，殊无把握。闻尊处密拨饷械若干，曾否如数解到？以后能否潜商闽、浙、广东就近设法接济，留此一线生路，想已具费荩筹。
>
> 又闻薇卿先有电奏，请仿辽东办法，以款赎台，即以台质别国，可得十万万款，是亦曲全之策。朝廷置之不论，得毋以阳弃阴取为嫌，恐倭借为口实。治弟职在主兵，亦未便以此为请。我公为诸侯长，台湾本隶南洋，何忍坐视糜烂而不之救？倘蒙仗义执言，明目张胆，约会北洋，邀请西洋各大国为之排难解纷，当亦易于就范。保全生灵亿万，时局赖以维持，功德为无量矣。是否有当，伏候卓裁。

刘坤一所说的唐中丞、薇卿，就是唐景崧。看得出来，他对唐景崧是极力支持，心有不甘，也希望张之洞与自己采取同样态度，挽救台湾。但大势如斯，唐景崧在台湾又能坚持多久？此后的结局是，唐景崧、刘永福先后离开台湾，宝岛彻底沦陷，落入日本手中。到1945年，二战结束，台湾才终于光复，重归中国版图。

次日，即1895年6月9日，刘坤一曾有致翁宫保的电文。翁宫保，就是翁同龢。甲午战争，有人主和，代表人物是李鸿章；有人主战，代表人物就是翁同龢。在这一问题上，张之洞、刘坤一支持翁同龢。翁同龢背后是光绪帝，李鸿章背后是慈禧太后。这也是后来所谓帝党、后党的若隐若现，但并非泾渭分明。刘坤一对翁同龢说道：

> 前承手书赐答，训勉殷拳。曾几何时，局势一变，承明入对，不知如何咨嗟，朝夕论思，不知如何痛愤，难乎为我皇上，亦难乎为我公矣！还我辽东，实得西邻之力，如加款未能全驳，似不可强人所难。中国既无海军，台湾已成孤注，借以塞责，于计未疏。唐薇卿此举，即使无功，亦不失为奇男子之事，未审尚可设法调停，以免糜烂否。
>
> 现在和议已定，钦差大臣差使应即撤销，若复拥此虚名，实属有靦面目。兼以贱恙增剧，万难再领大藩。窃忆光绪八年终养回籍，得一本地外科，寻取瑶峒草药，薰洗数次，脚疾渐瘳。现在血气虽衰，病尚可治，倘蒙天恩给假旋湘，延访旧医，可望沉疴复起。垂尽余生，尚图异日犬马之报。业经晚生沥情具奏，伏希鼎力矜全，代恳圣慈，俯如所请，是所至祷。
>
> 再，关内外各军，钦奉电旨，照旧驻扎训练，以备不虞。然自停战以来，军心极其散漫，即时加申警，亦难望整严。非仅虚糜薪粮，并恐滋生事故。现在和局既定，惟有赶

紧议裁，多裁一营即节一营之饷，早裁一日即节一日之饷。第须分投安置，庶免相聚为非。或饬归本省原防，或带回本籍遣散。南方之勇，仍照前案，由轮船送归，以免逗遛。并将应撤者，略分后先，即借应留者，以资弹压。撤则必须收缴快枪、快炮，以备异日缓急之需，且免散在民间，为地方无穷之害。留则并成大支劲旅，隐若长城，以勇略兼优、年力正壮之员统之，方可期其胜任，否则无能为役。

战争结束，如何善后？尤其是军队，处理不好，容易造成极大的麻烦，影响社会稳定。张之洞就此提出自己的考虑。1895 年 6 月 23 日（光绪二十一年闰五月初一），张之洞致电已经在唐山的刘坤一：传闻湘军尽撤南下，确否？管见湘军甚多，似应分别办理，不宜骤然全撤。若遣散太骤，恐两湖、长江未能帖然。且其中精锐者遽裁，亦觉可惜。如今时势，内地恐不久将有变乱，岂可无健将重兵数支备缓急、维大局乎？已费两千余万，似不在此百余万也。若内地不靖，所伤多矣。公统管兵符，大局所关，荩筹必已虑及。此事实关南北各省利害，故谨抒管见，非敢越俎，幸惟鉴察裁择。其冗杂疲弱无用之营，自宜早遣，不在此列。至裁撤回南之军，无论湘、淮，似宜用海轮运沪，由沪换江轮分送湘、皖，较为妥速。万望勿令由陆路南下。至祷。

次日，刘坤一立即拍发两份电报给张之洞：两电悉。薇卿遵旨设法脱身，似当明告倭人，否则恐有责言。公谓然否？倭使来京，而于辽增兵、增炮、筑垒、开沟，情殊叵测。合肥力白无他，想有把握。陈军仍办领防，不急遣。论现在局面，淮自留北，湘自归南，楚尾吴头自应有数大支劲旅，是在公与江湖连帅，坤何能为？

刘坤一紧接着又来一电：昨电颇有疏漏。陈湜仅有十营，或撤或留，尚无定议。将来南还之勇，自应用轮船装回，以副台命。坤。冬。

为何强调坐船而不要走陆路？坐船，人员集中，空间密闭，便于管理。徒步走陆路，不好约束，若军纪败坏，极易祸乱地方百姓。

1895年8月28日（光绪二十一年七月初八），张之洞致电唐山刘坤一：

> 尊恙念甚，秋气已爽，当可渐臻康复，尚祈宽心珍卫为幸。卧护诸将，亦足镇定军心耳。左道孝同前在吴清帅军中充营务处，此人今在何处？有何差？得力否？袁道世凯今在何处？其人究竟如何？均祈详示。

刘坤一身体有恙，张之洞予以关心问候。张之洞提到的吴清帅，是他的亲家吴大澂。左孝同则是左宗棠的次子，他也在前线。左孝同做过江苏的按察使、布政使，病逝于1923年。张之洞特意询问刘坤一对袁世凯的印象如何，也说明他很关注在意此人。

1895年10月27日（光绪二十一年九月初十），张之洞又致电刘坤一：

> 张国林去冬经公电调，弟又奏派北援，乃该提督一味推避坚辞，求弟、求奎中丞、求刘道，电恳尊处免其北行，情词窘迫，因未蒙公允，始勉强就道。似此临事规避，缓急不可恃之将，虽带多营，亦无益处。即将该员所带新旧五营全行裁遣。本欲隐忍不言，继思此乃选将观人紧要处，且防各营效尤，不敢不以实告。谨奉商。即请卓裁。

刘坤一次日即回电称：佳电悉。李占椿回任，所部尽数裁撤，自系正办。张国林客冬规避亦有所闻，忠信两营不留亦可。刘光才移扎浦口，遵即饬知。坤。

张之洞受人之托，为张国林说项，但这样的“打招呼”，张之洞说得也比较圆融、精明、委婉。

就刘坤一几个月的经历、辛苦，《清史稿》有如此表述：光绪十七年，命帮办海军事务。光绪二十年，皇太后万寿，赐双眼花翎。日本犯辽东，九连城、凤凰城、金州、旅顺悉陷，北洋海陆军皆失利。召坤一至京，命为钦差大臣，督关内外防剿诸军。坤一谓兵未集，械未备，不能轻试，诏促之出关。时已遣使议和，坤一以两宫意见未洽为忧，濒行，语师傅翁同龢曰："公调和之责，比余军事为重也。"二十一年春，前敌宋庆、吴大澂等复屡败，新募诸军实不能任战，日本议和要挟弥甚，下坤一与直隶总督王文韶决和战之策。坤一以身任军事，仍主战而不坚执。未几，和议成，回任。坤一素多病，卧治江南，事持大体。言者论其左右用事，诏诫其不可偏信，振刷精神，以任艰巨。坤一屡疏陈情乞退，不许。

光绪二十一年十一月二十一日，张之洞致京两江制台刘坤一：旌节南旋，获释仔肩，欣幸之至。敬贺。何日启行？由何路？祈示知。

刘坤一回到南京，张之洞就又返回武汉了。甲午战争的惨败，使刘坤一受到极大触动。经过一番痛定思痛和对时局的深入省察，他认识到今日中国要想转弱为强，惟有改弦易辙，变法自图。战后，他向清廷先后上《策议变法练兵用人理饷折》《请设铁路公司借款开办折》《尊议廷臣条陈时务折》等条陈，成为变法图强的宣传者和鼓动者、推动者。

歌残杨柳武昌城，扑面飞花管送迎。三月水流春太老，六朝人去雪无声。甲午之战，张之洞与刘坤一彼此努力，共撑危局。仗，虽然打败了，但，张之洞与刘坤一对形势的看法更为接近，采取的措施也彼此通气、商量，两人的交情也更为深厚了。

# 九、全力参与变法，有惊无险



中日甲午战争期间，张之洞调署两江总督，虽然也筹饷筹军械，忙得不亦乐乎，但他编练的军队没有发挥什么实际作用。朝廷旨调4艘兵舰，他致电李鸿章说："旨调南洋兵轮四艘，查此四轮既系木壳，且管带皆不得力，炮手水勇皆不精练，毫无用处，不过徒供一击，全归糜烂而已。甚至故意凿沉、搁浅皆难预料。"

甲午战争失败后，张之洞上《吁请修备储才折》，希望朝廷总结失败教训，变法图治。由于他慷慨激昂讨论国家振作，主张反抗侵略，又办洋务企业，因此维新派首领康有为在《公车上书》中称张之洞"有天下之望"，对这位封疆大吏抱有很大的希望和崇敬。康有为组织强学会，张之洞表示赞助和同情，捐5000两以充会费。帝师翁同龢也加入了强学会，当时有"内有常熟（翁同龢），外有南皮（张之洞）"之称，翁、张成了强学会的两大支柱。

1895年（光绪二十一年十一月），康有为南下来到了南京，来拜谒张之洞，受到张之洞的热情欢迎和接待。康有为准备在上海设强学会，推张之洞为会长，并代张之洞起草《上海强学会序》，张之洞当时就答应了。但后来上海强学会成立时，请他列名，张之洞复电说："群才荟集，不烦我，请除名，捐费必寄。"他以会外赞助人的身份，捐款500两，拨公款1000两，表示赞同与支持。上海强学会成员中有汪康年、封勇、黄体芳、屠仁守、黄绍箕，都和张之洞关系相当密切。

但是，后来他一旦看到慈禧太后逐步采取行动，逼令光绪帝封闭了北京的强学会和《中外纪闻》，便借口康有为谈今文经学、主张孔子改制说和他平素的学术主旨不合，停止捐款。光绪二十二年到二十三年（1896—1897 年），维新派在上海创刊《时务报》，梁启超任主笔，汪康年为经理。张之洞以总督名义，要湖北全省各州县购阅《时务报》，还捐款千元，给予报纸以经济上的支持。后来，《时务报》发表关于中国应争取民权的文章，使张之洞大不高兴，决心与康梁分道扬镳。他授意屠仁守写《辨辟韩书》，批判严复的《辟韩》一文，在《时务报》上发表。

陈宝箴任湖南巡抚后，力主维新，湖南很快掀起了维新运动。他在湖南的新政，包括办厂、改革教育、兴办学堂等，得到张之洞赞同。在张之洞的影响下，陈宝箴也令全省各州县书院的学子阅读《时务报》。湖南成立南学会，创办《湘学报》《湘报》。张之洞利用政治力量，推销《湘学报》于湖北各州县。自第十册起，《湘学报》刊载了关于孔子改制和鼓吹民权思想的文章，这使张之洞大为不满。1898 年（光绪二十四年闰三月），张之洞致电陈宝箴说《湘学报》议论悖谬，饬局停发。他还告诫陈宝箴等，这件事“关系学术人心，远近传播，将为乱阶，必宜救正”，对湖南维新运动施加压力。

张之洞惟恐陈宝箴不以为然，轻描淡写。他又再次致电陈宝箴、黄遵宪、徐仁铸等，并提出自己撰写的《劝学篇》。张之洞如此说道：湘中人才极盛，进学极猛，年来风气大开，实为他省所不及。惟人才好奇，似亦间有流弊。《湘学报》中可议之处已时有之，至今日新出《湘报》，其偏尤甚。近见刊有易鼐议论一篇，直是十分悖谬，见者人人骇怒。此等文字远近煽播，必致匪人邪士倡为乱阶。且海内哗然，有识之士必将起而指摘弹击。亟宜谕导阻止，设法更正。鄙人撰有《劝学篇》一卷，大意在正人心、开风气两义，日内送呈并祈赐教。有人说，这是张之洞敏锐洞察，切实把握舆论导向；但也有人说，这是张之洞要与康梁切割，不无自保之虑。是年三月，张之洞刊行《劝学篇》。翰林院编修黄绍箕以《劝学篇》进呈皇上。光绪帝发布上谕称是书："持论平正通达，于学术人心大有裨益，着将所备副本四十部由军机处颁发各督抚学政各一部，俾得广为刊布，实力劝导，以重名教，而杜卮言。"《劝学篇》的出版，受到守旧派的交口赞扬，遭到维新派的严厉驳斥。顽固派苏舆所编《翼教丛编》收入了《劝学篇》中的几篇文章，赞叹说："疆臣佼佼厥南皮，劝学数篇挽澜作柱。"章太炎则毫不客气地批评《劝学篇》上篇，"多效忠清室语"，是宣扬封建的忠君思想。维新派梁启超评论此书道："挟朝廷之力以行之，不胫而遍于海内，何足道？不三十年将化为灰烬，为尘埃野马，其灰其尘，偶因风扬起，闻者犹将掩鼻而过之。"在戊戌变法运动之初，张之洞和维新派有较多的联系，他自己也是相当活跃的人物。张之洞曾让陈宝箴推荐杨锐和刘光第。杨锐是张之洞的弟子和幕僚，他到京后，与张之洞保持密切联系。后来杨锐、刘光第以四品卿衔任军机章京，参与要政。同月，张之洞曾奉调晋京，因湖北沙市发生焚烧洋房事件，中途折回。八月，在慈禧太后发动政变前夕，陈宝箴曾奏请光绪帝速调张之洞入京"赞助新政"，但此议未成。日本伊藤博文游历到北京，曾对总署说："变法不从远大始，内乱外患将至，中国办事大臣，惟张香帅一人耳。"不久，慈禧太后发动戊戌政变，杀害了"六君子"，百日维新宣告失败。张之洞急电挽救他的得意门生杨锐而不得。

就张之洞在戊戌变法中的表现，多有解读，以上只是大略概说而已。现就他与黄体芳之子黄绍箕的密切联系，以管窥这一动荡的历史风云中张之洞的抉择。

1872 年，黄绍箕拜张之洞为师，讲求有用之学，于古今学派

之流别，中外时局之变迁，潜思精究，知识日益广博，事理日益清澈。张之洞对黄绍箕激赏不已，认为他学有心得，真是精金良玉，自然粹美。黄绍箕曾说过一个细节：一日在张公寓斋侍坐，得闻张公与许公振祎论古今法书源流至漏三下。许振祎年长张之洞十岁，与张是同榜进士，他字仙屏，江西奉新人，曾两次入曾国藩幕府，负责起草书函、奏章、咨议，先后跟随曾国藩十六年，是曾的得意弟子。他历任陕甘学政、河南按察使、江宁布政使、东河河道总督。1895 年（光绪二十一年），调任广东巡抚，与湖南巡抚陈宝箴有“江西二雄”之誉。许振祎与黄体芳、黄绍箕父子也有交情，他与黄体芳均病逝于 1899 年。

1879 年，黄绍箕中举，是顺天乡试第十九名举人，徐桐为其座师；保和殿复试，黄绍箕又得第一，阅卷师有董恂、潘祖荫等。是的，就是这个董恂尚书，受到了黄体芳的猛烈弹劾而去职。在这一年里，黄绍箕与广东番禺梁鼎芬订交，都追随张之洞左右，是张之洞幕僚团队的核心成员。紧接着，在 1870 年的会试中，黄绍箕得中二甲第六名，同榜进士中有丁立钧、梁鼎芬、王咏霓、于式枚、王颂蔚、李慈铭、沈曾植等。黄绍箕联捷成功，春风得意，意气风发。他去拜谒帝师翁同龢，翁常熟对他自然是一番勉励，青睐有加。孙诒让的父亲孙衣言闻听黄绍箕联捷高中，赋诗为贺：籍甚黄童妙少年，巍科今日复登仙。真看一战雄场屋，岂独高名压老泉。近世文章唐宋造，吾乡人物宋南迁。萧萧蓬鬓空铅椠，六代维衰望后贤。

1883 年，李慈铭赋诗赠予黄绍箕：今皇三榜启庚辰，同籍同年廿五人。君有才名传世学，我于交谊倍情亲。汗颜李部辞华选，作赋黄滔绝等伦。报国文章原易事，无双江夏出贞臣。年过而立的黄绍箕在京城雅集多多，有世交，也有同年，旧雨新知，推杯换盏。他经常与李慈铭、许景澄、樊增祥、王懿荣、梁鼎芬、袁昶、朱一新、于式枚等在一起聚首，议论时政，切磋学问。

李慈铭在 1884 年 3 月 8 日致信黄绍箕，纵论时事，推心置腹，言辞颇为犀利中肯。李慈铭在其《越缦堂日记》中曾如此说道：“仲弢才质之美，庚辰同榜中第一，文章学问俱卓然，有老成风，近甚厚予。以予与其仲父卣香比部有交谊，持后生礼甚谨，予辞之不得。其尊人漱兰侍郎亦甚致礼敬，见必称先生，书问亦然，予愧无以称其桥梓意也。念近日都门自北人二张以谏书为捷径，鼓扇浮薄，渐成门户。仲弢丧偶后，南皮以兄女妻之；而皖人张某者，粤督张树声子也，为二张效奔走，藉以招摇声气，妄议朝局，世以‘火逼鼓上蚤’目之。近与仲弢同居又齐人王懿荣者，素附南皮窃浮誉，后以妹妻南皮，益翕热。其父以龙州僻小郡守骤擢成都道，致富巨万，懿荣既入翰林，侈然自满，挥斥万金买骨董书画。昨忽上书争京官津贴事，又请复古本尚书与今本并行，言甚诡诞，人皆传笑。两人者皆素与仲弢习，故作书劝其闭门自守，勿为人所牵引，而痛言浮俗子弟啖名竞进，干预朝事，不祥莫大，害家凶国，皆此辈为之，欲仲弢早绝之，以自立于学，所以效忠告也”。李慈铭提到了北人二张，是指张佩纶与张之洞，皖张是张树声之子张华奎。黄绍箕的仲父是指黄绍箕的二伯父、黄绍第的父亲黄体立。漱兰侍郎就是黄体芳。李慈铭是善意提醒黄绍箕，要头脑清醒，与人交往，做到心中有数。李慈铭言语之间，对王懿荣的鄙夷不屑溢于言表。

李慈铭提到的黄绍箕的婚姻之事，原委如此：黄绍箕的妻子姓刘，与他同岁，在 1881 年病逝于江阴，这才有了张佩纶牵线搭桥，黄绍箕娶张之洞的哥哥张之渊的女儿为妻，时在 1884 年 10 月 7 日的江阴学署。1888 年秋冬之际，已经是两广总督的张之洞从岭南寄给黄绍箕新会橙百枚，并致书信，颇为客气与关切：

上月记曾布一笺，未得复书，殊为驰系。昨附贡使寄去新会橙百枚，当已达。此物岭南岁贡，涉春尤佳，如以为可餐，当续致之。

闻尊公请假归里，约何时可还？示慰为幸。家嫂言上次有书致侄女托买物，未得报，甚念！洞孱躯擠拄，政事毫无进境，文武两闱接踵赶办，益增烦冗。自问于当世大计一无补益，终日无聊。政如考生勉强完场，有何文情文兴？近日粤事愈多棘手矣！人便，草泐数语。

敬问

贤伉俪安好

仲弢翰林贤侄婿阁下

洞再拜

可庄殿撰出都时，寄惠王文靖、钱香树书迹各一。月初电金陵候谢，则轺车已行矣。此科江南发题极佳，三场题无不佳妙。名手如林，闱墨尚未见，不知有用《公羊春秋》说《论语》者否？主司之意当在于此。刻下想还京，晤时望代致谢，报书俟续寄。

洞再拜

再，《共学》《唐棣》两章，自是经师章句，偶未离析，注家遂以当思其“反”为义，其实“反”当读若“平反”“反切”之“反”，“偏反”即后世语“翩翻”，犹“咥其笑矣”“叹其干矣”。孔子读《唐棣》而发“何远”之义，撰记《论语》者，因录诗文于前。《左氏春秋》说所谓“先经以起义，如《才难章》先书舜臣、武臣两事之例也”。注说适与《公羊》“权者反经合道”之语合。故公羊家援此为佳证，藉此以觇学子有无能通《公羊春秋》者，诚是精心妙想。若《论语》本旨似不如分作两章说之，简易而得理也，商之贤者，以为何如？

洞灯下再书

张之洞在这封书信中提到的可庄就是状元王仁堪。王文靖是

指王熙，曾官至保和殿大学士。钱香树是钱陈群，有太子太傅衔，病逝后，追谥文端。

1891 年，黄体芳提前求缺，无官一身轻。为庆贺父亲六十大寿，黄绍箕颇为忙碌张罗了一番。但在这一年的 5 月 24 日，黄绍箕参加王彦威召集的一个饭局，王懿荣、沈曾桐、李慈铭都在场。大概就是在这一饭局上，王彦威给黄绍箕难堪。时过近一个月后，1891 年 6 月 20 日，李慈铭在其日记中提到此事，他致函王彦威，颇为黄绍箕鸣不平："老弟以仲弢诗语之谣明告仲弢，众见仲弢颜色顿异，甚觉难堪，皆深怪老弟何以如此，兄闻之亦深为仲弢悒悒，此皆人情所不能免也。仲弢年倍幼于兄，又曾得四川之差，日下隆隆，向上有保举南斋之兆，以视兄之穷途耄齿，生路久绝，何啻霄壤！吾弟亦何忍，不令冰山雪窖中延一丝虚妄之春气，而必令嗒焉若死灰之不复燃，亦诚可异矣。仲弢之事亦未必真，吾弟虽明告仲弢，而尚恐令漱翁知之，诚以漱翁方移病致仕，得此更增不快。然兄亦人也，虽位卑身贱，万不敢望漱翁，而年则加长，遇则加穷，境则加迫。老弟思之，兄之一生，岂有一事之如意？一日之及人耶。"这个被李慈铭极尽奚落的王彦威，就是王弢甫，此后他与黄绍箕仍有往来。他五十寿辰，黄体芳、黄绍箕父子还为他摆席祝贺；他的父亲去世，黄绍箕还前往吊丧。他究竟为何事与黄绍箕难堪，已难以求索。查谢作拳先生点校的《黄绍箕集》，未见收入黄绍箕与李慈铭往来信札，此事只能是留待存疑了。

王彦威大黄绍箕 12 岁，是同治九年举人，原名禹堂，字弢夫，号藜庵，浙江黄岩人。历任工部衡司主事、营缮司员外郎、军机章京、江南道监察御史、太常少卿。他辑编《筹办洋务始末记》，著有《西巡大事记》《清朝掌故》《清朝大典》《枢垣笔记》等。王彦威有感于清代自道光以来，对外交涉日益增多，但外交文件从未系统刊行，依靠外籍转译，失实颇多，致使政治、军

事、外交十分被动。他先从“大库”抄录道光、咸丰、同治三朝钦定未刊的《筹办洋务始末记》，以及光绪元年至十二年外交案卷，再从十二年起，每日记载诏令、奏章、折片、条约、照会、电报、会议纪录及“留中”不发机密文件，采用编年体纪事，区别情况，慎重选择，对关文大计、各国使馆照会、签订条约作为根本要旨。王彦威在军机处繁忙公务之暇编纂此书，往往夜以达旦，十余年积稿盈笥。庚子之乱，王彦威奔走荣禄等重臣之间说：“都城内外，乱民纵横，使臣一出，必遭其祸，从此外交决裂不可收拾矣。”因慈禧太后专权，呼号徒劳，无人理睬。王痛哭流涕地说：“恨吾卑，无奏事权，不能救国也。”八国联军进攻北京，王彦威掘地深藏手稿后随行西安。跟随慈禧太后、光绪帝回銮还都之后，他对其继子王亮说：“不惜城下之盟，纳款请成，遂据榻旁而睡。棋输一局，错铸九州。”他忧郁成病，于病榻前，将手稿整理成《筹办洋务始末记》。1904 年（光绪三十年五月），王彦威病卒，终年 63 岁。他反复交代叮嘱王亮：“身可杀，书不可亡。”但在王彦威死前十年，1894 年 12 月 20 日，李慈铭就已病逝，得年 66 岁。黄绍箕为其送一挽联：操尚本无俦，岂徒诗史成编，身系南江文献统；侍游真不再，终是经师多福，生当中国盛强时。

1895 年，黄绍箕请假回乡扫墓，侍奉黄体芳出都南归。黄家父子经开封、凤阳，来到南京。当时，张之洞在南京署理两江总督，张之洞次子张仁颋意外溺死，黄绍箕为其赠送挽联。在此期间，康有为应张之洞之邀来到南京，两人密谈。黄绍箕与梁鼎芬、陈三立、况周颐、蒯光典等在南京多有接触。他受张之洞委托，与康有为一起酝酿在上海创办强学会，参与议定《上海强学会章程》《强学书局章程》。张謇、汪康年等也参与其中。1896 年 1 月 22 日，黄体芳父子离开南京抵达上海。1896 年春，应张之洞之邀，黄绍箕离开瑞安，前往湖北武汉。黄绍箕在此年八月撰

《广雅尚书南皮张公寿言》，并代谭继洵作《诰授光武大夫广雅尚书制府六十寿序》。拜寿期间，黄体芳、黄绍箕父子与梁鼎芬、蒯光典、恽祖祁、缪荃孙等多有往来。张之洞庆寿结束，黄绍箕抵京销假，被派充会典馆提调。

1897 年 3 月 18 日，张之洞致电杨锐，就延聘徐世昌一事，让他与黄绍箕商酌办理：徐菊人太史现想在京，鄂省两湖、经心各书院去腊久已订妥，星海皆知。前电言徐君来必有位置者，谓请至署内，由敝处送修金耳，并无他席也。望婉商。如不来鄂，亦当每年寄送干修六百金，似可省跋涉之费。如愿来，亦照此局面。祈与仲韬商酌，速覆。1897 年 7 月 4 日，张之洞闻听黄绍箕出任湖北乡试正考官，非常高兴，他致电杨锐：徐菊人回京否？何时来鄂？仲弢高取，欣盼。高阳步履渐好否？张之洞电文中的徐菊人就是徐世昌，仲弢即黄绍箕，高阳是指李鸿藻。二十天后，李鸿藻就去世了，得年 77 岁。

1898 年，是中国的惊风密语动魄惊心之年。且说在 1897 年，黄绍箕办完考差，离开武汉，前往安庆。黄体芳正在安庆敬敷书院，黄绍第也前来与之汇合，袁昶正在徽宁池太广道任上，又是张之洞的学生，彼此相熟，在一起欢聚话旧，纵论时局。黄家父子叔侄离开安庆，经上海回到瑞安。黄绍箕途经上海进京，已经是 1898 年的四月初了，王仁堪的弟弟王仁东设席沪上一品香，款待黄绍箕。郑孝胥、黄绍第、文廷式、志锐、罗振玉都在座，自然是免不了一番阔论高谈，慷慨激昂。他抵京后，参与保国会有关活动，与康有为、梁启超等来往密切。但张之洞经过一番观察考量，对康有为、谭嗣同、梁启超不以为然，对他们的变法主张，更是刻意与之保持距离。

4 月 25 日，张之洞致电侄子张彬，让他与黄绍箕关心动态，了解政情："奉旨陛见，闻慈圣意及上意若何？政府有何议论，众人有何议论？速电闻。经手要事太多，似二十日后行。初到京时，西苑门外附近有何处可住？速看定。事毕后，住化石桥宅。我衰病日甚，此行于时局必无益。拟事毕后即告病。权、检、彬同览，并告仲韬、叔乔。”5 月 13 日，张之洞又致张彬电，并嘱张彬将此电内容告诉黄绍箕与杨锐。黄绍箕获悉电文，即与杨锐、张彬复电张之洞。

张之洞电文内容是：

> 昨在沪奉电旨，因沙市事，饬令折回，俟此案办竣，地方安静，再行来京。接鄂电，沙市现已无事，谭已屡奏。我到京于时局无益，回鄂甚愿，沪上有要事，两三天后即回鄂。日来都下系何情形，鉴园病如何？速覆。并告韬、峤诸君。覆电加急字寄沪。

黄绍箕等回电：

> 电悉，即告韬、峤。既奉旨，祈速回鄂，迟必有口言。回鄂日期速电奏。事毕速请旨，令来京否？势成骑虎，能来方好。法因粤西教案要梧州。德王昨觐见，动静未开。鉴园病痊。

这四封电报，不仔细深入细读，会令人一头雾水，不明就里。却原来，恭王奕䜣病重，已经不能管事议政。后党多认为，恭王撒手人寰，谁来制衡翁同龢？想来想去，提出调张之洞来京，以平衡翁同龢，增加后党力量，裁抑帝党。张之洞束装就道，已到上海，却风云突变，让他返回湖北，理由居然是因为沙市有骚乱。这很显然是一种敷衍推托之词。为何会有如此巨大变化？据说是翁同龢提出张之洞不能离开湖北重地，向光绪帝晓以利害。张之洞最终进京任职，已经是 9 年后的 1907 年了。

但螳螂捕蝉，黄雀在后，恭王死去，荣禄崛起。更为令人讶异的是，6 月 15 日，翁同龢被开缺。这一月，黄绍箕补授翰林院侍讲，张之洞将杨锐、梁启超、黄绍箕等一并向朝廷举荐，希望得到重用。所谓鉴园病痊，消息不确。鉴园就是恭王，他在1898年5月29日，去世了。

6月20日，光绪帝召见康有为后第四日，张之洞致电侄子张检，让其速询黄绍箕、杨锐，了解康有为召对情形：速询仲弢、叔峤，康有为召对详情如何？政府诸公赏识否？康与荣有交情否？派在总署，想系事京，上谕系何字样？到总署后是否派充总办？有主持议事之权否？现议变法，所急欲变者何事？张元济用何官？都下诸公、湖南京官有议论否？速覆。7月14日，张之洞又致电张检、张权，询问黄绍箕情况：分何司？即电告。前交邮政局寄《劝学篇》一本，当早接到。有何人见过？议论如何？康、梁近日情形如何？仲韬、叔峤与之异乎？同乎？众论有攻击之者否？即覆。张之洞问自己的儿子、侄子，黄绍箕、杨锐是否与康、梁保持距离？自己的《劝学篇》，在京城高层有何反应？

7月19日，黄绍箕蒙光绪帝召见入对，他呈进张之洞著《劝学篇》。7月21日，张之洞电张检、张权，嘱以《劝学篇》百本交黄绍箕："折差寄《劝学篇》三百本，以百本交仲韬；百本交叔峤，百本自留，亲友愿看者送之。康气焰如何？黄、峤、杨与康有异同否？户部难当，只可徐作改图。堂官已见否？前电久未履，闷极。速覆。"

7月25日，张权致电张之洞，光绪帝颁布上渝，称赞《劝学篇》。据《厚庄日记》所载上谕，"本日翰林院奏，侍讲黄绍箕呈进张之洞所著《劝学篇》，据呈代奏一折，原书内外各篇，朕详加披览，持论平正通达，于学术、人心大有裨益。着将所备副本四十部，由军机处颁发各省，督抚、学政各一部，俾得广为刊布，实力劝导，以重名教，而杜卮言，钦此"。张之洞心中的一块巨石终于落地，他在《劝学篇》中，已经把自己与康、梁等人区分开来，想来慈禧太后一定会看出来她一直信赖有加的张之洞还是很稳重守正忠心耿耿的呢。

7月31日，张之洞发电张权转给黄绍箕，让他查明黄遵宪、谭嗣同来京背景，以及此中康有为的秘密计划：“昨有电旨催黄遵宪、谭嗣同迅速来京，系办何事？必康秘谋。速覆。”

8月6日，张之洞致电张权，让黄绍箕与礼部侍郎唐景崇商议出面举保梁鼎芬：“转仲韬。急。大用有期，欣贺。梁节庵忠悃长才，闲废可惜。请转商唐春卿待郎，可否切实荐达。节庵近年讲求时务，绝不为迂谬守旧之谈，论事通达，才力敏果，而识趣极为纯正。方今朝廷锐意变法，若用此等人则有变通之利，无悖道之害，实于时局世道有益。徐致靖尚可保人，况名望如春卿？不能不以大臣荐贤之意望之也。但必以通达时务为言乃可。是否可行？速示覆。”为政之要，贵在得人。张之洞力荐梁鼎芬，而唐景崇则是唐景崧的二弟，唐家兄弟与张之洞交情匪浅，但此时的唐景崧正赋闲在老家桂林，搞自己的桂剧春班呢。节庵就是梁鼎芬。梁鼎芬生于1859年，后来做过溥仪的老师，死于1919年。

8月9日，张权致电张之洞：“大人与仲弢电，当即送交。是日渠正与其伯母开吊，未及细谈。日来亦尚未得渠回信。是月，光绪帝有意复古宾师之礼，将开懋勤殿，择康有为、梁启超、黄绍箕等八人待制，燕见赐座，讨论政事。闻者谓为二千年未有之盛举，惜未及开而八月之变作。”盛宣怀的《虎坊摭闻》则称：或言李端棻、宋伯鲁皆请开懋勤殿，以康有为、黄遵宪、梁启超等入殿行走。于是传言选入殿行走者十人：康有为、康广仁、李端棻、徐致靖、徐仁镜、黄遵宪、梁启超、黄绍箕、张元济也。这里提到的李端棻是贵州人，支持变法，曾任礼部尚书。他在主持广东乡试时，慧眼识英才，发现了梁启超，还把自己的侄女嫁给了梁启超。戊戌政变后，他被流放新疆，后来回到家乡，死于1907年。

9月4日，张之洞电张权，提及黄绍箕拟辞京师大学堂教习之职："叔峤召见奏对如何？有何恩旨？闻仲韬辞教习，允否？许竹筠辞总教习，改派何人？湖南庶常熊希龄奉旨正速来京召见，系何人所保？谭嗣同到京召见否？岑春煊是否康保？康近日有何举动？制度局究竟议定开办否？汝名是否本部堂官已经谘送总署？速明晰覆。"

9月6日，黄绍箕与郑孝胥交谈。《郑孝胥日记》载："阴……余语仲弢曰：'今有数学子，视纲常名教为迂阔，裂冠毁冕，悍然不顾，究其实际，毫无根柢，可笑人也。此曹不能成气候，而兴乱则有余。君其待之，胥当不幸而言中矣'……林暾谷昨谓余曰：仲弢咎我，谓礼部堂官之去，实我于上前讦之。岂有是乎？暾谷退，余乃哂曰：'阴若辩解，意实招摇，此之谓矣！'"郑孝胥所说林暾谷，就是戊戌六君子之一的林旭。林旭的岳父是沈瑜庆，多称沈爱苍，而沈瑜庆是沈葆桢之子。

9月24日，张之洞发电张权，转黄绍箕："英俄战事又有续电否？宋伯鲁外，有黜革者否？速示。折差寄去绥字密电本，想收到。速覆。报费已告百川送。拙。庚。以后敝处密电署拙字，来电下款署何字？并示。或绥字亦可。"张之洞得悉杨锐被捕，发电黄绍箕，要求查明事情原委：急。叔峤受累可骇。何以牵涉？有余波否？速覆。

9月27日，张之洞致电黄绍箕：叔峤无他虑，有何端倪？想因查无与康往来字据耶？所云信件发还，想并未查封衣物耶？速明晰覆。再，闻有妄人保懋勤殿十员，有仲韬有内，确否？亟系甚。速询覆。黄遵宪有事否？宋伯鲁何以漏网？日来见廉舅否？有何议论？汝与各处来往电报，务即付丙。"张之洞随即再发电给张检，嘱其面告黄绍箕，让他直接去找王文韶、孙家鼐，说明与康有为的分歧，以免受懋勤殿传闻之累："速面告仲韬，可见夔帅及孙相，陈明与康不同道，素诋康学，至要。杨崇伊方得意，恐其诬陷正人也。并嘱其各处函电，务宜付丙，必须格外谨

慎。即刻覆。”付丙，就是焚烧灭迹，避免留下口实，授人以柄。张之洞对宋伯鲁、黄遵宪很有看法，视若敌人。他认为宋伯鲁是漏网之鱼。宋伯鲁与杨深秀曾联名弹劾许应骙。光绪帝被囚后，宋伯鲁被革职拿问。他得到密报，先避于意大利使馆，旋携眷匿居上海三年余，曾一度赴日本。1902 年，光绪二十八年，因生计困难，他携眷回陕。陕西按察使樊增祥乘机报复，与陕西巡抚升允电奏清廷，指控宋“受业康门，甘为鹰犬，其罪在康有为之下、杨深秀之上”，宋被囚禁，三年后获释出狱。伊犁将军长庚请他赴新疆，主持新疆通志局，纂修新疆省志，写成《新疆建置志》《新疆山脉志》。他还曾任陕西省通志局（馆）总纂、馆长，主持续修陕西通志。宋伯鲁病逝于 1932 年，得年 78 岁。宋对诗文、书法、绘画均有造诣，著作还有《西辕琐记》《海棠仙馆诗集》《焚余草》《己亥谈时》《知唐桑艾录》等。

9 月 28 日，“戊戌六君子”被杀于菜市口。

9 月 29 日，张之洞电张权：来电及绥电均悉。芝艾同焚，奇冤至痛。峤到部数日，所闻何供？曾劾康，想必供明。何以不理？何以昨日忽催泪？日来英、俄有何消息？并告绥速覆。绥即韬也。覆电以“可”字或“慎”字冠首，不必署于尾。即刻覆。此电即付丙。

9 月 30 日，张之洞发电黄绍箕：前闻日本使改派李盛铎，确否？叔峤恐系为杨崇伊所谮害，望详加考究。黄遵宪实是康党，都人有议者否？均速示。阅过即付丙。

张之洞在电文中两次提到了杨崇伊。这个杨崇伊又是何方神圣呢？杨崇伊出生于 1850 年，他字莘伯，常熟人，光绪六年进士。杨崇伊的父辈兄弟三人，分别叫杨沂孙、杨泗孙、杨汝孙。杨沂孙做过凤阳知府，是书法名家。杨泗孙是科举榜眼。杨汝孙的儿子就是杨崇伊。1895 年（光绪二十一年），授御史，首劾康有为、梁启超的强学会，又疏参翰林院侍读学士文廷式，文廷式被革逐回籍。据史载：杨崇伊在七月下旬和八月初，往返于津京之间，传达信息，协调步骤，疲于奔命，为训政之事可谓不遗余力。杨崇伊发难于先，告变于前，本应青云直上。政变之后，他再上密折，言乱党虽平，孙文尚在，孙、康不除，“中华无安枕之日”。但，1900 年（光绪二十六年），杨崇伊仅授汉中知府，后得补浙江候补道。1908 年（光绪三十四年八月），杨丁忧回籍守制，寄寓扬州，竟持枪纠众抢夺妓女，被江苏布政使瑞澂参劾，驱逐回常熟原籍，交地方官严加管束。翌年郁郁而终。杨崇伊之子杨云史是李鸿章之子李经方的女婿。著名教授邓之诚说杨崇伊“于翁同龢有戚谊，而与李经方为儿女亲家。翁、李生嫌，崇伊往来两家无间。其人实倾危嗜利，人皆畏之”。

戊戌政变后，黄绍箕也被参劾，大学士徐桐以全家百口出保，慈禧太后始意解而得免。九月，黄绍箕补授左春坊左庶子。12 月 3 日，协办大学士孙家鼐奏请以黄绍箕派充大学堂总办：“现学堂已经开办，总办尚未派人，查有稽察功课提调黄绍箕学问渊深，姿性明达，拟派充大学堂总办。”

1899 年春，黄绍箕辞京师大学堂总办，补授翰林院侍讲学士，充日讲起居注官，又充咸安宫总裁、转翰林院侍读学士。经过这样一番惊涛骇浪，许多人身心疲惫，余悸难消。黄体芳身体不适，黄绍箕告假返乡省亲。1899 年 6 月 19 日，黄绍箕回到瑞安之时，黄体芳已经溘然长逝。

办理完父亲的丧事，黄绍箕曾于 5 月 2 日致信赵凤昌，感谢家眷来往上海时给予的照顾，并寄去柑四桶，请其转寄张之洞。黄绍箕离开瑞安，在温州乘轮船前往上海，曾见南通张謇。5 月 14 日，黄绍箕与沈曾植同登“大通”船溯流而上，奔赴武昌，沈曾植则赴镇江访丁立钧。5 月 20 日，黄绍箕到达湖北武汉，开始在两湖书院任职。他商具保结，派遣学生黄轸赴日本考察。有人有如此记载：“黄兴为革命巨子，初在湖北两湖书院肄业，名轸。

黄仲弢学士绍箕为书院监督，轸乃首选，称为高才生，保送出洋留学。南皮张之洞允而未遣，仲弢不敢请，属余催之。南皮笑曰：‘仲弢肯出全家保结乎?’余深讶之。仲弢爱才如命，商具保结，始得派遣。初，不知南皮之意何在，未久，京师拳乱作，轸自日本上书。”黄轸，就是黄兴。

1901年1月29日，慈禧太后发布新政改革上谕，在此背景之下，《江楚会奏变法三折》出笼，分别在6月12日、7月19日、7月20日，在南京拜发，黄绍箕、张謇等参与拟稿。这也是张之洞与刘坤一共同的政治主张。

1901年9月26日，黄绍箕告诉张之洞，他从端方处听闻，黄星源弹劾张之洞等逆合上意。端方当时已经是湖北巡抚了。

1902年10月5日，张之洞与郑孝胥、梁鼎芬、黄绍箕闲坐聊天，说到了刘坤一病情危重。《郑孝胥日记》载：“闻新宁病，广雅戏谓座客：‘谁能继新宁者，可各举所知，不必以官阶论。’余曰：‘莫若肃邸，否则施理卿也。’”时过五日，张之洞邀黄鹤楼登高，黄绍箕与郑孝胥、梁鼎芬、汪凤瀛等在座。“座间，南皮讽余同至南京，出示南京官场单，使余举所知者，又询下手办法。余对曰：‘去宁久，官场中人皆生人，不能举也。江宁习气极重，宫保既至，自令旌旗变色。似宜先理筹防、洋务诸局，次之以财政。’安徽道员有许鼎霖者，曾至欧美，素闻其贤。惟许籍江苏，不适于用耳。黄、梁、汪皆言闻许甚贤。”

1902年10月6日，刘坤一病逝，张之洞再次署理两江总督。1902年11月2日，黄绍箕、郑孝胥陪同张之洞启程奔赴南京。1902年11月8日，黄绍箕在与郑孝胥、缪荃孙、沈瑜庆等寻访故旧后，曾陪张之洞有一饭局。郑孝胥记述颇为生动：“南皮邀午饭，坐间言曰：‘吾至江南，欲不办一事，亦不迁就一人，苏堪以为何如?’余对曰：‘公在武昌，十余年来虽事变有端，而有进无退，殆有万骑奔腾，冲锋陷阵之势。今江南风气甚敝，若能勒马审项，扼要出奇，则意思优裕而力量转增，此胜着也。’仲弢曰：‘不迁就，须从下手时，明示宗旨乃可。’南皮颔之。是日申刻，接两江督印。”

1906年5月13日，黄绍箕补授湖北提学使司提学使，仍旧充日讲起居注官。此年8月4日至11月9日，黄绍箕率团赴日考察教育，结识了近代教育家加藤弘之、菊池大麓、辻新次和嘉能治五郎。此年冬，梁鼎芬上折请建曲阜学堂，建议张之洞、黄绍箕主掌其事：

> 湖广督臣张之洞，通经守正，当代儒宗，拟请特旨派令敬谨经画此事，期于早成……现任湖北提学使黄绍箕，受父师之教，学问博洽，此次前往日本考察学堂办法，与日人讲论孔子之学，持议通正，日人折服。黄绍箕回鄂，臣因交替学堂各事，尚未起程北上，与之商榷累日，日望朝廷尊崇提倡，使我中国孔子之教日益广大，远在日本之上，国势自然强盛，人才自然众多。如蒙天恩建造曲阜学堂，拟请饬下张之洞督同黄绍箕招集天下通经守正之士，尽心经理，一切办法，请旨施行。臣有所见，亦随时条上。

1907年1月6日，谕旨张之洞与黄绍箕等筹办曲阜学堂。太后懿旨：湖北按察使梁鼎芬奏请建曲阜学堂各折片。孔子为万世师表，昨经降旨升为大祀，曲阜圣人之乡，自应建设学堂，以拓宏规而启后进。着张之洞督同湖北提学使黄绍箕等，悉心筹画，妥慎办理。所需经费，即着该督筹办，并颁发帑银十万两，由山东藩库发给。

1907年，黄绍箕兼任湖北存古学堂提调。翌年七月，张之洞奉召入阁，曲阜学堂未及举办，就此不了了之。

1908年1月26日，黄绍箕在湖北武汉病逝，得年54岁。张之洞为自己的学生、侄婿所送挽联是：青蓝教泽留江汉，生死交情痛纪群。其夫人与之相伴24载，感情笃厚，看其写给夫君的挽诗，感人肺腑，发乎真情，并非他人捉刀尽是场面上的应景之语：

五十余宵病榻旁，晓鸡窗外咽寒霜。愁肠独自煮膏火，莲漏声声恨夜长。

独夜荧香上诉天，欲君白日我黄泉。香荃未肯中情察，珠泪盈盈素帐前。

月华如练夜初长，空馆挑灯泪万行。梦里尚怜忧国病，为君亲手奉茶汤。

官事消磨最可哀，劝君珍士泪琼瑰。良医活国谁能手，岂料苍天不放回。

红豆灯残月色清，二更鼓角断肠声。药炉茶社今犹在，青鸟无人可寄情。

泪洒麻衣两袖寒，玉衡乍转觉春残。庭前竹活君何在，天上人间共话难。

风雨凄凄又一朝，摩掌手泽续《离骚》。桃花依旧悲人面，君在蓬莱第几霄。

廿年巾栉待君身，剪烛弹棋感旧尘。借问苍天何太酷，孤鸾何处不伤神。

花市斜街旧寄庐，与君同砚学鸦涂。至今遗墨仍盈箧，谁画人间举案图。

高人偶尔赋闲情，绝妙文章亦有名。此去仙山能少待，愿分剩药住蓬瀛。

堂上慈乌已白头，吴山越水总成愁。豚儿不解桑弧志，我与楹书且小留。

稚子童呆变可怜，为君忏悔学参禅。他年遗迹知珍重，手写《楞严》第几篇？

黄绍箕作为黄体芳之子，科场顺利，逐步崛起，活跃于晚清

政局，这中间虽然缺少不了自身的努力，但也与张之洞的照拂大有关系。黄绍箕与李慈铭、梁鼎芬，乃至翁同龢、张謇等都多有往来。他帮助过康有为，提携过黄兴。看李慈铭《越缦堂日记》《郑孝胥日记》以及梁鼎芬有关文字，黄绍箕与张之洞来往之热络，南皮对他器重之殷切，无以复加。黄绍箕与张之洞最为密切，尤其在戊戌变法期间，函电交驰，动魄惊心。大概从这个角度，张之洞说彼此是生死交情吧。庚子之乱后，张之洞倚重黄绍箕，本想有所作为，但他们已经有点捉襟见肘，力不从心了。

黄绍箕，字仲弢，号鲜庵，藏书甚丰。他的诗集《鲜庵遗诗》和他堂弟黄绍第的诗集《缉庵遗诗》，由黄绍箕女婿冒广生于 1915 年刊行，这两部诗集合称《二黄先生集》。黄绍箕还著有《中国教育史》，他的文集有《鲜庵遗文》、词集有《潞舸词》。

张之洞自南京返回武汉，热心维新，参与变法，但他对办厂修路，依旧抓得很紧。甲午战后，李鸿章声誉大跌，盛宣怀与之保持距离，但与张之洞关系却逐步密切起来。张之洞借助于盛宣怀，继续推动自己的实业大计。且来梳理张之洞与盛宣怀的合作脉络。

慈禧太后说盛宣怀是“不可少之人”；死于 1901 年的李鸿章则评价他“志在匡时，坚韧任事，才识敏赡，堪资大用。一手官印，一手算盘，亦官亦商，左右逢源”；鲁迅先生对他却深恶痛绝，说他是“卖国贼、官僚资本家、土豪劣绅”；南皮张之洞则认为此人“极巧猾”“盛之为人，海内皆知之”，不屑鄙夷之态，溢于言表。

张之洞是科举骄子，不到而立之年就是探花，进入翰林院，一路顺风顺水。盛宣怀出自江南常州，虽然祖父、父亲有举人、进士身份，但盛宣怀本人则只不过仅仅是秀才一枚而已。仅就此而言，张之洞怎会看得上盛宣怀？张之洞年长盛宣怀七岁，在张之洞从两广总督任上到湖广就任总督之前，也许彼此知道，但发生密切交集的可能性不太大。查有关资料，1883 年 10 月 25 日，盛宣怀曾致电张之洞，介绍黑旗军与法军情况。也许消息灵通的盛宣怀已经得到张之洞即将到岭南就任两广总督的消息。实际上，张之洞的实际任命是近 7 个月之后的 1884 年 5 月 20 日。也就在张之洞到广州之前，两人大抵首次晤面。一年之后的 1886 年 6 月 21 日，张之洞曾邀请盛宣怀南来一起共襄盛举，被盛宣怀婉拒。

张之洞出任山西巡抚之前，曾有在湖北、四川担任学政的经历。盛宣怀的父亲盛康则在湖北担任粮道、盐法道，两人不属一个领域，也许有一些接触，但应该并无太深交往。张之洞深受胡林翼影响，胡林翼在湖北巡抚任上政绩也是可圈可点，胡与盛家父子有工作关系。但就对湖北洋务、实业的深入了解而言，盛宣怀则早于张之洞。张之洞在去太原之前，一直是纸上谈兵，注意力着眼于时政大局、兴办教育，但对实业、洋务，并无很具体切实的概念。他到了山西，时间不长，本想有点作为，但很快就南下岭南了。张之洞在岭南五载，接触实际，又与洋人打交道，更有中法之战，让他迅速成长，也坚定了办实业的决心。

此后，张之洞到了武汉，他不可避免就要遭遇到盛宣怀。为何这样说？盛宣怀的父亲与李鸿章同科，在 1870 年盛宣怀 26 岁之时，经无锡杨宗濂介绍进入李鸿章幕府，逐步崭露头角，得到李鸿章的器重。李鸿章办洋务、外交多委托仰仗盛宣怀，而盛宣怀在 1875 年就开始在湖北开办铁厂了。张之洞调任湖广总督的上谕是 1889 年 8 月 8 日，他来到武汉是 1889 年的 12 月 17 日。这样说来，盛宣怀在湖北经营实业要比张之洞早 14 年呢。杨宗濂杨宗瀚兄弟在晚清也有声名，曾入李鸿章幕府。

且说 1870 年（同治九年）盛宣怀入李鸿章幕府后，在陕西协助时任湖广总督的李鸿章防剿回民之乱，实际担任李鸿章的贴身秘书。他十分勤勉，据说“盛夏炎暑，日驰骋数十百里”而不畏劳苦，草拟文稿有“万言立就”之功。不久，天津教案发生，列强陈兵海上，威胁清廷，李鸿章及其所部淮军从西北调往直隶，拱卫京畿与海疆。盛宣怀亦步亦趋，随李鸿章赶赴天津，他很快被李鸿章任命为会办陕甘后路粮台，又在淮军后路营务处工作，往来天津上海等地采办军需，展示其经济长才，1871 年就得到知府官级。

1875 年，李鸿章又委盛宣怀办理湖北煤铁矿务，从此盛宣怀涉足矿业。1876 年（光绪二年），盛宣怀在湖北广济盘塘设立开采湖北煤铁总局，雇请英国矿师郭师敦查勘湖北煤铁矿藏。1877 年 7 月，郭师敦等勘得大冶铁矿。此年秋，盛宣怀赴黄石港会同大冶知县林佐等对铁山土地产权，进行详勘。盛宣怀又自民间购得部分铁山土地产权，准备在黄石港东吴王庙旁今沈家营设炼铁厂，但后因经费难筹，李鸿章未予批准。1879 年，盛宣怀署天津河间兵备道。1884 年，盛宣怀赴粤办理沙面事件，署天津海关道。1885 年，盛宣怀任招商局督办。1886 年，盛宣怀任山东登莱青兵备道道台兼东海关监督。1887 年，盛宣怀在烟台独资经营客货海运，航运范围从山东整个沿海扩展到自烟台至旅顺，航线沟通山东半岛到辽东半岛。此时的盛宣怀，已经是羽翼丰满，呼风唤雨，绝非当年吴下阿蒙了。

寂寞猖狂作乱臣，苦搜奇字美亡新。成都不少文章士，浅陋何缘动富人。李鸿章控制的庞大事业中，盛宣怀参与最多的是筹办洋务企业与外交事务。1874 年，盛宣怀在李鸿章指示下参与买回吴淞铁路谈判。却原来，英国人修建一条自上海到吴淞的全长 14.5 公里的窄轨轻便铁路，是中国第一条商用铁路，但英人不告而修，引起清政府的不满，更引发舆情汹汹。盛宣怀受命与英国展开外交干涉，最终以 28.5 万两白银将此铁路赎回拆毁以应付舆论。这一结果，虽然表明晚清的颟顸愚昧，却锻炼增长了盛宣怀的才干。李鸿章由此给他“心地忠实，才识宏通，于中外交涉

机宜能见其大”的肯定评价。从此，但凡李鸿章办理外交，盛宣怀多随侍在侧。1884 年中法之战，李鸿章上奏盛宣怀署理天津海关道。李鸿章在为盛宣怀的任命制造舆论时，颇多“精明稳练”“智虑周详”“洞悉症结”“刚柔得中”等赞美之词，且认为盛宣怀并非只通洋务，对吏治也有才干和经验，是天津海关道的不二人选，也足见李鸿章用人的不拘一格。

外事与洋务既是盛宣怀的晋身之阶，又是李鸿章在 19 世纪末权倾朝野的基石。盛宣怀在湖北主办煤矿铁矿，李鸿章寄望甚殷，他要求盛宣怀徐缓图进，不要贪功躁动。但当盛宣怀发生动摇时，李鸿章又立刻给他写信，晓以利害，响鼓重锤：湖北煤铁矿的成败利钝，关系到洋务大局；在举世瞩目的情形之下，如果兴办不力，势必让对洋务心怀不满的官僚所笑话，使洋务派大吏们在政治上陷于被动。李鸿章甚至对盛宣怀推心置腹地说，湖北矿务是他北上为官的“立足之地”，杏荪不可不竭尽心力。言词谆谆，令人动容。

1872 年，盛宣怀建议李鸿章以建造商船之赢利再造兵舰，被李鸿章所采纳，委任盛宣怀办理中国第一家轮船航运企业轮船招商局，这是中国近代史上影响深远的公司之一，也是盛宣怀办理轮船航运之始。同年，盛宣怀拟定中国首个《轮船招商章程》。1873 年，轮船招商局正式营业，盛宣怀担任会办，他也从此成为晚清洋务运动核心人物之一。1879 年，盛宣怀建议李鸿章建立电报事业，李采纳后又命盛督办。1880 年，盛宣怀创建中国第一家电报局天津电报局。1881 年，盛宣怀被任命为津沪电报陆线总办，从此他涉足进入电讯业。1882 年，为阻止外国人在中国沿海建立电报网，李委任盛建立上海至广东、宁波、福州、厦门等地的电报线。1883 年，盛宣怀督理天津海关，他挪用海关钱粮以资济电报事业，受到处分，但未被降职。1884 年盛宣怀主掌轮船招商总局，李鸿章曾写信给盛宣怀，希望他将这个洋务标本“做成铁板模样”，使“来者确不可移”。盛宣怀毕生感念李鸿章，他在给李的信中曾如此表白：“竭我生之精力，必当助我中堂办成铁矿、银行、邮政、织布数事。”盛还说，未来的历史如果能将他的名字附列在李鸿章之后，得以传世，自己就足慰平生。

1889 年 8 月，湖广总督张之洞决定将原准备在广东兴建的炼铁厂迁至湖北。适逢盛宣怀以事谒张，言及炼钢之事，张提到尚无铁矿，盛当即表示愿将原在大冶购得之铁山矿交给张开办。此年底，盛又和张面谈开办铁矿事宜，并提出四条建议，为张出谋划策。张之洞遂兴建汉阳钢铁厂，开办大冶铁矿。大冶铁矿成为中国历史上第一座用机器开采的大型矿山。但到了 1896 年，盛宣怀却以四品京堂候补督办铁路总公司事务，并被授予“专折奏事特权”，接办汉阳铁厂、大冶铁矿，与张之洞合作密切。为何会出现如此巨大的变化？盛宣怀怎会与张之洞携手合作？

据说是李鸿章在甲午之战后，声名狼藉。盛宣怀看李鸿章大势已去，急寻靠山。他遍观朝野，自然认为惟有张之洞这棵大树可以托付。据学者孙建军研究，经过一番反复争取，盛宣怀不仅多次致电当时署理两江总督的张之洞，还让其侄子盛春颐亲自前往南京说项。但张之洞一直敷衍，不予答应。后经翁同龢、王文韶、刘坤一等人出面，等到 1896 年李鸿章奉命出访俄国及欧洲、美国后，张之洞才答应盛宣怀。于是，经王文韶、张之洞合力举荐，盛宣怀出任芦汉铁路总办，并接管汉阳铁厂，开始了与张之洞的合作。1886 年，盛宣怀得以出任登莱青道兼东海关监督，他对李鸿章的拔擢感激涕零：“人第知宣怀屡经蹉跎，俱赖保全。尚不知近年办事稍有把握，一知半解，俱由亲炙而来。”盛宣怀还特别提到，当年张之洞任两广总督后曾有邀他入幕之意，但“师门怜如骨肉”，宣怀“非木石，岂不知利钝悉出裁成，谁肯以丑恶无益之干求，商诸爱憎无常之大吏”。但官场只计利害，哪管恩义交情？河东河西往往不需三十载，真是此一时彼一时也。

1896年2月21日，张之洞致电盛宣怀，不同意让洋商承包汉阳铁厂：尊电洋商之弊，合同周到，即可防范，利却甚大，既多现款，又可扩充。惟当今迂谬乖巧之人太多，不用心而好乱说，不办事而好挑眼，实不愿与此辈怄气饶舌，故决意不招洋商矣。此前，正月初六，盛宣怀致电恽祖翼并转呈张之洞：铁争属洋商，力大流弊亦大。属华商，力小收效亦远。吾兄独具卓识，但帅意犹未决。弟忧谗畏讥，曷敢自信。

张之洞与盛宣怀合作，引起李鸿藻的关注。张之洞致信李鸿藻，详述盛宣怀与自己沟通过程，坊间流传张之洞用美人计有求于盛宣怀，纯属道听途说，无稽之谈。但张之洞一再向李鸿藻表示，自己会提防盛宣怀这一“极巧猾”之人，“盛之为人，海内皆知之，我公知之，晚亦深知之”“特以铁厂一事，户部必不发款，至于今日罗掘已穷，再无生机，故不得已而与盛议之，非此则无从得解脱之法。种种苦衷，谅蒙垂鉴”。当时掌握户部大权者谁？翁同龢也。

1896年5月8日，张之洞上奏保荐盛宣怀为铁路总公司总督办，他如此说道：环顾四方，官不通商情，商不顾大局。或知洋务而不明中国政体，或易为洋人所欺，或任事锐而鲜阅历，或敢为欺漫，但图包揽而不能践言，皆不足任此事。该道无此六病，若令随同我两人总理此局，承上往下，可联南北，可联中外，可联官商。

盛宣怀离开李鸿章之后，于1896年8月11日致信湖北按察使恽祖翼：“……弟事合肥三十年，从不争牌子，合肥亦抑之使不得进。同患难而不足效指臂之力，可长太息也。湘乡、益阳功业盖天下，首在荐贤，今后洋务之难，不尤难于发捻军务耶？南皮任洋务知人用人，可不比于湘乡、益阳耶？湘乡用人，惟恐不能尽其用，绝无所以限制之心；合肥用人，惟恐功为人居。此得人失人之不同也……”盛宣怀如此牢骚满腹，把李鸿章与张之洞、刘坤一进行比较，也不知道是否为由衷之言？恽代英的祖父恽元复，也是张之洞的幕僚之一，不知他与这位恽祖翼有无关系否？

但张之洞与盛宣怀合作共事，也并非处处一致和谐，彼此因种种原因，还是颇有矛盾。1896 年 11 月 11 日，张之洞致电盛宣怀，不让他插手银行事物。张之洞劈头盖脸，斥责盛宣怀，他如此说道：阁下以列卿总司南北铁路，任寄已重，体制已崇，事权已专，忌者已多，若再督理银行，必致群议蜂起。张之洞还说到国际惯例，向不准兼任别项贸易。若归一人督理，则是明言为铁路招股而设，恐财东不免疑沮。“且事多难察，人多难精，各省董事岂能一一尽如尊指。设有一处不稳，牵动天下大局，关系阁下声名。若唐刘晏何等才望，何等功效，徒以笼尽天下利权，终难自保。鄙人既倚阁下成此路工，自不得不代筹万全，实不敢请阁下为银行督理。”张之洞这一番当头一棒，令盛宣怀冷汗直流，他赶快表白：不再与闻此事，“如存私利之心，天诛地灭”，“特虑招股不成，贻笑中外耳”。

查《张之洞全集》，不说公牍往来，仅个人信札，张之洞有十一封书信写给盛宣怀。尤以光绪二十四年十二月初十的信件为最长，谈论问题也最为具体。大家知道，此年是 1898 年，张之洞在湖广已经近十年了，一切布局都已展开。张之洞对盛宣怀开门见山直奔主题：

> 武汉两岸为芦汉、粤汉铁路南北两端发轫之地，南北陆行，东西水运，均为往来要冲。将来铁路告成，商务畅盛，所有沿江紧靠铁路之地，价值腾踊，十年以后，其利必增至数十倍。

张之洞描绘的如此前景，并不是向壁虚构，纯粹忽悠。张之洞又进一步说道：

> 惟此项地段，均系本省民业购买，查禁均须官力维持，本省地方自应同享其利。况将来鄂省修建衙署、炮台、兵房以及官局、工厂，需地甚广。

不要搞错啊，这种谈判交涉与当今多少地方的开发区建设之中政府与开发商、房地产商之间的博弈对话，何其相似乃尔啊。张之洞下面就毫不客气地开始向盛宣怀提出自己的具体方案了：

> 前经阁下与弟面议，慨允将汉口通济门外之地，经铁路总公司购定后，其后面地段拨归湖北本省之用，不取地价。嗣经弟与阁下商定，所购江岸各地，必须由铁路公司与湖北本省匀配冲僻，分半摊用，其地价亦各照数分认，各自发价购定，酌量兴造。现派员圈购省城武胜门外地段，圈购一千丈，自应一律均分，先按一千丈，各分五百丈。其南五百丈，与省城联络通气，将来修建衙署、炮台、兵房、马路，一切较便，即应归湖北官局购买，其北五百丈即归铁路公司，将来仍视铁路轨道或南或北为适中之界。如轨道设在新河以下五百丈之内，则官仍须要足五百丈，除轨道以南得若干丈外，尚欠若干丈，在轨道以北铁路公司五百丈外，补足五百丈之数。

张之洞在此方案之后还有更为详细的具体操作。细读这些文字，令人感慨万千。谁说张之洞只是大而化之把握原则？谁说张之洞懵里懵懂不过问具体细务？他对情况的了解与全局在胸，跃然纸上，呼之欲出。这个精于算计的盛宣怀也算是遇到真正的对手了。张之洞又继续说道：

> 若轨道在新河以下五百丈之外，想亦不多，则仍以铁道为界，附近轨道以南之地悉数归官，以北归铁路公司，以昭平允而清界限。应给地价，先按户凭用联票，俟轨路勘定后，由业主分别分赴湖北官局、铁路公司报领。其分中之

> 处，自应留出码头、车站之地，拟请以五十丈为限，湖北官局与铁路公司各让出二十五丈，共成五十丈。如仍不敷用，即由公司在铁路以北自行觅地可也。

事情谈完了，张之洞开始进行总结了，对盛宣怀还不无教诲之意，虽然他年长盛宣怀多多，且以弟谦称自己：

> 查创办铁路，弟十年来极力赞成，不过为地方兴利起见。今地方应兴办事情甚多，而筹款极难。此项地方应有之利，自宜稍拨若干为地方之用，想阁下体念时艰，必蒙照允，孤于会稿内已将此意酌拟添入，务祈鉴谅照办。字句如有不明晰之处，并希酌定为荷。

据沪上出版人王为松披露，盛档百卷，已经出版发行，但卷轶浩瀚苍茫，不知盛宣怀读罢张之洞此信后会是什么感觉？盛宣怀还曾给张之洞送过四支人参，但被香涛孝达先生客气地拒绝了。张之洞还向盛宣怀推荐过朱逢甲、赵凤昌，请他在上海予以关照，估计盛宣怀都会一一落实好的。不过，大概是张之洞闻听陈夔龙有“不分南北，通力合作，此朝廷意”之语，张之洞致函盛宣怀，追问此话出处哪里？是否可靠，得自何人？

再说盛宣怀自 1892 年起，又开始在上海督办纺织业。1894 年，他开办华盛纺织总厂，又以官督商办及官商合办名义，控制大纯、裕春、裕晋等诸多纱厂。1898 年，盛宣怀开办萍乡煤矿，1902 年创办中国勘矿总公司，1908 年，又与汉阳铁厂、大冶铁矿合并成立中国第一家钢铁煤联合企业汉冶萍煤铁厂矿公司。因汉阳铁厂亏损严重，张之洞奏派盛宣怀接办汉阳铁厂，包括大冶铁矿、江夏马鞍山煤矿等。盛接办汉阳铁厂后，招募商股，将官办企业改为官督商办，并改汉阳铁厂为总厂，委轮船招商局会办郑观应为总办，将大冶铁矿隶属总厂，改造、扩充汉阳铁厂。针对汉阳铁厂缺乏燃料、产品质量低劣等问题，他派员带同外国矿师沿长江上下暨江、皖、楚西各境，搜求钻试，寻觅佳煤，觅得萍乡煤矿。盛宣怀向德国礼和洋行借德银400万马克作为资本，开办萍乡煤矿，以解决燃料问题。盛宣怀还奏派郎中李维格出国考察钢铁，求取炼钢新法，以提高产品质量。盛宣怀购置新机炉，全面改造铁厂。经改造、扩充的汉阳铁厂，成为东亚第一。但盛宣怀在改造、扩充汉阳铁厂之时，为解决资金问题，在日本制铁所的诱惑下，以大冶铁矿得道湾矿山及矿局的全部财产作抵押，向日本兴业银行借款300多万日元，使大冶铁矿主权丧失。

1897年5月27日，盛宣怀还在上海外滩开办中国通商银行。1900年，盛宣怀任正三品太常寺少卿、大理寺少卿。他反对清廷借重支持义和拳之做法，张之洞与盛宣怀函电交驰，联系密切。盛宣怀“可联南北，可联中外，可联官商”，是时局之中不可缺少的风云人物之一。在盛宣怀等人推动联系之下，长江流域和苏杭的督抚们与列强签定《东南互保条约》。庚子之乱后，李鸿章入京进行和谈时，曾请他同行，清廷也宣他入京。

1902年，盛宣怀任正二品工部左侍郎。1905年，盛宣怀在上海创设中国红十字会。同年，他将铁路大权让给唐绍仪，是唐在北洋政府初期权力巨大的交通系之始。7月，盛宣怀奉谕着加恩在紫禁城内骑马。1907年，盛宣怀奉召进京，次年被任命为邮传部右侍郎。1908年，盛宣怀将汉阳铁厂、大冶铁矿、萍乡煤矿合并，成立“汉冶萍煤铁厂矿有限公司”，改“官督商办”为完全商办公司，盛被荐举为公司总经理。

张之洞病逝后的1910年初，盛宣怀提出“铁路国有”，引发“保路运动”，进而引燃辛亥革命。《清史稿》称盛宣怀为“误国首恶”。盛宣怀曾愤慨反驳：宣怀半生心血，不过要想就商务开拓渐及自强，做一个顶天立地之人，使各国知中原尚有人物而已。1911年10月10日，武昌起义，盛宣怀建议央请袁世凯出山，被革职，他移居大连后伺机逃亡日本神户。1912年11月30日，民国肇造，盛宣怀受孙中山之邀从日本回到上海，继续主持轮船招商局和汉冶萍公司。1913 年 5 月，盛宣怀又出任汉冶萍公司董事长。

在张之洞病逝七年之后的 1916 年 4 月 27 日，盛宣怀在上海病逝，得年 72 岁，归葬江阴。这一年，袁世凯也去世了。张之洞创办实业，但比较清廉，死后堪称清贫。辜鸿铭送给张之洞的挽联是：邪说诬民，荀卿子劝学崇儒以保名教；中原多故，武乡侯鞠躬尽瘁独矢孤忠。盛宣怀死后，财富堆积，享名中外。

盛宣怀，字杏荪，又字幼勖、荇生、杏生、号次沂、又号补楼、别署愚斋、晚年自号止叟。他以秀才出身，一生传奇，风云际会，受知于李鸿章，得益于张之洞，亦官亦商，做到邮传部尚书，成就不凡，堪称洋务派代表人物。盛宣怀创办了许多开时代先河的事业，涉及轮船、电报、铁路、钢铁、银行、纺织、教育诸多领域，影响巨大，中外著名，垂及后世，被誉为“中国实业之父”“中国商父”“中国高等教育之父”。盛宣怀有《愚斋存稿》《常州先哲遗书》《经世文续集》等。

从芦无主鲁公池，断甓难寻武惠祠。功德无凭凭富贵，山中处处有园基。盛宣怀有弟弟盛寯怀、盛星怀、盛善怀等。盛宣怀先后有七房妻妾，生有八子八女。盛宣怀长子盛昌颐，有举人身份；四子盛恩颐曾任汉冶萍公司总经理，杭州西湖有一澄园，为其所造。盛昌颐之女盛佩玉的丈夫邵洵美是 20 世纪三四十年代的诗人、翻译家、出版家和社会活动家，颇为鲁迅所不屑厌恶。沪上有一钱文忠教授，据说与盛宣怀也有点关系。沪上夏东元著有《盛宣怀传》、寒波著有《盛宣怀别传》。

# 十、庚子之乱动根本，东南互保

1900年（光绪二十六年），岁在庚子，中国北方掀起了义和团运动。为何会突然出现这一运动？就此的研究多多，但基本看法是，当时中国内忧外患，底层社会矛盾重重，危机四伏，伏蟒遍地，一有星星之火，即成燎原之势。这是问题的一个方面，更要看到，甲午之战，中国惨败，变法维新图存，成为有识之士的共识。但变法如何进行？怎样把握好变法的力度、节奏，不至于速度太快、力度太猛、动作太骤而导致社会颠覆、国家翻盘？这就出现了所谓的帝党与后党之争。帝党以光绪帝为代表，后党以慈禧太后为核心。当时的西方列强多支持光绪帝，而戊戌政变，光绪帝丧失权力，清廷高层与西方列强的关系骤然紧张而微妙。西方势力的大举进入与渗透，必然招致本土各方力量的反应与变化，对洋教、修铁路、新学堂等诸如此类的所谓西方的“入侵”，部分民众极为排斥，这就有了拳民的被重新包装与定义。戊戌政变后，光绪帝大权旁落，成为傀儡。慈禧太后意欲罢黜他而另选他人，招致西方列强强烈反对，以端王、刚毅、载澜等为首的权贵，则认为拳民可以仗恃以对抗列强，顺利完成权力更迭。这才有了拳民成为义和团而大举进入京、津，上演了晚清政治中一大奇观的特异光谱、怪诞闹剧。

针对义和团运动，甫一开始，张之洞便旗帜鲜明，认为纯属胡闹，主张坚决镇压。有如此的思想基础，才有了此后他力主“东南互保”这样不遗余力的政治冒险。我们把目光往前挪移，还是从1898年的多事之秋说起。

张之洞在中法战争、甲午之战中也曾慷慨激昂，主张决一雌雄，但此时的他，已经深切感受到晚清的危殆与困境。他主张变法，曾经总结甲午惨败，提出乙未九条主张，也算思路清晰，不乏真知灼见，轰动朝野。但张之洞最终还是发现，他与康、梁的主张并不完全一致，甚至是南辕北辙。

戊戌政变之前，1898年4月21日，因徐桐曾提议，有调张之洞进京的谕旨。1898年5月11日，张之洞乘船自武汉顺江而下，走水路进京，但到了上海，中枢突然改变决定，让张之洞仍回湖北，处理所谓沙市教案。此一变故，多说是翁同龢从中阻挠。张之洞在上海与盛宣怀会晤，还与各国领事接触，此后，他怏怏而返。5月22日，张之洞经过镇江，又上焦山。张之洞以所题宝竹坡侍郎留黄带诗卷归之寺僧，诗有"故人宿草已三秋，江汉孤臣亦白头。我有倾河注海泪，顽山无语送寒流"等句，颇为沉痛苍凉。张之洞附跋语道："吾友竹坡侍郎留黄带于焦山，节庵翰林携以见示。俯仰江山，伤怀故旧，怆然题句，时光绪二十年正月也。此卷题后，藏之箧中，未送还山。光绪二十年冬自楚移江，二十二年自江还楚。时东事方棘，以治军两过焦山，未暇及此。二十四年闰三月奉召入觐，到上海后，奉电旨回楚料理沙市乱民毁日本领事公署事。舟行复经焦山下，因检出此卷，归之主僧。今年竹坡长子寿富伯符成进士，附书于此。"

宝廷小张之洞三岁，已经在1890年去世。宝廷其人，也是晚清有趣人物。他初名宝贤，字少溪，号竹坡，晚年自号偶斋，同治七年中二甲六名进士。宝廷是和硕郑亲王直系后裔、宗室子弟。宝廷对自己的家族显赫，十分看重，颇为自豪，他曾有《咏怀七古》诗："大清策勋封诸王，赫赫郑邸威名扬。文功武烈耀史册，祖宗累代流芬芳。"《清史稿》载：光绪改元，疏请选师保以崇圣德，严宦寺以杜干预，核实内务府以节縻费，训练神机营以备缓急，懿旨嘉纳。宝廷的父亲常禄是道光十一年进士，其子寿富为光绪二十四年进士。

宝廷的风流韵事，野史笔记中多有记载，如郭则沄的《十朝诗乘》、王赓的《今传是楼诗话》、李慈铭的《越缦堂日记》等，个中原由，众说纷纭。《越缦堂日记》载："宝廷回京后立即上奏自劾，上谕：侍郎宝廷奏途中买妾，自请从重惩责等语，宝廷奉命典试，宜如何束身自爱，乃竟于归途买妾，任意妄为，殊出情理之外，宝廷着交部严加议处。"就宝廷此事与其结局，《清史稿》有如是载述：七年，授内阁学士，出典福建乡试。既蒇事，还朝，以在途纳江山船伎为妾自劾，罢官隐居，筑室西山，往居之。是冬，皇太后万寿祝嘏，赏三品秩。十六年，卒。

宝廷与张佩纶、张之洞、黄体芳、何金寿、邓承修、陈宝琛等人声气相通，敢谏直言，共襄国事，被世人称为"清流党"。《清史稿》载：是时朝廷方锐意求治，诏询吏治民生用人行政，宝廷力抉其弊，谔谔数百言，至切直。晋、豫饥，应诏陈言，请罪己，并责臣工。条上救荒四事，曰：察厘税，开粮捐，购洋米，增粜局。复以灾广赈剧，请行分贷法。畿辅旱，日色赤，市言讹贼，建议内严防范，外示镇定，以安人心。历迁侍讲学士，以六事进，曰：明黜陟，专责任，详考询，严程限，去欺蒙，慎赦宥，称旨。五年，转侍读学士。

宝廷自我罢官后，隐居山林，家徒四壁，衣食无着。每遇师友门生，伸手告贷。一旦得钱，便游山玩水，常居于山林，数十日不回，醉卧丛林山寺中。宝廷一生襟怀坦荡，刚直敢言，为人光明磊落，胸无宿物。他又好使酒负气，无所顾忌，"疏狂不合世，进退同招议"，"我生素负气，言动多轻躁"。

宝廷自幼"天资颖悟，喜读善悟"，八岁"就传授读"。宝廷在清代诗坛，心胸最坦荡直露，情感最丰富激越，才气也最为跌宕。他一生钟情山水，以诗酒为伴、为乐，"穷愁旅恨五千首，家难国忧三十年”。中国文坛在清代有两位八旗文人子弟，素负盛名。一是纳兰性德，词苑霸主；另一就是宝廷，诗坛领袖。宝廷诗“诸体兼备，各体皆工”，尤以五言、七言歌行擅长。宝廷与翁同龢、陈宝琛都有唱和往来。他的门生有郑孝胥、林纾、陈衍等。林纾为其编印《偶斋诗草》，共收入其诗 2376 首。《清史稿》载：其诗篇颇富，模山范水，不作苦语，和平冲澹，自写天机。亦能词，有《偶斋诗草》内外集及《偶斋词》传世。子寿富，庶吉士。庚子，拳匪乱，殉难。

宝廷生有三女二男。三女中，长曰新篁、次曰笋卿，二人都早夭。篁乃幼竹、新竹，笋乃竹之未箨而待箨之竹。《宝廷年谱》载：“莲溪公生公之夕，梦霜竹一丛，挺然干霄，故莲溪公名之曰宝贤，号竹坡。”竹坡二字也与此二女名字中的篁、笋两字有关。宝廷另有一女箨秋，二子寿富、寿蕃，庚子事变中，“三人闭门自缢”。

宝廷有《除夕祭诗》，颇为知名：朔风卷雪寒云冻，灯光满苍楼台动。一壶清酒列中庭，手把残编向天诵。向天诵，自祭诗，诗中甘苦天能知。一年三百六十日，悲欢离合事事存于斯。我心深，我意解，旁人不解何妨嗤。今宵有酒且自祭，胜教俗客评高卑。新酒倾一斗，旧诗焚一首，纸灰飞上天，诗心逐风走。君不闻，昔时诗僧无本公；又不闻，近代诗人船山翁，祭诗千古留韵事，词坛啧啧称英雄。我虽不敏少才调，好诗颇与前人同。二君有知见应妒，诗虽胜吾输吾穷。旧诗感愤多不平，新诗更觉难为情。诗成不忍再仰诵，只恐凄绝天难听。宝廷的《观我四首和船山》，也很清新可读，摘抄一首在此，一叶知秋，弹指光阴总是空，轻尘弱草太匆匆。聪明虽出两间外，哀乐都归百岁中。梦里那能求觉悟，死前谁肯学痴聋？茫然宇宙无清歇，傀儡登场自古同。宝廷说的船山，是清代三大性灵派诗人之一张问陶。

张之洞另有《拜宝竹坡墓二首》，他特别提到：君贫甚，官

侍郎时，余尝凌晨访之，惟新熟良乡酒一罂，与余对饮，更无鲑菜，咸齑一楪而已。用鲁宗道事：翰苑犹传四谏风，至尊能纳相能容。枫林留得愁吟老，长乐疏星独听钟。子政忠言日月光，清贫独少作金方。市楼一盏良乡酒，哪得鱼头共此觞？宝廷之子寿伯符一家三人在庚子之乱殉难后，张之洞有《拜寿伯符翰林富墓》凭吊：赋断怀沙不可听，宗贤忠愤薄苍冥。荆高燕市耽沉醉，莫使重泉叹独醒。

这样看来，张之洞与宝廷父子两人都有交谊。

再说当时张之洞所面临的复杂舆论局面。此一阶段国内形势，许同莘有如此记述：

> 丁酉、戊戌间，外侮迭至，东南士大夫痛心国难，文词偏激，多方以补救之。丁酉五月，电致袁忠节云，汤大令寿潜闻拟就大平书院讲席。汤君志远学博，究心时务，洵为当世有用之才。拟延来武昌，或纂书，或著论，总期有益今日世道人心。八月，大令来鄂，旋赴沪上，属每数日为文一首，载之《时务报》，取其议论正大，兼救新奇之敝。汪穰卿为《时务报》主笔，撰必至之势论，称其精确悚切，有功世道人心，自有报馆以来第一篇文字。陈石遗为《求是报》撰文，公阅报，称其才识杰出，文章俊伟，约来鄂一谈。此丁酉十二月事。石遗来鄂，旋入幕府。如此之类，皆欲就士习人心挽回一二。其明年春，遂有《劝学篇》之作。

许同莘提到的袁忠节，即袁昶，汤寿潜、汪穰卿、陈衍也都是当时的活跃人物。汪穰卿就是汪康年，陈石遗即陈衍。

> 许同莘还提到张之洞干预《湘学报》舆论导向之事：丁酉六月，长沙刊《湘学报》，揭素王改制之义。七月，电致江建霞学使云：《湘学报》闳通切实，拟发通省书院阅看，以广大君子教泽。惟有一事奉商。《湘学报》卷首，即有素

王改制云云，嗣后又复两见。此说乃今日公羊家新说，创始于四川廖平，而大盛于广东康有为。其学过奇，甚骇人听。窃思孔子新周王鲁，为汉制作，乃汉代经生附会增出之说，传文并无此语，先儒已议之，然犹仅就《春秋》本经言。近日廖、康之说，乃竟谓六经皆孔子所自造，唐、虞、夏、商、周一切制度事实，皆孔子所定治世之法，托名于二帝三王。此所谓素王改制也。是圣人僭妄而又作伪，似不近理。《湘学报》所谓改制，或未必如廖、康之怪。特议论与之相涉，恐有流弊。且《湘学报》系阁下主持刊播，宗师立教，为学校准的，与私家著述不同。窃恐或为世人指摘，不无过虑。

方今时局多艰，横议渐作，似尤以发明为下不倍之义为亟。不揣冒昧奉商，可否以后于《湘学报》中勿陈此义。如报馆主笔之人有精思奥义易致骇俗者，似可藏之箧衍，存诸私集，勿入报章，则此报更易风行矣。同时以此文电达陈中丞，并云此节于世道学术甚有关系，伏望婉商建霞学使，如能俯采刍荛，当为广播，以助成其嘉惠士林之美意。如能作一条辨正此语，尤好。二电皆具苦心，《劝学篇》宗经一首，意亦在此。

张之洞对廖平、康梁之学说不以为然，他说到的陈中丞是陈宝箴，当时的湖南巡抚。张之洞此番开导说辞，还算比较委婉客气，并没有居高临下、颐指气使。

许同莘还说到此一阶段一些人的凋零病故：丙申夏秋间，高阳李文正患病甚剧，公属陈莲舫入都治之，资以厚贶，云高阳今世正人，若能医好，为功不细。莲舫未行而文正已销假入直，乃止。丁酉五月，张文达卒。六月，李文正卒。九月，鹿文端以争瞻对事罢职。十月，于次棠布政在皖乞病，公属李鉴堂中丞切劝之，云次棠请去，君子日少，正气日孤，大局不可为矣。其词苦危，匪交谊之私也。

许同莘在此说到的张文达，是张之万；李文正，就是李鸿藻；鹿文端则是鹿传霖。江建霞就是江标，当时是湖南学政。陈莲舫是苏州名医。至于于荫霖与李秉衡，这两个人情况比较特殊。李秉衡其人在后文还会提到他。

于荫霖，字次棠，又字樾亭。他是咸丰年进士，授编修，历官湖北荆宜施道、广东按察使、安徽布政使与湖北、河南巡抚。光绪初年，他上疏劾崇厚办理中俄伊犁交涉之失权及枢臣欺罔。他浚治汉江紫贝渊，改闸为坝，办理宜昌教案及英商漏税宜昌关交涉，与张之洞经常对抗闹别扭。甲午战争之时，他自募兵万人赴奉天，佐援依克唐阿军。他反对采用西方新法、以夷变夏。1904 年（光绪三十年），卒。李秉衡，字鉴堂，年长张之洞 7 岁，1900 年庚子之变，他被起用为巡阅长江水师大臣。虽然一度被列名张之洞等人发起的东南互保协议，但他对此很有意见，认为是盗用他的名义。八国联军进攻大沽后，李秉衡由江苏江宁率兵北上，保卫北京，在天津杨村败绩，退至直隶通州服毒自杀。张之洞对此人甚为厌恶鄙夷。

1898 年 6 月 1 日，张之洞就沙市一案致电上海盛宣怀并请转日本驻上海总领事小田切：

> 在沪晤谈，深佩关心东方大局。沙市案，鄙人深为抱歉。但此案是与招商局起衅，延及贵国驻沙公馆，实非与贵国为难。鄙人回鄂办理此案，必当竭力妥办。今贵公使矢野君向总署索五款，未免太过。方今我国与贵国正有无限互相取益之事，鄙人已筹有规模，刻日待办。若再稍有意见，必办不成。鄙人说话，他人亦必不信，岂非千古大可惜之事。鄙人深知贵总领事加意联络，故不日即派知府钱恂来沪，与贵领事商议办法，想贵领事必愿见钱君倾心互商也。更先请贵总领事电告矢野公使，万勿向总署催促此事，从容商办必

极妥，于贵国局面必好，且有无限好处，吾两人均心照也。若一经催促，不能细商，便与东方大局有无形窒碍，此确非吾两人所愿也，贵总领事当以为然。

张之洞派钱恂与日本人交涉，这个钱恂，后面还会提到。钱恂，字念劬，浙江吴兴人。其父钱振常，其妻单士厘，其子钱稻孙。钱恂是钱玄同同父异母的兄长，其侄钱三强，为钱玄同之子。钱恂祖上原居"湖州南门外之鲍山，以渔田耕稼为业"。钱恂早年奔走于薛福成、张之洞幕下。1893 年，钱恂出任湖北自强学堂首任提调、武备学堂提调，协助总办蔡锡勇为学堂聘请师资、制订章程、筹措经费、建筑校舍、管理师生、编订教材、组织教学。1898 年，蔡锡勇病逝后，学堂不再设总办，所有校务由钱恂负责。1898 年，钱恂任湖北留日学生监督。1905 年，钱恂为赴东西洋考察宪政大臣参赞官。1907 年，钱恂以江苏省补用知府出任荷兰大臣，次年改出使意大利大臣。他著有《癸卯旅行记》《归潜记》《天一阁见存书目》《二二五五疏》《中俄界的疏注》《壬子文澜阁所存书目》等。钱恂是浙江图书馆首任馆长，他晚年提到自己一生著述，首列音韵学著作《韵目表》，称"生平所撰此最精，刊亦最早"。1927 年 2 月，钱恂病危，钱玄同在日记中如此写道："上午视大兄，据云心脏益衰弱，吃了些强心药，略见兴奋，但比昨天又大不如。弥留之际的兄长只是'太太、太太'地拉住了嫂嫂，这样叫，真令人酸鼻。"

6 月 6 日，张之洞致电长沙湖南巡抚陈宝箴，告诉他自己未便再遽请北上京城：沙市案虽已获犯惩办，英、日两国赔款尚未议妥。近日武、汉谣言甚多，洋人甚为惊惧，正在多方弹压防护。此次回任，奉旨俟沙案完竣，地方一律安静，再行来京等因。目前地方情形如此，自未便遽请北上。且自顾迂庸孤陋，即入都一行，岂能有益时局，惟有听其自然。在外所办虽系一枝一节，然尚有一枝一节可办耳。

张之洞奉召进京，又被中途突然叫停，“勿庸进京”，这对张之洞有很大的刺激。此后，庚子之乱基本上尘埃落定，慈禧太后等两宫回銮，道经开封。张之洞曾提出去参见两宫，但未被允准。此后，又有多人动议，调张之洞进京，但都被张之洞所婉言拒绝了。是他矫情做秀，还是他的确觉得时机不对？他反复陈说的“六不可”进京，难道真是一种故作姿态？此后，就张之洞调入京城之事，袁世凯、盛宣怀甚至李鸿章都有此建议，但都被张之洞借故推脱了。

6 月 11 日，光绪帝颁布诏定国是，正式开始变法维新。

7 月 19 日，张之洞尊旨保荐使才五人：陈宝琛、黄遵宪、傅云龙、钱恂、郑孝胥等。此后，中枢让张之洞所推荐的钱恂、郑孝胥进京预备召见。

8 月 29 日，陈宝琛由湖南巡抚陈宝箴保荐。同时，他保荐的还有杨锐、刘光第等，共十五人。许同莘《张文襄公年谱》载：公奏保使才，陈右铭抚部亦以人才荐，有旨宣召。阁学函商出处，公谓录贤求治，理无迟疑，请先过鄂面谈。是时，广开言路。礼部主事王照条陈时务，格不得达，诏尽罢礼部满汉尚、侍。王文勤（文韶）奏请缓停实官捐，上怒，掷折于地，廷臣皆惴惴。又降旨令各省道府藩臬均得上书言事，其州县条陈事件，由督抚、将军原封传递。士民有上书言事者，由本省道府随时代奏，均不准稍有抑格。如敢抗违，严行惩处。未几，朝政复旧，阁学不出。

9 月 13 日，张之洞致电福州陈宝琛，劝他应诏北上：公奉旨召对，乃圣上求治录贤之盛举，岂有迟疑之理。无需再商他人。何日北上，以速为佳。务望过鄂一行，有许多要语面谈。

戊戌变法，大刀阔斧，文电交驰，令人目不暇接。王照级别太低，他的建议光绪帝无法看到。这让光绪帝颇为愤怒，他要广开言路，畅通渠道。但，历史留给他的时间很有限，真是太过吝啬仓促了，堪可浩叹。

9 月 17 日，钱恂致电张之洞：昨召见三刻。上询鄂为详。敷奏兵为先，蒙许可。袁臬（世凯）明后见，欲请帅入枢。外致枢、译、部电全分呈，或各堂未周知而已上达。上最喜，询近旨均到鄂否。请嗣后凡新旨宜先电数语。上意东渡阅操，彼定北洋十员，鄂五，订九月望行。

9 月 18 日，张之洞即电复钱恂：

> 袁如拟请召不才入京，务望力阻之。才具不胜，性情不宜，精神不支，万万不可。渠如以鄙人为不谬，请遇有兴革大事，亦电饬鄙人酌议，俾得效其管窥，以备朝廷采择，则于时局尚可有益，而于鄂事不致废弛，尚是尽职安分之道。

张之洞闻听袁世凯推荐自己进京，就急忙让钱恂予以谢绝。袁世凯小张之洞 22 岁，以他当时的政治身份，推荐张之洞，有点令人啼笑皆非。但，庚子之乱，东南互保，与八国联军谈判，张之洞与袁世凯沟通频繁，相互支持，这让人在印象中袁世凯只是与李鸿章多所接近而与张之洞比较疏远的看法大相径庭。

9 月 21 日，慈禧太后临朝训政，幽禁光绪帝。

许同莘《张文襄公年谱》载：

> 初七日，陈右铭抚部电奏言，变法事体重大，必得通识老成持重望、更事多而虑患密者，始足参决机要，宏济艰难。窃见湖广总督张之洞忠勤识略，久为圣明所洞见，其于中外古今利病得失讲求至为精审，似宜特旨迅召入都，赞助新政，与军机、总理衙门王大臣及北洋大臣遇事熟筹，期自强之实效。湘省发电时，电传训政之旨犹未到也。十三日，湖北按察使瞿廷韶陛见。有电来云，慈圣奖钧座为国勤劳，询湖北情形甚为详细。时日本伊藤博文游历至京，言于总署

云，变法不从远始，内乱外患将至。中国办事大臣，惟张香帅一人耳。

陈宝箴力荐张之洞进京，殊不知，政变已经发生，张之洞的处境微妙，他自己的处境也很危险了。此处说到的湖北按察使瞿廷韶，又称瞿庚韶，字赓甫，又字耕甫，号舜石，江苏武进人，是瞿秋白的祖父，同治九年举人，曾官至湖北布政使。瞿工书，古茂奇恣，雅擅刻印，边款署“腕不治石”，偶工花卉果实，雅韵欲流，墨趣高致。

9月21日，张之洞致电上海盛宣怀：日来新政长篇上谕必多，电局太缓，望飞电京局，一见阁抄，即刻摘要电告敝处，可照官报给费。如昨日沪电局传来垂帘上谕即甚简要。尊处日内见闻，望即摘要电示。

十万火急，政海巨澜。同日，盛宣怀就致电张之洞：本日上谕，太后垂帘听政，并严拿康有为。

这一天，张之洞还致电晚清名臣、状元孙家鼐：康已得罪，上海官报万不可令梁启超接办。梁乃康死党，为害尤烈。至《时务报》本系捐款，似应仍旧商办。即令汪康年照旧持续办理，不必改官报，较为平允。梁启超此后对张之洞恨之入骨，张之洞对他还有动作，向日本施加压力，下石落井，暂且不提。

同日，张之洞致电在京湖北臬台瞿廷韶并致上海盛宣怀，拜托他们设法解救自己的学生杨锐：杨叔峤（锐）端正谨饬，素恶康学，确非康党。平日议论，痛诋康谬者不一而足。此次召见蒙恩，系由陈右铭中丞（宝箴）保，与康无涉。且入值仅十余日，要事概未与闻。此次被逮，实系无辜受累。务祈迅赐切恳夔帅（王文韶）、寿帅（廖寿恒）设法解救，以别良莠，天下善类同感两帅盛德。

我们知道，杨锐最终还是喋血菜市口。这个时候，打招呼，托人情，谁愿谁敢谁能冒这样的政治风险？

此处提到的王文韶，被人称作官场“琉璃蛋”。他年长张之洞7岁，出道很早，位极人臣。王文韶，字夔石，号耕娱、庚虞，又号退圃，浙江仁和人。1852年（咸丰二年），王文韶中进士。王文韶以铨户部主事，迁补陕西司郎中。1864年（同治三年），王文韶任湖北安襄荆郧道盐运司，后由左宗棠、李鸿章举荐，于1867年擢湖北按察使，很快即调署湖南布政使。1871年，王文韶署湖南巡抚，次年，补授湖南巡抚。王文韶抚湘六年，“内治称静谧焉”。1882年（光绪八年），御史洪良品、邓承修劾云南军需案，王文韶坐失察，夺二级。

1878年春，王文韶署兵部左侍郎，并在军机处上学习行走，此后调任户部左侍郎。1882年，王文韶兼署户部尚书。1889年，王文韶升任云贵总督。甲午战争爆发后，清廷召王文韶入觐。翌年初，命王文韶充帮办北洋事务大臣。《清史稿》载：会日韩启衅，诏入都询方略。1895年2月13日，李鸿章被召入京，任赴日谈判全权大臣，诏王文韶署直隶总督、北洋大臣。1895年3月14日，王文韶根据关外军情紧急之形势，电请清廷饬宋庆扼守石山站，吴大澂退守锦州，以“专力遏贼西窜”，清廷均采纳此议。

1895年4月17日，《马关条约》签订，清廷敕令王文韶“通饬各营约束兵勇，不得滋事启衅”。1895年5月2日，光绪帝批准《马关条约》。5月8日，中日在烟台换约。6月，日本派林董为驻华使臣。清廷于6月3日派王文韶与李鸿章为全权大臣，与日本使臣商办具体事宜。不久，李鸿章提出遣撤诸军之议，王文韶赞成。时山海关内外军队四百余营，“酌留湘、淮、豫军各三十营”，“余悉散遣”。7月21日，王文韶又“奏请裁撤北洋海军武职各实缺”。8月28日，清廷命李鸿章入阁办事，实授云贵总督王文韶为直隶总督兼充北洋大臣。

王文韶在直隶总督任内，曾多次疏陈建议加强北洋海防、整顿水师、兴办天津武备学堂、重建旅顺大连炮台。他认为，南北海防以天津为根本之地，以大沽、北塘为内户，以金旅、威海为外户，而山海关、营口等处分扼水陆要冲，互为犄角，环海3000余里，务必统筹海防，颇具卓识。

1898年，王文韶以户部尚书协办大学士入值军机处，为军机总理衙门三大臣之一。戊戌变法时，王文韶受命办理新政，却暗中阻挠，态度暧昧。1900年，王文韶充国史馆副总裁、正总裁。《清史稿》载：拳匪仇教，文韶力言外衅不可启，不见纳。宫车既出，三日，始追及怀来。自联军犯京，事急，两宫召军机，惟文韶一人入见，谕必侍行。至是立召对，泣慰之，遂随扈。1901年，王文韶授外务部会办大臣，转授文渊阁大学士、武英殿大学士。1905年，王文韶值军机。1908年，王文韶死，谥文勤，赠太保衔。王文韶著有《宣南奏议》《湘抚奏议》《王文韶日记》等。王文韶历官中外，详练吏职，究识大体，然更事久，明于趋避，亦往往被口语言说。

至于张之洞央托的另外一人叫廖寿恒，他与张之洞同年，都是同治二年进士。殊不知，这个时候的廖寿恒也是泥菩萨过河自身难保，他哪还敢替杨锐说话？廖寿恒有一哥哥廖寿丰，字谷似，又字暗斋，晚年自号止斋，是同治十年进士，比他弟弟晚了八年。廖寿丰曾在贵州、河南、浙江任职。1893年，廖寿丰为浙江巡抚。1898年，廖寿丰奉旨推行"新政"，请设求是书院等。求是书院被认为是浙江大学的前身。廖寿丰于1897年，即"公车上书"第二年的六月十七日，向光绪帝递交《清浙江巡抚廖寿丰创办求是书院兼课中西实学事奏折》。廖寿恒，字仲山，晚号抑斋。他历任湖南学政，国史馆纂修，侍读学士。1875年，廖寿恒迁侍郎，后兼总理各国事务大臣。1897年，廖寿恒迁左都御史，擢刑部尚书。1898年，廖寿恒入军机处学习行走。是年，转吏部尚书、太子少保、总理各国事务大臣。廖寿恒入军机是由帝师翁同龢所引荐。1898年，他与总理衙门王大臣约康有为问话，曾询及变法的方法步骤。戊戌变法期间，廖寿恒助康有为向光绪帝送书递折，传达光绪帝“上谕”，且助孙家鼐延请康有为为“京师大学堂”总教习，促进变法。戊戌变法之前，翁同龢即被慈禧太后所摈弃，廖亦不容，遂于1900年以足疾告归，与兄廖寿丰同住城中宅第，也算平安着陆。

1898年10月14日，日本前首相伊藤博文携其国相松方之子到武汉来见张之洞，言称所办神户船厂能炼焦炭，拟运炭来鄂，而回船代销大冶铁矿石。张之洞答以当径与盛宣怀商量对接。伊藤博文一行在武汉停留二日，再赴宜昌。

伊藤博文离开后，张之洞曾写给伊藤博文一封回信：前承驺从莅止，江汉生辉。连日盘桓，欣聆伟论。只叹行旌匆促，未罄所怀，殊为怅惘耳。昨奉沪上惠缄，猥以东道简亵，尚辱署诸齿颊，尤深愧汗。兹悉大旆即日东旋，辰维迎春纳祜，为颂无量。前者承论亚洲大局各条，良规卓识，启发深切，莫名感佩。弟以驽朽下材，处此危局，举凡一切补救之事，夙夜汲汲，思副厚期。惟自愧力薄权轻，才庸智钝，百忧丛集，寸效无闻。昨与小田切总领事倾谈，略述艰窘情形，谅达清听。此次选派学生赴贵国学习武备，尚祈俯赐关垂，是所翘祷。东方大局，日新月异，以执事勋望显赫，大云再出，自在意中。海鸿西来，尚祈时赐箴言，借匡不逮。幸甚幸甚。

就康、梁动态，张之洞一直密切关注。10月24日，张之洞致电两江总督刘坤一、上海道台蔡钧：

> 顷见九月初五日《新闻报》国事骇闻二十六志载，康有为自香港发来专函一则，狂悖凶狠，令人发指眦裂。康有为造作逆谋，为朝廷查知，其时人心惶扰，皇上恳请皇太后训政，乃天下臣民之福。
>
> 讵康有为信口造言诬谤，断非臣子所忍言。其意不过自负逆恶大罪，故以谤言登报，冀以摇惑人心，激怒朝廷，鼓

煽奸民，挑动各国，使中国从此多事，扰乱不安，以泄其忿。居心凶毒，无以复加。此报流传，为害甚烈，望飞速电嘱上海道速与该报馆并领事切商，告以康有为断非端正忠爱之人，嘱其万勿再为传播，并将此报迅速设法更正。

到了1899年，从戊戌年到己亥年，形势更为微妙复杂。康梁动作不断，这让张之洞很不放心，他又向日本施加压力。1899年4月3日，张之洞致电上海日本总领事小田切，让他驱逐梁启超出日本：闻康有为已赴美国，惟梁启超、王照尚在贵国，《清议报》馆尚开。此事是一大患，有碍中东大局。梁启超乃康党渠魁，尤为悖悍。务望阁下设法婉达政府，设法令其速行远去，断不宜在日本境内。果能如此，感佩万分。

如此看来，张之洞对康梁深恶痛绝，穷追猛打，必欲除之而后快。

又有传言，要调张之洞进京。这次传闻是盛宣怀的主意。10月28日，张之洞致电盛宣怀：尊意欲调鄙人赴京会议一节，万万不可。愚陋之见，岂能有补大局。且贱躯衰病日甚，今年更添气喘心跳，头眩眼花，脾不运化，夜不成寐诸病，数十步外需人扶掖，僚属共见。往返数千里，实不能堪此劳苦。若勉强到京，困惫欲死，岂能筹画议论。况次棠中丞久病未愈，鄂事付与何人，尤多窒碍。千万奉求速将此说作为罢论，叩祷叩祷。若必请调，是害鄙人也。

盛宣怀次日来电：庆邸颇愿调公，亦不仅为会议，中外实无解事人。公想亦见到此，故不愿行，当轴亦未必皆愿公来。俟与邸商再电闻。

盛宣怀告诉张之洞，拟调他进京是庆王奕劻的意思。他再与奕劻商量，看看如何措辞推脱。

1899年10月30日，张之洞致电曾经的幕僚赵凤昌，就参与立储之事，望他为自己辩白开脱，说明自己并没有与闻此事：转梁太史（鼎芬）来函述沪报馆人云，内问昌邑事于江、鄂，刘正谏，某骑墙等语，全无影响。不惟未问鄂，且未问江。国家大事，任意造谣，可恨万分。望节、坦两君代为力辩。

昌邑事即指立大阿哥溥儁。昌邑，指西汉昌邑王刘贺。公元前74年6月5日，汉昭帝刘弗陵驾崩，年仅21岁。因其无子，同年7月18日，大将军霍光等人迎立昌邑王刘贺即皇帝位，史称"汉废帝"，并令其嗣汉昭帝。据《汉书·霍光金日磾传》载：刘贺"受玺以来二十七日，使者旁午，持节诏诸官署征发，凡千一百二十七事。"霍光以其不堪重任，突然发动政变，与大臣奏请15岁的皇太后下诏，于8月14日废黜刘贺，送他回到封地昌邑，保留王号，令其食邑二千户。前63年，刘贺被废为海昏侯，移居豫章国。前59年，刘贺客死南昌，不得归葬。

1899年12月24日，刘坤一奉旨进京陛见，鹿传霖署理两江总督。张之洞曾致电鹿传霖，即他的姐夫鹿滋轩，还谈到自己儿子张权的工作安排问题：

> 两江履新以来，伏惟大猷炳焕，履体绥和，定如遥领传闻。惟新宁犹未北上，以后局面未定，恐诸事难期速效耳。江南外貌虽大，人才不多，侍曾历其境，深悉其难。总之，三十年来，纯是人情，根蒂难拔，欲壑难盈，如何有人才耶。
>
> 程道洛仪在江南道班中，自是第一人才，台端赏识不差。渠久在江南，于各事利弊知之甚详。官场积习，劣员踪迹素行，大率皆能言之。其人端廉俭约，综核细密，诸事皆思为公家节省。其办事深入任怨，甚有力量。若与之相好，亦能规谏。此其所长也。惟量狭多疑，亦是一短。要之，江南人才已无出其右者。得公鉴拔而倚任之，必能为公尽力，有裨时局矣。渠入觐后，如蒙放一缺固好，倘一时未邀简放，回江后使之署一道缺最佳，见效最快。否则，使之办上

海制造局最好。缘沪局近二十年，人人皆视为金穴铜山，有弊无利。军械为方今第一要务，岂有岁糜百万，徒饱私囊之理。故以程道为总办最好，可保此百万不致令群蠹争吞。此局本江南一大事，近闻有廷旨责成台端，故不觉率臆越俎，为公筹之，幸不罪其饶舌也。

侍庸驽衰朽，日甚一日，楚事之棘手亦日难一日，大率为贫窘耳。新样难题甚多，而帮手甚少。大约再勉强支持半年，只可引病乞罢矣。

张之洞向鹿传霖提到的程洛仪，很可能就是程雨亭，他有《整饬皖茶文牍》一书，罗振玉作序。

张之洞又致函鹿传霖，语及个人私事：

儿子权签分户部，即日日驱车入署，伏案点稿，亦须十五六年方能补缺。时势日艰，年力已过，即使吏事娴熟，亦于时局无关。况骛行纸尾，并无吏事之可学乎，且每年须赔贴资费千余金。此数十年之费，拙力岂能供之。是以令其在外历练世事，或可稍裨实学。惟在鄂深居署内，不便令其出外交游，又不便令其讲习公事，则仍是一无所见闻，无从阅历。

方今洋务最为当务之急，故拟令其至海外一游，或可开扩胸襟，增益不能。然自行出洋，诸多未便。执事现领南洋，欲恳赐给一公牍，派其至东洋、西洋各国游历，考究武备、水师、陆师各事宜，学校章程及农工商务等事。声明该员自备资斧，不领薪水。但须咨明总署及东洋、西洋、俄、美各国出使大臣备案，庶到彼得以博览考求，不至为人所拒耳。此举于公事毫无干涉，于他人毫无妨碍，想可行也。兹令其叩谒，敢祈进而教诲之。如尚可造，即望裁成，感曷有极。

鹿传霖是张之洞的姐夫，也是晚清名臣。鹿传霖年长张之洞一岁，晚张之洞一年病逝。他字润万，又字滋（芝）轩，号迂叟，直隶定兴人，同治元年进士。1883年（光绪九年），鹿传霖晋升河南巡抚，光绪十一年，调任陕西巡抚，次年因病开缺。光绪十五年，鹿传霖复任陕西巡抚。

1894年，甲午战争，清廷命鹿传霖兼摄西安将军。1895年，鹿传霖调任四川总督，整顿吏制，创建文学馆、算学馆。他因得罪恭亲王奕䜣而被罢职。1898年，戊戌政变后，由荣禄推荐任广东巡抚，次年调任江苏巡抚，兼署两江总督。1900年，八国联军攻占北京，鹿传霖曾募兵三营赴山西随护慈禧、光绪帝到西安，被授两广总督，旋升军机大臣。1901年，鹿传霖回京后兼督办政务大臣。1909年，宣统嗣立，鹿传霖与摄政醇亲王同受遗诏，历任体仁阁、东阁大学士。1910年，鹿传霖病发，曾四上奏折辞官，均被“温谕慰留”。8月26日，鹿传霖逝世，赠太保，谥文端。他著有《筹瞻疏稿》等。

鹿传霖一生刚正清廉，惜才重教，时人将他与京师大学堂创办人孙文正家鼐以及名满天下的张文襄之洞并论。《清史稿》载：鹿传霖起外吏，知民疾苦。所至廉约率下，尤恶贪吏，虽贵势不稍贳。其在军机，凡事不苟同，喜扶持善类。晚病重听，屡乞休不获，居恒郁郁云。

易顺鼎《送抱冰师入觐诗序》载：光绪己亥冬十一月二十三日，鼎以道员召见，奏言皇太后春秋已高矣，皇上圣学无人辅导，圣躬无人调护，敬举吾师鄂督张公学问、干济、公忠并当代第一，请召入备顾问，于圣学圣躬皆有益，将来皇太后亦可放心。语毕，天颜均甚和。闻慈圣称公人极正派，但恐事烦，不能离鄂耳。比枢臣入对，慈圣即述鼎奏，将召公，枢臣或尼之，不果。甫半月，遂有立储之举。至次年五月，遂有拳匪之变矣。

戊戌十二月，得京讯，十六、十七两日，皇太后召见溥字幼辈十余人。此立储以前事也。立储事盖酝酿一年而始决。此一年

间，惟责各省以练兵筹饷，办团御侮，未尝以密事问鄂。

易顺鼎也是晚清名流，一生传奇。他虽然官位并不显赫，但与张之洞、刘坤一等都交谊匪浅。他的父亲易佩绅，是一举人，做过四川藩司。易佩绅尝从郭嵩焘、王闿运游，诗学随园，他与陈宝箴、罗亨奎相交甚好，被称为“三君子”。易顺鼎比张之洞小 21 岁，他字实甫、实父、中硕，号忏绮斋、眉伽，晚号哭庵、一广居士等，光绪元年举人，曾被张之洞聘为两湖书院经史讲席。1894 年夏，甲午战争。易顺鼎满怀一腔报国热忱，投笔从戎。当时两江总督刘坤一奉旨镇守山海关，招他入佐军幕。《马关条约》签订后，他强烈要求赴台抗日。他哭着向刘坤一说：“愿只身入虎口，幸则为弦高之犒师，不幸则为鲁连之蹈海。”刘坤一深为感动，为他壮行。台南 100 多名文官武将，以刘永福和易顺鼎为首，歃血为盟，“誓同死守，不肯事仇”。易顺鼎先至南京见两江总督张之洞，又至武昌请署理湖广总督谭继洵发电函给两广总督谭钟麟等，利用各种渠道，筹集资金带往台南。张之洞、陈三立等数次函电催促他返回内地。易顺鼎看大势已去，台湾无法挽回，不得已返回厦门。

1900 年，八国联军入侵中国，慈禧太后逃往西安。易顺鼎从南京出发，奔波千余里，赶到西安。他的诗友樊增祥正是在此期间受到慈禧太后青睐而高升，但易顺鼎却一无所获。后经张之洞、刘坤一保荐，易顺鼎才得一督办江楚转运差使。他曾请荣禄帮忙，1902 年，他终于被实授广西右江道、广东高雷两州巡道兼兵备道。

辛亥革命后，易顺鼎往返于京沪间，与“民国四大公子”之一、袁世凯次子袁克文因诗文结识，两度代理印铸局局长，升任印铸局帮办。袁世凯称帝失败，易顺鼎有感于怀才不遇，一事无成，以遗老名士自居，漂泊京师，放浪形骸，风流自赏，与樊增祥等寄情于诗酒声色。1920 年，他在北京于贫病中死去，终年 63 岁，1927 年归葬于老家汉寿。易顺鼎工诗，用意新颖，与樊增祥合称“樊易”，又与罗瘿公、何震彝、闵尔昌、步章五、梁鸿志、黄秋岳等并称“寒庐七子”。易顺鼎有一名言：人生必备三副热泪，一哭天下大事不可为，二哭文章不遇知己，三哭从来沦落不遇佳人。此三副泪绝非小儿女惺忪作态可比，惟大英雄方能得其中至味。

张之洞六十寿辰，易顺鼎送一联：

> 江汉秋阳不可尚，武昌夏口此为雄。

隆裕太后病故，易顺鼎送一挽联：

> 本来生生世世，不愿入帝王家，从黑暗中放绝大光明，全力建共和，普照金身四万万；此后岁岁年年，有纪念圣后日，于青史上留特别异彩，同情表追悼，各弹珠泪一双双。

易顺鼎有一《哭庵传》，回望平生，收放自如，流畅潇洒，气势奔放夺人。他如此总结自己：综其生平二十余年内，初为神童，为才子，继为酒人，为游侠。少年为名士，为经生，为学人，为贵官，为隐士。忽东，忽西，忽出，忽处，其师与友谑之，称为神龙。其操行无定，若儒，若墨，若夷，若惠，莫能以一节称之。为文章亦然，或古，或今，或朴，或华，莫能以一诣绳之。要其轻天下，齐万物，非尧舜，薄汤武之心，则未尝一日易也。哭庵平时谓天下无不可哭，然未尝哭，虽其妻与子死不哭。及母没而父在，不得渠殉，则以为天下皆无可哭，而独不见其母可哭。于是无一日不哭，誓以哭终其身，死而后已。因自号曰哭庵。易顺鼎著有《琴志楼编年诗集》等。

易顺鼎之子易君左，字家钺，1899 年生，20 世纪 30 年代便以散文集《闲话扬州》闻名于世。1949 年，易君左辗转到台湾，后又赴香港，1951 年主编《星岛日报》副刊。1967 年，易君左定居台湾，他还著有《君左诗选》《易君左四十年诗》等。

1900 年 1 月 24 日，清廷颁发上谕，册封端郡王载漪之子溥儁为皇子，承祧同治帝载淳为嗣。这一不无深意的政治安排，隐含着要废掉光绪帝。但，西方列强多持异议，京外重臣对此也态度暧昧，并不支持。赵凤昌的《惜阴堂笔记》对此有如此叙述：戊戌以后，太后欲行废立甚急。己亥，合肥在大学士任。一日，法使往访，询果有此事否。外国视国君无端废立，决难承认。午后，荣禄往访，传太后意旨，欲探外使口气，合肥即以是晨法言述之。合肥知都下不可居，谋外出，旋督两广。李既不能助，刘又有违言，事即难举，不得已而先立大阿哥。荣禄只探两人者，因湘、淮军仅存之硕果，不无顾虑，而先探其意。此外疆臣，盖可置之。

赵凤昌进而言道：荣禄早年为清流弹劾罢职，参者即系侯官陈宝琛。荣禄在日，虽经屡荐，终未起用。南皮清流领袖，荣素不与通函电，亦在可置之列。传言同有电询，非悉当年情势者也。戊戌七月，盛京堂自京来电述荣语，谓素来佩服，拟先通函，公未即答。至庚子四月，始有书问往还。语似推重而实凌虚。废立大事，岂有素未谋面、并未通函而密询及此者。许同莘认为，赵凤昌的话比较可信。合肥自然就是李鸿章。

但对于“皇子”大阿哥溥儁，究竟采取何种态度予以道贺为宜？张之洞与多人商量，最终采取不冷不热的“跪贺天喜”，不用骈体文以应对。端方、刘坤一、许应骙都依此而行。

许同莘说到的荣禄与张之洞的信函往来，应该是指 1900 年 5 月 20 日张之洞的回函：

> 晚幽冀迂儒，素乏干济之略。承乏疆吏，已逾十年，无补时艰，夙夜愧疚。犹忆昔在京朝，与故协揆李文正公鸿藻素称雅故，每闻其谈及衷曲，谓平生相知最深，交谊最厚者，远者文文忠公，近则执事。谓文忠笃棐忠贞，竭诚尽瘁，执事公忠宏达，直道不阿。晚深信文正之取友必端，故于台端素深景仰。祇以踪迹阔疏，恨未获一瞻颜色。

张之洞在这一番客套中肯又不无寒暄的话之后，开始进入正题：

> 兹读来函，道及文正当日交谊议论，许为兰臭之同，推及屋乌之爱。怀贤感旧，益用怆然。垂爱至殷，尤深铭感。方今时事日棘，又非十数年前气象。入告讦谟，间从下风，传闻一二，要皆上沃圣心，下维全局，正而不迂，通而不杂，钦佩尤不可言。湖北枪炮厂创设仅止数年，经费既支绌，而地处腹省上游，委员、工匠通晓机器制造者，实不易得。晚极力考求督率，终愧未能遽臻十分精美，歉仄奚如。寄京考验之枪，虽较沪差胜，而较之德造，究属尚逊一筹。自当恪遵来牍，加意研求，日臻精利，以副荩嘱。

荣禄只比张之洞大一岁，但他位居中枢，深得慈禧太后信任。张之洞再心高气傲，也不能不对其毕恭毕敬，自称晚辈，执礼甚恭。荣禄死于1903年，他死之后的清廷，就更无像样人物来维持局面，只能是江河日下苟延残喘了。

5月31日，张之洞致电总署、荣禄、天津裕禄，非常明确，力请围剿义和团：

> 拳匪因闹教滋事，势甚猖獗，定兴至芦沟铁路、机厂、车辆、料厂尽毁，实堪骇异。以南保正铁路及保定料厂均属可危，如进兵稍迟，必致全路俱毁，糜款数百万，如何修复。目前自以保全南路为急务。闻聂军已进长新店，该匪必四散南窜，沿途毁路。拟请速调聂军数营直抵定兴，扼其南窜之路，并在沿铁路之处，扼要驻守，如有乱民肆扰，即行剿办。此等匪徒抗拒官兵，戕杀武职大员，扰近都门，毁坏国家所设铁路，法所当诛。且各国必以保护教士教民为词，派兵自办，大局将难收拾。况近畿之地，乱匪横行，尤于国威有损，于交涉他事关碍甚多。

同日，张之洞还致电北京许景澄这一自己的学生，询问朝旨时论对义和团的真实态度：

匪愈炽，蔓愈广，官兵未剿，洋舰已集，大局危矣。“辅清灭洋”旗号乃会匪故智，前年川楚闹教，乱匪皆是此旗。若因此姑息，大误矣。能避枪弹更是谣言。若因此畏怯，更大误矣。忧心如焚，特奉达。朝旨如何，时论如何，速示。

6 月 8 日，张之洞又致电学生袁昶：拳匪大乱，外兵乘机，邪术岂能御敌，大局危矣。刚相宣谕劝解何日行，政府主见、都下议论速示，以慰杞忧。

6 月 14 日，盛宣怀又致电张之洞：袁慰翁电，京、津洋兵现已有八千上下，闻仍有万人续到，大局不堪设想，望随时教我。岘、香两帅有何善策云。各国正在筹议，如两公再不设策，危殆即在旦夕，可胜痛哭。

6 月 15 日，张之洞电复上海盛宣怀：昨又与刘岘帅电商裕寿帅会奏，力请主剿，以救危局，不知听纳否。总署换人，董军开衅，大局不可思议，恐外疆臣所无能为力矣。

6 月 16 日，张之洞致电荣禄，言辞恳切，期望他能够一言救危亡、存宗社：

从古无一国与各强国开衅之理。况中国兵力甚弱，岂可激众怒，召速祸。查拳匪乃乱民妖术，无械无纪，断不能御洋兵。董军五千，勇而无谋，断不能敌各国。即合各省兵力，饷缺械少，岂能敌御群强。今拳匪、董军无故乱杀，其与各国一齐开衅，危殆必矣。若恃邪匪以卫中国，恃董军以敌各国，万无此理。

惟有请旨迅速剿匪，严戢董军不准出事，方可阻洋兵不再入京。即已进京者，亦不过自保，将来不过索赔款，责保护，不至决裂。此外再无善策。宗社安危在此一举。其兵衅一开，不可救矣。各省人心惶惶，皆深恶拳匪贻害国家。京畿有变，各省将乱。中堂文武重臣，与国同休戚，天下仰望。惟望公一言救危局，存宗社。尤望请旨严饬直隶文武保护各路电线驿递，邮政已毁者速修，以通诏命奏报。迫切叩祷。

6 月 18 日，刘坤一致电张之洞：电奏已由津设法专送，不知何时到京。稿附陈览。“总署钧鉴：拳匪势盛猖獗，各国纷纷征兵调舰，大局危急。宣布劝谕，该匪未必遽散，散亦难保不复聚。即或遵谕解散，外人以西人及教民伤亡甚多，我未办匪，遽行了结，群相诘问，我将何辞以对。况就目下局势观之，断难就抚。如再迟疑，不再速剿，各国兵队大至，越俎代谋，祸在眉睫。此实社稷安危所系，不敢不披沥上陈。拟恳明降谕旨，定计主剿，先剿后抚，兵威既加，胁从乃散，或可转危为安。即此了结，将来商办善后已属不易。若一面宣抚，一面拳匪仍痛杀教民，各国断难忍耐。昨赫德电亦谓大局若无速转机，各国定并力大举，危亡即在旦夕等语。从来邪术不能御侮，乱民不能保国。外兵深入横行，各省会匪四起，大局溃烂，悔不可追。机变甚速，间不容发。请代奏。”这一奏稿，是张之洞、刘坤一两人会衔，张之洞在文字中把“一意痛剿”改为“定计主剿”等十六字方针，又加“从来邪术不能御敌”等六句。

6 月 19 日，张之洞致电中国驻日本东京钦差李盛铎，商议日本能否主持群议，宽缓定约：

妖匪作乱，大局危急。合肥前已电召，内意必愿议和。请公速密商外部，讽以各国吞华于日本最无益，西国得九，日本得一，仍自蹙也。此时日兵最多，必可主持群议。如能从中维持，宽缓定约，以后华感日德，必愿事事联络，谁能阻之。此日本无穷之利。东半球利害关纽，在此数日，力劝其熟筹审处。前途语意如何，急盼速复。

6月23日，李盛铎来电回复张之洞：昨向外部中人密述钧意，彼极钦佩。据称，倾华益欧，日断不愿。惟此次局面，日若不随同各国，则亚权全属欧人联合之局，实有不得已苦衷。此时进退，非一国所能主持，惟望中国速平内匪，以免事机愈迟愈棘。

6月20日，张之洞致电总署、荣禄转奏朝廷，请痛剿拳匪，安慰各国使馆：

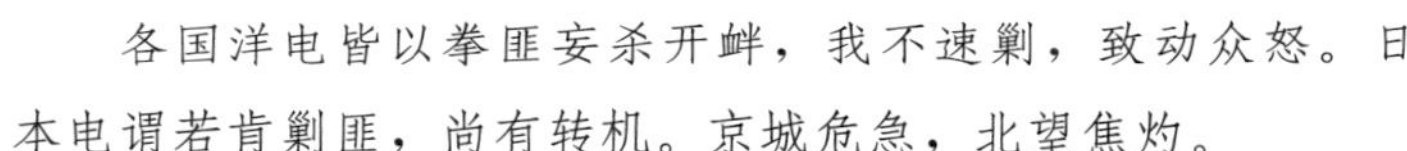

各国洋电皆以拳匪妄杀开衅，我不速剿，致动众怒。日本电谓若肯剿匪，尚有转机。京城危急，北望焦灼。

查拳匪符咒惑人，传教煽乱，实不能避枪炮，嘉庆十三年久经谕禁。若真系直隶义民，何以陕西李来中为首。是为邪教，应剿一也。

不遵诏旨解散，京外乱杀，华洋均受其害。且要挟钦使，请杀新城、涞水两知县，目无法纪。是为乱民，应剿二也。

旗书助清灭洋，乃各省会匪故套。若助朝廷，何以抗旨。北自京城，东至天津，西至保定，南至河间，周围千余里，均被滋扰，勒派供粮。其中不尽教民，亦滥遭焚杀。畿辅灾旱，民不聊生。是为土匪，应剿三也。

毁坏国家所设电线、铁路，值数百万。阻诏奏，误军行，又焚毁京外洋房民房无算。是为劫匪，应剿四也。

即不与各国开衅，亦应痛剿。况无故戕害洋人洋房，杀日本参赞。今海口已被占夺，都城布满洋兵，增兵增舰，日来日多，祸在眉睫，直不忍言。从古无国内乱民横行惨杀而可以治国者，亦未闻一国无故与六七强国一同开衅可以自全

> 者。仰恳皇太后、皇上圣断，念宗社之重，速持定见，勿信妄言，明降谕旨，力剿邪匪，严禁暴军，不准滋事。速安慰各使馆，力言决无失和之意，告以已召李鸿章，李到当与各国妥商办法。闻美国在大沽并未开炮，先托美使调停，劝令停兵息战，我方好专力剿匪。并请速发电旨述皇太后、皇上之意，饬驻各国使臣令向外部道歉。安危所关，间不容发，再过数日，大局决裂，悔无及矣。

6月20日，有一奇怪“廷寄”，传送地方：近日，京城内外，拳民仇教，与洋人为敌，教堂教民连日焚杀，蔓延太甚，剿抚两难。洋兵麇聚津沽，中外衅端已成。将来如何收拾，殊难逆料。各督抚受国厚恩，谊同休戚。事局至此，当无不竭力图报者。应各就本省情形，通盘筹画，于选将、练兵、筹饷三大端，如何保守疆土，不使外人逞志，如何接济京师，不使朝廷坐困，事事均求实际。沿海沿江各省，彼族觊觎已久，尤关紧要。若再迟疑观望，坐误事机，必至国势日蹙，大局何堪设想。是在各督抚互相劝勉，联络一气，共挽危局。事势紧迫，企盼之至，云云。

6月21日，清廷下诏与各国宣战。南方诸多封疆大吏，对此无所适从，心中一片茫然。

6月22日，张之洞迫于形势，不管不顾，致电中国驻伦敦、华盛顿、东京各位钦差，请速将原电译成洋文转送外部，务请配送华文，免失语气。张之洞此电文称：

> 北方拳匪，违旨滋事，各国人口物业致遭损害，京内京外数百里华裔华民财产焚毁亿万。至戕杀日本使馆随员，乃各官办理不善之故，实非朝廷意料所及，致各国兵舰进占大沽炮台，大局恐成决裂。
>
> 现在我皇太后、皇上已召李鸿章来京，必系与各国妥商办理，免致失和。惟李中堂抵津尚须半月，而各国日内进兵

不已。设或再有战事，将来更难转圜，徒令各匪乘机肆恶，良民多遭惨害。今各省督抚并未奉有开战谕旨，可见朝廷并无失和之意。务望婉商各国政府迅电天津各兵官，力劝各国暂行按兵停战，俟李中堂到京，请旨开议，必当妥为了结。不启战祸，官兵方能专力剿匪。目下长江沿海一带各督抚力任保护之责，诸国洋人均可无庸顾虑。若天津再有战事，则南方必将牵动。事机危迫，务祈迅饬施行。各省督抚意见相同，亦即有电达各国外部矣。

张之洞又将上述电文分电沿江沿海各督抚征求列名，湖南巡抚俞廉三、两江总督刘坤一、两广总督李鸿章，安徽巡抚王之春、江西巡抚松寿、四川总督奎俊先后复电，均表示愿意列衔。惟江苏巡抚鹿传霖表示不愿列衔，谓各国并未进兵，意尚待和，此时通电各国，措词总多窒碍。这个鹿传霖，心底里究竟打的什么算盘?

同日，张之洞致电江宁刘坤一，请他劝阻钦差巡阅长江水师大臣李秉衡，勿以兵力阻挡英舰，授人以柄：

昨于中丞（荫霖）接李鉴帅电，云顷即起身，明日到江阴，筹阻英舰入，已与滋帅（鹿传霖）意同等语，不胜焦急。夫以中国之弱，江阴炮台之陋，各洋轮入江，止可设法善言劝阻，焉能以兵力相拒。英国昨派两船来芜湖、汉口，亦不过游历，平时常有之事，当不在禁阻之列。倘鉴帅不察，误会阻之，岂不自速祸乱乎。万望切实婉劝鉴帅，勿得孟浪，致生枝节，并告滋帅，转劝为祷。

6月24日，刘坤一致电张之洞：力任保护，稳住各国，实委曲求全保东南至计，而鉴帅意见未怿。顷又来电询水雷拦江各件，嘱拨款二三万济用。敝处电约其来宁面商，如能水乳，最善。若意固执，不得不另作计议。查鉴帅巡江旨内并无暂办防务之语，沿江地方自是两江、两湖之责。拟会公电奏，请饬李毋得干预防务，以一事权而免贻误。时事至此，坏何足惜。保守东南，实顾全局。一涉孟浪，祸在眉睫。惟公同志，谨电密商。

6月25日，张之洞致电刘坤一、袁世凯、盛宣怀：

> 时事奇变，敝处惟有谨遵保守疆土、联络一气之旨。至长江一带只有会匪，并无可恃义民。惟有遵照历年奏定章程，严拿重办。

同日，张之洞致电江阴钦差李秉衡、苏州江苏巡抚鹿传霖，告不宜与英决裂：此时北方扰乱，闻英人意欲保全东南商务，断不遽踞地方，自行搅坏商务。日来上海道正在沪与各领事商议。偶派一两兵轮或游或驻，俱无关紧要，万不必力阻，致生枝节。此时英既顾惜长江商务，我只可虚与委蛇，不宜决裂，有损无益。留东南数省尚可接济京师，安静北五省人心。即或西幸偏安，尚有地步。东南若溃，北方束手。如将来洋人必欲全吞中国，情形已露，彼时再作孤注，聊尽此心，此时万不宜也。刍言冒昧，望俯采，并请滋帅力劝鉴帅。

滋帅即鹿传霖，鉴帅是李秉衡。

6月26日，张之洞致电江宁刘坤一，告鄂省于宣战诏书秘而不宣：

> 会奏到京已无及，尽心而已，二十五之件亦到，此间拟秘密。尊见既同，望告西、皖。

二十五之件，就是指宣战诏书。

同日，张之洞与刘坤一会衔电奏北事已决裂，东南宜力保：

> 目下大沽已失，京都危急。拳匪仅恃邪术，各国非比流寇。虽幸获胜仗，各国断不甘心，势必增调重兵报复，当不下八九万，断非宋、聂诸军所能抵御。以京师之重地，作孤

注之一掷，危迫甚矣。北事已决裂至此，东南各省若再遭蹂躏，无一片干净土，饷源立绝，全局瓦解，不可收拾矣。

惟有稳住各国，或可保存疆土。江宁、汉口英国领事迭来臣等署中面商，欲派兵多艘入江保卫商教。臣等以力任保护，坚辞阻之，该领事已允不再派舰。上海各领事处，并经饬令江海关道密为转商，亦各允许。盖长江商务，英国最重，各国觊觎已久，惧英而不敢先发，英亦虑各国干预而不敢强占，以启各国戒心，在我正可就其所忌而羁縻牵制之。此实委曲求全之策。现在尚属安静，自可暂与周旋，仍一面严密筹备。惟沿江防军甚单，精械不能一律，虽酌量增济，利钝仍无把握。一经宣战，各国封我海口，沪局军火不能运出，将士战守奋勇，亦无弹药接济。沿海各省纷扰可虑，防不胜防。外衅一开，内匪四起，更难措手。

总之，能联络一日，长江以内尚可使外人无从逞志。倘各国必欲以干戈从事，派大队兵舰来江，攻我营台，臣等受恩深重，有守土之责，自当尽力抵御，存亡与共。再，出使各国大臣此时请勿遽行召回。若使臣下旗回国，即是明言决裂，以后更难转圜，似宜仍令暂驻各国为宜。

6月27日，**盛宣怀致电张之洞**：卅会议章程呈核。一、上海道台余奉南洋大臣刘、两湖督宪张电示，与各国驻沪领事官会商办法，上海租界归各国共同保护，长江及苏杭内地均归各督抚保护，两不相扰，以保全中外商民人命产业为主。二、上海租界共同保护章程已另立条款。三、长江及苏杭内地各国商民、教士产业，均归南洋大臣刘、两湖督宪张允认切实保护，并移知各省督抚及严饬各该文武官员一体认真保护，现已出示禁止谣言，严拿匪徒。四、长江内地，中国兵力已足使地方安静。各口岸已有各国兵轮者，仍照常停泊，惟须约束水手人等，不可登岸。五、各国以后如不待中国督抚商允，竟至多派兵轮驶入长江等处，以致百姓怀疑，藉端起衅，毁坏洋商、教士人命产业，事后中国不认赔偿。六、吴淞及长江各炮台，各国兵轮切不可近台停泊及紧对炮台之处，兵轮水手亦不可在炮台附近地方操练，彼此免致误犯。七、上海制造局、火药局一带，各国允兵轮勿往游弋驻泊及派洋兵、巡捕前往，以期各不相扰。此局军火专为防剿长江内地土匪，保护中外商民之用，设有督抚提用，各国无庸惊疑。八、内地如有各国洋教士及游历各洋人，遇偏僻未经设防地方，切勿冒险前往。九、凡租界内一切设法防护之事，均须安静办理，切勿张皇，以摇人心云。

这卅会议九条，就是大名鼎鼎也备受争议的东南互保章程。卅，意指阴历五月三十日，阳历是 6 月 26 日。

6 月 27 日，张之洞致电上海盛宣怀、上海道台余联沅、江宁两江总督刘坤一：

> 杏翁卅电悉。请岘帅酌定，即饬余道照会各领事。至电驻使商外部一节是否有益，应如何措词，统请岘帅酌定。挈衔发电事急，不必商，民心恫喝是要义，此时与领事议，即可以此立论。

6 月 28 日，盛宣怀、余联沅致电张之洞：领袖领事允函，沅处已接到。正拟复文，适见宣战各明旨，与所议保护章程，诸多窒碍。如钧意坚定，仍可办理。即请切实电示，备各领事诘问时出示，以坚其信。

张之洞即日电复江宁刘坤一、上海盛宣怀与余联沅：此间并未奉到宣战谕旨。无论北事如何，敝处与刘岘帅一力担承。仍照原议办理，断不更易。

危急时刻，足见担当。张、刘一心，共撑危局。此种作为，并非人人能够。

6 月 29 日，荆州将军济禄致电张之洞：京畿近事，传闻异

辞。昨、今接二十八九日两次电旨，午间又据电局禀称奉钧谕，两旨万勿外扬，实深诧异。究竟京畿近事如何，尊处谅有确闻，祈细电示，以纾杞忧。

张之洞立即电复荆州将军济禄转告他荣禄的电报：

前奉寄渝，饬各省督抚保守疆土，接济京师。当经会商八省督抚，由两广李中堂领衔，电我驻各国钦差转达外部，约明各国不扰沿江沿海，各省督抚力任保护商教。旋会同刘岘帅与沪领事妥议办法，一面电奏在案。嗣奉二十九日寄谕：在京使馆我仍尽力保护，尔沿江沿海各督抚当相机审势，竭力办理。三十日寄谕迅筹兵饷，力保疆士各等因，系在二十八日谕旨之后。若二十八日御旨处处宣布，必致匪徒托名滋事，洋舰必入踞长江，沿江各省兵力薄，自保不遑，东南糜烂，岂能接济京师。电局请勿宣布，系遵旨相机保境，力筹接济之意。祈鉴察。荣中堂复沿江五省督抚台电附呈览，便知近日都下情形。荣相电文曰："来电敬悉。以一弱国敌十数强国，危亡立见。两国交战不罪使臣，自古皆然。祖宗创业艰难，一旦为邪匪所惑，轻于一掷，可乎。此均不待智者而自知也。上至九重，下至臣庶，均以受外人欺凌至于极处，乃既出此义团，皆以天下之所使为词。区区力陈利害，竟不能挽回一二。后因病不能动转，假内上奏、片七次，无已，勉强力疾出陈，势犹难挽。至诸王、贝勒、群臣内对，皆众口一词，谅亦有所闻，不敢赘述也。且两宫诸邸左右，半系拳会中人，满、汉各营卒中，亦皆大半，都中数万，来去如蝗，万难收拾。虽两宫圣明在上，亦难扭众。天实为之，谓之何哉。嗣再竭力设法转圜，以图万一之计。始定在总署会晤，冀可稍有转机，而是日又为乱匪将德国使臣击毙，从此则事局又变。种种情形，千回万转，笔难尽述。庆邸、仁和尚有同心，然亦无济于事。区区一死不足惜，是为万世罪人，此心惟天可表，恸恸。本朝深仁厚泽，惟有仰列圣在天之灵耳。时局至此，无可如何。沿江海势必戒严，尚希密为布置，各尽其心。”

张之洞在此微妙时刻，将荣禄电文转告荆州将军济禄，让其领会。电文中提到的庆邸指奕劻，仁和指王文韶。7月1日，中国驻俄公使杨儒致电张之洞：方筹挽回时局，忽外部称盛京有兴兵毁路之举。俄通国身家在此铁路，若满洲有警，决裂无疑。大局安危，在此一着，已两电增帅力保路工，仍祈诸公切电加劲。杨儒电文中提到的增帅是时任盛京将军增祺。

张之洞就此事致电广州李鸿章、江宁刘坤一：

昨支电转杨使电，想达。细思奉、吉毁路之举，若系奉旨，固不可阻，即使出自兵民，关东拳匪素多，亦恐难禁。俄虽欲据地，日必力争，英思染指，攻津之俄兵必全撤，日兵必分大枝，英兵必分小枝，移祸关东，攻津稍缓。日俄交哄，各国当有变局，或者有转圜之望。京城危急重于辽东，或者竟移近战为远战，化众敌为一敌，亦未可知。此事利害实难逆睹，不敢妄赞一词。特此声明，如致增、长两帅电时，望勿提及贱名。至祷。

7月3日，李鸿章致电张之洞：昨伊藤来谈，询北方消息，答无确耗。伊云现在情形危迫，愿闻钧意及办法如何。请密示，由敝处转达，嘱电陈。

7月4日，张之洞致电江宁刘坤一，拟答复伊藤三条：

李使电当亦援引。伊藤所询，未易答复。中外殊俗，中国臣下不能专擅作主。彼所属望于我者，实难测度。然若告以全无办法，恐其失望，以后不与我商，无从知外国消息也。鄙意拟浑函复之，云弟等之意，约有三条：一望各国不攻京城，匪乱自平。二望各国不惊两宫，天下人心自服。三望各国停兵，在津候李傅相妥议，当易结束等语。拙思浅陋，别无奇谋。特就管见奉商，以备裁择。再，此次来电止询我两人而不提李傅相，亦属可怪。我等应否会同李傅相复之，亦祈酌示。

7月6日，刘坤一复电张之洞：伊藤所询，其意难测，前以门面语答之。公之说，措词正大，胜弟多矣。惟须告李使作谈论答复，方不着迹。傅相处可勿须商。

7月10日，张之洞致电广州李鸿章、江宁刘坤一，请电荣禄设法保护外国使馆：

各国最愤伤使，攻津洋兵俱以教使为言。此时京城尚存两馆，或冀各使多避其中，如能救使一人，将来减祸一分，未尝无益。惟有联衔速电荣相，请其相机婉为上陈，设法保护。至各使及领事来电，应约略奏阅与否，请荣相妥酌，须恳其万勿孟浪。

7月13日，李鸿章复电张之洞：香翁盐电极婉挚。惟救使事关重大。前接吕使、罗使、裕使各电，当将全文照转枢、译，未请代奏，似亦不敢不奏，即激怒，所弗恤也。

7月14日，刘坤一回电张之洞：盐电悉。现照尊指，公致庆、荣、王一电，由慰帅六百里驰递。荣处较为慎密。电稿另呈。

7月18日，张之洞电复江宁刘坤一：尊意恐有人议东南保护约，请即拟电奏稿速示，以便妥酌，托山东驰递。只可言章程，不可用约字。弟近日昏疲烦杂，不能细心，且恐迟误，务请尊处费神拟稿。

东南互保章程，毕竟是一种政治冒险，很容易授人以柄。鹿传霖、李秉衡对此意见大为保留，不无自我保护意味在。张之洞特别提出用“章程”而避免用“约”，也是担心有人秋后算账。7

月17日，刘坤一致电张之洞：盛翰电以滋、鉴不以东南保护约为然，顷将办法切实电奏。敝处咸电请公拟稿挈衔速奏，未奉复。昨有人来函，滋谓保护之约为海外逆臣一派议论。慰帅电，昨晤海城，满口主战主卫等语。此奏似不可缓，祈公即日撰稿，电由慰帅具折六百里加紧驰奏，或可到在鉴至之前。二十四日，刘坤一又电张之洞称：会奏稿拟借救使立论，带叙保护事，较不着迹。奏云"此次战事，由于匪徒借口仇教，肆行烧杀，致酿大患。各国亦以剿匪救使及保护商民、教士为词，调舰增兵，合而谋我。军事既起，各省自应力筹战守。臣等已将防务严密筹备，倘彼族前来侵犯，即当奋力抵拒，不敢稍涉疏虞。窃惟中朝宽大，圣泽如天，怀柔远人，无不仁至义尽。目前办法，总须将朝廷万不得已之苦衷及并行不悖之德意，切实宣谕，庶匪徒不敢借端滋扰，为害地方。臣等于战事初起之时，即行出示晓谕，务各相安，不必妄生疑虑，并接出洋华民禀电，请保护各国洋人，以免报复，情词极为迫切。臣等遂乘各领事来商保护商、教之时，会饬上海关道余联沅与之订定章程，长江一带及苏杭内地，各国如不侵犯，我当照常保护，经各领事电商各外部，臣等亦电各使臣向各国切实声明。臣等屡次奏请保护公使，亦以圣虑之所重、时局之所系，首在此举，不容稍缓。拟恳天恩饬下在京得力各军，保护各国公使，正所以自保使臣。饬令各督抚保护在华洋人，正所以自保在洋华民"等语。袁世凯说的海城，还是指李秉衡。

7月21日，张之洞会衔刘坤一电奏，请严饬保护各国公使及各省洋人。同日，张之洞致电上海李鸿章：台驾到沪，欣慰。能先商停战，不攻京城否，拟由何路行。

李鸿章复电：昨抵沪，体中微有不适。略为休养，取道运河北上。停战无人可商，奈何。

同日，张之洞再次致电盛宣怀：傅相到沪，想已见。宗旨如何，随行幕僚何人，由何路何日行，能与各国先商停战否。

7月22日，盛宣怀复电张之洞：两日与傅相密谈。吾梦未醒，彼忿未泄，势难停战。既无开议凭据，难入津门，恐只能遵旨陆行。幕僚王子展、刘问刍、曾敬贻、徐次舟而已。津陷后，兵匪尽散，无战事。

大局纷乱，莫衷一是，还有人跳出来要表现自己，吸引眼球。常州有一孙保维，据说他投书张之洞，为张所采纳，混淆视听，让张之洞大为光火。却原来，7月23日，江宁电局委员廖寿熙禀各省督抚电：各督抚宪钧座。窃卑职见十七、十八两日报登常州孙保维上张制军书，备陈利害。倘蒙酌采其说，立简各省精兵，半请李博相统由海道勤王，半请张制军统由陆路继进，安宗社，固邦交，定如反掌。其各海疆联络保守，统由南洋刘宫保领袖，庶南北兼顾，中外无虞。至靖国乱，成孝治，循天理，顺人情，一切善后，须睹天日，方可计议。廖寿熙大概也觉得孙保维的说法太不靠谱，他进而言道：原书所拟未足尽凭，率土微臣，冒昧电渎万一。当否，恭求垂鉴。

看到此电，张之洞颇为恼怒，无名火起。他立即致电各省制台、抚台并驰告江宁电局委员廖寿熙冒昧妄渎，丧心病狂，应严查撤参：

> 顷接江宁电局委员廖寿熙电禀各省督抚一件，内称阅十七、十八两日报登常州孙保维上敝处书，备陈利害云云，想诸公亦经入览。查孙保维不知何许人，向未识面，亦并无书来。检阅十七、十八《中外日报》所登孙书，议论狂悖，直欲激成不测之祸，实属悖逆之语。乃该委员胆敢为之推波助澜，冒昧妄渎，通电各省。既云原书未足尽凭，又云酌采其说。若非丧心病狂，何荒谬至此。已电请刘岘帅、盛京堂严查撤参。恐诸公未悉其详，特此驰告，此等狂吠之词，幸共斥之。

7月24日，张之洞致电李鸿章、刘坤一，拟会衔电复上海英国总领事：昨接来电承示沙侯电，不特英国无瓜分意，即他国亦未闻有此意，嘱布告中国，以安人心等语，深感贵国有安辑中国民心之美意。惟究近年乱萌之起，皆由康党布散谣言，离间我两宫，诬谤皇太后，甚至近日或疑朝廷袒匪。不知我皇太后训政三十余年，素多善政，尤重邦交，岂有袒匪之理，不辨自明。务请贵领事严禁上海、香港及南洋各埠报馆，凡有语涉谤毁我皇太后者，立饬查办，并请于洋文报馆一律示禁。盖我中国尊敬两宫并无异视，亦望各国于我两宫均必尊必敬，则中国人心不至为所激动，各国见闻不至为所荧惑，祸乱之端或可稍戢。

刘坤一当即复电：此系目前最要最大事，立论尤极得体，钦佩之至。请挈弟名速发。

但李鸿章对此却不以为然。7 月 25 日，李鸿章来电：昨过港，晤该督，谈及极盼皇上亲政，与俄主国书同意。尊电一概抹煞，专咎新闻纸，似未足取信。既经汉口领事转达外部，不必再致英总领事。

李秉衡对于把他列名会奏，维持东南和平，很有意见。张之洞致电济南袁世凯托转函李秉衡：

> 五月二十五日会奏请剿匪电奏一件，办法均系与于次帅（荫霖）面商，电稿经次帅改定数次。二十四、二十五日反复斟酌，始行定稿。此次关系宗社国家大局，他位皆系先商明愿列衔者。想公必同志，故拟亦列尊衔。本欲电商尊处，候复电再发，但恐日期耽延，次帅云经我酌定，鉴帅必以为然，不必再问，故遂一面发电，一面录稿电达。窃思此件电奏反复再阅，于事理似尚无不合。特是弟此举究属粗率，悚歉难名，然实非未与公商而擅列尊衔，实由次帅指示。

7 月 25 日，张之洞致电福州藩台张曾敭：李鉴帅过山东，满口主战，力诋刘、张。诋张不当请剿匪，向来所佩服大臣止徐

相、崇公二人，所赞大将止董福祥一人。此三人去年到京皆往拜，余人皆不拜，乃在鄂面说。今端、庆、徐、崇已派督办军务处，董又恃眷跋扈。鉴帅到京，志同道合，不知又有何怪论。必闹到宗社已危而后醒悟。鄙人实不敢再谓此老能安内也。可痛可恨。欲挽大局，宜悟圣聪。

张之洞与之说知心话的张曾敭是比他小 15 岁的晚辈、同乡。张曾敭，字小帆，又字润生、抑仲，号渊静，同治七年进士出身，历任湖南永顺知府、福建按察使、福建盐法道、广西布政使、山西巡抚、浙江巡抚等职。1907 年，秋瑾案发。秋瑾者，浙江倡言革命者也，留学日本，归为绍兴大通学校教师，阴谋乱。张曾敭遣兵至校捕之，得其左验，论重辟，党人大哗。张曾敭调抚江苏，又调山西，称疾归，六十九岁而卒。

7 月 26 日，张之洞就芦汉路工事致电上海盛宣怀：

> 铁路断不停工。近日鄂境一律安静，亦毫无谣言。近有教士、矿师多起自山、陕、河南回汉，抵汉即由领事致谢，称一入鄂境，深蒙地方文武保护周妥等语。至敝处于保护铁路尤为实力，费财费心，无以复加。务望切责沙多，声明如彼工匠无端弃置路工，将来赔修及延搁吃亏，一切须彼自认，敝处断不任咎。

同日，张之洞再次电复上海盛宣怀，告鄂境一律安静，避免他人以此为借口大做文章：

> 洋报播弄是非，可恨之至。鄂境一律安静，所有勇营无不听约束。武、汉无猜忌洋人之事，前月汉口洋人曾有炮对汉口之谣，妄诞可笑。旋邀英领事过江阅看各营垒，现洋人均已释然。祈告各领事，嘱该报更正，以后切勿刊刻无稽谣传。

7 月 28 日，张之洞致电上海李鸿章、盛宣怀、江宁刘坤一、济南袁世凯，拟会奏朝廷，让各地相机行事，尽力剿匪：

> 慰帅欲以剿匪阻进兵，如各国能允，自是上策。但恐内意或患肘腋之祸变，不敢剿，或慑诸老之高论，不肯剿。鄙意若欲剿匪，惟有联衔奏请降密旨与各督抚、统兵大卫大臣，合词奏请剿匪，因而降旨允之，仍戒分别良莠，勿得株连。怨归于外臣，德归于朝廷，或不致有肘腋之祸。外匪一剿，必败溃归农。京匪闻知乡里被兵，自然恐惧逃散。由外入京之匪既散，旗兵、庵寺断不敢以匪自居矣。
>
> 总之，各国若肯因剿匪而停兵，则办法尚不甚难。尤要者，法国回书初二日必呈览，内有归咎端邸大臣之语。若见此书而震怒，则决裂到底。若见此书而悚然，则转圜可望。且其时诸老盛气高谈，皆发舒无遗，故必须见初三日以后谕旨，则朝局了然，方可设法。

同日，张之洞门人许景澄、袁昶因奏言反对围攻使馆、对外宣战，被杀于北京。张之洞闻讯骇悼。西人以此忧虑江、鄂督将不安于位，深以为忧。如果张之洞、刘坤一被免职，这个局面就更为令人绝望了。

张之洞同日又致电上海盛宣怀、江宁刘坤一、济南袁世凯：

> 近日，慰帅驿递折是否仍走由济通津之东驿路，抑走景州、献县、河间之西驿路。洋兵据津，必四出蔓延，以后若驿递或须绕路，到京恐迟。宜急奏请旨敕山西巡抚速修西路电线，责成保定、山西、陕西一路大吏、官军专心保护电线。事急，西路信息，尤关重要。祈慰帅酌拟一稿，会刘、张衔驰奏。为时已促，不可再迟。

7 月 29 日，张之洞致电上海李鸿章、盛宣怀、江宁刘坤一、济南袁世凯，拟请李鸿章询商各国，勿攻京城：

顷接上海道电，日领小田切面告彼国派兵赴津、京，专为保使、剿匪、便调停云云。所言既带有京字，恐彼族目下即将进兵赴京矣。津距京二百余里，若果进京，危险已极。目下必以缓兵勿逼京城为急务。论理固须我送使、剿匪，他事方宜商办。然假使我等奏请送使、剿匪，俱已邀允，而各国仍不停兵，又将奈何。反复焦思，惟有请中堂单衔急电各星使，向各国外部询明要我如何办理，彼方肯停兵，勿攻京城。中堂为国家重臣，此次系特召，与各督抚不同，询商各国勿攻京城，断断无妨。

8月7日，朝廷旨授李鸿章为全权大臣，即日电商各国外部，先行停战。

8月8日，张之洞致电上海李鸿章、盛宣怀、江宁刘坤一，拟请李鸿章单衔奏陈不战何至必亡，以正视听：

慰帅电云，京师时论云，不战必亡，战尚可不速亡。敝处见京来人语亦同。此大误也。不战何至必亡，怪极。利害看翻，大病根在此。病根不去，无药可医。津陷次日，尚报吕、夏大捷，可叹。试问李、宋、马、董、吕、夏、张、万，即使人人皆是韩、白良将，至多不能逾十人，好兵至多不能过两万。纵每战必胜，一战必伤兵数百，耗弹数十万。连战一月，兵械俱尽。各国兵械，永无穷期。孤注有输有赢，此则有输无赢，并非孤注也。

此时紧要关健，须将不战可以不亡之确据说透，自然转圜。有话方敢透说，允准者方肯实办。拟请傅相单衔速发一电奏，力言战虽胜仍不能救亡，不战则虽弱而不亡。将此两层，痛切发挥，冀悟圣听。他人断不能如此透说，惟傅相系特召，与他人不同，尚可进言。

8月9日，李鸿章复电张之洞：电悉，透切之至。目下情事又变。十三日旨授鸿全权，令与各国外部电商停战。洋兵甫进，北仓大战，我军溃退，海城未必敢进杨村，即进亦必挫败。彼有风利不得泊之势，该外部未必谕停。且各国未派专使，无从会议。仍望筹示机宜。

同日，八国联军由天津北犯，张之洞电饬方友升速挑选精健步队，每人带枪子一百二十颗，昼夜兼程北上，时湘鄂入卫之师，尚未渡河。

8月11日，张之洞致电上海盛宣怀，请尽快接通自信阳至德安府电线：

> 湖北各属均通电，惟德安一府未通，殊多不便。查铁路电线由汉口已造至信阳，由此路之王家店报房西至德安府不过数十里。祈饬局将此一段速接通，工料各费均由鄂出。

8月13日，张之洞致电李鸿章、盛宣怀、刘坤一、袁世凯，明确表示自己不谏阻两宫西幸：

> 西幸，洞不谏阻，拳匪护送，则洞必谏阻。总之，此时无论在京或西幸，总须令圣驾与拳匪离开方好。

8月14日，张之洞电复李鸿章、盛宣怀、刘坤一，直告电奏力阻两宫西幸，他万万不敢列名：

> 傅相效电奏稿读悉，大意力阻两宫西幸。惟谏阻西幸一节，乃傅相万不得已，出奇解悬之策，但未免近于莱公孤注之举。查前接吕使电述德外部语，矢取北京，望奏朝廷速离危机等语。是外部尚以北京为危，我岂可反以北京为安。
>
> 西幸诚非上策，尚可暂避其锋。此次洋兵，非进京城不止，各国之兵至少一万，必然固守皇城，索阅诏奏，逞威泄愤。且两宫身入围中，将来议和，惟所欲为，焉能立国。总之，两宫不出，万分危险。鄙见愚昧，实觉惶骇不安，此

奏，洞万万不敢列名，请慰帅务将贱名删去，并请示复。

横目论心忍弃难，安危一劫讵抛残。树园老屋阴且茂，草倚骄阳绿渐蓝。何处白山连黑水，依然玉砌与雕栏，莱公孤注今无有，城下盟成却难弹。8 月 15 日，李鸿章复电张之洞：莱公孤注，究竟得失何如，公自有见，已未会衔。

莱公，是指天水一朝参与澶渊之盟的寇准。寇准，字平仲，华州下邽人。980 年，太平兴国五年，中进士，授大理评事及知巴东、成安二县。他为人刚直，多次直谏，渐被宋太宗所重用，32 岁时拜枢密副使，旋即升任参知政事。宋真宗赵恒即位后，他先后在工部、刑部、兵部任职，又任三司使。1044 年，景德元年，他与参知政事毕士安一同出任宰相，即同平章事。当年冬天，契丹南下犯宋，包围澶洲，朝野震惊。寇准反对迁都，力主宋真宗亲征，以稳定军心，使宋辽双方订立“澶渊之盟”。寇准后被丁谓等人排挤，数被贬谪。1023 年，天圣元年，他病逝于雷州。1053 年，皇祐四年，宋仁宗下诏为其立神道碑，复爵莱国公，故后人多称寇莱公。寇准善诗能文，其七绝尤有韵味，如“萧萧远树疏林外，一半秋山带夕阳”“日暮长廊闻燕语，轻寒微雨麦秋时”等，情景交融，清丽深婉。他有《寇忠愍诗集》传世。但澶渊之盟，明末清初船山先生王夫之有此观察：澶州之役，寇平仲折陈尧叟、王钦若避寇之策，力劝真宗渡河决战，而日与杨大年饮博歌呼于帐中。故王钦若谮之曰：“准以陛下为孤注”，其言亦非无因之诬也。王从珂自将以御契丹于怀州，大败以归而自焚；石重贵自将以追契丹于相州，诸将争叛而见俘于虏；皆孤注也。而真宗之渡河类之。且契丹之兵势方张，而饮谑自如，曾无戒惧，则其保天子之南归，而一兵不损，寸土不失，似有天幸焉，非孤注者之快于一掷乎？则钦若之谮，宜其行矣。张之洞与李鸿章在国家危难时刻，说到莱公孤注一掷这一典故，但究竟谁是寇准？谁又是王钦若？张之洞曾在信札中称鹿传霖为寇准，不免有点过誉其词了。

8 月 14 日，八国联军进入北京。

8 月 15 日，慈禧太后挟光绪帝出北京德胜门西奔而去，惶惶然如丧家之犬。

8 月 17 日，张之洞致电刘坤一：昨夜会台衔致电上海英、法、俄、德、美、日本各国总领事电云：顷接烟台电，联军十九据通州，拟攻东直门等语。查现在并未得我两宫出京确信，如联军果攻京城，炮火所至，势必震惊宫禁，万一有意外之危险，全国人心愤激，从此将不知祸之所止。况南方保护之局，各督抚均系奉旨办理。倘各国不顾两宫，则何以处南方之督抚。万望贵总领事飞电联军各兵官，切实询明如何办法万万不至震惊我皇太后、皇上之实据，使南方各督抚及各省民心不致激成大变。务望二十四点钟内电复。万急至盼。

同日，盛宣怀致电张之洞：袁电，两宫潜行已确。今早致领事电，情势已殊。顷闻各领事会议，有云两帅电文系属恫喝各国，有云电外部转联军廿四钟不及回复，似是有意为难。可否乞两帅再电各领事，云昨电所请贵领事飞电联军不致震惊两宫，急盼两日电复，系天下臣民急切盼之意。顷阅出使大臣来电，各外部均允送使出城，联军可不入京，是两宫可以平安，南方各督抚闻之万分感慰，东南保护之约，各督抚仍必尽力自任，请电贵国政府知照。乞速酌办。

同一天，张之洞再电上海各总领事，切望联军勿震惊两宫：

> 昨电请贵总领事飞电联军不致震惊两宫，急盼两日复电，系天下臣民急切盼望之意，并无他意。顷接出使大臣电，各外部语意均甚好，日本政府已允保护两宫。想各国笃念邦交，用意亦当相同。是两宫可以平安，南方各督抚闻之万分感慰。东南保护之约，各督抚必当尽力自任，请速电贵国政府知照为感。

8月30日，张之洞致电上海李鸿章、盛宣怀、刘坤一、袁世凯：

> 西例，国君不在京，便是无主之国，任敌施为。若留有大臣求和，虽坐于瓦砾上，犹可开议。傅相既奉全权之旨，是留有大臣求和也。傅相系直督，是奉旨留为地主也。此时，惟有傅相速发电札多件，飞马寄保定，遍发通省。一系札饬顺直两司、各道府州县，各尽职守，照旧办事，不准擅离，不准纵匪扰民。一系札饬各营统领，凡在顺直境内，无论本省兵、外省兵，均应暂归节制，严禁抢掠逃溃。一系札各军统领及顺直、两司、各道府州县遵旨剿匪。并加密电，言明此乃自任地主，冀可杜外人无主之说，以便催其开议。若我稍存有地主局面，傅相执定即系留直议款大臣，总有数分益处。

李鸿章次日复电张之洞：语电代筹各节，思虑周密，悉协机宜，洵是当官之责，奚敢诿延。已电廷护督雍照办。

8月31日，奉旨加派刘坤一、张之洞会同李鸿章商办和议，随时函电会商。

9月2日，李鸿章、张之洞、刘坤一三人会衔电奏议和、惩凶、治安三事：

> 自七月十六日以后，臣鸿章遵旨屡向各国电商先行停战，距洋兵入京仅止数日，深恨无可挽救。七月二十一日以后，复以停战撤兵，分电切商各国，皆以剿匪弭衅各节中国未能照行，两宫离京，情形迥异，设词推宕，未允各派全权议事。
>
> 但事机愈紧，岂容坐待。迭与各驻使等再三设法探讨，冀有转机。初六日，接驻俄使臣杨儒电称，连日奔走外、户两部，力筹挽救，均称事已至此，实乏良策。反复劝解，彼

意稍动，始允设法转奏。顷据面告，俄主已允即日将兵队、公使、人民一并撤至天津，以示真心见好。一面速请皇太后、皇上回京，或先派合例全权议事，迟则恐德国统帅到华，别有举动。此绝大转机，不可再误。臣又先接俄户部微特七月二十一日、二十九日两电，内称各大员之扰乱大局者，应请惩罚不贷，而于东三省违旨肇乱各官，请严查惩办，不可以空言虚语塞责。

臣鸿章即与臣坤一、臣之洞往返电商，撤兵须有实约，议事难托空言。查西例，国君不在京，便是无主之国，任敌兵施为，故必有留守便宜行事之全权大臣，方能督办和局。臣鸿章前据日本所请，奏恳饬令庆亲王奕劻、大学士荣禄星夜回京会议，此实万不可缓之举。如奉谕允，臣鸿章即当借乘俄船航海，先赴天津，专俟庆亲王、荣禄回京，便可催各国派使会议。

臣等又有请者，攻使纵匪，联军所以由天津犯京。此各国共同向我理论之事也。若能如臣鸿章所请，剿匪之事，责成直隶督臣，可示以践行之渐。至毁路开衅，俄兵所以占据东三省诸城，此俄国专案向我理论之事也。署黑龙江将军寿山、署奉天副都统晋昌，该二员一意主战，乃竟纵匪毁路，另构衅端。拟请圣明以大局为重，即将寿山、晋昌先行罢斥治罪，以为开衅偾事者戒。

再，各省人心不靖，会匪伏莽，时有蠢动，兼之康有为党羽分布各处，造言煽惑，尤属可虑。拟恳速颁谕旨，飞饬各省将军、督抚务须照常办事，镇静民心，勿令扰乱，保守疆土，勿稍疏虞。于交涉事件仍照迭次谕旨，按照条约办理。遇有各种匪徒藉端生事，立即派兵剿平。各省官民见此明谕，人心自靖，内患自安，免致重贻宵旰之忧。

李鸿章、张之洞、刘坤一三人奏折中提到的寿山、晋昌两

人，都是主战派。寿山的父亲富明阿曾任江宁将军、吉林将军，病逝于 1882 年。寿山之弟永山在甲午之战中战死，寿山也身负重伤。面对俄国入侵，寿山坚决主张寸土不让，他在战败后壮烈殉国。富明阿寿山父子，传说是袁崇焕之后，不确。寿山殉国之时，年仅 40 岁。寿山有一女儿寿懿，是张作霖的五夫人。晋昌与时任盛京将军增祺多有矛盾，后被流放新疆。

9 月 9 日，张之洞致电上海李鸿章等，拟釜底抽薪法两条：

> 窃拟一釜底抽薪之法，拟各省联衔遵求直言之旨，条陈两事：一力劾董福祥大言欺罔，通匪开衅……请立予罢斥治罪，解其兵柄……附一密片，言朝廷如有为难之处，或即念其扈从微劳，格外从宽，交部严加议处，饬令即日回提督本任，至其军队仍派人接统，不准带往。一请明旨剿拳匪……并请谕旨内提明“拳匪字样”等语。默揣行在情形，悔祸惧敌而无解法，压董恶拳而无办法。得各省公疏以为朝廷助，董或可要，拳或可剿，且惧祸自危者，将归罪于董以谢外，希冀此外即可不究，亦必力为费成。……此举实为安两宫起见，且亦略寓谢过之意，于时局不无小补。

刘坤一次日来电：劾董请解兵权，极要。请中堂领衔，香帅主稿，会各省并挈敝衔密奏。事机甚紧，可勿再商。

同日，旨派奕劻、李鸿章、荣禄为全权大臣，刘坤一、张之洞会办议约事宜，均准便宜行事。

9 月 10 日，两宫抵太原，催促李鸿章迅速赴京。

就张之洞与李鸿章的意见分歧，《郑孝胥日记》载：9 月 16 日，诣营务处，遂谒南皮。留饭，约夜复入署，示所拟电奏稿。二十一日，合肥以刘、张、袁连衔电奏，请回銮，且惩办首祸诸臣，实庄王、刚毅、载澜、英年、端王、赵舒翘六人也。电已发，乃告刘、张，其词多引刘、张语为证。南皮不悦，且畏端王等不受诏，于是欲引刘俱奏，辩合肥不告之故，因言回銮实不便，端王罪可轻减之状。将发未决，示余及仲弢。仲弢意不可，而未有所以止之。余即对曰，此语本极难发。今既发矣，奈何复茹之乎，且使上怒李，更使刘、张出为端、刚缓颊于各国，公能为耶。南皮默然，乃止。天明始退。

9月14日，张之洞致电李鸿章、盛宣怀，再次恳切沥陈，自己不愿入要地、蹚浑水：

> 前闻傅相初到沪时向人密语，谓到京当引洞入要地云云，闻之骇急。然语系辗转密传，不便辞免。今相节将行，迫不得已，只可冒昧沥陈。洞两年来衰病日甚，心血耗尽。夜睡仅五六刻，午睡仅三四刻，且甚艰难，久成怔忡之症。一日止有一数刻，尚属清楚，余皆昏疲恍惚。说话至二十句，见客至五六人，即口舌枯强，不能言语，喘息不属。阅牍改稿至两三行，即心慌不止，忽则，眩晕欲倾，忽则，目花无睹。自去腊起，因勉强乘马，忽得腰疾，两足软弱无力，时常酸痛，治之半年无效，已成痼疾，行步需人扶掖，僚属共见。加以脾伤运滞，每饭一瓯，仍不消化。不敢云食少事烦，直是食少事废矣。负乘旷官，久应乞罢，为经手事所牵挂，不能上请。春间本拟入觐，以病躯为难，竟未成行，曾将此托人转达荣相。五月后，时局猝变，只可力疲支持。鄂省轻车熟路，尚可黾勉从事。但盼大局早定，即当沥陈求退。似此病躯，作外官且不可，况于当要差、办大事乎。即入都一行，海道风涛簸荡，陆路跋涉兼旬，亦断不能支，到京即须卧病床褥矣。至于才具庸暗，性情粗疏，断不能胜要差之任，更不待言。且幸而款议就绪，外人必要挟改政，出无数新奇花样，下力岂能办此。况京朝门户已成，悍戾不改。洞命坐磨蝎，最好招谤，必受此辈之害。伏望傅相悯此病夫，赦此废物。惟祝大钧斡运，上契天心，转危为

安，四海蒙福。洞得伏处田野，放浪江湖，以尽余年，受赐多矣。千万，叩头奉求。如一言虚诳，有如皦日。恭送旌节，不尽依驰。

是日，李鸿章自上海乘轮北上，开始议和。

9月17日，张之洞致电西安端方，询问朝廷对当前时局有何定见：

幸陕已定行期否。顷德州探电，庆邸回京拜各使署，惟德不请见。保定探电，各国洋兵欲攻保定，以剿拳为词，庆邸力阻，若不早允停战开议，终难阻止。

德使新到沪，与傅相不相往来。旁人设法，在他处一见，语意坚狠。德统帅月内必到沪，临时议行止，闻将有踞海州、断江北之意。沪上日人、洋人皆如此说。不开议者，即不停战之谓也。若不速开议，联军必然向西。续到各军未经战阵，人少械杂，万不足恃，焦急万状。近日庙谟如何，有何定见。尊处如知梗概，速示。董军究剩几营，现在何处，均速示。

9月19日，端方回电：近得廷寄合肥谕旨，均经电呈承寄，此外未有续闻。惟据晋学使函及委探禀，阅之不禁涕零：圣驾步出神武门，有人值数车载之而出，仅蔽单衣，奄竖数人而已。初两日，御膳不充，至怀来，始备供张，至宣化，始制衣服。岑方伯由昌平扈驾。

董尚有马队十二残营。又马军门及神机、虎神等营皆陆续随行。初六驾至大同，派岑前路粮台，董为沿途总查。初十由大同启銮。十七抵太原，以抚署为行宫。苏抚鹿先到晋，湘藩锡十七至，宋宫保十八至。获鹿以次，溃勇土匪，专务枪杀，行旅裹足。

同日，张之洞致电上海盛宣怀、江宁刘坤一、安庆王之春、

济南袁世凯，就如何和谈，营造氛围，陈要义四条：

鄙意现有要义四条：

俄允撤兵虽空言，然致谢亦空言，仍无妨先以此羁縻之，并托其劝德，庶可允。此一事也。

顷善将军电，厦门英领事云宜趁德队未全到，先请旨将被戕之德使优恤。此事自无不可，惟西例如何优恤之法，请傅相与庆邸、荣相速商酌办，知照德使及联军。此二事也。

联军现欲赴保定，若不早开议，恐难终阻。洋人传说和局不定，联军必欲向西，无论远近，皆须深入。此三事也。

前闻日本外部言，若有诚心悔过之谕，即不俟回銮亦可开议。二十一日傅相会奏，即是诚心悔过。回銮最是难事。若奏明此节，他事或可邀允。此四事也。

总之，必有切实办法，各国方允开议，空言无益。仅云不开议，似尚浑涵，以后电奏、折奏似须将不停战开议五字连说声明，以见事机万紧。请岘帅主稿，公电庆邸、荣相、李相。

9 月 19 日，李鸿章抵达天津，由俄军接护。庚子之乱，俄国与日本在其中上下其手，最为起劲。

国内糜烂，海外鼓噪。小小环球，同此凉热。10 月 1 日，张之洞致电驻东京钦差李盛铎，让他劝戒留日诸生勿惑于乱人邪说：闻湖北学生颇多有为康党所惑，他省学生亦有。其始创为励志会，各省学生与康党皆入其中。初则数日一会，近则或每日一会。每会必有演说，议论悖谬，大约皆欲效唐才常所为，实堪骇异。务望切实训诫诸生，谕以顺逆，晓以利害，饬诸生猛省，勤学报国，勿为邪说乱人所惑。

张之洞还致电东京钱恂，响鼓重锤，用心良苦：

闻阁下在东与诸生言，因持论喜通达时势者，诸生不免误会，失其宗旨。近来诸生行止议论，多有悖谬，于是此间众论多归咎于阁下。傅慈祥临刑大言曰，我为钱监督所误。又闻阁下致善后局信函面写“南清湖北省”字样，见者骇然，群议大哗，并归咎于鄙人。务望格外谨慎，勿为好奇之谈，勿为激愤之语，以免流弊。万一被人指摘，阁下固受其累，且从此出洋学生之路绝矣。千万采纳。

还是10月1日，两宫离开太原赴往西安，董福祥随扈。

10月3日，张之洞致电江宁刘坤一，拟就两宫幸陕事，联衔致电驻外钦使：

圣驾幸陕，为太原太苦，故不得不幸陕暂驻，决非迁都。且陕省电与沪通，奏报请旨甚速，议款较晋为便。暂未回銮者，因洋兵未撤，不免忧虑。此其人之常情，当蒙各国体谅。其实，在陕与在晋同，并非以远，避拒和议。务望转达外部，免致猜疑变计。

刘坤一次日复电：致各使稿甚好。“洋兵未撤”上加“京城”二字，“不免忧虑”下加“并以兵燹后有瘟疫”八字。余照办，请杏翁速发，坤列名。

同日，张之洞致电江宁刘坤一、济南袁世凯、上海盛宣怀：

回銮万不可行，幸陕万不能阻。其实决裂与否，全不在此。能将各国屡次明言力索之事速办，则幸陕，彼亦不管。若不肯办，则允回銮亦无益。庆邸、傅相专请回銮，阻幸陕，似不可解。总之，若专阻幸陕，洞断不敢列衔。望深思俯鉴。

同日，张之洞电复上海盛宣怀等，重申不愿列名上奏阻止幸陕：

杏翁佳电代刘、张、袁、王致傅相公电，实深惶骇。洞断不敢请回銮，亦不愿阻幸陕，更不敢请调回荣相。三事皆与鄙意不合，务望杏翁速电津将洞名删除。若已发电，洞只有自行电奏，声明此件意见不同，并未与闻。

盛宣怀致电张之洞：今代岘帅、香帅、善将军、慰帅、灼帅电傅相云：恭阅八月初二日上谕，仰见圣明洞澈，当即天心悔祸之机，天下臣民莫不钦服。现尚有二事关系大局，不敢不直陈。一、闻俄、德各国皆请迎銮回京，但闻圣驾定期西幸，彼谓处分祸首，即可议约，若仍远行，恐尚是缓兵之计，于停战有碍。应请两宫暂驻太原，以待和议如何，再定行止。一、闻各国使臣以此次拳匪攻围使馆，实有荣中堂所统武卫军在内，故此次派为全权大臣，除日本外，各国均有不愿与荣会议之说。如实有此情，与其候各使阻我全权入议，莫如自行调回，以尊国体。以上两事，应请中堂迅速转奏，请旨施行。

10月9日，张之洞致电东京李盛铎：闻尊意欲荐鄙人入政府，骇极。"五不可"之外，此时又添一条，有六不可，问念劬即知。千万叩头求罢此议。

李盛铎，字义樵，又字椒微，号木斋，别号师子庵旧主人，师庵居士等。他是江西九江人，光绪十五年进士。甲午战败，李盛铎恨"国地日割，国权日削，国民日困"，想"维持振救之"，与康有为在北京发起并组织保国会。戊戌政变，李盛铎被任命出使日本大臣。光绪二十六年后，李盛铎回国。光绪三十一年，清廷派遣载泽、戴鸿慈、李盛铎、徐世昌、端方等五大臣分赴东洋西洋各国考察政治，以为立宪之预备。考察事毕，李盛铎出使比利时。李盛铎还曾担任过山西巡抚。李盛铎晚年寄居天津，不问政事，惟往来于京津书肆，一意收集古籍。1934年死于天津，享年76岁。李盛铎为中国近代最负盛名的藏书家，李家藏书始于其祖父李恕、父李明墀，建有"木犀轩"。李盛铎出使日本期间，结识藏书史研究学者岛田翰，购买许多流散在日本的汉籍善本

书，亦多朝鲜和日本的古刻本和抄本，不少是国内久佚之书。他与叶恭绰、罗振玉、傅增湘被称为近代四大藏书家。李盛铎又是校勘家、版本家、目录学家，对所藏善本，皆逐一批订，或考证著者平生，或品译著述旨趣，或叙述得书经过、收藏源流及版本价值。他编撰藏书目录有《木犀轩藏宋本书目》《木犀轩收藏旧本书目》《德化李氏行笈书目》《木犀轩收藏旧本书目》《木犀轩藏书目录》《木犀轩元板书目》等。李盛铎亲家刘廷琛，字幼云，号潜楼老人，光绪二十年进士，曾任京师大学总监督。

10 月 11 日，李鸿章抵达北京。

10 月 25 日，张之洞致电西安鹿传霖，荐贤举才，他认为，“假如改府以后，添汉员，鄙意陶子方（模）最好。假如添满员，端方最好。再，假如有议及鄙人者，务恳代为辞免。去年曾言有五不可，此时有六不可。千万叩头奉恳，感德无极”。

10 月 26 日，慈禧太后、光绪帝等两宫抵达西安。

11 月 11 日，张之洞致电荣禄，望力劝朝廷息怒忍气，从长计议：时局一变至此，中流砥柱，惟赖中堂一人。洋兵西趋，祸机愈紧。庆邸、李相空言辩论，断难阻止。今各国仍坚请回銮，事理自是万万不可。惟有速筹抵制，方可免彼要挟回銮。今日不比寻常议约，可以持久磋磨。拖延愈久，将来条款愈狠，必致中国不能自立。惟望中堂大力回天，力劝朝廷息怒忍气，从长计议，以安两宫而保宗社。因不知行旌，近在何处，故不能肃函。谨电陈愚衷，仰祈荩鉴。

12 月 4 日，张之洞再次致电荣禄：

> 此次拱卫六飞，间关跋履，忠忱贞苦，敬仰至深。惟大厦重安，端资隆栋。时艰待济，尚祈珍卫有加。
>
> 此间地处四冲，民嚣匪众。教堂遍布于属境，敌舰伺隙于长江。因应偶疏，责言立至。加以康、梁逆党，因秋间奸谋破败，渠魁就诛，饮恨寻仇，日思报复。诪张为幻，几于

防不胜防。又武、汉现为转运冲途，舳舻鳞萃，颇为外人所忌，近且扬言，欲断我关中接济。省防既万分吃紧，而上下游匪所到处，乘机思逞，不得不添募重兵，分投扼扎，猝难减并。行在及各路指拨饷械，羽电交驰。鄂省数年以来，财力困竭，久如悬罄，目前用款又较平日加倍。供忆之艰，罗掘之苦，孱肩勉拄，智力俱穷。百忧煎心，不遑寝食。款议至今，尚无端绪，虽奉有会同商办之命，自维智术短浅，欲追随二三元老，折冲樽俎之间，深虞不逮。所望南针时锡，俾奉周旋，是所翘祷。

12 月 17 日，**张之洞致函西安鹿传霖**：

夏秋以来，忧愤相煎，不知寝食，冀于时艰补苴万一。而智术短浅，权力轻微，速谤怂愆，徒深悚疚。款局至今未能开议，窃虑戎心叵测，旷持愈久，要索愈坚，则他日迁就愈多，受亏愈甚。弟虽奉有函电会商、便宜行事之谕，无如地远情隔，消息难通。重以朽钝不才，益复无能为役。惟望公匡时体国，密赞庙谟，折中群言，深陈至计，俾危局早定，宗社重安。鄂中艰难支绌情形，略详昨讯。

惟枪炮厂、转运局两处，最招敌忌，占夺阻截之谋，日益加显，揩注弥缝之术，日益加难。忧心如焚，莫可殚述。尤可恨者，鄂厂经费窘乏，储料无多。前此各国禁售军火，无烟药，因难觅购，犹冀快枪子弹仍可加工趱造，改用新仿洋制黑药，以应急需。及近来敌谋愈狡，并各种制造军火之洋钢洋铜等料而禁之。

无米为炊，直将束手。现惟尽所储各料搜括，以供工作。过此以往，则真有无可如何之苦矣。现鄂解之枪炮，皆自造之小口径快枪快炮，子弹半系无烟药，半系黑药。江南所解大口径毛瑟枪，尚是弟在江南购存之物，其两磅炮亦旧

式黑药，非快炮也。鄂解前膛钢炮，亦是新式自造者。两省所解之数，似乎相仿，其实精粗难易，大有区别。南洋宁、沪两局经费，视鄂不止加倍，而鄂筹拨之件如此，似当道亦可鉴其不遗余力矣。

12月29日，张之洞致电西安行在军机处，转奏朝廷，请饬全权大臣，力商删除戒禁运军火及材料一款：

昨见议和条款内第五款运进中国之军火及专为制造军火之各种材料，仍不准运入中国等语，万分焦灼。若全行照允，中国永无御侮之具，如何立国。所有各省制造枪炮局厂均须停闭，不特永无自强之日，即会匪溃勇，官兵亦不能镇慑，必致内乱四起，并不能保护洋商、教堂。拟请饬下全权与各使婉商，将“及专为制造军火之材料”一句删去，并商定军火只暂禁运，限定几年，以维大局。

12月31日，张之洞就此条款，电复江宁刘坤一、安庆王之春、济南袁世凯、上海盛宣怀：

鄙意注重只在军火材料、京津驻兵两事，必须竭力补救。若朝廷在人掌握，则以后条款日增，主权全失；军火材料断绝，则天下束手待毙，并小朝廷亦不能久矣。此两条不能稍改，余皆不足论也。

张之洞所提出的问题，是庚子赔款协定或称《辛丑条约》的第五款。在张之洞看来，若同意此条，后患无穷，按照现在的时髦话说，这不就是“去军事化”嘛。这样以来，首都安全还有什么保障？这不完全是仰人鼻息任人宰割听人摆布嘛。此后，卢沟桥事变，为何会有日本驻军在宛平，都是源于《辛丑条约》。

1901年1月1日，张之洞致电西安鹿传霖抱怨吐槽李鸿章：



鄂每次电奏，皆电庆、李、刘。因合肥从不来商，但电奏后转知。昨见合肥电有定约画押之语，万分焦急，故请电旨饬下全权，并请枢廷电告之也。

1月3日，张之洞致电中国驻东京钦差李盛铎与钱恂，表示“现值开议，鄙人有与闻议款之责。大纲目不能改，细目必当切商。能补救一分，庶少一分之患”。

同日，张之洞电复江宁刘坤一、济南袁世凯、上海盛宣怀，重申不入枢府：近年有人发此怪论，即以“五不可”之说遍告亲知，力恳将此说涂销。今秋闻，合肥在沪语人，又有此说，骇极，即于八月二十日电沪七百余言，增为“六不可”，托杏翁转达合肥，有电可查。鄙人衰朽昏钝，病势日增。大局若定，即须自请罢斥。外官且不能作，何况京官。叩求岘帅、慰帅万勿好事，为鄙人添病。

此前的1900年12月27日，袁世凯曾致电张之洞：付款必须借债，可缓者应商分期，关税盐厘，均可担保，惟地丁一项，似须慎重。愚见须香帅入枢府，杏公入农部，始有办法。

1月7日，李鸿章致电西安行在军机处，有“不料张督在外多年，稍有阅历，仍是二十年前在京书生之习”等语。此话，令张之洞耿耿于怀，念念不忘。

1月10日，和约十二款，旨准画押。

1月11日，张之洞致电江宁刘坤一、济南袁世凯、上海盛宣怀：

> 禁器料必可商改，他事皆不足论。鄙人最虑者，朝廷危险耳。彼催回京则必减兵，不减兵则不能催回京。行都滨江之说，英提督西摩面言之，领事无论也。君国利害所系，为臣子岂忍知而不言。闻北京及行在诸贵人皆愿回京了事，合肥又复坚持成见。大势已定，岂一人之力所能挽。鄙人言已尽矣，但愿言之不验耳。

同日，张之洞又电江宁刘坤一：

杏翁缉电云果如今年保护东南之局，何事不可成二语。古今中外，万事万理，俱尽于此，真悬诸日月而不刊者也。佩服讽诵，五体投地。

1月12日，张之洞致电江宁刘坤一、济南袁世凯、上海盛宣怀，不满李鸿章“中堂习气”，溢于言表：合肥谓鄙人为书生习气，诚然，但书生习气似较胜于中堂习气耳。鄙人函致英、德领事托转电两使，与电奏及转全权诸公之电，一字不改。前数日，两领事来见，照录两使复电，词甚和平，皆言大纲速允以后，鄙人所拟各条，极愿详加酌议等语，毫无愠意，德使并有道谢之语。不谓外国人易说话，而中国人反难说话。合肥诛电“不与刘、张相商”一语，感甚。

1月13日，刘坤一致电张之洞，加以劝慰安抚：数月来，苦心孤诣，以冀补救于万一，所谓知不可为、无不不药理。全权谓然与否，固不敢计也。公忠如香帅，并世能有几人。时局艰危至此，两宫忧劳至此，何忍以细故介怀。惟有知无不言，言无不尽，臣子义固应尔，矧香帅廓然大度乎。

1月14日，张之洞电复江宁刘坤一、济南袁世凯、上海盛宣怀，纵论天下大势，惟有化新旧之见：

慰帅致书当道，请枢、疆合力补救，扼要得法，此入手一定步骤。鄙意此时不必言新政，但言化新旧之见而已。不化新旧之见，顽固如故，虚骄如故，老团未出之说如故，和局断不能保。贪昏如故，废驰如故，蒙蔽如故，康党断不能绝。官派如故，兵派如故，秀才派如故，书史派如故，穷益加穷，弱益加弱，饷竭营裁，则兵愈少，债重征苛，则民愈怨，游勇、叛民、会匪、康党合而为一，中国断不能支矣。枢纽只在“化新旧之见”五字，请三公酌之。

1月13日，袁世凯致电张之洞：前数日，曾致书行在，谓和议将成，赔款甚巨，此后贫愈弱，势难自立。如蹈常习故，直无办法。宜请饬内外臣工，各陈富强之策，以备采施等语。惟承乏疆寄，未便畅言。拟请杏兄酌电枢、相，谓和未定，弱可忧。和既定，贫可忧。运筹在枢臣，奉行在疆臣。枢疆合谋，始可补救。应请旨饬下诸疆臣各陈所见，毋拘成见，毋存顾虑，毋涉空谈云云。倘得此诏，便可进言。仍请三公酌裁。

1月29日，阴历12月10日，朝廷下诏变法：

> 着军机大臣、大学士、六部九卿、出使各国大臣、各省督抚，各就现在情弊，参酌中西政治，举凡朝章国政、吏治民生、学校科举、军制财政，当因当革，当省当并，如何而国势始兴，如何而人才始盛，如何而度支始裕，如何而武备始精，各举所知，通限两个月内，悉条议以闻。再行上禀慈谟，斟酌尽善，切实施行。

这一初十明谕中的“四个如何”，言简意赅，但分量很重，实际上是大乱之后，痛定思痛，重启维新变法。有此初十明谕，才有张之洞、刘坤一的“江楚三折”。

2月2日，张之洞致电西安易顺鼎道台，询问初十明谕是何人陈请，何人赞成。

2月8日，易顺鼎来电：明谕闻出圣意，荣相赞成。

是年末，张之洞致函西安鹿传霖：

> 和局粗定，两宫当可稍释忧劳，不审圣意是否急欲回銮。鄙人直言招忌，语默两难，不胜忧愤，但看全权如何筹画耳。闻在陕之榆林，部属近日尚有请战者，迷谬如此，以后即欲补救整顿，力图自强，恐众论仍多隔膜，大是可忧。
>
> 此次巨衅，幸而勉强了结，然从此中国，恐将不振。未了之事尚多，恐朝野上下以为从此安享太平，无复忧危之

思，则大误矣。康党尚炽，孙文又与合伙（夏间已分，秋间已合）。目下，孙党潜入长江，助之勾煽，正在密饬严访。鄂省兵多饷竭，万分为难，然又不能遽行裁减。至赔款派出，更难为计。此乃各省之同患，不过鄂尤苦累耳。他省可少留兵，鄂军不能多裁。他省可不办用钱之事，鄂之枪炮厂经费更须加多。军火已禁，此厂为今日第一要义，必当扩充。此所以与各省不同也。此厂经费，似宜令各省协济，方为正办，公能为力否。康党专欲与鄙人为难，屡有逆书，径来投地，必欲甘心于鄙人。康党所开之日本《清议报》、新加坡《天南新报》、澳门《知新报》三种，专以诋毁慈圣及鄙人为事。

总之，今日沿江沿海，无人敢昌言声罪撄康之锋者，即私议亦不敢诋斥，不赞者即算好人，其赞者尚不少。昌言攻讨者，独鄙人耳。然此等情形，恐在廷诸公未必知也。秋间，敝处刊有告示稿、劝戒文，传布中外，不知台端已见之否。兹寄上两种各十本奉览。弟气体平平，半年来勉强支持。和议既成，恐此后必然仍复故辙，事更难办。俟大局略定，即当乞罢矣。

有人曾撰一联，说到鹿传霖：三径渐荒鸿印雪，两江总督鹿传霖。张之洞与鹿传霖政见也有不同，他对东南互保就有看法。但，两人毕竟是亲戚，张之洞还是把鹿传霖当作自己人。

至于庚子之乱过后，张之洞已经远非六年前甲午惨败之后还颇有卧薪尝胆之心志，他也有点心灰意冷备感前途茫茫了。但还是要勉力前行，苦苦支撑，这才有了他与刘坤一在1901年的《江楚会奏三折》，这自然都是后话了。

1901年11月7日，李鸿章死。

1902年10月6日，刘坤一病逝。

# 十一、痛定思痛再陈言，江楚三折

江楚会奏三折，是张之洞、刘坤一在1901年联手就庚子之乱以后的中国往何处去提出的系统变法主张，但这一主张，已经有别于三年前的戊戌变法之时。毕竟，形势与环境已经时移势易。江楚三折的来历，还是要从1900年阴历十二月初十也即1901年1月29日的朝廷上谕说起。这一上谕，被张之洞称作初十谕旨。

大概是为了应付舆论，但也的确是被逼到了墙角。还在西安行在的慈禧太后，头脑清醒冷静下来，审时度势，发布此一上谕：着军机大臣、大学士、六部九卿、出使各国大臣、各省督抚各就现在情弊，参酌中西政治，举凡朝章国政、吏治民生、学校科举、军制财政，当因当革，当省当并，如何而国势始兴，如何而人才始盛，如何而度支始裕，如何而武备始精，各举所知，通限两个月内，悉条议以闻。再行上禀慈谟，斟酌尽善，切实施行。

这一上谕，文字虽然简短，但内容丰富，分量很重，时间要求也颇急切，两个月内提出方案。张之洞仔细研读，绕室徘徊。他大致在六天后，2月2日，致电正在西安的易顺鼎，探听询问初十明谕是何人陈请，有何人赞成。2月8日，易顺鼎复电张之洞：明谕闻出圣意，荣相赞成。荣相就是荣禄。

安徽巡抚王之春当然也看到了这一石破天惊的初十明谕，因有戊戌变法的前车之鉴，多人噤若寒蝉，草木皆兵。他在2月10

日致电张之洞，不无虚心请教探听风向之意：顷行在军机章京密报：各国近日会议，欲诛祸首数人，添出枢启、徐承煜。奏复变法，毋偏重西云。想见两宫宗旨，奈何。然就复我古法之论，或不干怒。在王之春看来，莫非只是做做样子而已，不过又是表面文章？

张之洞在当天就电复王之春：变法不重西，所变何事。上意即有扞格，启沃全在枢廷。日来仆甚病，稍愈有管见，再电商。总之，复奏万不可急，东南数大省，必须大致商妥。

张之洞认为，变法就是要学习西方。不谈西方，何谈变法？他还让王之春稍安勿躁，大家要一起行动，毕竟有了东南互保的经验了嘛。

2 月 27 日，张之洞致电鹿传霖，力陈变法若不言西法，仍旧是昔日故套旧文，换汤不换药，则只会使国家更为危险：

> 闻有小枢致他省督抚电，云初十谕旨，令条议变法整顿一件，切嘱各省复奏，万勿多言西法云云，殊堪骇异。窃思采用西法，见诸上谕明文。鄙意此后一线生机，或思自强，或图相安，非多改旧章，多仿西法不可。若不言西法，仍是旧日整顿，故套空文，有何益处。不惟贫弱，各国看我中国，乃别是一种顽固自大之人，将不以平等与国待我，日日受制受辱，不成为国矣。

湖北留日学生众多，思想活跃，多有言行，让张之洞左右为难。3 月 11 日，广东巡抚陶模致电张之洞：闻吾师将调回出洋学生。少年尚气，不可遏抑。被未必尽信康、梁，恐召回无以自诲，转铤而走险。乞酌。

3 月 16 日，张之洞电复陶模：鄂省并无将出洋学生全调回之说。学生助乱者甚多，皆予以自新。逆迹尤著者三人，只不送入学校，不代出学费，声明此三人将来善恶成败，不与湖北相涉耳，可谓极宽矣。陶模年长张之洞两岁，但张之洞是同治二年进士，早陶模5年。张之洞曾向清廷力荐陶模。陶模，字方之，一字子方，嘉兴人。他一直任职西北，1891年迁任新疆巡抚，后署陕甘总督，1900年，调任两广总督。陶模自幼家贫，寒窗苦读，文宗桐城派，不喜八股文章，以为“祸乱之基由于人心不正，空言文章”。他入仕后专心务实，以清廉干练知名。1896年，光绪二十二年，他上疏清廷，认为“国强弱视人才”，建议停捐例、汰冗员、破除旗兵积习，禁止士大夫吸食鸦片；设立算学、艺学等课程；废武科考试，变练兵操法；选拔勋旧子弟游学各国，培植工艺等。他治理新疆近10年，颇有成效。两广总督任内，他主张维新，曾派吴稚晖等率领学生赴日本留学，其子陶葆廉更以新党自居。陶模在广东安定社会秩序，推行开明措施，他上疏认为“变通政治，宜务本原，本原在朝廷，必朝廷实能爱国爱民，乃能以爱国爱民责百官；必朝廷先无自私自利，乃能以不自私自利望天下。转移之道，一曰除壅蔽，一曰去畛域，一曰务远大。朝廷当以身作则，克己胜私，否则，虽日言变通，无由获变通之效。”陶模自知县至总督30余年，尤以治理西北边疆政绩最著，他在1902年即光绪二十八年病逝广州，赠太子少保，谥勤肃，著作有《陶勤肃公奏议》《养树山房遗稿》。

围绕着深入思考庚子之乱后的中国往何处去的同时，还有一个更为揪心的现实问题，就是沙俄对东三省的变本加厉必欲吞之而后快。张之洞为此与李鸿章意见分歧巨大，最终近乎决裂。他在3月20日致电人在西安行在的樊增祥，言辞犀利：

> 非存满洲，不能存中国；非酌改俄约，不能存满洲；非展限，不能议改约；非英国向俄说项，不能商展限；非以东三省遍地开放、工商杂居一切利益与各国，不能令英国为我出力；非将第八条禁阻各国工商删去，不能免各国责我以私约干众怒。

张之洞在一口气说出“六非”之后，更进一步具体分析道：

留中国之兵护满洲，不如将各国之商护满洲。减俄屯辽之兵，不如截俄入京之路。以入京之路为酬报，不如以他事为酬报。况合肥电奏、萨使来电，俱言中俄并无此成约，何必酬报。不允限我之兵，不如趁此照杨使所删，即议定用英、日练我北路水师之兵。如其迁就与满洲，不如通融于新疆。日来鄙人三电奏大旨如此。此中西讲求时局之公言，非区区一人之偏见。然竟未闻诏旨切托英国展限，许以酬报。惶悚焦急，莫测高深。撮要奉达，可否向三枢堂痛切言之。

昨，日本外部来电，将第八条全文照录，其余各条亦分条指陈利害。是俄约改本，日已全见，英必传抄。我若托英，并非自我宣布。此乃全权过虑，合肥偏心。至东三省开门通商，乃我自开口岸，内地无虑效尤。即使各省通商，中国尚可永存。看以后时势，中国岂能以兵存，仍是以商存耳。

迫在眉睫，时不我待。还是要变法自强，发奋更生。3 月 24 日，张之洞致电鹿传霖：

嗣闻人言，内意不愿多言西法，尊电亦有勿袭西法皮毛，免贻口实等语，不觉废然长叹。若果如此，变法二字尚未对题，仍是无用，中国终归澌灭矣。

盖变法二字，为环球各国所愿助，天下志士所愿闻者，皆指变中国旧法从西法也，非泛泛改章整顿之谓也。若仅整顿常谈，安能数年即有成效，安能即望自强，且与外国何涉。大约各国谓中国人昏陋懒弱，诈滑无用，而又顽固虚骄，狂妄自大，华己夷人，嫉视各国，如醉如梦。其无用既可欺，其骄妄更可恶。故视中华为另一种讨人嫌之异物，不以同类相待，必欲作践之，制缚之，剥削之，使不得自立为一国而后已。现议之约即此办法，步步加紧，莫测所终。中国地日蹙，兵日弱，财日匮，群强环而压之，将与越南、印度同，求为高丽而不可得也。

大抵今日环球各国大势，孤则亡，同则存。故欲救中国残局，惟有变西法一策。精华谈何容易，正当先从皮毛学起。一切迂谈陈话，全行扫除。盖必变西法，然后可令中国无仇视西人之心。必变西法，然后可令各国无仇视华人之心。必变西法，然后可令各国无仇视朝廷之心。且必政事改用西法，教案乃能消弭，商约乃不受亏，使命条约乃能平恕，内地洋人乃不致逞强生事。必改用西法，中国吏治、财政积弊乃能扫除，学校乃有人才，练兵乃有实际，孔孟之教乃能久存，三皇五帝神明之胄乃能久延，且康党、国会之逆党乱民始能绝其煽惑之说，化其思乱之心。

至于此等大计，圣上主之，疆臣议之，政府定之，迂谬之说不理可也，岂能以国家存亡，徇夏、洪诸妄人之谬论哉。

伏望详思明断，与略园、仁和两相密商之，若不趁早大变西法，恐回銮后，事变离奇，或有不及料者。鄙人略知端倪，夙夜忧焦，不敢不密陈，不忍不尽言。祈鉴察裁示。

略园是荣禄，仁和则指王文韶。夏、洪妄人是谁，待考。说到妄人多多，但也有自称妄人者，如王冕。宋濂有《王冕传》载：“冕既归越，复言天下将乱，时海内无事，或斥为妄。冕曰：‘妄人非我，谁当为妄哉！’乃携妻孥隐于九里山。种豆三亩，粟倍之，树梅花千，桃杏居其半，芋一区，薤韭各百本，引水为池，种鱼千余头。结草庐三间，自题为‘梅花屋’。”王冕有《南城怀古》之一：“日上高楼望大荒，西山东海气茫茫。契丹踪迹埋荒草，女直烟花隔短墙。礼乐可知新制度，山河谁问旧封疆？书生慷慨何多恨，恨杀当年石敬瑭。”王冕是画家，更是奇人，吴敬梓在《儒林外史》中写他，把他与危素做比较，敬仰钦佩，溢于言表。

3 月 31 日，张之洞就变法复奏事，致电两江总督刘坤一：

> 变法复奏，必宜督抚联衔，方可有益。人多尤善。请公主稿，鄙人当附名。惟鄙意以仿西法为主，抱定旨中“采西法补中法”“浑化中西之见”二语作主意。应变者多，宜有次第。管见宜先办者有九事：一、亲贵游历。二、游学各国。三、科举改章。四、多设学校。五、西法练兵。六、专官久任。七、仿设巡捕。八、推广邮政。九、专用银元。此九条最要而不甚难，已足令天下人精神一振，陋习一变，各国稍加青眼。
>
> 其余，若设行都、设矿务总公司、行印花税、酌改律例、设课农专官、各省推广制造局、鼓励工匠各条，相机量力，从容举办。其专论整顿中法者，如另制官禄、尽革部吏、更定选法、停止题本、省减浮文、扫除漕弊等事，须另设数条，另为一折。若西法折不能允，则希冀旧法之稍加变通耳。
>
> 贱恙新愈，尚未拟稿。尊稿若成，望即见示。张、沈、汤三君，群贤辐辏，谋议必极精详。金陵定稿后，拟即奏请三君来鄂，请教一切。此间有郑苏龛、劳玉初、梁节庵、黄仲韬四君亦可参酌。鄙论稍觉骇俗，不审诸君云何。痛心发愤，不能不一倾吐。

刘坤一方面的写作班子有张謇、汤寿潜、沈曾植等。张之洞属下则有郑孝胥、劳乃宣、梁鼎芬、黄绍箕等。这七个人，也都是在晚清历史上的知名人物。

同日，汉阳钢药厂南厂爆炸，徐建寅等殉职遇难。

4 月 2 日，刘坤一复电张之洞：

中国积习太深，欲求变通，必须从容易处下手，循序渐进，坚定不摇，乃有实济，不至中辍。尊拟各条极为精当，曷胜钦佩。多联数省，较易动听。张、沈、汤稿成后，当劝驾来鄂，与郑、劳、梁、黄四君共相商酌。仍祈荟萃采择，主稿挈奏。公经济文章一时无两，幸勿多让，无任感祷。

4月4日，张之洞就变法复奏之事，再次致电刘坤一：

此奏，断不敢主稿。鄙人主意多鲁莽，思虑多疏漏，文笔亦艰涩，仍请岘帅主持。鄙人有见必吐，有疑必争，有善必从，有误必改，附于参赞之列可也。

其实，变法有一紧要事实为诸法之根，言之骇人耳。西法最善者，上、下议院互相维持之法也。中国民智未开，外国大局茫然，中国全局、本省政事亦茫然，下议院此时断不可设。若上议院则可仿行。考宋磨勘转官之法，必有荐主十人。明廷推之法，则大臣皆与。

似可略仿之：督抚由司道府县公举，司道由府县公举，府由州、县公举，州县由通省绅民公举，但不能指定一缺。举员多者，用之京官。除枢垣不敢轻议外，部院堂官由小九卿、翰詹、科道部属公举，科道由翰詹部属公举，司员掌印补缺，由本部候补者公举。每一缺举二三员，候钦定，岂不胜于政府数人之心思耳目乎。推之各局总办，亦可由局员、工匠公举。

惟武将不在内，盖今日营哨官，并不知兵，不能举也。流弊亦不能无，总是利多害少，贿赂、情面、庸劣尸位之弊，必可绝矣。姑妄言之。请诸公略本此意而思一可行之法，则幸甚。

4月5日，刘坤一复电张之洞：议院意美法良，但恐事多阻格，未能照行。此次变法，为中国治乱兴衰一大转机，关系极

巨。香帅博通今古，贯彻始终。经济文章，海内推为巨擘。非由香帅主稿，断难折中至当。万望勿再客气，主持办理。坤如有所见，亦当知无不言，以备采择。

就在张之洞与刘坤一商议“江楚三折”如何措词怎样框架之时，还有一事发生，令张之洞对李鸿章更是心有耿耿，极为愤怒。虽然，李鸿章也已经是日薄西山来日无多了。

4 月 6 日，张之洞闻听上海有一张园集会，他立即致电两江总督刘坤一、上海盛宣怀，请他们出面予以禁止。张之洞如此说道：顷接沪信，新党因俄约事在张园集议。初次尚无缪处。二次集议，数百人满口皆流血、自主、自由、仇俄等说。张园悬有各国旗帜，当场将俄旗撕毁，并欲立仇俄会等语。查此等议论举动，不过借俄约之名，阴实是自立会党，借端煽众，以显示国会权力能把持国家政事，蓄谋甚深甚险。现各国公约请禁立仇视洋人之会，已颁严旨。该党若立此会，违旨挑衅，予俄人以口实，俄事愈难转圜，为害不细。请岘帅密饬沪道设法阻止，以销乱萌，并请杏翁筹酌设法阻止为妙。

盛宣怀同意张之洞的意见，立即复电香帅：张园集议仇俄之举，毫无道理，香帅所虑极是。可否请岘帅速刊告示，严禁聚众议事，仇视外人，并密饬袁道设法阻止。岘帅，是刘坤一。但，刘坤一知道，张园集会，在租界之内，并不好办，他也回复张之洞：事在租界，非示谕能禁，已电沪道，密筹商阻。仍望杏翁派人吹散。刘坤一与盛宣怀相互推诿，此事，很可能也就不了了之。

但，实际上，张之洞对与俄国签约，一直极力反对，他甚至认为，李鸿章在其中定有私心。4 月 14 日，张之洞电商刘坤一：查俄事罢议，各使争告，各省上闻，合肥独不肯奏，以致庆邸单衔。是合肥胸有成算，知袒俄之局，终必可成。此公老横偏执，怙过遂非，可怪可叹！此时各省、各国但知俄约罢议，共相庆幸，宸廑亦觉稍舒，而不知合肥已暗中许其画押。将来公约定后，俄人来责画押，各国不依然效尤乎。此事焦愤万状，谨以密闻，望公速筹补救之法。鄙意必欲据实电奏，急图挽回。刘坤一于此日回复张之洞，态度鲜明，愿意与张之洞联衔上奏。刘坤一说：迭次谕旨，并未饬令画押，何以李擅言于公约后再行画押。并恳严旨责李，以杜将来借口。请公主稿，挈衔上陈。稿定即发，不必再商。

三天后，即 4 月 18 日，张之洞与刘坤一联衔致电西安行在军机处并转奏朝廷，力陈李鸿章违旨允诺画押，恳请严饬李鸿章嗣后筹议重要事宜，不能独断专行，宜应电知张之洞与刘坤一。张、刘在电文中说：俄约为各国牵制，英、日力助，幸已罢议，并未决裂。俄既言照前宣布之言信实办事，东三省终不能不还。乃李相篠奏谓十二日已复吴王，请其劝俄皇仍守不占中国土地原议，俟公约定后，再行画押等语，不胜诧异。查四国劝阻俄约，佥谓宜归公议。我自宜专候公断，将前约置之不议，断无纠缠前约，再行画押之理。即略有删改，仍难出其圈套。十五日翰旨明有宜在北京公议之谕，并未令全权画押，何以李相复吴王竟允其公约定后画押。坤一、之洞往返筹商，相应请旨切饬李相，务将复吴王之电，设法斡旋更正，并请枢廷电庆邸遇俄事亦密商英、日。至现议赔款情形及有关全局重要事件，亦请饬下全权电知江、鄂，或可稍效愚者之虑，言可采者采之，无可采则置之，似于全权办事并不妨碍，亦不至周折迟误。

4 月 21 日，清廷设督办政务处，派庆亲王奕劻、大学士李鸿章、荣禄、崑冈、王文韶、户部尚书鹿传霖为督办政务大臣，刘坤一、张之洞亦遥为参与，将一切因革事，悉心评议，次第奏闻，俟回銮后，切实颁行。这说明，张之洞与刘坤一状告李鸿章，还是起了作用。但张之洞、刘坤一电文中的吴、王，应该是指具体外交工作人员，但究竟指谁？待考。

4 月 24 日，刘坤一致电张之洞：谕旨外省仅派两人，自未便再联各省，然江、鄂必须联衔。

4 月 25 日，张之洞就变法奏稿事，再次致电江宁刘坤一：复奏折，闻内意欲抒所见，况现奉旨添派江、鄂，自不便与各省会奏。承示江、鄂联衔，请公拟稿见示，敝处亦当遵命拟一稿奉商。如所见有异同，无妨更改，总期切实有益。

4 月 28 日，刘坤一致电张之洞：张、沈拟稿已寄呈。汤代袁道拟禀，十一抄寄，已到否。鄙见张、汤稿，宏深博大，意在一劳永逸，惟积习太深，一时恐难办到。沈稿斟酌损益，补偏救弊，较为切要。其中只科举、学堂，分途考试，不废八股，尚须酌改耳。似可用沈稿为底本，再得我公斧正润色，必卓然可观。公前拟九条，皆救时良策，仍拟添入。江、鄂联衔入奏，最为得体。此稿必须偏劳大笔。先将此数条具奏，得能邀准，实力举办，耳目为之一新。公次数条，相机续奏，总期能言能行。抚危定倾，皆公之力也。

5 月 1 日，张之洞致电清江时任漕运总督张人骏：

> 一、游历宜多派正途京、外官，此费不能惜。岁费数十万，得明白官百余人，其益多矣。亲贵出洋，仪文自应省约，然贵人不能。鄙意谓多派王公大臣之子弟，非必王公也。能自备资斧，予以奖。二、游学费不宜惜。宜派理明志定者。如明旨许以出路，在国外书院得有优等凭据者，可照等作为秀才、举人、进士，自备资斧者必多。科举拟照前年鄙人所奏奉旨允准办法，断无废经书之理。四、亲贵须入学校，方准任事，好极。六、总署专缺，使员久任，极是。七、繁区设巡捕，自可缓奏。八、邮政畅行，必可有效，然开办必须用洋人，但宜各省自雇洋员，不宜统归赫德。九、专用银元，谓官款出入，专用中国自铸龙元，可增局多铸。各国银币定例，只用本国之币。至沿海商民，只可听之。至于删

例案，除吏弊，急宜乘机更改。六部用候补司员办稿，督抚、司道用候补佐杂，州县用秀才誊写，随时雇人，尽革经承、清书名目。绿营可汰疲留强，改为巡捕，属州县管辖调度。旗营断不便请裁减，拟请选留强壮者为兵，其余分别令入普通学校、工艺学堂。但减兵额，勿减饷数，其愿至外省为工商、依亲友者听便，则饷不糜，人不废。又如京、外官俸廉宜明加。翰林、御史试卷考小楷宜改。进学必须通晓算学画图。京仓积弊，宜除报销之虚文。宜改选补章程太拘板处。处分则例太苛琐处，宜变通。能停捐最好，如必不能停，非秀才不准报捐，监狱刑责，宜宽恤。皆中法必应整顿者。管见不过举隅，不及详思。统请卓裁。

张之洞这一发给张人骏的电文，缺失第三、五条。张人骏后来做过两广总督、两江总督，他是张佩伦的族侄。张人骏，字健庵，取“人中骏马，驰骋千里”之意，后又将字改为千里，号安圃，晚号湛存居士，直隶丰润人。张人骏 23 岁考中同治戊辰科进士。他任官科道时，正值堂叔张佩伦因马尾海战失败被贬，张人骏谨言慎行，缄默言事。张人骏后任广西桂平梧州盐法道，再任广西、广东、山东布政使，由山东布政使升为各省疆吏，历任漕运总督、山东与山西、广东巡抚，由广东巡抚升任两广总督，再移两江总督，直至辛亥革命弃职。张人骏在担任两广总督时，曾乘坐兵舰巡视南海诸岛，故南海诸岛中有一岛礁被命名为“人骏滩”。1911 年，宣统三年，武昌起义，张人骏依仗张勋，准备顽抗。后见大势已去，负隅顽抗无望，便委托美国传教士、鼓楼医院院长马林出面接洽，准备投降。他趁马林出面周旋空隙，与江宁将军铁良，趁着天黑，躲在一箩筐内缒城而逃，直奔停泊在下关的日本兵舰，前往上海，后避居青岛、天津，再未出仕。1927 年，张人骏在天津逝世，得年 82 岁。溥仪亲自到张宅吊唁，谥“文贞”。徐凌霄《凌宵一士随笔》载：“清末督抚中，张人骏以悃愊无华，端重老成著，不随波逐流，迎合风气。历督两广、两江，均大疆繁剧。时髦政客屡攻之不能动。固以久为循吏，资望较高，而鹿传霖重其廉正，引为同调，在枢府中时加维护，极言其贤，其见信于上，不易动摇，亦多赖是也。庚戌七月，鹿卒于位，张挽联云：‘溯太公急难以来，忠节相丞，名德有达人，特钟圣相；自先帝登遐而后，台衡代谢，中原正多故，又丧老成。’以圣相称之，亦见气谊相投。”张人骏与袁世凯是盟兄弟，又是儿女亲家，但他在晚年却与袁因政见不合而“老死不相往来”。张人骏还是学者、诗人、书法家，有人说他与“陈宝琛、吴大澂鼎足而三”，也不是一家之言而已。

张之洞在致电张人骏的同日，又致电盛宣怀、刘坤一、袁世凯：

> 鄂省断不敢立稿，久已屡次声明。分奏而大意相同，方见公论。九款内有数条只是一类，不足以尽大纲。合其次数条，中法数条，益处稍多耳。汤蛰仙稿，请速索寄。

6月2日，张之洞与刘坤一联衔致电西安行在军机处转奏朝廷，请酌量变通科举：

> 科举一事，为自强求才之首务。时局艰危至此，断不能不酌量变通。半年来，谘访官绅人士，众论佥同。改章大指，总以讲求有用之学，永远不废经书为宗旨。大略系三场各有去取，以期由粗入精。头场试中国政治、史事，二场试各国政治、地理、武备、农工、算法之类，三场试四书、五经经义，经义即论说也。
>
> 总之，今日中外大势，科举不改章，势有不能。然改章之始，士林必须宽期肄习。拟请旨先行宣谕，现正议科举改章，讲求有用之学，仍必崇尚五经四书，所有展缓乡试省份，各士子正可藉此一年之暇，精心讲求，俾临试时，得以尽其所长。

6月2日的《郑孝胥日记》载：十六日。渡江谒南皮，与仲弢同留饭。夜，复入署。南皮言，新政有三等办法。第一等办法五条：一去徽号，下诏罪己，二废大阿哥，三除满汉界限，四降内监，五罢科举。其第二等办法，则决断切实。第三等办法则和平敷衍是也。仲弢就是黄绍箕。

6月11日，张之洞函复日本近卫笃麿，期望联手抑制沙俄，以共维和局：

> 武昌送别，晦已两秋。江海相望，苍波无极。比年以来，稔闻高瞻远瞩，提倡同文。愿力宏大，万流归仰，敬佩何可名言。比者长冈子爵溯江来游，道出鄂渚。远荷惠书，倾吐肺腑，语重思深，高谊恳挚，感甚感甚。
>
> 天祸敝国，事势艰危，至于此极。半年以来，和议粗有端倪，而北方之强，独欲逞其虎狼吞踞之心。新约十二条，贪狠无厌，显背公议。弟虽屡次披沥奏陈，极力谏阻，然言轻力薄，几至铸错将成。幸赖贵国清议众盛，政府明决，力助敝国，得以暂阻画诺。
>
> 然弟夙夜焦思，徒坚持不肯画押之一事，终不足弭狡逞之心。非速将东三省之地大开门户，以图保全，此外别无完策。我两国唇齿相依，利害与共，此议若成，便可维持东方数百年之局。当即前倡此议，于中历二月初奏达朝廷，幸两江刘岘帅亦助之。政府尚不以为谬，已电告敝国使臣密商贵政府及英、美两国。惟敝政府之意，以侵地未反，启齿为难，稍有踌躇疑虑。执事深惟左氏辅车之言，力伸棠棣御侮之谊，适与鄙见，若合符节。且所核计以后整饬辽东事宜，开地利、卫民生、足军实诸条，有益无损，凿凿不诬。且从此可借辽东一方为内地十八省必行新法之开端式样。迨关外行之有效，则内地变法，自可沛然无阻，引人入胜，更为善策，尤与鄙意相惬。当即将来书要领，另纸新章，会同岘帅

粗拟办法，详达政府，力请采择施行。先此复谢，尚祈时惠德音，是所跂幸。

6 月 14 日，张之洞就东三省开放问题再次致电江宁刘坤一：

长冈来鄂，带来近卫函及东三省开门通商办法一本，与呈尊处之件同。查俄人图占辽东，非借各国通商，断无保全之策。细阅近卫所拟各条，皆有利无害之事。进款三千万虽系悬拟，然五六百万确有把握。至免营口关税、仅抽内地课税，乃英国办法，便通商而不损国用，确无窒碍。

若内地任便通商，借以收回审断外人之权，日本筹谋十数载，始能办到。东三省果能办到，岂非幸事。即暂用洋员判断，犹是中国之官，行中国之律，究胜领事西律审办也。窃思辽东已经俄踞，强立新约，此时若争回，直是傥来之物，落得照此破格试办。且中国果欲变法图强，挽回利权，必须多所更张方可。然内地十八省骤言及此，必然骇听梗阻。莫妙于借俄人占踞满洲，趁此商诸各国，先行试办。果有成效，再行酌取数条，推行内地。此事终恐全权偏执成见，枢府拘泥游移。然事关我朝根本之地，中国自强之机，总宜竭力争之。拟请将近卫此议由尊处飞速会奏，将各条有利无害剖析陈明，切劝朝廷照办，以杜狡谋而保疆土。

许同莘《张文襄公年谱》载：日本子爵长冈护美来，携其公爵近卫笃麿条陈东三省开门通商办法一册，并以此册分致刘忠诚。护美娴汉文，赋诗赠之。其随员求公墨迹，命掾属代笔以应，嗣是日员来游，鲜不求书者。护美在上海设同文学校，是月行开校礼，赠以唐石经御纂七经各一部。庚子之乱后，签订辛丑条约。沙俄就东北逼迫更急，令人发指。针对沙俄如此强横，张之洞、刘坤一与李鸿章针锋相对，形同水火。张之洞屡屡提到的“全权”，就是指李鸿章，不无挖苦之意。排俄而近日，也是当时的情势使然。实际上，日、俄在东北争锋，也为此后不久的日俄战争埋下伏笔。

7月2日，张之洞致电刘坤一：变法折稿已拟就。共二十七条。文太长，分为三折。第一折学堂科举四条，第二折整顿中法十二条，第三折采用西法十一条。可分三日递。今日专弁乘轮寄呈，祈详酌改定。

当年，甲午战后，张之洞总结教训，提出乙未九条建议。如今，他与刘坤一反复电商，提出了一揽子的变法主张，这就是在今日读来仍旧令人觉得非常切实可行的“江楚会奏变法三折”。很奇怪，这一重要文献，《刘坤一集》却未见收入，不知何故。

7月12日，张之洞与江宁刘坤一联衔奏陈变通政治，人才为先：

> 中国不贫于财而贫于人才，不弱于兵而弱于志气。人才之贫，由于见闻不广，学业不实。志气之弱，由于苟安者无履危救亡之远谋，自足者无发愤好学之果力。保邦治国，非人无由。谨先就育才兴学之大端，参考古今，会道文武，筹拟四条，敬为圣主陈之。
>
> 一设文武学堂。取士之法，自汉至隋为一类，自唐至明为一类。无论或用选举，或用考试，立法虽有短长，而大意实不相远。现行科举章程，本是沿袭前明旧制，承平之世，其人才尚足以佐治安民。今日国蹙患深，才乏文敝，若非改弦易辙，何以拯此艰危。今泰西各国学校之法，其立学教士之义有三，一曰道艺兼通，二曰文武兼通，三曰内外兼通。其教法之善有四，一曰求讲解，不责记诵，一曰有定程，亦有余暇，一曰循序，不躐等，一曰教科之书，官定颁发，通国一律。臣等仅参酌中外情形，酌拟今日设学堂办法。拟令州县设小学校及高等小学校。童子八岁以上入蒙学，习识字，正语音，读蒙学歌诀诸书。十二岁以上入学校，习普通

学，兼习五经。十五岁以上入高等小学校，解经书较深之义理，学行文法，学为策论、词章，学较深算法至代数、几何止。府设中学校，十八岁高等小学校毕业，取为附生者，入中学校，习普通学，温习经史地理，仍兼习策论、词章，并习公牍、书记文字，学精深算法至弧三角、航海驶船法止，习中国历史、兵事，习外国历史、律法、格致等。三年而毕业，学政考之，给予凭照，作为廪生，送入省城高等学校。省城应设高等学校一区，非由中学校普通学毕业者不能收入。拟参酌东西学制，分为七专门：一经学，二史学，三格致学，四政治学，五兵学，六农学，七工学。并另设农、工、商、矿四专门学校各一区。三年学成会试，总裁考之，取中者授以官，择其中式前半若干名，分别送入京城文武大学校，学成者钦派总裁大臣考之，作为进士。经廷试后，文授以部属、知县等官，武授以都司、守备等官，均令分部分省分标候补。统计自八岁入小学起，至大学校毕业止，共十七年。计十八岁为附生，二十一岁为廪生，二十五岁为优贡、举人，二十八岁为进士。除去出学入学、程途考选日期外，亦不过三十岁内外，较之向来得科第者，并不为迟。

一、酌改文科。科举一事，为自强求才之首务。时局艰危至此，断不能不酌量变通。改章大指，总以讲求有用之学、永远不废经书为宗旨。大略系三场先后互易，分场发榜，各有去取，以期场场核实。头场取博学，二场取通才，三场归纯正，以期由粗入精。头场试中国政治、史学，二场试各国政治、地理、武备、农工、算法之类，三场试四书、五经经义，经义即论说考辨之类。拟将科举与学堂并行不悖，以期两无偏废。俟学堂人才渐多，即按科递减科举取士之额，为学堂取士之额，其颖敏有志者，必已渐次改业，归入学堂。

一、停罢武科。文武两科并称，而两科之轻重利弊迥然不同。国家任官求才，无论章程如何，总之必用读书明理之人。若武科则不然，硬弓刀石之拙，固无益于战征，弧矢之利亦远逊于火器。至于默写武经，大率皆系代倩。文字且不知，何论韬略。以故军兴以来，以武科立功者，概乎其未有闻。凡武生、武举、武进士之流，不过恃符豪霸，健讼佐斗，抗官扰民，既于国家无益，实于治理有害。此海内人人能言之，无待臣等之烦言者也。拟请宸断，奋然径将武科小考、乡会试等场，一律停罢。

一、奖劝游学。学堂固宜速设矣，然而非多设不足以济用。欲多设则有二难，经费巨一也，教习少二也。求师之难，尤甚于筹费，是则惟有赴外国游学一法。则教法尤以日本为最善，文字较近，课程较速，其盼望学生成就之心，至为恳切，较之学于欧洲各国者，其经费可省三分之二，其学成及往返日期，可速一倍。此时宜令各省分遣学生出洋游学，文武两途及农工商等专门之学，均须分门认习。学成后，得有凭照，回华加以复试，如学业与凭照相符，即按其等第作为进士、举贡，以辅各省学堂之不足，最为善策。并宜专派若干人，入其师范学堂，专学师范，以回华充各小学、中学普通教习，尤为要着。

张之洞特别致电提醒刘坤一，要注意保密，不能走漏风声：此次折、片各稿，务请切饬缮校各员慎密从事，于未达西安以前，万万不可先行传播，致上海各报刻入，诸多关碍。且各条与尊意合否？有无增减，亦尚未定，尤不可预为传布。

7 月 19 日，张之洞与刘坤一联衔奏陈中法整顿十二条：

立国之道，大要有三：一曰治：二曰富，三曰强。国既治，则贫弱者可以力求富强，国不治，则富强亦必转为贫

弱。整顿中法者，所以为治之具也；采用西法者，所以为富强之谋也。谨将中法之必应整顿变通者，酌拟十二条。

一、崇节俭。今京畿凋残，秦晋饥馑，赔款浩大，民生困穷，以后更不知如何景象。此时若欲挽回天意，激励人心，非贬损寅畏，力行节俭不可。拟请明降谕旨，力行节俭。始自宫廷所有一切不急之务，一切停罢，无益之费，一切裁减，即不能不兴之工，务从俭省核实。并请谕饬内外大小臣工，务从节俭，力禁奢华。所有宫室舆服，力求朴素，应酬宴会，勿得浮靡，上官岁时之供亿，一概禁绝。

一、破常规。应行破除常格之事甚多，兹先约举最要者三事。一曰敷奏。拟请明谕中外，凡臣工奏疏召对，务以直言正谏指陈利害为主，不必稍存忌讳，以收从善纳规之益。一曰仪文。今日文武官员官气最重，实为失人心害政事之根。应请切戒文武各官，务须屏除官气，不尚虚文，必其诚意感孚，然后兵民皆可用。一曰用人。如其人有四五人保荐者，即破格用之，如此则徇私缓引之弊除矣。如止一人保荐，则必试之以事，果有实效，然后破格用之。

一、停捐。捐纳有害吏治，有妨正途。拟请宸衷独断，明降谕旨，俟此次秦晋赈捐完竣后，即行永远停罢，以作士气而清治源。

一、课官、重禄。拟请京城设仕学院，外省设教吏馆。选派端正博通之员为教习，令候补各员，均入其中，分门讲习，严定课程，切实考核。其实缺各官愿入馆讨论求益者，亦听其便。惟善教以培其材，尤须重禄以养其廉。

一、去书吏。蠹吏害政，相沿已二千年。其实无论大小衙门，书吏伎俩皆极庸劣，所能为者不过例行公事，依样壶卢而已。兹拟将各省书吏，一律汰除，改用委员。

一、去差役。差役之为民害，各省皆同。警察若设，则差役之害，可以永远革除。

一、恤刑狱。今酌拟九条：一曰禁讼累，二曰省文法，三曰省刑责，四曰重众证，五曰修监，六曰教工艺，七曰恤相验，八曰改罚锾，九曰派专官。

一、改选法。以后州县、同通，统归外补，无论正途、保举、捐纳，皆令分发到省，补用试用，令其学习政治，上官亦得以考核其才识之短长。遇有缺出，按照部章应补何班，即于本班内统加酌量拟补，不必拘定名次。

一、筹八旗生计。拟请将京外八旗饷项，仍照旧额开支，惟将旧法，略为变通，宽其拘束。凡京城及驻防旗人有愿至各省随宦游幕、投亲访友以及农、工、商、贾各业，悉听其便，其钱粮，即行开除。

一、裁屯卫。查有漕各省，屯田本为赡运军而设，各卫所守备、千总本为征屯饷、押漕运而设。今日无论折漕与否，运漕皆系轮船、民船，运军久无其人，卫官一无所事，而屯田屯饷弊窦尤多。若屯田屯饷改归所隶州县征收，则每年丰歉完欠皆有可考。

一、裁绿营。三十年来，以裁汰绿营为言者，不止数十百人。自光绪十一年奉懿旨令裁汰绿营，各省虽分别裁汰，然现存者，尚复不少，兵饷此时，尚需银一千万两以外。特是裁汰之要义有二，一则宜筹从容消散之方，一则宜筹抵补弹压地方之具。拟请将各省绿营不论挑练之兵、原营之兵，不分马步战守，限定每年裁二十分之一，统限二十年裁竣，即可岁有一千万。可即以此项省出之饷，酌设缉捕勇营，派赴外府，择要分防，并设警察之勇，归州县调度，于弭乱安民既有实际，而经费可免另筹。

一、简文法。约有三端：一曰省虚文，一曰省题本，一曰宽例处。

以上十二条，皆中国积弱不振之故，而尤为外国指摘诟病之端。必先将以上诸弊一律划除，方可冀民心永远固结，然后亲上死长、御侮捍患，可得而言矣。

7月20日，张之洞与刘坤一奏陈采用西法十一条：

方今环球各国日新月盛，大者兼擅富强，次者亦不至贫弱。究其政体学术，大率皆累数百年之研究，经数千百人之修改。成效既彰，转相仿效。美洲则采之欧洲，东洋复采自西洋。顾西法纲要，更仆难终，情形固自有异同，行之亦必有次第。臣等谨就切要易行者，胪举十一条。

一、广派游历。论今日育才强国之道，自以多派士人出洋游学为第一义。拟请敕派王公大臣以及宗室后进、大员子弟、翰詹科道部属各项京官，分赴各国游历。惟游历实效，以遍游欧美、日本为全功，而以先游日本为急务。观其实政，睹其实效，见其新器，求其新书，凡吏治、财政、学制、兵备，一一考询记录，携之回华，以供我之采择而仿行焉。开聪明而长志气，无实于此，无速于此。

一、练外国操。查营制操法，欧美各洲各国大率相同。相应请旨通谕中外统兵大臣、督抚、提镇，严饬各营将士，必宜洗心涤虑，赶紧讲求练习外国操之法。

一、广军实。经费虽艰，军械不能不制。此后江、鄂两局，除加功精究，筹款扩充，并于厂内设立学堂以教员弁外，并拟设法筹款自造枪机、炮机、弹机，以待各省购用学制，庶免专恃外购，仰他人之鼻息，增中士之漏卮。至直隶各局，自必设法修复，拟请将广东、山东、四川三省制造局，极力扩充。其余南北各省，皆令设法筹款，量力各设一制造局。

一、修农政。中国以农立国，无农以为本，则工无所施，商无可运。近年工、商，间有进宜，惟农事最疲，有退无进。今日欲图本富，首在修农政。欲修农政，必先兴农学。劝导之法有四：一曰劝农学，一曰劝官绅，一曰导乡愚，一曰垦荒缓赋税。

一、劝工艺。世人多谓西国之富以商，而不知西国之富实以工。劝工之道有三；一曰设工艺学堂，一曰设劝工场，一曰良工奖以官职。三事并行，中国工艺自然而进。

一、定矿律、路律、商律、交涉刑律。必须访聘著名律师，采取各国办法，秉公妥订矿、路，画一章程，务使界址有限，资本有据，兴办有期，国家应享权利有着，地方弹压保护有资，华洋商人一律均沾。拟请由总署电致各国使臣，访求各国著名律师，每大国一名，来华充当该衙门编纂律法教习，为中国编纂简明矿律、路律、商律、交涉刑律若干条，分列纲目，限一年内纂成。

一、用银元。银元之利有三：平色画一，出纳分明，吏胥不能舞弊勒索，官民不致贴补受累，一也。商贾交易，简捷无欺，驵侩无权，既益于行旅，亦便于汇兑，二也。官款收发全用银元，以大元为母，小元为子，相辅而行，工火局用外，尚有盈余，三也。惟有最要两义。或谓中国用银以两计，各国洋银皆系七钱二分，宜每元改为一两，方为整齐适用。此论未尝无见。特是钱币之制，权量之法，必先有雄厚之力，乃能操转移之权。中国财窘商弱，不能自为风气，以后尤甚。若银元轻重，恰与洋银相同，尚可依傍洋银而行。改为一两，与洋银数目参差，悉沿江沿海洋行，不肯行用。商埠不行，内地必阻。故仍须铸七钱二分者，方有畅行之益。或又谓官收则按库平库色补足，官发则以银元当纹银计算，不必补水，部库可岁得巨款。此则万万不可。出纳必须一律，商民方能流通。

一、行印花税。凡有关银钱、物业之契约、单据，领用

官局印花，贴其上，其大意在抽银，不抽货，抽已卖之货，不抽未卖之货，抽四民百业凡有进项之人，不仅抽商贾贸易之人。故西人解印花税之义曰，此乃银钱税也。今日筹款，此事似可仿行。

一、推行邮政。查外洋各国，邮政为筹款一大端，而递信最速。今拟于各省、州、县，遍设邮政局，即令州县管理，由省城总局妥定章程，刊发印花，领用粘贴，用过照数报销，即以原有驿站、铺司各经费，拔充局用。

一、官收洋药。方今筹饷最急，然而零星罗掘，难得巨款。厘金将撤，碍难再加。盐价屡加，亦难过重。惟有加价于洋药，则不病民而增巨饷。拟以后由官设局，在各关进口时，全行收买，然后转发散商，分销各省，照时价加二成发商转运转售，计每年可得盈余一千万两。

一、多译东西各国书。译书约有三法：一令各省访求译刻，一请明谕各省举贡生员，如有能译出外国有用之书者，从优奖以实官或奖以从优虚衔，发交各省刊行。一请敕令出使大臣访求该国新出最精最要之书，聘募该国通人为正翻译官，即责令所带随员、学生助之，于随员、学生之学业暗中多所成就，而所译皆切用之书。

以上各条，皆举其切要而又不可不急行者，布告天下则不至于骇俗，施之实效则不至于病民。且大率皆三十年来已经奉旨陆续举办者，此不过推广力行，冀纾急难，而大指尤在考西人富强之本源，绎西人立法之深意，使各国见中华有奋发为雄之志，则鄙我侮我之念渐消。使天下士民知朝廷有改弦更张之心，则顽固者化其谬，望治者效其忠，而犯上作乱之邪说，可以不作，天下幸甚。

又附片奏陈专筹巨款以行要政。略谓节用之与自强两义自当并行，不可偏废。此时应省之事必须省，应办之事必须办，应用之财必须用。既须筹赔偿之款，尤宜筹办事自强之款。应请敕下政务处大臣、户部及各省督抚，于赔款之外，务必专筹巨款，以备举行诸要政，庶几各国刮目相待，而中国之生机不至于遽绝矣。

7月12日，刘坤一在“江楚三折”定稿后，曾致电张之洞，其中有这样的话：仰见明公文章经济，广大精微，凡古今之得失，与中外之异同，互证参稽，折衷至当。竭两月之力，成此一代典章，崇论宏议之中，犹复字斟句酌，贤劳独任，感佩莫名！刘坤一特别指出，“况此次创巨痛深，实与亡国无异，若不刻苦自励，何以上回天意，下协群情！大稿引用卫文布衣帛冠，洵属对症下药，苦心苦口，当能默契圣怀。”创巨痛深，与亡国无异，他们对形势的判断，真是惊人的一致。

7月21日，上谕传来：朕钦奉皇太后懿旨：昨据刘坤一、张之洞会奏整顿中法以行西法各条，其中可行者，即着按照所陈，随时设法择要举办。各省疆吏亦应一律通筹，切实举行。大要不外言归于实，用得其人。予与皇帝宵旰焦劳，母子一心，力图兴复，大小臣工其各实力奉行，以称予意，将此通谕知之。钦此。

7月22日，张之洞致电西安樊增祥：

> 江、鄂折二十日内外可到齐。如蒙政府采择，有决计愿办之事，宜在西安早为举行，不必待回京后，庶早慰海内海外望治之忱，且免到京后，事多掣肘。

7月23日，樊增祥复电张之洞：四条拟即特旨颁行，决计兴办。此事独恃函丈，频进嘉谟，但于慈意无迕，必当决行。银元悉如钧议矣。

同一天，张之洞又致函樊增祥：

> 变法诏书知出鸿笔，海内喁偶，始有昭苏之望。仆与岘帅已会衔复奏，所愧者，卑无高论，所信者，平易近人，但

不知有当万一否。方今赔偿未有的款，俄约不归公议，前事尚有未了。如仆之迂瘠，尚且忧之，何况贤智。阁下有何策以发我幽忧之疾乎。湖北一困于防务不解，再困于米粮两运，三困于洋款加增。困不足叹，无人悯其困则真可叹耳。陈龙川有言“架漏过时，牵补度日”，恰似湖北情事。惟时日方长，如何如何。

张之洞所说陈龙川，就是南宋陈亮。陈亮，原名陈汝能，字同甫，号龙川，“才气超迈，喜谈兵事”。1169年，乾道五年，上《中兴五论》。1178年，淳熙五年，再诣阙上书，极论时事，反对和议，力主抗金。他遭人嫉恨，两度入狱。出狱后志气益励，于1188年，淳熙十五年，第三次上书，建议由太子监军，驻节建康，以示锐意恢复。后被人诬告，第三次下狱，次年出狱。1193年，绍兴四年，被宋光宗亲擢为状元，授签书建康府判官公事，未及就任而逝，得年52岁。陈亮倡导经世济民的“事功之学”，创立永康学派。他虽与朱熹友善，论学则冰炭不相容，曾进行过多次“王霸义利之辩”。陈龙川政论气势纵横，笔锋犀利，其词作感情激越，风格豪放。他著作有《龙川文集》《龙川词》等。

张之洞与樊增祥函电往来，比较随意。樊增祥小张之洞9岁，湖北恩施人，其父樊燮，曾任湖南永州镇总兵，大字不识、为人不齿，受到左宗棠侮辱，发愤让其子读书，樊增祥终于在1877年得中进士，他受知于张之洞，充当张之洞幕僚，表现突出，后官至江宁布政使、护理两江总督。他诗作丰富，《彩云曲》《后彩云曲》负有盛名。1910年，他在南京有《中秋夜无月》，感怀时事：亘古清光彻九州，只今烟雾锁浮楼；莫愁遮断山河影，照出山河影更愁。樊增祥病逝于1931年，得年85岁。

7月24日，清廷改总理衙门为外务部，班列六部之前，派奕劻为总理大臣，王文韶为会办大臣，瞿鸿禨为尚书兼会办大臣。

7月31日，八国联军自北京开始撤退。

就在张之洞、刘坤一联手谋划“江楚三折”之时，有一小插曲，颇有意思。上海报纸有关于鹿传霖的“负面新闻”，传言是刘坤一所指使。张之洞曾致电刘坤一，探问刘坤一与鹿传霖有无过节，刘坤一坦然相告，予以否认。但后来，此事又哄传报章，刘坤一于6月29日致电张之洞，细说端由：“兹闻定兴以上海洋报谤议，疑系敝处舞弄使然，是竟视弟为小人之尤耶！弟官两粤时，与定兴交最深，谬承引为知己。而前后反覆，于定兴亦有不光。且定兴于弟初无间言，不知于何开罪？其在川、陕，犹复遗书道故，词意殷殷。及由粤东移节来江，旧雨重逢，情文尤为款密，尝举畴昔周旋，语诸僚属，众所共闻。乃于署督篆任内，奏参银元局及淮北盐务，牵涉敝署，不无激射之词，论者谓为项庄舞剑，而弟固未尝稍存芥蒂也。”刘坤一当然也提到鹿传霖署理两江总督，在他“回任之后，凡定兴所行之事，所用之人，并未轻动，江、鄂地近，左右所知。际此时局艰难，彼此均在要地，当思内外和衷，以期共济，安可各怀猜忌，互相排挤？况于假手外人，中伤同类，狗彘不念其余，弟之不肖，当不至此。自惟生性坦率，从不敢以鬼蜮之技，暗地害人，可以盟诸天日。”对于报章文字，舆论传播，刘坤一进而言道：“至于报馆毁誉，无足轻重，向不寓目，更何肯遗以口实？惟定兴既有成见，即使多方剖白，胸中未必释然，只合遵昔人不辩之训。所虑蜚语流传，上达清听、不敢不一明心迹耳。我公谅之。”刘坤一此封电文，所言定兴就是鹿传霖。

因有此电，8月7日，张之洞致电西安鹿传霖：

> 两江传言，公谓上海各报诋诬盛德，为岘帅所使，此必无之事。各报踪迹，鄙人深知。望公勿听讹传，仍联旧好，共维大局。

8月14日，刘坤一致电张之洞：但得定兴释然，则告者过，听者亦过矣。我辈以公义相取，如果因公起见，正不妨有异同，即使登之弹章，亦告爱人以德，要不可以私意相倾、以私意相测也。敝处向不看报，一因语多不经，一因事烦无暇。已之毁誉听之，人之毁誉亦听之。鹊噪枭鸣，无足介怀。谚云见怪不怪，其怪自败。若以传言为轻重，则彼恃为得计，笔歌墨舞矣。公谓然否，谨谢。

刘坤一的回电心底磊落，坦坦荡荡。他说的定兴，是指鹿传霖。鹿传霖是河北定兴人。

8 月 20 日，张之洞致函荣禄：明诏更张，天下咸知，公造膝敷陈之力。窃念变法一事，造端庞大，条理繁多，非决计破除常格，终虑牵制难行。且百度修明，无一不需巨款。但使其用实归于教民、养民、卫民，目前虽稍觉吃力，日后尚可立国，绅民自能相谅。若仅取足赔款而上，则新政之行，事事束手，无复实济可观矣。

夫今日系属人心，全赖此变法一举。海内士民，犹谓有自强之一日。若辛苦蒐罗，尽供岁币，一切教育善政，坐困而不克施行，天下见理财之政，专为人而不为己，嗒然失气，冀望皆穷，将恐筹劝赔款，亦多窒碍。昨会岘帅复奏三折一片，大率皆书生文章，俗吏经济，深愧无裨山海。固原奏太繁，恐值庐难于详阅。谨将排印副本，寄呈两册，以备从容披览，尚祈指示而判正之。幸甚。赔款本息期限，敝处与岘帅所议每年多还三百万，综计可省二百兆，似较合算。盖同一罗掘为难，初不系三百万之出入也。乃某相国坚执已见，每年所省有限，而全数所加甚多，令人不解。

某相国藉外人谓抵款不敷为词，尤所未喻。中国虽贫，何至无三百万之抵款耶。至京津所留洋兵之数太多，回銮后诸多可虑。然此时与各国商减，未必见听。俄约不归公断，实无善策。彼俄人自拟之约十一条，无论如何商改，所差不过百步、五十步之间。是以晚偕岘帅屡阻力争，只欲力杜狡谋，并非争执意见。而某相国非但不谅，愈益坚持。尚望我公密赞庙謨，坚持定见，将开门通商之议办到。

9月7日，奕劻、李鸿章与德、奥、比、西、美、法、英、意、日、荷、俄等十一国代表签订合约，此即《辛丑条约》。

9月13日，张之洞上奏，期望能到开封迎驾：

> 臣草莽待从，游历封圻。计自光绪十年由山西巡抚任内奉旨陛见，幸获展觐天颜，计十余年来，徒深依斗之诚，未遂瞻云之愿。下怀依恋，积日俱深。恭读七月初一日上谕，准改于八月二十四日恭奉慈舆，启跸回京。兹幸款局大定，防务稍松，湖北地方布置尚属粗完，暂离两月，亦尚无妨。恭值六飞回驭，临幸中州，跸路所经，鄂省近与接壤。臣拟于八月下旬，先期驰赴河南开封省城祗候，跪迎圣驾，俾厕一日属车之列，稍舒频年恋阙之忱。且两湖一切要政，得以恭聆圣训，俾有遵循。合无仰恳天恩，准臣前往，不胜瞻恋屏营之至。
>
> 硃批：毋庸前来。

11月7日，张之洞致电洛阳行在军机处，略陈德国公使与之密谈内容：

> 昨德公使穆默自京来鄂密谈，询回銮事在中途有无更改，洞答云必回銮。穆云闻将令各国减留在直隶之兵，方肯回銮，此说各国必不允。如回京后，中国有好兵，其兵力能弹压地方，将来当可渐减。洞问能减若干，穆云留直兵一万二千人，当可减半。穆又云，李相病颇重，知否，洞答云，已知。穆语甚多，其大意无非言我有精兵，自可减兵，愿袁抚到直隶而已。洞按：今年以来，所见各国提督、领事，大意皆盼袁抚为北洋大臣，众口一司，不仅穆一人也。穆又

云，假如袁调直隶，山东事有妥人接手否。洞答云，不能臆揣，但山东海面，向归北洋，山东事朝廷亦可令袁遥为兼顾照料。穆欣然首肯。再，顷得京电，李相病笃，此席必须速为筹备。

此电报，应该还是发给鹿传霖。

10 月 5 日，两宫离西安回京。

10 月 27 日，两宫抵洛阳暂驻。

11 月 7 日，李鸿章病逝，谥文忠。清廷命王文韶署理全权大臣，袁世凯署理直隶总督兼北洋大臣。一代名臣去世，刘坤一送他的挽联是：为社稷而生，旋乾转坤，帝方倚公独任；骑箕尾以去，左提右挈，孰更与我同心。

刘坤一对待李鸿章的态度，还是有别于张之洞。

11 月 24 日，张之洞再电开封鹿传霖，陈说与德国公使密谈内容：

> 九月内，德穆使自京来鄂晤谈，择密室屏人密语问曰，大阿哥之本生父端王经各国加以重罪，不知大阿哥将来究竟如何。言语甚多，大率深不悦而已。此事甚难对。当即答曰，此大事，臣下不敢知，但闻皇太后近来因大阿哥不好学，深不喜大阿哥而已。本拟即行密陈，因近日道路传闻，朝廷于此事将有举动，则为外臣者，于此等事，自不宜妄言。且上意已定，更不必再言。但恐朝臣或询问枢臣诸公疆吏中有所闻否，若不将德穆使此语奉达朝廷，万一责疆臣以有闻不告，则更不能当此咎，故谨以密陈。如朝廷问及，则请以此语转奏。如不问，则不必矣。

11 月 30 日，谕旨：已革端郡王载漪之子溥儁，前经降旨立为大阿哥，承继穆宗毅皇帝为嗣，宣谕中外。慨自上年拳匪之乱，肇衅列邦，以致庙社震惊，乘舆播迁。惟究其端，载漪实为祸首，得罪列祖列宗。既经严谴，其子岂宜膺储之位，自应更正前命。溥儁着撤去大阿哥名号，立即出宫。

同日，张之洞致电太原山西巡抚岑春煊，解释“江楚会奏三折”，希望岑予以呼应支持：

> 学堂出身，须速颁明旨，许以进士、举贡生员为第一要义。如此则不筹官款而学堂自多，人才自众。再，更有上上最要之义，如能化满、汉畛域，则天下大局，立见转机，赔款易筹，乱党亦不作矣。但此事不易言。公天眷优渥，不知能相机婉陈否。

1901 年 12 月 5 日，张之洞接奉上谕：大局渐定，回京有期。刘坤一、张之洞、袁世凯共保东南疆土，尽心筹画，均属卓著勋劳。刘坤一赏加太子太保衔，张之洞、袁世凯均赏加太子少保衔。

12 月 11 日，张之洞长孙张厚琨自日本观操归来，乘马入督署，至辕门，马惊触墙，碎首而卒。此事让张之洞颇为悲痛，他毕竟已经是 65 岁的老人了。

1902 年 1 月 6 日，张之洞致电保定鹿传霖，除谈论天下大事，也语及家门不幸，语甚凄凉：

> 前数日，英萨使自京来电，令领事面见，密语云，各国甚不悦荣相，不愿其在政府。直督袁曾为荣相解说，但袁与荣素来亲密，所言不足为据，特电询刘、张之意若何。答以从前事皆系董罪，固不待言。近日圣驾到汴后，俄人催定俄约，事甚紧急，赖公与荣相力阻，始未画押。此事甚确，等语，英领顿觉意解。又云，萨使已查知俄人有函重托荣相。鄙人答云，此事未闻。即或有函，在俄何足为怪。荣相顾中国大局，必不偏听。英领当即照以上各语，电复萨使。昨，萨使复电云：刘亦为荣解说。既有刘、张、袁三总督代恳，

此时即不深论，但日后尚须留心察看荣相办事若何。若荣相偏袒俄人，仍要说话等语。特此公布，并望转告略园。鄙人衰朽多病，近因小孙事，甚觉灰心，志在乞退，重大事体，不敢多发议论。此事鄙意本不愿告略园知，特因其枢纽全在俄约，以后事体尚多，事关国家大计，势不能不以奉闻。望斟酌转达为幸。

1月7日，两宫还返京师，又称西狩回銮。

1月10日，为推行变法新政，张之洞荐举人才十二员：李盛铎、伍廷芳、汪凤藻、胡惟德、黄绍箕、王先谦、樊恭煦、缪荃孙、沈曾植、乔树楠、陈宝琛、曾鉌。

3月9日，张之洞在一天之内，连发三份电报，事涉袁世凯、刘坤一、张百熙。

张之洞致电袁世凯、刘坤一，首先商议的是否在京城设立仕学院：

讨论政治，借材异国，诚为扼要。惟我国国势微弱至此，若政务处于六国各选顾问官，必有干预，将来麾之不去矣。特今日人才风气，暗多明少，惰多勇少，私多公少。若变新法，不仿西人，不惟精意全失，恐皮毛亦不能似矣。窃谓莫若京城设一仕学院，多藏图书仪器，陈列各国机器、车船、炮械、钱币小样，选四品以下京堂、翰林、科道部属及在京外官入其中观览讲习。延聘英、德、美、日数国通儒及已仕而闲居者数人为谈友，外国名为谈话会。每一学问请一外国人，共十人。法律、财政、兵事、农工各项尤要者，每门可请两人。日日到院，与我各官讲论，不立师生之名，种种议论，自然转达于政务处诸大臣之耳。诸大臣欲询访时，即令各员赴仕学院，以己意问之可也。如此则有顾问之益，而无顾问之弊。且延请各国人及愿请几人，皆可随我随时斟酌，无须每国用一人矣。此策似较活便。

这一天，张之洞还复电袁世凯、刘坤一：

自强无望，势难立国，言之痛心。慰帅意欲择新政最要者，三人联衔入告，每月两三次，节节设法，最善。如此办法，补益必多，洞愿列名。请慰帅即将目前应速奏速办者何事，电示其目，两公主稿，皆愿附骥。慰帅既胸有成竹，且近在京辇，事机明切，此次，即请慰帅主稿具奏，尤为迅速。

张之洞在此日还就学堂兴办之事，电复管学大臣张百熙：

湖北前设各学堂、书院虽略仿西法，因风气未开，不能无所迁就，各堂未能画一，课本亦未成书，是以碍难奉复。拟俟赴东考察之员回鄂，详酌一妥章，再行奉达请教。窃拟管见数条。一曰派员考察。此层大疏已言之。日本学制尤为切要。谕旨中有详细章程通行各省之谕，此时似可从容审酌。如须具奏通行，似宜稍参活笔，俟考察回华再定。或询商各省，统惟卓裁。二曰速习普通。各国教育，以小学堂为第一层根基，此时急不能待，则普通学为第二层根基。普通学即寻常中学也。外国文武官，下至农、工、商，无不习普通学者。但普通有深浅耳。普通门目，除伦理必应切讲力行外，历史、地理、物理、化学、算学、卫生、体操皆要，近年言西学者多只注重方言、算学两门，似非外国教育宗旨。三曰算学不必求深，深者归专门。四曰师范生宜赴东学习。师范生者，不惟能晓普通学，必能晓为师范之法，训课方有进益，非派人赴日本考究观看学习不可。学浅者赴东学寻常师范，以充小学教习。学深者学高等师范，以充中学教习。若虑出洋费重，不能多派，可一面聘东、西洋高等师范生来京教之。五曰管学之员宜赴东学习。教授固要，管学亦要。

屋舍规式、各种章程、饮食起居，皆有定法。此有关于学业甘苦迟速，亦非派员赴东考究不可，三个月即能明习。六曰课本书必不可少。现与两江刘岘帅共同设局，访求日本教科书，拟酌采其意编纂之。此事甚不易，纂成后，当咨送请教。七曰中国文章不可不讲。自高等小学至大学，皆宜专设一门。韩昌黎云“文以载道”，此语极精，今日尤切。中国之道，具于经史。经史文辞古雅，浅学不解，自然不观。若不讲文章，经史不废而自废。

却原来，在此前的 1 月 10 日，张百熙被任命为京师大学堂管学大臣。2 月 13 日，张百熙奏陈筹办学堂情形，大学堂先设预备科及速成科，预备科分政科、艺科，速成科分仕学馆、师范馆，另附设译局，并广购书籍、仪器，咨询于张之洞。张百熙，字埜秋，一作冶秋，号潜斋，湖南长沙人。他小张之洞 10 岁，同治十三年进士，病逝于 1907 年，谥文达。他的去世，有一江湘水动悲风之说，报业“三张一赵”之张慧剑说：“当时多呼百熙为大学之父”。

是月，两江、湖广会设江楚编译局于江宁，延请黄绍箕、缪荃孙为总纂，罗振玉副之。湖北延分纂七人。书成，彼此互送复阅。这也是张之洞、刘坤一整合资源江鄂跨区域合作的又一例证。

9 月 30 日，张之洞就美索版权事宜，致电上海吕海寰、盛宣怀与江宁刘坤一：

闻美商约，拟索洋文版权，各省文人有志讲求西学者，恐以后中国不能译西书，闻之甚为惶急，纷纷电求驳阻，此事万不可允。日本所索版权，乃指东人就东文已译成中国语文之书，若中国自译东文者，并无所禁。若我就欧美洋文之书，译成华文之书，版权在我，与彼何干。究竟美所索洋文版权如何立说，无从悬揣。倘果索议及此，务请两星，坚拒勿允。

张之洞是人不是神，他也有历史局限性，他的版权意识如此，也是一种时代印记。

是月，张之洞建钟楼于黄鹤楼旧址。

一周之后，刘坤一病逝。

10月6日，张之洞致电北京鹿传霖，恳请他代为转圜，勿把自己再调赴署理两江：

> 接宁藩司电，刘岘帅今晨薨逝。朝廷如议代者，万勿拟及鄙人。有必不可者四：才具万不胜任，一也。鄙人精力日衰，数日来皆系扶病办事。鄂省轻车熟路，尚可勉强支持。江南政事最繁，人地皆生，贱体万不能支，数月以后必为岘帅之续，二也。鄂省所办学堂、练兵、制械、矿务、督察、堤工数大端，皆已有规模，或已有七八分，或已五六分，指日收效。若有移动，前功尽弃，实不甘心。江南事事，皆须平地创造，必致一事无成，三也。铁路乃中国第一大政，鄙人创议之第一大事。今芦汉之路，明年底可成。粤汉之路，现已开工，自广东省城造起。两路中权枢纽，全在湖北，将来议税章、通文报、设护兵、通商货，收路权、利权，皆须鄂省筹办，主持其间，小有出入，即关国家万年利害。弟系铁路创议之员，一切正待筹办，他人来鄂，必多隔膜，四也。务恳向略园及同列诸公剀切言明，仰恳圣恩，断勿调鄙人赴江南。若再在鄂三年，必有数种成效，以仰答国家。

10月7日，张之洞致电江宁藩司沈幼彦：

> 岘帅骑箕，骇愕痛悼。大局粗定，步步艰难，东南谁为镇抚。鄙人无所就正，摧恻忧灼，无可为怀。是否立嗣子抑立嗣孙，祈示，并望代致言。将来岘帅碑铭、墓表，洞愿任其一，以尽鄙忱。

但是，张之洞身难由己。初六日，以张之洞署两江总督谕旨下。嗣后，张之洞有致刘能纪一函，大意如是：前接电音，骇悉尊公忠诚公骑箕之耗。台斗星辰，苍茫掩曜。东南柱石，瞬息倾颓。哀痛当遍寰中，何止鄙怀摧恻。夙念世兄至性过人，礼隆为后，遭此大故，恸毁可知。顾念尊公大人殊勋懋绩，彪炳中兴。内治外交，经营全局。东山再起，以苍赤为心。西平笃生，实国家之福。用能上孚帝眷，下奠民依。今则百度方新，而更始之规模毕具。遗章未上，而饰终之恩命光颁。业足千秋，殁无片憾。世兄箕裘继志，劳砺延恩。尚希笃念仔肩，稍纾毁瘠，是所切祷。弟昔事追维，正深共济无人之慨。名疆暂属，更抱难乎无继之忧。俟事料理清楚，即当浮江东下。念老成之遗范，展奠匪遥。遣一介以先驱，将刍致悃。兹寄呈挽幛一悬，挽联一副，祭席一筵，楮币全分，尚祈代呈几筵，是幸。

10月15日，张之洞致电江宁、上元两县，告以二十五日启行，二十八日到宁，借钟山书院为行馆：该书院闻现在修改学堂，如有修理未完者，草草修毕，但能将就居住即可，不嫌草率，不嫌朴素。器具只用粗木，不准用红木。铺垫帘幔之属，只用洋花布、羽毛、洋呢，不准用绸缎。初到备饭上席，只准用五簋八碟，不得用燕菜，其余可以例推。一切陈设，勿得华美。如华侈糜费，除发还外，不准开支公款。本督部堂向不用门丁，禁止馈送，收受门包，更不待言。

11月1日，张之洞乘轮船自武汉启行，顺江而下，再赴南京。

11月8日，张之洞抵达南京，接署两江总督。

刘坤一接替沈葆桢就任两江总督，其间转任过两广总督。甲午战争，他北上抗日，张之洞署理两江，鹿传霖也曾署理两江总督。此次，刘坤一撒手人寰，又是张之洞前来署理，不久之后，魏光焘前来接任。这样说来，江楚会奏三折，就是晚清这一对名臣重臣彼此联手就清廷与社会的最后一份政治宣言书了。

# 十二、再署两江意阑珊，不过数月

庚子之乱，张之洞在武汉与人在南京的刘坤一非常默契，终于推动形成东南互保之局。庚子之乱，最终导致签订《辛丑条约》。两宫回銮，百废待兴，国家危机更为深重。但就在此时，继李鸿章在1901年秋冬之际病逝之后，不到一年时间，1902年10月6日，两江总督刘坤一又死于任上。张之洞闻听刘坤一病逝，立即在当日致电鹿传霖，让他从中斡旋，千万不要让其再署理两江总督。

但谕旨难违，张之洞只能听命于中枢。10月15日，他致电江宁、上元两县，告以自己的行程，决定暂住钟山书院。

离开湖北之前，张之洞接连签发各种文件，颇有只争朝夕之概。10月26日，张之洞奏陈北京修筑省城武汉南北沿江堤岸情形：

> 湖北省城之南保安门外，白沙洲至金口五十里，省城之北武胜门外新河起，经红关至青山三十里，省城外江岸，南起鲇鱼套内之熊家渡，北抵塘角十二里余沿江一带，南路旧堤，年久残废，仅有堤形可按；北路间有小埂，每年夏间为江水灌入，堤内之田数十万亩，悉成湖荡，居民耕种失业，极形困苦。且其中有抚标江夏县马厂各数十里，亦被淹没，畜牧无从，实于民田官地，关系甚大。
>
> 查南堤为前督臣周天爵所筑，现竟日就坍圮，前人苦心经营，泽民惠政，何容听其湮没。且鄂省前数年，迭被水

灾，各属贫民，流离失所，聚武、汉间，深虞滋生事端。因思如将此堤修复，既可以工代赈，养无数之穷黎，又可永安耕凿，得无数之良田。

维时，湖北赈捐，尚有存款，是以力筹大修之举，为一劳永逸之计。经臣之洞于光绪二十五年春间，先将红关至青山之堤分作八段，派委各员兴修，是为北路之堤。民间旧日于沿江偶因春涨筑作土埂，全不足恃。一经夏涨或春水稍大，便至漫淹，将沙湖，大、小郭郑湖连成一片，自江岸直抵磨盘诸山一带，一片汪洋。现于北路三十里筑为长堤，皆系以平地为基。因地势之低昂，定堤身之高卑，高一丈至丈七尺，堤面一律宽二丈。旋复于秋冬水涸，将白沙洲至金口之堤，分作十段，分别委员兴修，是为南路之堤。南堤较北堤地段，尤为广远，堤内地段，东过东湖门，南抵八风山，督标马厂，即在其内，有南湖、汤逊湖、黄家湖、青林湖、巡司河。夏间江水内灌，则诸湖及河道连成一片。其旧存堤，大半距江岸甚遥。今则于沿江附近改作新堤，使旧日滨江被淹之地并包于新堤之内，涸出田亩不可胜算。计南堤绵亘五十里，增筑一丈余不等，堤面一律宽二丈，工程尤为浩大。数年以来，南北两堤新堤之未稳者，则复令翻筑，堤身之冲刷者，则复令培厚，务令一律砥平，现已一律工竣。

堤外令其种植柳树，柳树之外，栽种芦苇，以御风浪而护堤根。惟外江之水，既有堤以御泛涨，内湖之水，须有闸以资宣泄。因于南北两堤，择地建闸数座，因时启闭，蓄泄有资。至省城附廓一带江岸十余里，向来旧有石磡岸之处，尺寸较低，且不尽有磡岸。当江水盛涨、雨潦日久之际，积水漫溢，淹没路隘。因将沿江旧有石磡岸之处，增修加高，使内水可泄，外水不入。并于武胜门外，未有石磡岸之处，一律加修石磡，俾资捍卫。

南北两堤既成之后，涸复田土甚多，经派员设立清丈局，按地勘丈，详加考察，现计南北两路，共清丈有官、民田近二十万亩之谱，其未及清丈及民间旧业无待清丈、从前被淹现可免淹者，殆不可以数计。其最有益者，则北路红关至青山一带，为粤汉铁路发轫之地。此堤不筑，将来修造铁路塞水填土，工程甚巨，所费殆将以数十百万计。

今筑成此堤，于铁路经费，所省极多。尤有益者，省城以南之金口，为自湘岳入鄂之门户，省城以北之青山，为下游自黄州到武、汉之要隘。金口之山，名大军山，江狭岭峻，青山地方，冈阜重叠，此两处皆可以置炮屯兵。他日若武、汉江防有事，则由省城南至金口、北至青山，此九十里中，皆有高岸平堤，兵队及马车炮车，可以昼夜通行，往来接应，调度迅速，尤为省防胜算。

张之洞这一修筑大堤的奏折，具体实在，条理清晰，毫无空泛之处，读来令人如坐春风。

关键还是修筑铁路，已经进入新世纪了。张之洞奉调前来就任湖广总督，中间不断有波折，但时间不等人，屈指算来，已经过去十几年了，这铁路到底修得怎样了？这一日，张之洞奏陈查勘芦汉铁路南段情形：

芦汉铁路现已造至河南信阳州地方，于本年夏间开车。近日行旅商货，往来络绎，该铁路公司洋总管屡请臣前往查阅。查此项铁路，系臣创议兴办之事，现将离鄂赴江，自应亲往一阅，以究利弊。兹于九月十七日辰刻自汉口乘坐火车启行，于申刻驰抵信阳，十八日由信阳乘原车驶回。计自汉口至信阳州，共四百三十余里，中间所有道路、桥梁工程，俱极坚实宏壮，车站、水仓一律完整。沿途商民欢悦，争谋造房屋，开店铺，设行栈，山乡瘠壤，顿有兴旺气象，于民

间生计裨益甚多，地方农民、工人亦均安谧。臣回至汉口后，顺道查勘法国新拓租界界址，德国近年新开之租界及通火车车站之枝路，并查勘比利时、日本两国现议未定之租界，并会晤各国领事，商酌一切。是晚，即渡江返省。

也就是说，张之洞在10月18日到19日，自汉口到信阳往返，沿途所见，生机勃勃，气象兴旺，令人大可快慰。

10月24日，盛宣怀的父亲盛康去世。根据惯例，盛宣怀电请开去相关差缺，要丁忧守制。

10月28日，张之洞致电军机处、外务部，称盛宣怀现丁父忧，似仍可承办铁路事宜：

芦汉、粤汉铁路总公司事宜，关系最为重大。此事外关交涉，内关政权，甚不易办。稍有疏漏，权利即暗为外人侵夺把持，全国受制，悔不可追。此两路，皆系盛大臣与洋人订立合同，盛情形已熟，经理俱有斟酌，且有招商局码头作抵借款，修造萍乡铁路等事，胶葛甚多，实未便更易生手。

查铁路既由总公司议立合同，本系商务中事，故盛之衔只称为督办铁路总公司大臣，与别项督办大臣不同，丁忧人员，似仍可承办。

拟恳由钧处请旨，将督办芦汉铁路、粤汉铁路总公司事宜以及淞沪铁路，仍责成盛大臣一手经理，勿任诿卸。如虑奏事不便，或改为署任。盛所督办者系铁路总公司，其铁路事宜仍由南、北洋大臣及湖广、两广各总督会同督办，凡事皆由四督臣及盛大臣五衔会同陈奏。洞系创议开办芦汉、粤汉铁路之人，于此事利害，既已确有所知，不敢不十分慎重，数日来焦虑殊深。兹为要工得人起见，谨据实详筹奉商。应否奏闻，请钧酌。

张之洞此折上奏，得到回复：芦汉、粤汉铁路总公司及淞沪铁路筹款、购地、买料、修工事宜，仍著盛宣怀一手经理。

10月31日，张之洞奏陈湖北筹定学堂规模，次第兴办，将各学堂办法及筹办要旨，分条罗列，至为详细：

> 国势之强弱在人才，人才之消长在学校。环球各国竞长争雄，莫不以教育为兴邦之急务。
>
> 其制以大学造就文武之通材，以小学、蒙学启发国民之忠义，全国学堂多至十数万区。考日本教育总义，以德育、智育、体育为三大端，洵可谓体用兼赅，先后有序。礼失求野，诚足为我前事之师。
>
> 臣之洞于到湖北时创建两湖书院，经史之外兼课舆地、算学、图绘等门。旋复陆续添设自强、武备、将弁、农务、工艺各学堂，延聘东、西洋教习，分课文武、实业各种有用之学，各书院、学堂一律兼习体操、兵操。旋于光绪二十四年九月钦遵懿旨，将两湖、经心、江汉三书院于经史之外，均分课天文、舆地、算学、兵法四纲，门目递增，规模略具。兹奉明诏，将各书院一律改设学堂，经督饬司道、武昌府详筹速办，一面通饬各府厅州县，一体钦遵，改设中小学堂，一面委派员生分次前往日本，考察各学校章程规制一切教育经理事宜，以资参酌。谨将鄂省现有各学堂办法及鄂省筹办各学堂要旨，列为两类，分条胪陈于左。

计各学堂办法十五条：

> 师范学第一。师范学堂为教育造端之地，关系至重。除已选派优等学生三十一人前赴日本专学师范外，现在省城设师范学堂一所，择地城东宾阳门以南、老官庙以东青草坡地方，创建屋宇，以东路小学堂附属其旁，归师范学生教课，以资实验。师范课程于普通学外，另加教育学、卫生学、教授法、学校管理法等科，日课以八点钟为率，专为养成中小

学堂教习之选。定学额一百二十名，目前暂行考取品学兼优之文生入学，将来以中学堂毕业学生升入。速成者，一年毕业，第二班，两年毕业，第三班，三年毕业。其放假之期，每逢皇太后、皇上万寿圣节，至圣先师孔子诞日放假一日，清明、中元各放假一日，端午、中秋各放假三日，暑假一个月，年假一个月，寻常每十日，放旬假一日，以资休息，大小学堂，一律均同。

小学第二。小学为培养人才之源。外国分寻常小学、高等小学为二级。中国师范初兴，寻常小学只可听民间自设家塾及义塾教之。至官办学堂自当从高等小学始。湖北现就省城内，先设高等小学堂五所，分东西南北中五路，每路各设一学，以便就学子弟。此五学堂各定额一百名，招民间秀良子弟、能背诵经书一两部、文理粗通者入学，学年限十一岁以上至十四岁止。课目凡九，曰修身，曰读经，曰中文，曰算术，曰历史，曰地理，曰理科，曰图画，曰体操。日课以六点钟为率，四年毕业。

文普通中学第三。小学之上，普通学为最要。小学所以教为民之道，普通学所以教为士学、为兵学之道。湖北现于省城，设文普通中学堂一所，以原有自强学堂添改充用，定学额为二百四十名，学年限十五岁以上至二十四岁止。课目凡十二，曰伦理，曰温经，曰中文，曰外国语文，曰历史，曰地理，曰数学，曰博物，曰理化，曰法制，曰图画，曰体操。课以八点钟为率，四年毕业。

武普通中学第四。又设武普通中学堂一所，定学额为二百四十名，目前考选文理通顺、体干壮实之生童入学，将来亦以高等小学堂毕业学生升入。学年限十五岁以上至二十四岁止。武普通学科与文普通同，惟操场功课加密，并加入步兵操典、野外要务及技击、泅水、马术、打靶等科，在营当兵半年，共四年半毕业。

文高等学第五。湖北现于省城设两湖高等学堂一所，即就原有两湖书院，酌量修改充用，以课高等专门之学，其科目酌分八门：经学第一，中外史学第二，中外地理学第三，算学第四。此四门为中西公共之学。理化学第五，法律学第六，财政学第七，兵事学第八。此四门为西学，延聘东、西各国专门教习教之。查外国大学分法、文、理、医、农、工六科。两湖高等学科八门已兼括文、法、理三科，其农、工两科亦经专立实业学堂，至医学，则于将弁学堂内列军医一门，此学堂各门程度皆与外国之高等同，然即是大学堂之预备科，故亦可称为两湖大学堂。定学额一百二十名，目前以两湖、经心、江汉三书院优等学生入学，先补习普通学一年，再习专门三年，计四年堂课毕业，即派往东、西洋游历一年，共五年毕业。

武高等学第六。于省城设武高等学堂二所，一所名武备学堂，以教本省举贡生监，募德国教习三员教之，定学额为六十名，略比日本士官学校。课目凡十，曰战法，曰舆地，曰测绘，曰算学，曰体操，曰军械，曰台垒，曰步队学，曰马操，曰炮队等。日课凡八点钟，目前以旧班学生分为马、炮、工三科，在堂一年，入营一年，共二年毕业。一所名将弁学堂，定学额一百名，略仿日本户山学校，专取在营已有阅历之武职官弁队目，而又文理明顺者充选，使之研求学术，增进智略。募日本教习五员教之。课目凡十二，曰军制，曰战术，曰兵器，曰数学，曰卫生，曰操法，曰筑城，曰野操，曰兵棋，曰测图，曰战术实施，曰技击，曰军医。日课凡八点钟，三年毕业，先教速成科，一年半毕业。

方言学第七。设立方言学堂一所，以原有农务学堂充用，教以英、法、德、俄、日本五国方言及地理、历史、算

术、公法、交涉等学科。定学额一百五十名，每国文字三十名，共五年毕业。

农学第八。湖北现将原有之农务学堂，移建城北武胜门外多宝庵地方，令与试验场相近。分课农桑、畜牧、森林各门之学。定学额一百二十名。日课凡八点钟，四年毕业。

工学第九。其原设之工艺学堂，改设于旧日之江汉书院，分课理化、机器制造、织染、建筑各门之学。定学额六十名，附设艺徒额三十名。前二年补习预科，后二年学正科，日课凡八点钟，四年毕业。

勤成学堂第十。专设勤存学堂一所，即以原有经心书院改充，以教年长向学而不能收入学堂之生员。不分科目，不立年限，由官分期考验，量给奖赏。

仕学院第十一。省城本设有教吏馆，兹于教吏馆内添设仕学院，令本省各官讲求中西各门政治之学，不限额数，已延聘东、西各国专门通儒为讲友。

学堂经费第十二。所需经费除原筹常年的款及在籍提督刘维桢报效兴建学堂经费十万两，分五年呈缴先行息借抵用外，其余以汉口签捐彩票盈余之项，随时提用。如有不敷，再行另筹凑补。湖北各学堂，凡本省学生除小学堂永不收费外，其余两年内，均拟暂不收费。

省外中小学第十三。令各道、府、直隶州治所各设模范中学堂一所，各州县治所各设模范小学堂一所，官筹经费，其余听绅民自行劝捐举办。现已据禀，就原有书院加添筹常款举办者十余处。

蒙学第十四。至蒙养学堂，其法每一村镇有户口五六百人者，即须设一所，为数甚繁，需费不赀，公家断难筹此巨款。惟有由官编订教科书，酌定简明规则，劝谕绅富，就地集捐，分区设立，略如义塾之例，以多为贵。

学务处第十五。学堂林立，学务殷繁，必须设一总汇之所，以资理董。现设湖北全省学务处一所，派委总办、参议等员常川到处，专办此事。

张之洞又陈筹办学堂要旨八条，曰小学为急、日课专加读经温经时刻、教科书宜慎、学堂规则必宜合法、文武相资、教员不迁就、求实效、防流弊。

张之洞这一系统详细的办学规划，实际上就是按照他与刘坤一的江楚三折而具体落实的方案之一。这一动作巨大的系统工程渐次展开，湖北自然成为全国学习效仿的榜样。

同日，张之洞又向北京奏陈湖北练兵事宜、营制饷章及练兵要义：

湖北现计有洋操护军左右两旗军队八营、马队一营、炮队一营、工程队一营，武建军左右两旗步队八营、武恺军步队四营，又护军铁路营步队四营。洋操各营专为征战之用，每正勇一名，月支银四两二钱，正棚头，月支银四两八钱，副棚头，月支银四两五钱，护勇，月支银四两五钱，火夫，月支银三两三钱。铁路营亦同。马队营棚头、正勇、护号各兵，各加支马乾银三两。省外未练洋操各营，专为弹压缉捕之用，正勇每名月支银三两，其余以此例推。

……

此外若统带、督带、营官、哨官、哨长、排长及管文案委员、管粮饷军械委员薪水、公费，书识、号兵月饷，俱经奏明有案。其委员、弁目额数，大率均照新建陆军章程办理，而人数略减，饷数亦略减。计武昌省城实存步队二十营，马队、炮队、工程队各一营，共员弁兵夫七千六十余名，编作常备兵左右两翼，每翼步队两旗，每旗各分四营，每一营员弁兵夫共二百九十八员名。此外各防营，分驻各属要地，即作为湖北续备兵。

至湖北练兵要义，约有数条。一、入营之兵必须有一半识字，至营官、哨官、哨长绝无不识字者。二、人人皆习体操。先习柔软体操、器具体操，再习兵式体操。三、各营人人操炮。无论何营皆发有炮十余尊，勇丁人人皆令演习，遇有增添炮时易于补足。四、马队不设马夫。骑兵以善养马为先，俾得防其疾病，调其性情。五、营房力求整洁合法，宜于卫生。营哨官之屋与兵屋同，不准别加高大精致。阅报有屋，沐浴有屋，养病有屋，各兵器械有定所，衣被有定数，眠食有定时，千人一律。六、器械资装，随身具备。七、待兵以礼。不许轻行责打，不许作贱役，迎送上官，不许全营远出结队，尤不准声放排枪，以乱军律。八、统带、营哨官皆亲自教练，不准用教习。临操之时，自统领起，皆系长官自行传呼口令。九、将领、营哨官不许穿长衣，皆只许服用军装、貂尾、顶帽、长袖、马靴、战裙之类。十、阅操之时，各官皆不许坐看。凡阅操时，在旁植立巡行。若为时过久，则在操场旁设一帐，略息片刻。

以上十条皆系现办者。

一、以后新募兵暗寓试行征兵之法。外国征兵之法，全国皆入兵籍，视为应当之差，应尽之职，非残废患病不免。但今日中国骤难仿行。拟为一法，以后如常备兵退伍更换者，即专募本省人补之，专择士农工商之家安分子弟，年岁自十八岁至二十四岁为止，三年兵期满后，退为续备兵。

一、鼓励更换退伍之兵。其练成退伍之时，应令督练营务处会同本营统领，亲加考校，酌分头、二、三等，分别给予凭照。列入头等者，遇有哨官、哨长弁缺，尽先酌量拔补，或派别项差使。列入二等者，咨明各省调充弁目，备教兵之用，调用不尽者，退为本省，续备兵列。入三等者，退

为续备兵，不愿当兵者，听回乡里，自营生业。

以上两条皆系将来拟办者。

之所以不避啰嗦，抄录张之洞当年公文，是可从中了解，张之洞考虑问题之细致入微，就是军队之事，他也深入其中，而非大而化之，文过饰非。制军的称呼，岂是虚言哉？帅，也并非客气话呢。

张之洞此次去南京，不同于当年甲午战争之时署理两江总督。当时，他离开后，署理湖广总督者，是湖南巡抚谭继洵，谭嗣同的父亲。此次，张之洞离开，湖北巡抚是端方，由他署理湖广总督。莫非，张之洞觉得多年心血不能白费？姑且一鼓作气，将多年筹划和深思熟虑和盘托出。待这一切大体妥当，张之洞于11月1日乘轮船启行，11月8日抵达江宁，接署两江总督。

张之洞到达南京的第一件事，居然是庆祝慈禧太后的生日。他当然不能马虎，必须认真对待。他于11月10日，致电军机处转奏朝廷：

> 初十日皇太后万寿，洞偕同城文武在水师学堂设宴庆贺，各国领事、兵船官、主教习等四十余人，咸来庆祝如礼，皆以永敦睦谊为喜，宾主欢洽。闻各领事，皆将电告其政府。谨电闻。

应该扩大范围，多来一些人，以示重视与隆重，才四十多人，不够热闹，规模也不够大嘛。张之洞在如此简短电文中特别提到外国领事要转告其政府，这种国际交往，才是朝廷所特别看重的啊。

张之洞到南京不久，闻听有人建议设立江北巡抚。他对此颇为不满，12月5日，激烈致电鹿传霖，表达自己的真实看法：

> 闻漕督裁后，有人议设江北巡抚，此议万不可行。两江总督只管宁、淮、扬、徐四府，苏属全归抚辖，不能过问，事事掣肘，即漕督亦不免掣肘。若江北再添巡抚，则江督直

无地可管，无事可作。江宁藩司将移江北耶，拟又添一藩司耶，岂有无两司之督抚耶，是明明将江督裁去矣。付以南洋大臣重任，不能管一官、治一民，而责以长江安危，是国家欲弃此江南矣。

或云又有专设总督盐政之说，亦万不可行。道光间，因盐政自树一帜，致多积弊，故裁去盐政，归江督兼管盐务，始有转机，今奈何又复此弊耶。

其实江北有淮、徐两道，淮扬、徐州两镇，足可弹压办事。且津镇铁路、浦口开封铁路，指日兴工，则淮、扬、徐一带，气脉贯注，声息灵通。遇有要事，无论调兵派员，朝发夕至，江督亦可常往巡视，何必多此一举。

且江南正患官多，江北有漕督而厘捐重迭，政令纷歧，病官病民。从前扬州有盐政，无人管束而亏帑千余万，商累纲坏。今当变法行新政之际，只宜减冗官，岂可添冗官，况添此病民害政之官乎。

此事务望公主持裁断，漕督若撤，万勿改设他项大员。诸事功过，责成江督，实于治理有益。使一总督而不能治四府，此人岂足为总督哉。

也真是搞笑，近乎滑稽，张之洞到南京才整整一个月，12月8日，上谕又到，谕张之洞仍回湖广总督本任，因12月5日，已经明确调魏光焘为两江总督了。真是屁股还没有坐热呢。但魏光焘迟迟不能到任，张之洞真正离开南京，是在次年也就是1903年3月20日了。

1月18日，阴历还是一九〇二年十二月廿，张之洞致电东京近卫公爵、长冈子爵，就准备开办三江师范学堂，请求予以支持："金陵现拟设三江师范学堂，学生九百名，前三年教寻常师范，三年后教高等师范。拟聘贵国师范教员十二人，须性情恳勤端笃，于教育有实历者。内以一人为教头，薪从优，余十一人听其调度，薪酌减。明年正月半到金陵。第一年，请贵国教员就华教习，学中国语文及中国经学，华教习就贵国教员，学日本语文及理化等科，彼此互换知识，作为学友。第二年开学，分教学生。祈代物色良师。如得人，请先将教员姓名及月俸、川资，拟数电示，以便酌定。”

此前的1902年5月8日，即光绪二十八年四月初一，当时的两江总督刘坤一曾致电张之洞，商办高等师范学堂事宜：

> 罗叔蕴署正在鄂，业将译编各事宜，面达清听矣。嗣与缪筱珊太史各开一单，交给敝处，录呈台览。叔蕴旋回沪补译各书。筱珊另编著普通歌诀、经学、理学、史学、掌故五种及《礼书初编》《江宁舆地考略》，嘱寄尊处校正，方为定本。应否即以现在办法及已编译各课本，函覆张野秋冢宰，并请主稿会奏之处，伏候酌夺！
>
> 又，张季直殿撰来宁与筱珊、叔蕴面商学制，应从师范学堂入手，开具条例，由江、鄂会奏。并云办高等师范学堂，更可为办高等学堂经费减省一半。治弟因事属创始，请其代拟折稿。而此间议论，不无参差，谨将条例奏稿并抄呈核，以期折衷壹是，即请迅赐裁覆，是祷！

刘坤一致电张之洞所提到的罗叔蕴，就是罗振玉，他祖籍浙江上虞，流寓江淮，1900年（光绪二十六年），罗振玉应邀参与创办江楚编译局，又应张之洞邀，任湖北农务局总理。他还奉张之洞、刘坤一之命赴日本考察教育，著有《扶桑两日记》。张季直即状元张謇，缪筱珊是缪荃孙，张野秋即张百熙。

但，吴剑杰先生的《张之洞年谱长编》未收录此条信息，不知何故，也未见张之洞就此如何回复。

1月26日，张之洞就三江师范学堂经费事致电苏州江苏巡抚恩寿：

此学堂经费约计岁需十八万两，除西、皖按学生人数出银四万元外，尚需十五万数千两。宁、苏学生各半，而苏属止令筹四成，似不甚难。苏藩司究能协筹常年的款若干，祈迅赐电复，以便具奏。

是月，张之洞考察江南格致书院。据许同莘讲：此书院即公初署两江所设之储才学堂，刘忠诚改为江南高等学堂。已亥，刚毅南来，议停办节费。忠诚惜之，改名格致书院，仍循学堂规制。是时，年终考试，公亲临阅卷。后改高等实业学堂。

2月5日，张之洞奏请入京陛见，以求汇报工作，也稍纾二十年恋阙之忱：

臣昔官侍从，洊历封圻，仅于光绪十年在山西巡抚任内奉旨陛见，获觐天颜。旋蒙恩简任两广总督及量移湖广总督，奉旨勿庸来京请训。光绪二十年九月、二十四年闰三月两次奉旨陛见，始以改署两江中止，续以行至上海奉旨折回。二十七年八月，恭值六飞回驭，呈恳赴汴迎驾，又未仰邀谕允。是年十二月十一日奉到电旨，“钦奉懿旨：刘坤一着于明年开河时，即行来京隆见，张之洞着候刘坤一回任后来京陛见等因。钦此”。嗣又奉十五日电旨，“钦奉懿旨：着俟商约定议后，再行来京陛见。钦此”。翘望京华，又更岁籥。葵藿积悃，弥切依驰。兹查两江督臣魏光焘正二月之交，定可履任。臣拟交卸署篆后，及兹暇日，束装北上，展觐天颜，稍纾廿年恋阙之忱。而近来议订商约情形及奉旨筹办兴学、练兵诸要政，亦得以详晰面陈，恭聆圣训，俾有遵循。合无仰恳天恩允准，不胜瞻恋屏营之至。

硃批：着来见。

心情大好的张之洞在同日，又奏陈创建三江师范学堂情形，也是他治理湖北，回望办学经验的进一步总结：

各国中小学堂教员咸取于师范学堂，是师范学堂为教育造端之地，关系尤为重要。两江总督兼辖江苏、安徽、江西三省，此三省各府州县应设中学堂，为数浩繁，需用教员，何可胜计。经臣督同司道，详加筹度，惟有专力大举，先办一大师范学堂，以为学务全局之纲领，则目前致力甚约，而日后之发展甚广。

兹于江南省城北极阁前，堪定地址，创建三江师范学堂一所，凡江苏、安徽、江西三省士人，皆得入堂受学。现拟江苏省宁属定额二百五十名，苏属定额二百五十名，安徽省定额二百名，江西省定额二百名，共定额为九百名。其附属小学一所，定学生为二百名。

所有师范生及附属小学生，均由地方官出具印结，取具本生族邻甘结，保送考选入学。开学第一年，先招师范生六百名，三年后，再行续招足额。前三年，教小学堂之师范生，约分三级，为一年速成科，二年速成科，三年本科，以便陆续派赴各州县，充小学堂教员。第四年，即设置高等师范本科，精研教育学理及理化学、图画学各科，并选派举贡廪增出身之中学教习五十人，分授修身、历史、地理、文学、算学、体操各科。练习教员之法，令东教习就华教习，学中国语文及中国经学，华教习就东教习，学日本语文及理化学、图画学。俟一年后学堂建成，再行考选师范生，入堂开学，则不必尽借翻译传达，收效尤速。

其购地建堂经费，已据江宁藩司筹拨应用。其常年学堂经费，需款甚巨，已议定由江苏藩司于本年先协拨银一万两，以后每年协银四万余两，拟令安徽、江西两省各按学生额数，每名年协助龙银一百元，不过稍资津贴。不敷尚多，自应专筹的款济用。查江宁银元局铸造铜元，行销颇畅，甚有盈余。现已增建厂屋，大加扩充，即以岁获盈余，专供该

学堂经费之用。

三江师范学堂，于 1906 年经时任两江总督周馥改名为两江师范学堂。

2 月 28 日，张之洞遵旨查明刘坤一生平事迹，奏请宣付史馆，以彰荩迹。张之洞以大量文字，追述刘坤一的征战岁月，刘受知于其族侄刘长佑、前安徽巡抚江忠源、湖南巡抚骆秉章等，百战余生，可圈可点。而起自寒儒的刘坤一治理地方，在粤、在桂，尤其在江西十年，休养民生，澄清吏道，“一时翕然称颂”。同治十三年，刘坤一调署两江，后补授两广总督，光绪五年调任两江，两年后开缺，光绪十六年复起为两江总督。张之洞在评说刘坤一在甲午之战、庚子之乱中的作为之外，特意提到他“厥后力争东三省条约，会商各国商约，皆能统筹国家利害，极力坚持，有裨大局”。刘坤一“办理外交，开诚布公，和平而又坚定。十年以来，上海地方屡有横生枝节，皆以镇静坚持处之，绝不为所摇动。久之，卒就帖服。近年力保长江之约，各国尤所称佩”。又说：

> 该故督臣以诸生起家军旅，天性忠挚，器量宽宏。历官封圻几四十年，吏事最为老练，见事最为敏捷。平日接下以和，抚民以惠，不为棱角峭厉之行。而每遇有危疑，明决应机，不为众论所淆惑，古人所谓能断大事，洵无愧色。身殁之日，各国领事、兵官先后来宁吊奠送殡，并下旗志悼。江南士民于此举，尤为感颂不忘。诚如圣谕，可谓国家柱石之臣矣。该故督臣历任两江最久，近年疆事日棘，臣在湖广总督本任内，江、楚接境联属，合办之事甚多，故于其经画大端，知之尤详。该故督臣处事既有定见，听言又能虚心。臣每遇有要事与之商権，从善如流，不存成见，尤为人所难及。

3月9日，张之洞就学堂章程致电京城管理大学堂尚书张百熙：

昨准大咨，并递到大、中、小、蒙各学堂章程，亟应通饬遵办。惟敝会奏湖北学堂办法时，尚未及见尊拟定章，致有数条，彼此未能吻合，不敢不将鄙意，据实奉陈请教。

一、读经。尊拟以十三经分配各学堂，期于人人能读全经，用意甚厚。但学堂功课既繁，日力有限，学生资性不齐，必限读全经，转恐记诵不能纯熟，讲说不能全解。故湖北高等小学堂，取能背诵经书一两部者入选，不复拘定所读何经，入学堂后愿加读何经，亦听自择。中学堂听其择读大经一部，中小经一两部。大约学生能读毕《四书》一部、大经一部、中小经一两部，义理必已明白。其余诸经，归高等学堂经学一门，从容研习。倘此后学生程度渐高，不妨增改。再，尊处所订章程，读经皆有一定次序，用意固好。但此时初办学堂，高等小学学生多系年十三四者，中学堂学生多系年二十内外者，经书各人所读不同。若此项责令学生将已读之经重读，未读之经，不得任便自读，恐学生稍有不便。可否暂听其便，俟以后蒙学读经，再依京城章程次序。

一、放假。尊章各学堂于每月房、虚、星、昴四日停课，諒因洋教习必于是日休息，故循西例，以示从同。湖北学堂则另于每旬之末，停课一日，谓之旬假，仿古人十日沐休之法，以别于西俗教规。而于此星期日如，并不间废，令学生专习中国文学，课以文辞、书牍之属，并不放假，不致旷功。

一、权限。向来学堂用洋员充总教习，往往多所干预，以揽我教育之权，不无流弊。湖北各学堂，洋教习皆受节制于学堂总办。惟师范学堂有一洋教习系日本实任视学官，资望较深，故优以总教习之名，然仍订明，归该学堂监督节

制，诸事皆不能专擅。窃谓各处学堂总教习，不宜轻假洋员，必不得已，亦宜订明归总办、监督等员节制，以限其权。

一、学费。外国学堂月仅费二三元者，系专指就学从师之费而言。此外，寄宿有费，授餐有费，衣装、书籍、纸墨皆有费。中国游学日本官学堂者，月共费二十五元，其大较也。尊处订章，酌收学费二元，想亦专指学费而言。湖北除小学堂永不收费外，其余学堂，两年内本省学生暂不收费，湘省来附学者，每名岁费百元，他省来附学者，岁费百六十元，系包括各费在内，不敷尚多，官尚须贴补一半，实较日本为廉。若收费过微，巨款万难筹足。

以上数条可否暂准照办，俟数年后推行果有窒碍，再行修改从同。祈卓裁示复。

3月20日，张之洞交卸两江总督署篆。

3月21日，张之洞乘坐楚材轮船逆水而上。连日阴雨，舟行甚迟。张之洞病卧船中，感怀时事，思绪万端。

3月27日，张之洞船到黄州，稍憩。

3月29日，张之洞抵达武昌。

就张之洞此次署理两江总督，有人如此评价：

公再莅署任，时论谓真除在即，乃以剔弊之严、图治之锐，湘军将领狃于故常，遂有谓不宜此席者，甫逾月而新命至。既不及有所施为，则择尤病民害国者而去之。

张之洞致程运司电云，此时，兴利则不能，除害或可。聂抚部调任将行，公致电云，凤阳关大可整顿，望移节以前办成，洞虽五日京兆，亦愿助公分任此怨。有道员某与英商敦和洋行私订合同，拟办九江至南昌又至浙江铁路，又请开海州矿，愿报效公费二十万。公震怒，奏参革职，行知海州立案。江北堤工局某道员浮报工程，将严办，漕帅为之请，乃免。是时北方拳匪绝迹，而江宁顽童犹有诵咒习拳者。问官拟以大辟，幕僚施知县煃言其不可。公命将年长者游街示众，交其父母管束。又，江宁衙署相距辄数里外，命设德律风十五处。此皆轶事之可述者。

身在江宁，不忘鄂事。端忠敏以费绌议停办工艺学堂，公言此时实业最要，不可停。湖北派学生东渡，公言宜重农工商。闻游学生编辑月报，请端忠敏止之，谓其务外荒己，果有余暇，尽可译有用之书，饷馈宗国，何得为此。两湖轮船公司定案，由绅商自办，闻其招日商入股，电请忠敏禁阻。英国亨达利洋行承销湖南锑矿，购武昌通商场地址，以亏折将转售礼和洋行。公虑德人占内地矿利，电嘱湘鄂收回。及交卸入京，道出武昌，憩两旬余，随事规画，不能悉记。

张之洞署理两江总督，时间虽短，但恪尽职守、不敢懈怠。刘坤一任上开创之事，他并不另起炉灶，而是继续推进，以见成效，如奏呈改修《两淮盐法志》，如大力推进三江师范学堂的创办，甚至就查办盛宣怀有无参与倒卖大米接济东洋一事，也进行了妥当处理，并就上海奸商王子才、吴子和代苏松等属州县包办漕米，囤积居奇，勾结舞弊，导致米价腾踊，人情惊悚，予以严肃查处。但是否有张之洞对盛宣怀、苏松太道袁树勋碍于情面有所回护呢？似乎不大可能。此处提到的忠敏，就是端方。

# 十三、瞩目日俄战争，在京九月

张之洞自太原去广州任职，到北京觐见，这是在1884年。此后虽有机会进京，总是因种种原因而延宕。张之洞最后一次署理两江总督，待一切事情大致安排妥当，他提出到京汇报工作，这已经是1903年初了，岁月蹉跎，似水流年，时间之长，已经近二十载春秋过往。

1903年4月24日，张之洞自武昌渡江至汉口，准备从陆路入京陛见。4月25日，他在汉口乘火车北上，当日即抵达信阳，住宿在信阳车站附近。4月27日，张之洞到了驻马店，当时的芦汉铁路南段工程，已经修筑到此。

张之洞在驻马店换乘骡车，于4月28日到了沙河岸边的漯河。火车换成骡车，颠簸在土路之上，如此反差，感受体验大为不同。张之洞真切地再次意识到，修筑铁路，改变现状，刻不容缓。这个时候，日俄在中国的争夺已经趋于白热化了。中国夹在这中间，真是恶邻在侧，祸福难料，五味杂陈。此前的4月8日，俄国拒绝依约从东三省二期撤兵，4月18日，俄国驻华署理公使普拉嵩，横生枝节，无端发难，向我外务部提出撤兵新要求七项，意在刁难，欲壑难填。

5月3日，张之洞到了郑州这一中原名城。郑州虽然在当时不是河南省会，还不能与开封并驾齐驱，比肩而立。但它地处中州要冲，人来人往，商业交易活跃，也是一方重镇。

5月4日，张之洞离开郑州，渡过苍茫黄河，在5月6日抵达黄河之北的卫辉。大致在此地，张之洞收到袁世凯在 5 月 5 日自天津发来的电报，谈及俄国提出的七条要求。电文内容大致如下：

一、营口及辽河一带，无论如何不能让给他国，或租或买。

二、中国之政在蒙古地方不能改换，免民教扰累。

三、中国若不预先知照俄国政府，不得立意开新商埠，不得在东三省及在新埠口驻外国领事官。

四、若中国必欲请外国人管理吏治各事，其权限不能干预中国北方各事，因其在北方利益以俄居首。若遇请外国人管理北方之事，应在北方分设公司，须托俄人经理。

五、营口、旅顺、盛京一带电线，俄挂线必须接续。

六、营口交还后，此口海关款项，当仍归道胜银行接办。

七、俄属人及商号在东三省占据时自然所得之权，俄军撤退后，应仍照旧行。在该处该设查疫局，应以海关税务司及海关医士，系用俄人，不得要请他国人办此事。

俄国七条，几乎就是完全吞并掌控东三省。俄国此举，源于 1896 年中俄的第一次结盟，双方签订针对日本的《御敌互相援助条约》。沙皇俄国利用这一结盟，在中国修建长春铁路，强租旅顺、大连，把中国东北置于其控制之下。螳螂捕蝉，黄雀在后。中国忍气吞声，无力反抗。但沙俄如此跋扈，得陇望蜀，与日本在此地利益发生激烈对抗。地缘政治，就是如此残酷而现实。话还要从庚子之乱说起。1900 年 7 月，俄罗斯利用参加八国联军镇压义和团运动之机，派兵占领东北三省。1902 年 4 月，中俄签订《交收东三省条约》，但当年 10 月，俄罗斯第一次撤兵之后，便不肯继续履行条约，又提出所谓七条要求，招致日、英、美等列强反对。

时隔近20年，就要故地重游，回到北京，想必早已物是人非，张之洞颇有刘禹锡当年回返长安的寂寞心态。5月6日，张之洞致电鹿传霖，探问进京后的有关注意事项：顷抵卫辉，约十七八日可以到京，未知常零后西宫，准于何日驻园。此行带有贡品，闻向来只开贡单，不具折，应托何处进为妥，祈速示。再，崇文门监督处，请先代为致托，免致临时留难。需费若干，并请预为酌定遵办。鄙意但欲免留难，并不惜费，议妥后，请届时派一人至马家堡招呼，以便照付。

张之洞作为封疆大吏，时隔多年进京，除了面见两宫，也要到各个衙门拜访。当然，也可借机会晤亲朋故旧。

5月8日，张之洞到了彰德，即今日安阳。5月9日，张之洞致电天津袁世凯："二赤总揽银币之权，流弊太大，且京局如何能供各省用。外省分局用洋人充化验师、顾问官，即可平色一律，仍应由各督抚自行募用，到京当力言之。过保定时，当遵示停半日，瞻仰军队、学堂，俾知模范。寓处但借一小小公所，即可，万勿繁费，切祷。尊署出入，诸多不便，万不敢住，祈鉴谅。出京后，必赴津领教。"

张之洞所说到的二赤，就是海关总税务司赫德，张之洞对此人向无好感。罗伯特·赫德于1854年来到中国，1861年起在上海担任海关总税务司职务，1863年正式就任海关总税务司，1908年休假离职回国，1911年病逝，清廷追授其为太子太保。他担任总税务司达半个世纪之久，创建了税收、统计、浚港、检疫等一整套严格的海关管理制度，还创建了中国现代邮政系统，著有《中国论集》等。张之洞与袁世凯事前已经商量好，在保定停留，看看编练新军情况，了解新办学堂。

5月11日，张之洞抵达顺德。5月13日，张之洞改乘火车，到达保定。5月14日与15日，张之洞在保定观看北洋兵操、保定学堂。冀中平原的保定府，也是很有历史的一座城市。

5月16日，张之洞抵达京师。这一路途遥遥，已经过去有20多日了。

5月18日，张之洞到颐和园宫门请安，被郑重召见。君臣相见，多少事情，真有点不知从何说起。慈禧太后对张之洞一直是眷爱不衰，但她也有各种渠道掌握张之洞的思想、行为动态。道不尽的辛苦，说不完的家常。动情处，热泪盈眶；开心时，笑意盈盈。次日，两宫赏张之洞紫禁城内骑马。5月20日、21日，张之洞又被两次召见，赏西苑门内骑马，还对他赏赐多多，颇有天恩浩荡之慨。所谓紫禁城、西苑骑马，只不过是一种礼遇而已。

6月8日，张之洞再获召见。

6月12日，张之洞奉旨在京会议各国商约，他让盛宣怀协助，但被盛所拒绝。盛宣怀为何如此不与张之洞合作？莫非是对张之洞奉命追查他的小妾是否与袁树勋相互勾结倒卖大米心怀不满？张之洞也仅仅说他"未经会商本省督抚，遽行批准，致滋物议，虽为弥补公亏起见，似未免稍欠斟酌，相应请旨将盛宣怀交部察议"，这已经是手下留情，很给面子了啊。许同莘对此记述颇为生动："送盛大臣于丰台。时盛以铁路事留保定。在京议约旨下，盛来京与日使议约，忽以疾辞，即日南行。张之洞以一人智虑难周，留之同议，不可。自至车站挽留，又不可。乃同车至丰台，于车中商酌大概。约旬余即北来，既而不果。"

6月13日，张之洞致电上海吕海寰、盛宣怀、伍廷芳三位大臣，告以"奉旨商约在京会议。美约虽已议有端倪，而各款中关系紧要处，应斟酌者尚多，到京后互商妥协，方可定议"。但，这三人拒绝来京。

6月15日，吕、盛、伍等复电张之洞："顷接美使照称，查去年八月一号，贵大臣奉旨在武昌议约，本大臣不以为然，曾告以康公使，得外务部允许，中美商约在上海商议。现中美议约除尚有一事未议竣外，其余各条，均由彼此再三详细商议酌核之后，始行草定，本大臣决不能将草定各节，复行开议。今若移往北京，必致迁延无效，是以本大臣遵照所奉训条，坚请中美商约宜在上海从速议结。若欲移往北京，本大臣等断不允从。”

如此态度，令人费解。是挟洋自重？还是另有隐情？后来，张之洞与盛宣怀多有歧见，争执不已。吕海寰，1842 年出生于山东烟台。他出身贫寒，幼读私塾，后为生活所迫去顺天大兴谋生，1864 年（同治六年）中举。1883 年，吕海寰得到协办大学士兼总理各国事务衙门大臣李鸿藻赏识，从此涉足外交事务，后担任清政府兵部员外郎。1894 年，吕海寰任江苏常镇通海道道台。1902 年，吕海寰、盛宣怀在上海与各国议定《商约》，成为中国商业法律的开拓者。1903 年，吕海寰、伍廷芳奏请推广官报获准，各省纷纷创立官报。

1904 年 3 月 10 日，在吕海寰主导下，创立中国红十字会的前身万国红十字会上海支会，此会总书记是李提摩太。经吕海寰联络，中国红十字会加入世界红十字会组织。1909 年，吕海寰、吴重熹会奏中国红十字会试办章程，请旨立案。

1910 年 6 月 5 日，万国红十字会上海支会改名大清红十字会。吕海寰于 1924 年辞官到天津定居，1927 年 1 月病逝，享年 85 岁。

伍廷芳，名气要远远高于吕海寰。他进入民国，更是呼风唤雨，颇为耀眼。伍廷芳与吕海寰同龄，本名叙，字文爵，又名伍才，号秩庸，后改名廷芳，广东广州府新会县人。伍廷芳出生于新加坡，1874 年自费留学英国，入伦敦大学学院攻读法学，获博士学位及大律师资格。后回香港任律师，伍为香港立法局第一位华人议员。1882 年，他进入北洋大臣李鸿章幕府，参与筑铁路、办交涉、改法制、争国权及中法谈判、马关谈判等一系列事件。1896 年，伍被清政府任命为驻美国、西班牙、秘鲁公使。1902 年回国，伍先后任修订法律大臣、会办商务大臣、外务部右侍郎、刑部右侍郎等。1922 年，伍廷芳于广州病逝。伍廷芳是中国近代第一个法学博士、大律师，他和沈家本一同进行清末修律，力主废除“凌迟”“枭首”“戮尸”“缘坐”“刺字”等酷刑，先后主持起草《大清商律》《大清印刷物件专律》《商会简明章程二十六条》《铁路简明章程二十四条》《各级审判厅试办章程》以及《大清刑事民事诉讼法》等新法，创办了近代中国第一所法律学堂。

张之洞有一故人之子王令粹，他让梁鼎芬予以多多关照，网开一面。7 月 7 日，他致电武昌梁鼎芬：“王令粹人甚老实谨慎，并非劣员，素所深知，且与鄙人世交，系先师王友湘先生之子。近闻为人中伤，亦不知为何事，祈设法保全之。如实有不妥，必系为人所黑。万不得已，或开其缺，已足示儆，务恳勿加参劾降革，至叩至祷。”

日俄争夺，已经剑拔弩张。张之洞两害相权，倾向日本，排斥俄国。李鸿章则主张联俄，对抗日本。实践证明，或联俄，或联日，都非长久之计。惟有自强，才不会被人左右忽悠。但，当时情势，张之洞也好，李鸿章也罢，他们办理外交，又有多少展布空间？7 月 21 日，张之洞致函外务部尚书瞿鸿禨，恳请他坚决拒绝俄人要求：

> 英国焘署使、日本内田公使均称，俄人近日要求各款，庆邸坚持力驳，伊等甚为钦佩。惟闻山海关税项，酌提数成，交存道胜银行，及营口检疫用充税务，司之俄人管理两条，意似活动，中国尚无决定驳拒之语，属为代达政府，极力劝阻。
>
> 内田并谓，此时俄人无论要索何项，无论事之大小，但系上年约外之事，中国尽可置之不理，万勿轻易允许，总不可稍有活动。如虑俄人藉此延不撤兵，日本必不坐视。现其政府正在筹商此事，旬日内必可定议。议定后，彼国可向俄

人诘问，俄志断不使逞等语。再，东三省税务司万不可专用俄人。然用他人归赫德总税司统辖，俄人断断不允。窃思大可乘此机会，与之议明东三省各税关，将来永远专用中国人，断不参用外国人，此税关亦不归赫德统辖。如此，则俄人忌英之心稍平，当可就范。而我亦藉此收回理财之权，以为将来各省海关参用华员之渐，实于财政主权，大有裨益。似尚是可乘机会，不可坐失。

从张之洞这一写给瞿鸿禨的信札，我们大可体会到日本对俄国已经在紧急商议，战云密布，颇有一决雌雄的意味在。

7月23日，张之洞又奉旨召见。

8月12日，日本正式向俄罗斯提出交涉，要求俄罗斯承认日本在朝鲜有“优越利益”，日本只承认俄罗斯“于满洲铁路有特殊利益”。两国几经谈判，均未获结果。

大致过了一个月，日、俄双方都在密切布局，动作频频。9月14日，张之洞再次致函外务部尚书瞿鸿禨，恳请朝廷万勿轻率允许俄国要求：

弟因连日右臂掣痛异常，肿及手指，不能出门。特派梁道敦彦等以鄙意，往商内田公使，讨论此事利害。并虑内田偏执，令兼往英、美两馆，询商此事。参观英、美、日三使议论，实皆利害显然，尚非故意作梗。其害仍以水陆多处永远设兵两条为最大，尤以各国效尤为最险。且不独关东利害，实关全局安危。不允俄请，则东三省，暂不交还，将来尚有恳求他国理论助力之望。若允俄请，则东三省还如不还，永无补救。且必致各国效尤，十八省水陆皆有各国驻兵，中国治权、兵权，全为人占夺矣，言之可为寒心。不如静候英、美、日三国消息，商定一万全之策，此时万勿率允。

即使俄人至第三期仍不还，不过与今日情形一样，我尚可与之羁縻勿绝，相机催还，庶不致自召各国效尤之急患巨患也。再，日本政府训条，有中国倘不顾虑日本政府劝阻，允俄索款，则将来中国所受之累，实为深巨，至其结局，中国当独任其责等语。是明言，我若允俄，彼必迁怒于我，势将决裂，断不甘心。此实不可不防。再，外务部送来俄文照会稿，仅有声明满洲不让给他国及保护银行两条，此外紧要各款，未曾交下，不解其故。敢请再饬检齐各件，封送敝处一阅。

如今外交双边关系，多说不针对第三方，这实际上不过是一种外交辞令而已。小小寰球，同此凉热，地缘、利益，彼此纠缠，考验人的智慧、眼光与判断。

9 月 18 日，一代名将冯子材病逝。

10 月 9 日，张之洞致电时任两广总督岑春煊，吊唁冯子材："闻冯萃亭军门骑箕之耗，怆怀无已。其生平战绩甚多，咸丰年间即已立功江南，保障京口。法、越事起，幸镇南关大捷，并克谅山，转败为胜，转危为安，功在社稷，实以冯军门为首功。以中国兵胜外国强敌，真乃数百年来，未有之事，尤足以光史乘。其为人忠勇无私，清廉正直，冠绝时流。贼畏其威，民怀其德，洵无愧古来名将。此次经公奏请起用，具见知之甚深。今尽瘁以殁，度公必为奏请优恤。务望兼请予谥建祠，以表忠勋。至祷。"

11 月 2 日，张之洞与袁世凯被紧急召见，商议日俄即将大动干戈之事。据《张文襄公年谱》载："因东三省交涉事，三月间，俄以七事要外务部，欲尽占东三省权利，中国不知照俄政府，不得开新埠口，中国若用外国人，其权限不能干预中国北方各事。外务部拒之。日本已有备战之意。庆邸屡商美使调停，美使谢不能。是月，东事益急，传闻奉天将军被逐，公与袁督部同日召对。"

张之洞自启程进京，京华逗留，已经过去大半年了。该办之事，已经基本办妥，他又要返回武汉了。

1904年1月13日，张之洞陛辞请训，力请化除满汉畛域。《抱冰堂弟子记》载："陛辞时，面奏数百言，力请化去满汉畛域，以彰圣德，遏乱端。如将军、都统等可兼用汉人，驻防旗人犯罪，用法与汉人同，不加区别，其大端也。慈圣霁颜纳之，曰朝廷本无畛域之见，乃无知者，妄加揣测耳。次年，遂定陆军官制用都统、参领等名目，及定旗、民一律用刑新章。"

1月21日，张之洞致函瞿鸿禨、荣庆，称英公使云此时日、俄决不受调停，中国宜守局外中立为妥：

> 承命与英使商酌一切。其说甚长，撮其大指如左。萨云，从来各国战争，必须开战后，始能调停。此时，日本决不受调停，俄亦然。且日本正在决战，中国又请人调停，何以处日本。答云，若英、法肯出为调停，中国当劝日本。萨云，劝必不听。中国欲请人调停，不应迟到此时。日前，内田亦言，机会已错过，盖指撤兵到期时也。答云，日俄交战，中国原可听之。惟局外须守得分明确实，恐俄人蛮横，诬赖中国左右袒，藉端与中国开衅耳。萨云，中国守局外，届时自当布告各国。渠一人之意见，当邀约各国，声明中国之为局外。答云，如此甚感。又询之云，如俄兵犯山海关，各国阻之否。萨云，届时当请示本国。其意似可行，而不肯此时下断语。大抵萨使语意谓，日俄必战，不能劝，且日必胜俄。日俄战于中国有益，更不必劝。

1月24日，张之洞致电上海电政大臣吴重熹，请速设泊头电局：

> 鄙人日内即拟出都，已奏明回籍省墓，小住数日。查南皮所属泊头镇，距城二十五里，向设电局，历有年数，乱后

未经复设。现电线仅到沧州，距敝县八十余里。弟虽在程，每日京、鄂紧要急公事及各省要件，必须电传，且陛辞日奉旨，有要事可发电。沧州太远，稍有耽延，关系甚巨。务尽查照旧案，电饬该管委员速将泊头电局，即行添设。尚赶得及，实为公便。

2月3日，张之洞致电武昌护军统领张彪，告以回鄂行程路线：

二十一日启程，回南皮度岁。明初初十左右，仍由天津乘火车至磁州，陆行至许州，上火车回鄂。查由卫辉赴柳源口渡黄，取道朱仙镇、尉氏县朱曲镇至泽州，路程较短，可省两日。惟此路尖宿各站，须预先探明，以便安排。该镇可即就近派驻许州之铁路营弁勇，由许州、尉氏县、朱仙镇至柳源口渡河抵卫辉，将沿途一带尖宿地名、某处至某处若干里、河北临河住宿地方距河若干里，确切查明，即由该弁在卫辉详电禀复。

2月6日，日本照会俄罗斯终止谈判，断绝外交关系。2月8日，日本海军未经宣战，突然袭击俄罗斯驻扎在中国旅顺口舰队，日俄战争就此爆发。

此前一天的2月7日，张之洞出京，乘火车至天津。许同莘《张文襄公年谱》载："入觐时，谓留京只月余。既而议商约，订学章，谓八月中可以竣事。及学章草定而当道商榷至再，入奏后陛辞又受热而病，并以德商趸船事，留滞旬余。"

2月8日，日俄战争爆发之日，张之洞就沪局移迁事，致电江宁两江总督魏光焘、上海制造局道台沈敦和：

昨面奉懿旨，令洞于回鄂后，赴江南查明此局详细情形具奏。洞因奏明，到彼当与督臣魏筹商，亦蒙俞允。圣意着重购新机、制新械，并深以移厂为要。俟明春二月初，洞到江宁晤商，并电调沈道来宁，筹商定议后，再行会奏。

这一日，张之洞离开天津，2 月 10 日，即至沧州。2 月 11 日，张之洞回到南皮，祭拜家祠。当年的翩翩少年公子，如今已经是年近古稀的白发老翁。乡梓故土，往事历历。张氏祠在南皮县城者为宗祠，在毕家塘者为家祠。家祠旧祀张之洞高祖孝义公以下，并追祀以上两世。张之洞修葺楼舍以安两世神主，而奉孝义公居祠之正位，其次依昭穆为东西位。张之洞致祭时，供席十五桌，五簋八碟。除日，设祭亦如之。

2 月 12 日，张之洞致电袁世凯：承差弁赍到御书三件，已叩领。诸费清神，沿途厚扰，敬谢。今日到南皮，马队拟留数名备送信。

即使在南皮老家，张之洞还是惦记着日俄战争的进展情况。也是这一日，张之洞致电上海盛宣怀："津电日在旅顺沉俄舰三，合掳获者，俄已失六舰矣。水师既胜，陆军，俄更非日敌。望见小田切，先道喜。"

张之洞获悉日本取胜，还委托盛宣怀代为向日本驻上海领事小田切表示道贺，礼多人不怪嘛。

同日，张之洞致电京都军机大臣鹿传霖，告迟迟未能出京之由：

> 鄙人所以迟迟未出京者，固因病，实因汉口德国趸船事也。幸议妥，二十、二十一两日，互换照会，并咨外务部后，二十二即行，今日抵南皮。病未愈，行路十分苦，拟多调理数日。两月来，鄂省要事皆端中丞与洞电商办理，断不致贻误鄂事，望转告庆邸及瞿、荣两公。日本水师已胜俄，陆军俄更非日本敌，中国之幸也。

张之洞在这一年，还就湖北派员赴东瀛往观兵操事，致函日本陆相寺内正毅：

此次贵国举行陆军大操，鄂省特派朱观察滋泽等文武十二员，并小孙厚琬、厚瑗往观巨典，并游历各处，考究学校、武备、工厂等事，以开茅塞。惟是该员等，学识谫陋，人地生疏，恐问俗之未到，致礼文之有缺。务祈阁下雅谊关垂，照拂指示。喜师资之有赖，卜宾至之如归，曷胜感幸。弟谬承疆符，无裨时局。西门种树，惭坐镇之无功。东壁分光，钦善邻之古义。私愿窃方于学海，远怀遥寄于停云。一切除由朱观察等面陈外，谨附呈微物四种，聊充芹曝，尚祈哂存为幸。

3 月 6 日，张之洞由直隶南皮启程回鄂。他致电鹿传霖：

鄙人抵里过劳，既苦疟症，又兼腿痛，直至正月十二日祭墓始毕，十三日始入城拜宗祠。现于二十日力疾启行。河已开，小轮赴津，火车赴磁州，沿途不至甚迟。

许同莘《张文襄公年谱》载："归里之初，疲极而病。入新年，病愈。族人毕至，治具款接，并致馈赠，行辈居长者拜之。公笃于根本之谊。族孙元翰以知县官河南，光绪辛丑署渑池。县当孔道，跸路所经。元翰不忍累民，在任六月，负官逋六千余两。公闻之，汇千金于汴抚，发藩司代偿。元翰初不知也。后知宁陵，罢官归，居母丧，以毁卒。汴抚胪陈事迹，宣付史馆，入孝友传。此事无可附丽，并记于此。又以皇太后赐金及历年廉俸所余，建合族小学堂。廉俸所余一万二千余两并赐金，购地十七顷有余，以租息为常年经费，名曰慈恩学堂。定额高等、初等各三十名。学科一切照奏定章程办理。嗣改为中学堂、高等小学堂各一所，中学三十名，高等小学六十名，本姓外姓各半。度地兴工，命孙张厚璟回籍经理其事，呈南皮县，转详请奏。续捐银一万两，生息备用。并选学生赴湖北学习。"

3 月 9 日，张之洞至沧州。3 月 11 日，张之洞到天津，停留

七日。为何停留这么久？张之洞又生病了。

3月14日，张之洞致电鹿传霖：到津后，疮症大剧，现延医服药调治，须休息两三日方能行，袁慰帅及各官目睹。函奉到，赫议怪谬，全是梦话，万不能行，各省必顶奏。

3月18日，张之洞自天津乘京津火车至丰台，转长辛店由芦汉铁路南下。3月20日，张至河南彰德，易骡车而行。

3月21日，张之洞致电湖北巡抚端方、太守梁鼎芬：

> 初四到彰德。陆路七站，大约须分九日行。自日本调回学生及原在鄂学生，此次在津与慰帅商妥，均可留一半。惟前有电与节庵言明，如学生留鄂带营者，均归节庵统，不令他人统带。今诸生仍不愿留，殊不可解。凡用人者，用其心也。今其心已去，留之无益，听其自便可也。

张之洞所称节庵，就是梁鼎芬。

3月22日，张之洞至卫辉。他兴致盎然，游苏门山，登啸亭，拜孙夏峰祠。

3月24日，张之洞渡黄河至新郑，易火车而行。3月27日，张之洞至信阳，住宿一晚。3月28日，他回到汉口。3月29日，渡江到武昌。回鄂途中，求书者众，张之洞多让幕僚代笔以应。3且30日，张之洞回任视事。

许同莘在《张文襄公年谱》总结张之洞此次进京：“癸卯在京厘订学堂章程，以全力注之。大旨在端正趋向，造就通才，以忠孝为敷教之本，以礼法为训俗之方，以练习技能为治生之具。尤重在考核品行，不得废弃中国文辞，戒袭外国无谓名词。各学堂皆习学官音，兼习兵学。自幼学即教以爱众亲仁、恕己及物之旨，动其希贤慕善之心，讫于成才。以中国学术日有进步，能发明新理以著成书，能制造新器以利民用为成效。各学堂课程中，读经、讲经、中国文字诸科，每条约举要义，各为之说。言经学，于《易》，则汉、宋并重，不废纬书；于《春秋》，则讲公羊者，必三传并习。名虽学章，实公晚年学案也。公殁后，门人马贞榆祭文有云：公既裕本原，施于有政，其大者以为强生于力，力生于知，知生于学。其学堂章程，名似取法泰西，实则复三代以前教士之法，文武合之一道，不徒有益于今日，而并有益于后世。若其创始之难，有所未备，则在忽继起之后，贤而可谢外间之讥议者也。”

张之洞癸卯入京，得诗最多，后编为《朝天集》。《读广雅堂诗随笔》载：“文襄再入都，老辈凋零，风雅歇绝。守旧者率鄙陋闭塞，言新者又多后进践躁之流，可与言者殆少。感愤之余，屡屡行诸吟咏。一日无聊甚，约宾客数人往看慈仁寺双松。寺毁于庚子之乱，乃支布棚，藉草而坐，都人士聚观，途为之塞。《看松》七古一首起句云：‘千步廊前车如织，归来中满不能食；无聊欲共草木语，城南双松上胸臆。’又云：‘遣此区区老秃树，岂足增壮帝京色’，可谓征歌发色矣。又《西山》一首云：‘西山佳气自葱葱，闻见心情百不同；花院无从寻道士，都人何须看衰翁。’抱负感触，更非前度刘郎之比，宜乎不胜葵麦之悲也。”

4 月 3 日，张之洞奏陈北京，报告回任谢恩：

> 臣于上年四月间遵旨入都陛见，仰蒙迭次召对，训诲周详。嗣奉旨饬议商约，会订学章诸要政，瞻依阙下者，九月有余。异数殊荣，有加无已。循涯逾分，兢悚难名。迨学章事竣，请训出都，奏明顺道回南皮县原籍省墓。嗣因于十二月初三日，与英使萨道义询商一切，于十二月二十一日，与德使穆默商定鄂省交涉要件，咨达外务部后，二十二日即行出京。兹于本年正月由籍起程过津，复与北洋大臣袁世凯筹商一切。旋即遵陆南下，于二月十三日行抵武昌省城。十四日准兼署督臣端方委员将湖广总督关防并王命旗牌、文卷赍交前来。当即恭设香案，望阙叩头，祗领任事，经于十五日

电请军机大臣代奏在案。

伏念臣自惭衰朽，获望清光，屡陪禁近之班联，稍慰江湖之梦寐。聆禹、汤之自责，感极涕零。企周、汉之中兴，忘其老至。迩者强邻构难，东土震惊，虽暂时中立之从权，虑以后外交之益棘。臣惟有勉殚驽钝，仰禀宸谟，统善邻内以兼筹，以兴学练兵为首务。储木屑竹头之用，敢抛寸晷于江城。续笠簷簑袂之诗，犹忆恩波于禁苑。一切紧要事宜，当随时与南、北抚臣妥商办理，以仰答高厚鸿慈于万一。

6 月 21 日，张之洞致电天津袁世凯："闻日俄开战后，各国均派有观战武员。敝处现亦拟派员往观，两战国应否一律通知。"

6 月 22 日，袁世凯复电张之洞："我为中立，必须两派。敝处因未明派，只遣探员相机窥查。"

10 月 24 日，张之洞遵旨筹画东三省事宜：

东三省自日俄开衅以来，日军虽水陆克捷，究竟将来结局如何，此时诚未可预料。日军极其目光所注，至于夺据哈尔滨。俄既失哈尔滨，必向我别生枝节，或在蒙古、新疆一带，肆其窥伺。故我今日之筹画，不宜专注于东三省，而当兼顾蒙古、新疆，预为之备。且日本兵力果能至哈尔滨以北，俄势大衰，德、法两国深忌黄种之强，必助俄以阻日，否则乘机攘取中国土地权利，以为均势之局，此后变态，实有难言。是我之防俄，非备兵不可。即欲稍戢各国乘机均势之谋，亦非备兵不可。若日本则兵力所至，必不居占地之名，而兵费则断无不索偿之理，岂肯徒手以还中国。

综是二者，中国今日无论如何，总以筹款为第一要义。至日本既留兵代守辽东之境，则我止须备兵以防辽西之境，兵数即无须过多，诚以兵易练而将难求。有兵无将，虽多亦奚无为。故臣愚以为目前练兵，实有不宜过多者。多练兵不如多留款。万一俄人窥我蒙古，我诚能资以饷力，则自张家口以东，有警即可借助日本以御之，以日本之将校率我之兵，庶几可与俄人一战。俄人窥我新疆，地近印、藏，权利所关，必为英人所忌。我诚能与之连衡，则自宁夏以西，有警即可借助于英以御之，其以英将率我兵亦然。虽非上策，犹为得半之道。

盖东联日，西联英，虽两国必欲索要利益，然总远胜于俄国之信义全无、公然吞噬者。我果与英、日联盟，俄患必可无忧。京畿根本既安，然后可徐议应付德、法诸国耳。

11月25日，袁世凯致电张之洞："顷接沪电称，张道孝谦告人，奉敝处委往尊处密商联俄事，因而沪上谣疑纷起，日人颇惑云。查张道请假省亲，并非差委。果如是也，殊属谬妄。祈询该道是否有此说。"

11月26日，张之洞电复袁世凯，称断无联俄之意："前接上海日总领事小田切来电云，闻贵国政府重兴联俄之议，北洋派某道员来鄂商议此事。此次日俄开战，为保全东方大局起见。贵国倘有联俄之议，将来事甚可忧，属为驳阻等语。当复以俄人欺蔑中国，违背条约，占地残民，横暴无理，敝处断无联俄之意。至张道孝谦日前过鄂，来谒一次，适有公事未见，闻在省城仅住一宵，次日即渡江旋豫。该道在沪有无此说，祈即由尊处电询饬复。"

道员张孝谦，是光绪十五年进士，并非无名之辈，他受知于李鸿藻，参与设办强学会，小张之洞29岁，病逝于1912年。

1905年1月10日，张之洞电复直隶总督袁世凯、两江总督周馥："此时日本，势张气锐，攻战日利，得地日多，将来无论结局定约如何，总于中国有益，胜于俄人十倍。鄙意总以始终守中立为是。慰帅奏请劝和之说，与鄙人意见不同，未敢列名。"

5月，芦汉铁路全线建成，全长二千四百余里。黄河铁路桥

长九百九十余丈，桥门一百有二。钢柱长七丈余，深入沙土三丈至五丈不等。北岸于下游筑石坝二十五里。自郑州筑支路东达开封，西至洛阳。光绪二十九年八月，由侍郎盛宣怀与比国公司议定合同，借款一百万镑，由比人承办，悉照芦汉章程。多年辛苦，终于大功告成。11 月 13 日，芦汉铁路举行落成典礼，改名为京汉铁路。选址在黄河岸边的铁桥边搭篷设宴，宾客云集。此一重大场面，盛宣怀、唐绍仪赴会，张之洞委派湖北盐法道冯汝骥、常备军协统黎元洪等与会。这一重要的所谓高光时刻，张之洞却缺席了。

且说 6 月 19 日，张之洞致电瞿鸿禨：

> 近闻报章，鄙人又有调两江之说，曷胜惶骇。现粤汉路事，甫就范围，比党尚多要挟，正在万分吃紧之际。即幸能定议一切，款项于何取给，并无着落，尚需极力筹画。湘、粤两省于认款一层，意见犹未尽合。种种为难，非鄙人一力主持，恐难就绪。若弟一有调动，则全局瓦解，功败垂成，实为可惜。此事断不能再令盛公督办，非独美、比两党生心，即三省绅民亦万不承认。弟之兢兢不忍抛却者，冀为三省保此权利耳。一旦弃掷，能不寒心。
>
> 近以孱躯多病，精神迥不如前。徒以在鄂苦心经营垂二十年，诸事粗有条理，人地相习，尚可安坐指挥。两江局面屡更，权分力绌，而纷纭交涉，倍难于前，断非病躯所能措手。如必欲置弟此席，惟有立时引疾，自请归田，决计不再迁就。务望公鼎力维持。假如有人不愿弟梗塞此间，但稍从容，俾弟将未了事件，略一清理，不过一年，弟亦必奉身而退矣。

瞿鸿禨，张之洞与之往来多多，他也是晚清重臣。瞿鸿禨，字子玖，号止庵，晚号西岩老人，湖南善化人。1871 年（同治十年)，中进士。1897 年（光绪二十三年)，升为内阁学士。瞿曾先后出任福建、广西乡试考官及河南、浙江、四川、江苏等四省学政。

1900 年，八国联军打进北京，慈禧太后与光绪帝仓皇出逃。军机大臣中有四人因“庇拳”之罪被黜，只剩荣禄与王文韶两人。瞿鸿禨受到推荐，于 1901 年奉旨赶往西安，被任命为军机大臣。他为慈禧太后撰旨，深得赏识。总理各国事务衙门改为外务部，位在六部之上，瞿任外务部尚书。1907 年，因与奕劻有矛盾，后被袁世凯用计参劾，又忤慈禧旨意，被劾开除回籍。他与王闿运等吟咏结社，逍遥度日。瞿于 1911 年迁居上海，1918 年病逝。他著有《止庵诗文集》《汉书笺识》等。其子瞿宣颖，字兑之，著有《汉代风俗制度史前编》《汉魏六朝赋选》《北平建置谈荟》《北平史表长编》《同光间燕都掌故辑略》《中国社会史料丛钞》《汪辉祖传述》《补书堂诗录》《燕都览古诗话》等。其孙瞿同祖，是历史学家，撰有《中国法律与中国社会》《清代地方政府》。

7 月 24 日，张之洞致电军机处转奏朝廷，力陈日俄议和，中国如何因应善后之策：

> 两奉电旨，因日俄直接议和，令将现在因应及将来善后通筹电奏，以备采择。
>
> 查日俄议和，俄必愿我与闻，日则断断不容我与闻。各报言外务部照会日、俄，谓关涉中国之事，若中国不与闻者，中国将来断不承认。闻日本复文，不肯许可。要之，此照会乃应有之义，自不可少。无论彼认与否，将来可执此照会为争论之根据。然只此已足，强聒无益。惟有俟其与俄定议后，我方能与之开议，大抵抱定日本宣布许我之完全主权为定盘针，以结近援、御远患为归宿。此因应之大要也。至于善后之法，约有五条。

一曰遍地开放。盖非此，无以慰各国均沾之望，亦无以杜强邻吞并之谋。

二曰变法。此后东三省官制、政法，必须扫除旧习，因时制宜，方能保安。且各国杂居，非采用西法，参用外国顾问官，断难控驭。顾问官可东、西洋人参用，而日本人无妨稍多。

三曰中日兵合力驻守。日俄定约后，若无日兵，断难杜俄之侵轶。或婉商日本，彼暂住兵十万，分数年次递减裁。我即在东省速练新兵，分十年递增至十万。总以华兵添足，日兵撤尽为度。

四曰就地筹款。东三省地广土饶。据日本人言，若经理得法，十年后可岁得三千余万。纵不能及此数，得半亦佳。

五曰以后防俄之策。日本紧要主意，必欲将俄兵全数驱出东三省界外，方能议和。俄不甘心，必致由恰克图、库伦窥伺张家口，以抵补其东隅之失。此事，中国固须严兵以待，然断非中国独力所能抵御。惟有俟日俄定约后，与日本熟商办法，必助我设法防备。

总之，此次日本若于东三省不占最优权利，慨然送还中国，断无此事。然所得过奢，则既食前言，又招欧忌，彼亦不为。日本为中国，正所以自为。然欲强日本，则不能不存中国。俄专欲愚中国，吞中国，纯乎损我益彼。日本既擅北海之权，则不惟阻俄人之横行，并可抑胶澳之恣肆。故无论如何定议，日本在东方得何权利，皆胜于俄人远甚。

张之洞的这一番评估，还是过于乐观了。日本岂是省油的灯？此后的中国，被日、俄反复蹂躏，几乎万劫不复。

且说日本于 1905 年 1 月攻陷旅顺，3 月，夺取沈阳；5 月，日本海军在对马海峡击溃俄罗斯调来增援的波罗的海舰队。至此，俄罗斯已毫无获胜可能。此后，美国出面调停。经过反复博弈，8 月 10 日，日俄双方在美国朴茨茅斯正式举行和谈，9 月 5 日，日俄签订《朴茨茅斯和约》。

9 月 13 日，正是阴历八月十五，中秋月夜，张之洞与客人、幕僚乘船至金口，登大军山，赏月赋诗，追怀旧事，放眼当前，有无限感慨，注入诗行：“今夜居然小三昧，江风山月短床支。都无点滓留云影，暗有新凉透鬓丝。安睡舟鱼皆自乐，登高宾佐尽能诗。凭临军垒我思古，除却徐胡更有谁。”徐是指康熙年间的提督徐治都，胡是指曾任湖北巡抚的胡林翼，他们都曾驻军于此。10 月 7 日，秋高气爽，此前，张之洞的儿子张仁侃奉旨着刑部行走，这对他而言，也是一种安慰。张之洞登临洪山宝通寺塔，极目四望，楚天寥廓，诗兴大发：“喜看天际乍轻阴，暂脱尘机到二林。枫叶未红欺客老，北鸿初到搅乡心。百年皮骨盐车泪，万里江湖漆室吟。此塔阅人沙海数，岂惟登岘叹销沉。”

日俄战争，俄国战败，日本获胜。自此，中国东北成为日俄两国的势力范围，出现从一国独占变为两国分据南北的局面。日本又加紧对朝鲜的控制，至 1910 年完全兼并朝鲜。此后的日本，对中国更为恣肆狂悖，直到 1945 年。俄国此次战败，宣告其远东政策破产，实力遭到重大削弱，也加速了俄罗斯革命的到来。

1909 年，张之洞病逝。

1911 年，辛亥革命。

# 十四、回任湖广大江流，再赴石城

众所周知，张之洞曾两度署理两江总督。甲午之战，刘坤一北上抗日。张之洞署理两江总督，殚精竭虑。待一切尘埃落定，刘坤一归来，张之洞重回湖广总督之任。庚子之乱，张之洞与时任两江总督刘坤一彼此默契，终成东南互保之局。但刘坤一在1902年去世，张之洞再次署理两江。但时间不长，中枢任命魏光焘接任两江总督。张之洞要回湖广本任，但端方正在署理，干劲十足。张之洞索性北上进京，汇报工作，回乡扫墓。他再度南下，已经是1904年春，张之洞居然难得清闲，到了南京，故地重游，盘桓了整整一个月呢。

1904年4月30日，张之洞乘船东下，在芜湖与魏光焘会晤。5月2日，张之洞抵达南京，这一天，他的三儿子张仁侃娶四川知府王懿桀的女儿为妻。王懿桀是王懿荣之弟。王懿荣的妹妹是张之洞的夫人，这也真是亲上加亲了。这一月之内，张之洞在南京，除了不断与袁世凯、赵尔巽、盛宣怀、端方、梁鼎芬等函电交驰外，也算难得逍遥，就在南京流连山水，看了不少地方，写了一组《金陵游览诗》。张之洞如此说道："余两假江节，不暇游观。甲辰春，奉命来与江督议事。公事无多，又不能速去，日日出游以谢客。"

有一寂园，地在南京城东复成仓，为皖人吴学廉所营造。张之洞写有《吴氏寂园》五言诗，其中有"厥初一瓜庐，蕞尔青溪边。十年三过门，附益成名园。有水可濯缨，况兼远与偏？堂后挺高竹，粗如夏屋椽。钟山翔且舞，来住几案间”之句。钟山隐隐，青溪潺潺。寂园多水，竹叶婆娑，自然是好去处。如今南京复成桥左右，哪里还有寂园的丝毫踪迹？张之洞还去看了城西乌龙潭的薛庐。张之洞特别注明：“薛庐在乌龙潭上，昔为全椒薛慰农院长所居，今为薛祠。潭即颜鲁公放生池也，今有鲁公祠。”张之洞的《薛庐》，提到了五松庵、袁枚的小仓山：“人爱颜鲁公，池古泽不竭。天怜薛夫子，分此地幽绝。闭山篱门内，贮水卧榻侧。贫士生巧思，一壑遂专得。吟诗构杜堂，问字比扬宅。虽无五松雅，犹胜仓山热。”

张之洞畅游玄武湖，别有一番感慨，但却题为《元武湖》：“沧海日以东，江潮日以远；城头紫气尽，城下白波浅。龙子去荒洲，春深荻芽短。逶迤随崇墉，纵横抱叠巘。乐游与青溪，自笑蹄涔褊。胜国一纸堆，今日万家产。”大明收藏天下黄册在玄武湖的梁洲，但在张之洞看来，不过是“胜国一纸堆”。张之洞到城西莫愁湖，没有提到朱元璋与徐达，只是说到了梁武帝萧衍：“萧衍黠老公，艳体托丽人。制为莫愁曲，歌者颊生津。遂令石城水，曼腻娇千春。”张之洞真是好兴致，到了莫愁湖，也就索性顺便再去雨花台看看吧。你看，南皮先生的《雨花台泉》：“不见报恩塔，犹见雨花台。信知象教力，帝王不能摧。洒此一清凉，救彼群昏霾。一嗽肺肝平，再咽神识开。此邦苦爨汲，流恶孰决排？安有脂粉腻，时见粪草偕。疹疠固由此，并使风俗卑。汲汲安吴翁，陈义通江淮。符调忍独清，见泥志勿衰。”经过太平天国洪杨在南京十余载“治理”，哪里还有报恩塔的影子？张之洞还去了现在南京所称的胡家花园。张之洞当时还能看到，胡氏愚园有六朝石，宋人题字的“刘季高甫徘徊其旁，绍兴丙申十月乙亥”十六字。张之洞驻足名园，流连徘徊，顿生沧桑兴亡之叹。

当年的青溪，可以行舟悠哉，酒茶相伴，二三知己，海阔天空。张之洞如此说《青溪》："刘江诸大宅，一础不可寻。遗此衣带水，秾华变清深。稍稍种桃柳，寡薄无繁荫。聊借三人航，写我五湖心。燥吻甘止酒，茗碗自酌斟。清旷人语绝，时逢禅丛林。烟际闻相呼，三两归暝禽。何必牛渚月，已足惬素襟。得享一舸闲，胜拥千镒金。"泛舟青溪的张之洞，与朋友僚属们会说些什么？据《抱冰堂弟子记》所言，张之洞在1894年署理两江，每天忙碌，高度紧张，他整军备战，调来冯子材等，为求时局改观而殚精竭虑，恪尽职守。

但就在1895年，他的次子溺死总督署，令他悲伤欲绝。梁鼎芬等人为了分散他的注意力，缓解其痛苦，邀请康有为来南京与他会面。甲午败后，中国究竟路在何方？怎样才能脱离被瓜分的危险？康有为自有一番见解与方案。张之洞与康有为在南京多次深谈，颇有知音之感。这也是后来张之洞大力支持强学会、《时务报》的起因。但，再后来，张之洞与康梁因诸多理念不合而分道扬镳，此是后话了。张之洞此次在南京，还认识提拔了一个人。这个人参加甲午之战，兵败溃散，他来南京投考张之洞的自强军，被录用后，认真办事，勤勤恳恳，四象山、狮子山、幕府山、江阴要塞等炮台，都是他亲力亲为，整顿修筑，让张之洞颇为满意。这个人，就是后来曾做过民国总统的黎元洪。张之洞回首这些如烟往事，会有一番怎样的感慨啊。

游过青溪，张之洞到羊皮巷参加一饭局。此饭局，主题明确，是一个太守要承揽川汉铁路的有关业务，自然想通过张之洞以行方便。此人从上海进京，大概是听闻张之洞在南京，特意赶来一见。张之洞也许是记不得或者不愿意提这位太守亭园的名字了，就以《羊皮巷某氏园》为题，记述此事，其中有"市声屏不至，坊巷同邱樊。似闻游岳叟，浮海踏京尘。树间黄栗留，向我如有言。客何多闲情，主何不惮烦？烦者有至乐，旁人不得闻。闲者有至苦，写我忧如焚"这样的句子。烦苦？闲乐？忧心如焚？年近古稀的张之洞还真是心事重重忧虑多多呢。张之洞对王安石多有批评，对苏东坡颇为钦敬。他曾为黄州苏东坡故居有如此题联：五年间谪宦栖迟，较量惠州麦饭，儋耳蛮花，那得此清幽山水；三苏中天才独居，若论东坡八诗，赤壁两赋，还是公游戏文章。张之洞的《谢公墩》，把谢安与王安石进行了一番比较："谢傅功再造，转忧为臣难。桓筝急且哀，一坐皆汍澜。咏诗效洛生，拥鼻仍儒酸。山泽自本性，亦以免忧患。岂意芰憩地，千载为公专。后枕钟阜树，前流北郭泉。僻有鹿迹杂，静闻田水喧。景物甚寥寂，自取硕人宽。寄兴在象外，一拳同东山。来争无味名，犹是介甫贤。何人惜古意，筑室加藩援。善保此部娄，勿使犁为田。"

南京台城鸡鸣寺有豁蒙楼，多说是张之洞为纪念学生杨锐而建。但，也有人说，此楼与杨锐无关。且看张之洞如何说："余以金施寺僧，辟寺后经堂为楼，尽伐墙外杂树，遂为金陵诸寺之冠：雨暗覆舟山，泉响鸡鸣埭。埭流南朝水，僧住南朝寺。当时造宫城，选此陵阿地。朝市皆下临，江山充环卫。白门游冶子，沓拖无生气。心醉秦淮南，不踏钟山背。一朝辟僧楼，雄秀发其秘。城外湖皓白，湖外山苍翠。南岸山如马，饮江驻鞍辔；北岸山如屏，萦青与天际。鹭洲沙出没，浦口塔标识。烟中万楼台，渺若蚁垤细。素有杜老忧，今朝豁蒙蔽。"

瞻园，是朱明第一大将徐达的宅邸花园。张之洞来此之时，瞻园为江宁布政司署。张之洞两次到此，是公事前来？还是余暇怀古？"去年入瞻园，水涸不盈尺。残梅如病尪，步步生草棘。山林有重游，相隔几何日？"

翠微亭，即南唐暑风亭。张之洞到此，自然要评说千古词帝李煜："保大虽孱王，此亭江表冠。凉风扫盛暑，夜夜金舆玩。霸图偶起灭，山川长绚烂。穷蛙食井泥，安有超世见？"保大是南唐后主李煜的年号，张之洞说李煜是孱王，贬低鄙夷之情，溢

于言表。张之洞去看燕子矶，大江奔流，天风浩荡。多少次，张之洞航行在大江之上，领略两岸风光，感慨时事艰危。且看他的《燕子矶》一诗中，有“汹汹黄天荡，空旷如巨池。舟行无帜志，远指江干矶。铁骨蒙苔藓，舒翼昂颔颐。翩然来下浴，斗入青琉璃。南北此要津，日有千帆飞”，更有“岂知白鹭洲，骎骎能东移。水道多改变，迥异梁陈隋。利害互相因，世事常如斯”“仰读设险句，感叹南巡碑”之句。南巡碑，就是指乾隆皇帝的诗碑。

张之洞在南京一月，两江总督魏光焘自然要尽地主之谊。魏光焘宴请张之洞，是在江苏粮道署，当时的负责人叫胡彦孙。张之洞此前关于南京名胜书写，多属五言诗，赠诗胡彦孙，则是七律。张之洞特别说明《魏部光焘招集适园，赋赠胡彦孙粮储》：园在粮道署。汤园，金陵贾人汤某作，今归义州李光瑜。张园，皖人张士珩所居。汤园以多鱼名，张园以多竹名。不过，当晚的张之洞以身体不适为由，没有饮酒。但张之洞的这首诗写得还真是别有味道，其中有“我看客饮唇不濡，欢虽不足适有余。借问主人何所适，溪堂客散仍读书”，好一个溪堂客散仍读书，真是不改书生本色啊。

但张之洞此次在南京一月，他最有价值的作品，还是他的《金陵杂诗》十六首与他的《过张绳庵宅四首》。且随便看他的《金陵杂诗》四首：

兵力无如刘宋强，励精政事数萧梁。何因不享百年祚，鸩毒山川是建康。

太白南游意可伤，吴宫泯灭国山荒。雪谗自写浮云感，岂为登台吊凤凰。

鸡鸣寺改半山颓，永济荒凉灵谷灰。独喜清凉名实好，赞幽耽僻有谁来？

秣陵游客惯骑驴，今日全家挽鹿车。拈出维新一公案，请参利病究何如?

张之洞的金陵杂诗，纵横捭阖，感怀历史，吊古伤今，并不是无病呻吟，敷衍成文。

张之洞的《过张绳庵宅四首》，多被提及。当时，张佩纶已经死去一年，但还没有归葬河北。张佩纶的儿子张志沂娶的是黄翼升的孙女黄逸梵。张志沂与黄逸梵的儿子叫张子静，女儿就是张爱玲。黄翼升的儿子叫黄宗炎。

北望乡关海气昏，大招何日入修门？殡宫春尽棠梨谢，华屋山邱总泪痕。

箧中百疏吐虹霓，泛宅元真世外嬉。劫后何曾销水火，人间不信有平陂。

凭谁江国伴潜夫，对舞髯龙入画图。怜妆支离经六代，此心应为主人枯。

廿年奇气伏菰芦，虎豹当关气势粗，知有卫公精爽在，可能示梦儆令狐。

一个月的南京滞留，张之洞留下诗文多多。张之洞返回武昌，再过芜湖，又去吊祭袁昶。袁昶是张之洞的学生，庚子五大臣之一。他在1900年被诛杀。张之洞回忆说：“芜湖道署中，沤簃用宋人芜湖故事作避舍，盖公堂。丙申二月，余还武昌过芜湖，沤簃留余及幕僚宾客，谈宴竟日。”张之洞追怀袁昶，特别凄楚伤怀，他把袁昶比作西汉晁错，请看他的《过芜湖吊袁沤簃四首》之一：“七国连兵径叩关，知君却敌补青天。千秋人痛晁家令，能为君王策万全。”

顺便交待一下，魏光焘与张之洞同岁，比张之洞晚死七年，也是晚清名臣，得年79岁。魏光焘早年隶属左宗棠部，甲午之战，募兵北上，与湖南巡抚吴大澂援辽抗日。战后任陕西巡抚、陕甘总督、云贵总督、两江总督、总理各国事务大臣。张之洞上奏创办三江师范学堂，后匆匆离去，具体落实则是魏光焘，新官也理旧账，不必另起炉灶，令人钦佩。袁昶小张之洞 7 岁，字爽秋，浙江桐庐人，是光绪二年进士，历官总理衙门章京，办理外交事务，后官至太常寺卿。光绪二十六年，因直谏反对用义和团盲目排外而被清廷处死，得年 54 岁。

张之洞回到武汉湖广总督原任，端方却被调离湖北，到苏州做江苏巡抚了，时在 1904 年 6 月 5 日。

# 十五、感时事整军经武，武人点滴



张之洞是晚清大臣、名臣、重臣。世人多知他重视教育，对兴办新式教育不遗余力；世人也多知他兴办实业，兴办汉阳兵工厂、钢铁厂、汉冶萍公司等；他主持芦汉铁路、粤汉铁路、川汉铁路，更是殚精竭虑、耗尽心血。但张之洞对新式军事也是别有见解，多有筹划。他身边之人，除了文人幕僚，也多有军事人物，如张彪，如黎元洪，如冯子材，如世人多知的当时“士官三杰”中的吴禄贞、蓝天蔚。

张之洞身边的军事人物，资格最老者当属张彪。这个张彪追随张之洞，是在张之洞担任山西巡抚期间。此后，张彪跟着张之洞从太原到广州、武汉、南京，一直在张之洞左右，也深得张之洞信任。张之洞在 1909 年死后，他与黎元洪还保持联系，后隐居天津。所谓天津张园，就属张彪所有。1924 年，孙中山北上进京，曾住在张园。溥仪出宫，也是住在张园。张彪死于 1927 年，得年 67 岁。

冯子材是一代名将，年长张之洞近 20 岁。冯子材与张之洞结缘，完全是因为中法战争。他启用冯子材，取得镇南关大捷，享誉中外。此后，中日甲午之战，张之洞署理两江总督，准备对付日本，就奏调冯子材前来江南。时隔三十多年，当年的冯子材是跟随向荣、张国梁等在南京东郊江南大营、镇江等地戎马倥偬。如今，白发苍苍的一代名将自两广跋山涉水，再来江南，真是感慨莫名。时间不长，中日甲午之战以签订屈辱的《马关条约》而告终，冯子材返回广西，死于1903年，得年85岁。张之洞致电两广总督岑春煊，希望要优待如此民族英雄国家栋梁。

世人多以为黎元洪平庸无能，是被动参加革命，不过是坐享其成的木偶傀儡。但黎元洪是北洋水师学堂毕业，也是真正的科班出身。经李鸿章保荐，黎元洪早就有五品顶戴。甲午海战，在丁汝昌指挥下参与战斗，时在广甲舰上，后跳海死里逃生。甲午战后，署理两江总督张之洞在南京编练自强军，发布檄文聘请水师学生。1895年（光绪二十一年），黎元洪来到南京投奔张之洞。张之洞接见黎元洪，询其海军经历及建造防御工事等。刚过而立之年的黎元洪对答如流，令张之洞大为欣喜，他认为黎元洪是忠诚可靠且有能力之人，遂委以监造金陵狮子山、幕府山、清凉山、乌龙山炮台工程。黎元洪亲临工地，勤奋监工，风餐露宿，恪尽职守。工程竣工后，黎元洪又被委任为炮台总教习。张之洞回任湖广总督，黎元洪应张之洞之召，随同回到湖北家乡，在湖北枪炮厂负责监制快炮。张之洞继续编练新军，加强军事建设，将自强军中已经练成的原江南护军前营500人调往湖北，扩充为前后两营，编成湖北护军。湖北新军的营制仿德国军制，张之洞任黎元洪为护军后营帮带；后又以黎元洪擅骑术，被任为马队管带。光绪二十四年（1898年）、二十五年（1899年）、二十七年（1901年），黎元洪受张之洞委派，曾先后三次到日本留学考察军事。黎元洪每次考察回国后，都写下赴日本军事考察报告，送呈张之洞检阅，让张之洞非常满意。黎元洪此后逐步成为编练湖北新军的高级将官。

黎元洪在武昌起义乃至此后的政治风云中，也基本能够应付，两次担任总统。他后来隐居津门，热心实业，死于1928年6月3日，比张作霖早死一天，得年64岁。黎元洪曾自我评价："沉机默运，智勇深沉，洪不如袁项城；明测事机，襟怀恬旷，洪不如孙中山；坚苦卓绝，一意孤行，洪不如黄善化。"但章太炎赞誉黎元洪“功比孙黄”，是“一个朴素而果毅的杰出人物”。章太炎送给黎元洪的挽联是：“继大明太祖而兴，玉步未更，佞寇岂能干正统；与五色国旗俱尽，鼎湖一去，谯周从此是元勋。”严复评价黎元洪：“黎公道德，天下所信。然救国图存，断非如此道德，所能有效。何则？以柔暗故！遍读中国历史，以为天下最危险者，无过良善暗懦人。下为一家之长，将不足以庇其家；出为一国之长，必不足以保其国。”但不管怎么说，黎元洪在北洋海军十二载，奠定基础，尔后到南京跟随张之洞步步高升，居然成为载入史册的人物，不能说与张之洞没有关系。

再来说蓝天蔚。1896 年 1 月，张之洞从南京调回湖广总督本任，继续编练新军。时年 18 岁的蓝天蔚投笔从戎，从军习武，入武昌新军工程营为卒。1897 年 2 月，张之洞奏请设立湖北武备学堂，蓝天蔚被选送入武备学堂学习，成为一名优秀学生。1899 年冬，蓝天蔚以优异成绩被张之洞选送赴日本留学。他先入士官学校的预备学校成城学校，后又到日本陆军联队实习半年，于 1902 年升入日本士官学校工兵科，为中国第二期留日士官生。蓝天蔚在校期间，结识吴禄贞、张绍曾，三人成绩突出，志趣不凡，人称“士官三杰”。蓝天蔚在日本留学期间，受孙中山思想影响，开始走上革命道路。1902 年底，蓝天蔚与刘成禹、李书城等鄂籍留日先进青年在东京组织同乡会，创办《湖北学生界》，以“输入东西学说，唤起国民精神”。

1903 年春，沙俄拒绝按约从我国东北撤兵，妄图永久霸占东北。消息传到日本，中国留学生义愤填膺，掀起“拒俄运动”。清廷密谕：“昨据袁世凯密折，内言东京留学生蓝天蔚等各若干人，编集数军，希图革命”，“朕以为该学生等既反叛朝廷，朝廷亦不得妄为姑息”。5 月下旬，清廷命时任湖北巡抚兼署湖广总督端方将蓝天蔚召回国内，准备对他严加惩处，蓝天蔚却说：“救国者，国人之责，吾一身安足惜。”蓝天蔚回到武汉，面对严厉

责问，他痛言国事日非，外患日逼，国人愤发为雄，不可遏制。在此期间，蓝天蔚经常前往武昌水陆街吴禄贞住宅，与吴禄贞同倡革命。吴禄贞、蓝天蔚等在武昌花园山设立秘密机关，向武汉军学两界的爱国青年宣传革命思想，许多青年如吕大森、朱和中、胡秉柯、曹亚伯、李书城等都加入花园山聚会者行列。

有人对端方建议说："蓝天蔚军学宏博，未可浅尝辄止，请复东渡入兵工学校。"端方为笼络人才，遂同意蓝天蔚继续返日学习，还让蓝天蔚从湖北新军中选拔 50 名优等生一起去日本学习军事。蓝天蔚有信函致端方，感谢之意溢于言表。1903 年 2 月，蓝天蔚于日本士官学校即将毕业之际，张之洞致信清驻日留学生总监汪大燮称，他根据蓝天蔚等留学生所学专业的具体情况，或进入专业学校，或进入户山学校深造，或继续留在炮兵联队研究学问，都有具体安排。舒清阿、良弼二人虽不是护军学生，但因都是湖北省派出的留学生，应该与蓝天蔚等一视同仁。我等尊重应龙翔本人意愿，允许其回国省亲。舒清阿、良弼、敖正邦等三名步兵学生进入户山学校。之后，视其学业成绩具体情况，可让其到陆军大学校进一步进修、深造。让炮兵学生龚光明和工兵学生蓝天蔚进入炮兵工程学校，继续深造。1904 年 4 月，张之洞与端方不满京师练兵处电调蓝天蔚等，经迭电筹商，蓝天蔚被张之洞、端方留在湖北。

当时正在北京的张之洞致电武昌端方："庚电悉。昨电力驰飞布，恳将学生留鄂，以应急用，兹竟为压力一网打尽矣，如何如何？留日本者已应调，在鄂者独不可遣数人、留数人乎？若云已委以营差，俟续有肄业者，再派赴京，似亦可矣。屡次面奉懿旨，令回鄂扩充练兵。正拟回鄂后，将各军大加整顿，营官酌量添派，改派学生，并令学生新募数营。今人才尽矣，如何办法？不知鄂省除所调六人外，尚有肄业好学生否？祈示。鄙人不久必乞罢，鄂省无兵，亦公之忧也。"

张之洞惟恐再生枝节，很快又致电端方：自日本调回学生及原在鄂学生，此次在津与袁慰帅商妥，均可留一半。惟前有电与节庵言明“如学生留鄂带营者，均归节庵统，不令他人统带”。今诸生仍不愿留，殊不可解。凡用人者，用其心也。今其心已去，留之无益，听其自便可也。张之洞这里提到的节庵就是梁鼎芬。

张之洞于光绪三十年二月二十六日致电袁世凯：“急。前奉调湖北学生前后十名，过津时当经与北洋袁慰帅面商，湖北武备学堂及各营教操带队在在需人，傥以十名全行调往，必致无人可用。屡奉谕旨，责成湖北练兵。历年鄂省派学生赴东洋学习，费无数财力、无数心力，如全不归鄂用，未免偏枯。拟遣一半赴京，留一半在鄂，以昭平允。经慰帅转商尊处，荷蒙允许。感甚。兹荆州将军因奏明添备常备军二千名，委员来省，嘱派出洋肄业之学生前往教操，而鄂省新募各营亦亟需教练。兹拟留舒清阿、文华二人派赴荆州驻防常备军带队教操，该两生既系荆州驻防，性情习熟，尤为相宜。留蓝天蔚、龚光明、敖正邦三名在鄂省带队教操。其余五名，即遣赴京。特此电达，务祈垂鉴。荆鄂练兵，关系紧要，准如所请，实深感祷，即候示覆。”

北京的中央军事机构前来湖北调取人员，赴京帮助训练新军。湖北籍陆军毕业学生哈汉章、文华、吴祖荫、吴禄贞、沈尚濂等 5 人被调往北京练兵处任用。北京还要再调蓝天蔚等进京工作，引起张之洞、端方不满，回函“蓝天蔚等五人现因鄂省添练常备各营，约束训练在在需人，经香帅一再熟商，不得不留鄂备用”。

据许兆龙回忆：“光绪三十二年秋间，北洋袁世凯、湖北张之洞各练之新军，会操于河南彰德府附近。张彪充南军总统官，蓝天蔚充南军总参谋官，会操三日，南军均占优势。其阅兵大臣总评说：“南军总参谋官蓝天蔚计划周详，辅佐适宜，其前卫司令官余大鸿，指挥部队占敌之先，使敌进退维谷，深合战况，均应提升，遇缺即补。”秋操毕后，各部队均回原防。余大鸿经安徽巡抚朱家宝奏调，充安徽混成协领，所遗陆军第八镇步队第三十二标统带之缺，张统制遵照阅兵大臣在秋操时总评之命，保荐蓝氏为步队第三十二标统带官，使其亲练新式陆军。”

从以上不无烦琐的函电交驰之中，不难看出张之洞、端方等的思贤若渴，爱惜人才，也足见他们对军事建设的高度重视，更有吴禄贞、蓝天蔚在他们心目中的分量之重。实际上，张之洞曾密电端方、梁鼎芬，有袁世凯以练兵之名渐露揽权之态的重话。

说过蓝天蔚，再说吴禄贞。吴禄贞与张之洞的关系似乎更为传奇。

吴禄贞与蓝天蔚、张绍曾年龄相当。三人彼此只差一岁，蓝天蔚最长，生于 1878 年，吴禄贞最小，出生于 1880 年，是八零后。蓝天蔚是湖北黄陂人，与黎元洪同县。吴禄贞是湖北云梦人，他曾祖是道光年间的进士，做过常州知府；祖父是一优贡，在黄陂、公安两地当过教谕；父亲吴利彬是一秀才，在武昌以教书谋生。吴禄贞幼年即一直随父读书，勤奋聪敏，下笔成文。1895 年，吴利彬去世，已经考中秀才的吴禄贞进湖北织布局做一童工，后因看不惯工头侮辱女工，他痛打工头后离开工厂。适值张之洞招募新兵，吴禄贞前往应试。因年龄不到规定的 16 岁，他当场赋诗：“开卷喜读战国策，濡笔爱写从军赋。安得一战定三韩，投笔从戎争先赴。”招考官把诗送到张之洞处，令张之洞赞赏有加，遂破格录取。1896 年，吴禄贞入湖北新军工程营，后被张之洞直接点名选派进入湖北武备学堂。1899 年，吴禄贞被张之洞推荐入日本陆军士官学校学习陆军骑兵科，成为中国留日第一期士官生。吴禄贞在校结识张绍曾、蓝天蔚。吴禄贞曾在横滨拜访孙中山，加入兴中会。

1900 年，义和团运动风起云涌，孙中山计划趁机在珠江流域起事。但吴禄贞提出，夏口贯通南北，乃兵家要冲，决定起义在珠江流域与长江流域同时举行。刚刚20岁的吴禄贞、傅慈祥秘密回国，与唐才常共同谋划，参加唐才常领导的自立军起义，他和自立军统领秦力山受命在安徽大通响应。吴禄贞和秦力山指挥的自立军前军为庚子年长江流域大举中惟一发难者。大通起义失败，死里逃生的吴禄贞重回日本求学。

1901年1月，经张之洞派人调查，得知吴禄贞参与大通起义，他在捕杀唐才常、林圭、傅慈祥等人之后，又通过湖北汉黄德兵备道岑春蓂照会日本驻汉口领事，告以有“吴禄贞一名，闻其托故潜行回华，并未回到湖北，曾在大通滋事，现又潜回日本学校……万万不可教训，应请日本学校查明，即行斥逐，勿再容留”。日方虽然收到照会，但未予理睬。1902年，吴禄贞学成回国。张之洞迅速将其扣押，亲自提审，反被吴禄贞以明治维新为例所讲述的一番革新道理所折服。张之洞求贤若渴，经过反复斟酌，决定任命吴禄贞为湖北将弁学堂总教习、护军全军总教习、学务处会办、营务处帮办、武备学堂会办、武普通学堂会办。

1903年，清廷在北京设立练兵处编练新军，吴禄贞被在日本士官学校的好友良弼举荐获准。吴禄贞本不愿往，黄兴劝说道：“不入虎穴，焉得虎子？既受朝廷器重，指名征调，入京必得重用，实乃千载良机。与其在外难以建树，不如趁机投身其中，虚与周旋，暗为内应，将来良机成熟，共成大事。”1904年5月，吴禄贞奉调入京，任练兵处军学司训练科马队监督。

1907年4月9日，宋教仁与吴禄贞、蓝天蔚、张绍曾、徐镜心等同在奉天的同盟会会员，成立同盟会北方部辽东支部。1907年7月，东北初设行省。徐世昌首任东三省总督，肃亲王派吴禄贞随行，任东三省军事参议。延吉边事日紧，因张之洞举荐，吴禄贞受命任延吉边务帮办。

1908年11月，吴禄贞回京不久，日人又制造纠纷，清廷再

次调吴禄贞前往延吉。吴禄贞“跋涉山川穷极边塞”，历时 73 天，纵横 2600 多里，考察边区山水村寨。他“复旁考列国之舆图，移译西人之记载，证以日韩之邦志，断以国史及诸名家之著录，荟萃成编”，绘成《延吉边务专图》，撰写《延吉边务报告》，成为中方谈判中的重要依据。时任军机大臣的张之洞，对吴禄贞此举“尤激赏之”。

1909 年 5 月，吴禄贞升延吉边务督办，并任陆军协都统。1909 年 9 月 4 日，《图们江中韩界务条款》在京签订。清政府根据吴禄贞的边务报告和他起草的《逐节申辩节略》，坚持中韩以图们江为界河，逐条批驳日本无理要求，成功解决“间岛”问题，确认延吉为中国领土。吴禄贞因此被誉为“间岛英雄”。吴禄贞的卓越表现，被张之洞看在眼里，他大概也是张之洞一生中最后一个被推荐的人。吴禄贞为防备日本军事侵略，上奏清政府获准建立新军一镇，自兼镇统。

光绪、慈禧相继亡故后，摄政王载沣企图削弱袁世凯军权，故调吴禄贞入京。1910 年初，吴禄贞被调回北京，授以镶红旗蒙古副都统，成为留学日本士官生中的第一个八旗都统。1910 年 4 月，吴禄贞被派往德法两国考察军务。1910 年 11 月，吴禄贞回国。就在此年底，吴禄贞发起为张之洞在湖北省城捐建专祠：

> 原任大学士张之洞自同治七年视学湖北，光绪十五年总督湖广，先后官鄂二十余年。在官最久，政绩最著，所以系人民之去思者亦特深。自该故大学士入阁后，学界立有抱冰堂，军界立有广雅堂，以表甘棠之恋。闻该故大学士卒于位，则皆私设木主，春秋致祭，犹援贤臣祀典功德在人兴建专祠之例，函商臣等同乡京官，以为宜具奏请旨，建立专祠。
>
> 臣等窃维该故大学士历事先朝，公忠廉正，内赞大计，外镇兼圻，与故直隶督臣李鸿章皆以宣勤最久，勋望相埒。

凡所施设，类能先天下而独忧，登斯民于衽席。溯自粤匪倡乱，湖北屡被蹂躏。克复以后，故抚臣胡林翼竭力支拄，恃以供给中原，虽战守有资，而疮痍未复。该故大学士莅任，鉴外侮之纷乘，图内力之充实，休养生息，民困渐苏。其为政于开浚利源，使政费有出，事业无废，而民不觉扰累。比年以来，湖北以小省而负担义务特重，皆故大学士扩张官营事业为收入大宗，辅以消费各税，故贫民之加担有限，公家之岁入骤增。近因税源纳诸中央，官业日即收缩，财用告匮，新政渐停，益知故大学士之苦心焦思为鄂民筹教养之资者，其功德终不可谖也。

平生事绩，不可殚书。谨就臣等闻见所及，分条陈之。

一曰学政。教育一端，该故大学士最所置重。自视学湖北，即建经心书院，讲明经术。及在总督任内，首建两湖书院及武备、自强各学堂，规模宏远，成就甚众。值兴学命下，复广建师范、实业、方言诸学。省垣之内，广厦如林。犹恐地方教育未能普及，力筹赔款，而以各州县认捐款项拨还，就地办学，于是鄂省境内，立校殆遍。岁选茂异分赴东西洋就傅，费资颇巨，造士之多，亦甲于天下，京内外举行新政，率皆借才为用。此其办学之明效也。

一曰军政。光绪二十一年，湖北陆军改用新法，该故大学士首注意于将材、军器。广置军学，资遣出洋学生，以资教练，创设枪炮厂、无烟药厂，植中国军械专厂之初基。又购置兵轮、鱼雷艇以重江防，长江上下，恃以镇摄。此其练兵之实绩也。

一曰实业。通商以来，武汉寖成巨埠，而输入日增，漏卮难塞。该故大学士创建纺纱、织布、缫丝、制麻各厂，以抵制外货，外设劝业、善技、益智各场，以启迪民智。修水利，以防泛滥，铸银币，以资运转，倡办京汉铁路，以利交通，开采煤铁诸矿，以辟地利。凡有兴作，不避艰巨。此其振兴实业之惠政也。

他如建言定策，条陈时政，利赖所及，更仆难终。而最关系大局者，尤在庚子变乱，保护东南平和之举，维持半壁，转危为安。其功固在朝廷而不限于一隅，然全鄂人民获免涂炭，以是尤思该故大学士不置。此次请修祀典，实出于爱戴至诚。合无仰恳天恩，俯准于湖北省城捐建该故大学士专祠，由地方官春秋致祭，以隆报享而顺舆情，出自逾格鸿施。

奉上谕："已故大学士张之洞前任湖广总督先后二十余年，政绩最著，遗爱尤深。着准其于湖北省城捐建专祠，由地方官春秋致祭。钦此。"

在吴禄贞看来，纵览张之洞的一生，有四件大事可圈可点。这就是学政、军政，其次才是实业，而庚子之乱的砥柱中流，促成东南互保，更是功不可没。这大概是吴绿贞以此种方式对张之洞的一种回报与感念吧。张之洞的孙子张厚琬就曾在吴绿贞身边工作过呢。

1910 年 12 月 23 日，吴禄贞被任命为陆军第六镇统制，驻防河北保定。在当时的革命党人中，吴禄贞是潜入清军内部职务最高之人。新军第六镇是袁世凯的嫡系部队，原统制为段祺瑞，军中大小官员皆是袁世凯亲信，对于吴禄贞的上任充满了敌视与排斥，必欲除之而后快。吴禄贞从出任第六镇统制，到 1911 年 11 月 7 日殉难喋血，总共不到一年时间，时年 31 岁。

蓝天蔚自杀或被杀于 1921 年的巴蜀。一代名将，落入但懋辛之手，就此人生落幕，时年 43 岁。

张绍曾后来曾做过短期的国务总理，被张作霖父子刺杀于 1928 年的天津，时年 49 岁。

"兵食无筹治本疏，秀才酌古论孙吴。"朱辛都爱龙川好，北固楼头一酒徒。张之洞本是科场骄子的探花公，但早年在贵州接触过兵戎之事，此后多是纸上谈兵。他担任山西巡抚之后，留心军事，对中法之战运筹帷幄，表现突出。中日甲午战争，张之洞也多有参与，刺激他编练新军，也才有了湖北新军与袁世凯的北洋六镇的彼此竞争。但张之洞死于 1909 年，他所培养的军事人才的此后人生选择，已经与他无关。大概是从这个角度来看，孙中山说他是不言革命的革命家。虽然，南皮先生未必认可这样的评价。

# 十六、南皮萃亭将相和，堪称佳话

兵者，诡道也，国之大者，不可不察也。刘秀本不愿打仗，但时势使然，不能不为。一旦大局稳定，他就很少谈论此事，总是与老战友老部下叙叙旧，聊聊天，说些家常话，根本不愿涉及战场厮杀，战争风云。儿子问他，他还很不高兴，希望他偃武修文，莫轻言此事。张之洞本是书生一枚，做学政，当言官，后来做巡抚、总督，倡导中体西用，着力兴办实业，推动维新立宪。他难道也喜欢纸上谈兵说些练兵自强创办军校的事？是的，他喜欢关注军事的兴趣，丝毫不亚于曾国藩、李鸿章、袁世凯，他的湖北新军，还与袁世凯的北洋军在河南汤阴搞过联合秋操呢。

张之洞着眼军事，并不只是虚张声势，随便说说，练练嘴炮。他身边有一张彪，专门做此项工作，跟着张之洞从太原、广州、武昌乃至南京，一直不离左右。张之洞大概还通过伊藤博文，让张彪带队，去东瀛考察学习，不止一次。在这样的考察队伍中，有黄兴，有吴禄贞，还有黎元洪。当然，有些学者过度解读，觉得张之洞此举别有用心，是想谋求独立，这样丰富奇异的想象力应该去写玄幻小说啊。此处要说到一位军事人物一代名将冯子材。冯子材的镇南关大捷，多被人提及，据说演员刘佩琦、马少骅都在一些影视剧中扮演过冯子材。但冯子材与张之洞有何关系？两人怎么会发生交集？多说启用老将冯子材，何以称老将？谁动议启用他？镇南关大捷之后，张之洞与冯子材还有联系否？冯子材病逝于1903年9月18日，当时的张之洞有什么反应？

且先来说说认识张之洞之前的冯子材。冯子材，字南干，号萃亭，出生于广东廉州府钦州沙尾村，今属广西钦州。据冯子材动议创修并手跋《凡例》、由其第六子冯相钊主持修纂的钦州《冯氏族谱年表内纪》载，冯家字辈为：遂广文子相承树德保国必昌家业骏茂世远传。冯子材始祖冯遂云，字兴岳，号作霖，生一子广运，诰封振威将军；祖父冯广运，字锡九，号伯延，生二子：文涛、文贵，诰封振威将军；父亲冯文贵，字质庵，号效良，生二子：子清、子材，诰封振威将军；哥哥冯子清，字澄甫，过继给伯父冯文涛为嗣，以弟官诰封武显将军。

冯子材世居广东南海县沙头圩。乾隆年间，该圩遭受水灾，冯子材祖父冯广运便迁到钦州城外沙尾村定居。嘉庆二十三年六月二十七日，时在 1818 年，冯子材在此降生。童年冯子材，生活艰辛。他 4 岁丧母，10 岁丧父，舅父黎氏欲收养冯子材，被他拒绝。冯子材与祖母、兄长相依为命，迫于生计，他跟随大人贩盐、做木工、捕鱼摸虾、护送牛帮。其家篱笆房被洪水冲垮后，家人们只好住进庙里聊避风雨，真是饥寒交迫，朝不保夕。冯子材 15 岁时，祖母去世，他为生计，经常流浪街头，漂泊无定，却喜欢操刀使剑，学得一身武艺，曾以保镖为生，护送牛商赶送耕牛到廉州今合浦县城去贩卖。

道光三十年，1850 年，已过而立之年的冯子材在广西博白聚众反清。咸丰元年四月，1851 年，广东天地会头领刘八率部众万余人进攻博白，冯子材趁机投奔入伙。五月，刘八进攻博白失败，冯子材接受清廷招安，投降知县游长龄，被改编为常胜勇营。此后，冯子材随广西提督向荣镇压粤桂边界之乱，由此被擢升为千总。博白平定之后，冯子材被清廷赏予“色尔固楞巴图鲁”称号。冯子材跟随向荣镇压太平军，跋山涉水，多经战阵，餐风露宿，披坚执锐，一直追击到江南南京城下。这里说到了冯子材的领导向荣，就此人不避枝蔓，略作交待。

向荣来自巴蜀，寄籍甘肃，出生于1792年，他幼年失学，成年后以行伍隶属固原提标，受到陕甘总督杨遇春赏识，随杨平定新疆张格尔叛乱，因打仗勇敢，常为先锋，积功擢升至甘肃镇羌营游击。道光十三年，1833年，直隶总督琦善奏准从陕甘选调有实战经验员弁充实所属部队，他得知向荣能干有才，遂于同年8月调其任直隶督标前营游击。道光二十二年，1842年，向荣擢升正定镇总兵，后调通永镇总兵。道光二十七年，1847年，向荣升任四川提督，此后就是从一品大员了。因广西各地纷纷起义，广西巡抚郑祖琛镇压不力，向荣被咸丰帝特下令改任广西提督，专门负责平叛。向荣与太平军较量，屡败屡战，不屈不挠，自广西经江西、湖南、湖北、安徽，一直追赶太平军到南京，在孝陵卫设江南大营，围击太平军。看《清史稿》之《向荣传》，提及多人，但无一语涉及冯子材，大概是因为冯子材的层级还不够高之故。

咸丰三年四月，1853年，太平军刚刚打下南京不久，冯子材率部众在南京城外孝陵卫拱卫江南大营，以抵抗太平军。咸丰六年六月，1856年，经营三年多的江南大营被太平军摧毁，冯子材兵败逃往丹阳。随后，向荣病逝军中，得年64岁。冯子材又成为帮办军务的张国梁部下。他跟随张国梁先后攻克镇江、丹阳，曾经一天之内扫平敌人七十余座营垒。张国梁曾抚着其后背说："你很勇猛，我很惭愧不如你。"冯子材因此积战功升至副将。《清史稿》有如是载："冯子材改隶张国梁麾下，从克镇江、丹阳，尝一日夷寇垒七十余。国梁拊其背曰："子勇，余愧弗如!"，积勋至副将。"

咸丰八年一月，1858年，清军复立江南大营于南京东郊沧波门、高桥之间，挖掘长濠，坚筑高垒，围困天京。九月，太平军主将陈玉成、李秀成分别领军进至滁州乌衣镇，准备会攻清廷钦差大臣德兴阿的江北大营。冯子材奉命领兵五千，渡江支援，几乎全军覆没，仅剩三四百亲兵逃回江南。咸丰十年五月，1860年，太平军第二次攻破江南大营。冯子材随张国梁逃至丹阳，又被太平军击败。张国梁在丹阳南门外落水溺死，冯子材收拢残军，退往镇江固守。冯子材随后率兵攻克溧水，被升为总兵，此年的冯子材 42 岁。既然提到张国梁之死，就把此人也稍作交待。

张国梁这个人物，与冯子材经历相仿，也较为传奇。他比冯子材小 5 岁，原名张嘉祥，杀人越货，闯荡江湖。1849 年，道光二十九年，他受清军招抚，成为把总，改名张国梁。1851 年，咸丰元年，张国梁与冯子材一样随向荣自广西尾追太平军直至江苏，以作战勇猛著称，深受向荣倚重。1853 年，清军建江南大营于南京孝陵卫，张国梁为大营主要战将，常与太平军作战，屡立战功，1855 年升任总兵，比冯子材早五载做到总兵位置。1856 年 4 月，因太平军破清军江北大营，他奉命率兵勇两千四百人赴北岸救援，连占江浦、浦口，以阻遏太平军南渡之路。6 月，太平军秦日纲部进攻镇江外围清营，石达开部又占溧水，张遂奉命先援镇江，继战溧水。因太平军乘虚猛攻江南大营，张又星夜回援，筑垒于马群。江南大营溃败，张国梁随向荣逃往丹阳。向荣死，清廷命和春为江南大营钦差大臣，张国梁帮办军务。张国梁等接连苦战解金坛之围，取高淳、东坝，占句容，阻击太平军援军于高资，并迫使其弃守占领五年之久的镇江城。1858 年初，张国梁协助和春重建江南大营，掘长壕百余里，再围南京。

1859 年秋，太平军二破江北大营后，张国梁率部渡江北援，与李秀成、陈玉成部太平军战于扬州、仪征等地。1860 年春，太平军以围魏救赵之计，调动江南大营赴救杭州，然后回师急攻江南大营。张国梁率部往援大营西路，旋折返，以小水关大营本部被突破，遂率溃军退守丹阳。5 月 15 日，太平军主力东征苏、常，19 日占领丹阳城。忠王李秀成命力士溷入清军溃卒中，猝击张国梁。张国梁被创大呼，入尹公桥下而死。李秀成入丹阳，命收张国梁尸：“两国交兵，各忠其事。生虽为敌，死尚可为仇乎？以礼葬之下宝塔。”张国梁战死之年，年仅 37 岁。

如此说来，冯子材早期，先是接触游长龄，此后是向荣、张国梁，向荣、张国梁先后死后，冯子材崭露头角。但晚清汉军，非湘即淮，冯子材与他们不是一源，这也是后来，冯子材与湘淮屡起冲突的原因之一。

同治元年初，1862 年，冯子材率卒三千镇守镇江。当时江北清军将领大多都自行设置关卡收税，冯子材对此颇有看法，他说：“这是武人该干的事吗？”并非湘军系统的冯子材恳请曾国藩派遣官吏处理。后来，冯子材部众达两万人，但粮饷经常不足，他却从来没有怨言。《清史稿》载：“同治初，将三千人守镇江。时江北诸将多自置卡榷釐税，子材曰：‘此何与武人事？’请曾国藩遣官司之。所部可二万，饷恒诎，无怨言。莅镇六载，待士有纪纲，士亦乐为所用。寇攻百余次，卒坚不可拔。”

冯子材镇守镇江，岿然不动，治理有方。当时，湘淮军在与太平军作战时，多属以强敌弱，长于进攻，疏于防御。冯子材在镇江与太平军作战经年，却长期处于以弱敌强。他结合镇江地形，钻研琢磨防御战术，总结出“以守为体以战为用”“先为不可胜以待可胜”的作战思路，利用地形构筑建立由高低交叉火力组成的立体防御工事，实践集中优势兵力分进合击为主的积极防御战术，颇有成效。这样的戎马生涯，为其后来在湘、淮、滇、黔等军于广西边关被法军击败的情势之下，摒弃死守镇南关拒敌于国门之外、或死守凭祥城的传统防御模式，提供了宝贵经验，最终一举取得镇南关大捷。如此说来，冯子材镇江六载坚守与二十多年后镇南关的一举成名天下知，还是有着必然关系呢。

同治三年七月，1864 年，清军攻克南京，镇压了太平天国。论功行赏，冯子材被任命为广西提督，赏穿黄马褂，封骑都尉世职。同治八年，1869 年，冯子材奉命统率大军由镇南关入越南，追击吴亚终部，攻下安边、河阳。吴亚终阵亡后，冯子材招降其部分余部，于当年班师回国途中，吴部将梁天锡降而复叛。冯子材回师追剿，事平之后，于翌年回国，清廷予其世职奖励。同治十年，1871 年，越南边境战乱，冯子材再次奉命带兵出关，平定战乱，疏通贡道。

光绪元年，1875 年，冯子材被任命为贵州提督。光绪四年，1878 年，冯子材旧部李扬才因官场失意，率军入越，颠覆越南阮氏王朝，自立门户。冯子材奉命入越讨李，次年全歼李军，生擒李扬才后率师回国。光绪七年，1881 年，冯子材再次回到广西任职。光绪八年，1882 年，冯子材告病还乡，此年的冯子材已经 64 岁了。

光绪九年十二月，1883 年，中法战争爆发，清军在越南战场节节败退。光绪十年，1884 年，两广总督张树声邀请冯子材训练团练，但冯子材予以婉拒。后，冯子材闻听张树声贤明，才到广州与张树声晤面。此时正逢接替张树声担任两广总督的张之洞抵达广州。他对冯子材以礼相待，请他统率前卫部队守卫广东、广西。《清史稿》如此记述冯子材与张之洞的羊城相逢："越二年，法越事作，张树声蕲其治团练，遣使往趣驾。比至，子材方短衣赤足、携童叱犊归，启来意，却之。已，闻树声贤，诣广州。适张之洞至，礼事之，请总前敌师干卫粤、桂。"这应该是 1884 年 7 月 12 日之后不久所发生的事情。

1884 年 7 月 15 日，张之洞向中枢报告他已经在广州开始井然有序展开工作，他这样说道："两广当华洋错处之冲，兼水陆边防之寄，政刑纷冗，兵食兼营。臣之迂疏驽弱，实不胜任。惟有澄清吏道，固结民心，综核财源，修明军实，以简约为驭繁之要领，以自强为柔远之本源。一切事宜当会商东、西两抚臣，防务事宜当会商兵部尚书彭玉麟、前督臣张树声，竭力认真办理，以仰答高厚鸿慈于万一。"

当时在广州的还有名臣彭玉麟，他还有钦差大臣身份；而张树声虽然被张之洞取而代之，但还被留在广东，协助张之洞。张树声是淮系大将，曾做过直隶总督，所谓的合肥四姊妹就是他的后人。如此人事布局，也在考验着张之洞的统筹协调能力与妥善处理人际关系的娴熟技巧。

1884 年 8 月 11 日，也就是光绪十年六月二十一日，张之洞致函冯子材：

> 法人弃信背盟，逞兵要挟，索款甚巨，数至千万有奇。美国居间排解，悍然罔听。然已夺踞鸡笼炮台，近又纠其兵船麇集闽海。粤为闽邻，防务日亟。万一始终决裂，战局纷纭，必须有后路攻袭之师，庶几敌人有所顾忌，不敢尽起陆兵肆扰各口。
>
> 钦州民团得宏才指麾，谅已日形精整。鄙意拟请阁下速将团练密加部勒，营哨官分别派定，一遇事机紧迫，即将精健练勇酌带二三营，配给军火，取径疾趋，袭彼广安、海防，广张声势，多设疑兵，以为牵制之计。

1884 年 10 月 26 日，张树声病卒于军中，得年 60 岁。还年长冯子材两岁的彭玉麟也忧愁病倒，他也是要到古稀之年的老人了。此前，他与张树声多有分歧，这也是中枢之所以让张之洞南下广州不无临危授命的意思在呢。张之洞此时已经实授两广总督，他身上的担子更为沉重。1884 年 11 月 9 日，张之洞致电广西巡抚潘鼎新，就调冯子材军一事与之商议：“冯虽老，闻未衰，旧部多，成军易，由钦往，到越速，在越久，水土习，用土人，补遣便。将才难得，节取用之。”张之洞这样的通俗文字，惜墨如金，简明扼要，说理透彻，要胜过多少浮语虚辞啊。

1884 年 11 月 24 日，张之洞致函冯子材：

> 前奉台函，欲亲率劲旅进图广安、海阳。展诵之余，欣

佩无似。惟需三十营之众大举南征，实非粤省之力所能。兹拟请麾下以十营出关，取道龙州，直指那阳，进规广安。另派王镇孝祺抽拨省防八营，亦由龙州出关，进薄船头，以分敌势，与贵部互相援应。务祈速募精选，于文到二十日内即行部署启程，以操胜算。

张之洞对冯子材充分信任，用人不疑，但也把自己的实际困难说到明处，以避免日后扯皮，相互猜忌。

光绪十一年，1885年，清廷命冯子材辅助处理广西边境外军事事务。当时的广西督办是苏元春，冯子材对之不无芥蒂，常常郁郁不乐。但冯子材闻听谅山有警，立即赶赴镇南关，而此时的法军因兵力不足、补给困难而焚烧镇南关后退至文渊、谅山，以逸待劳，伺机再犯。《清史稿》载："逾岁，朝命佐广西边外军事。其时苏元春为督办，子材以其新进出已右，恒悒悒。闻谅山警，亟赴镇南关，而法军已焚关退。龙州危棘，子材以关前隘跨东西两岭，备险奥，乃令筑长墙，萃所部扼守，遣王孝祺勤军军其后为犄角。敌声某日攻关，子材逆料其先期至，乃决先发制敌。潘鼎新止之，群议亦不欲战。子材力争，亲率勤军袭文渊，于是三至关外矣。宵薄敌垒，斩虏多。"

冯子材奉命率领所部萃军奔赴镇南关后，即刻深入了解情势，视察关隘要地。冯子材还综合各部将领意见，在关前隘的东岭和西岭，全长一千多米长之间用土石砌起一条长墙，长墙前面又挖一堑壕，堑壕前面的开阔地里又挖了300多个梅花坑。根据情报，敌人声称某一天攻打关口。冯子材料到敌人必然提前到达，便决定先发制人。广西巡抚潘鼎新加以制止，冯子材据理力争，亲自率军袭击文渊，多有斩获。

1885年3月23日，法军主力1000余人在将领尼格里指挥下，兵分三路进攻镇南关前隘。冯子材居中指挥，苏元春殿后，王孝祺居右，陈嘉、蒋宗汉居左。决战冲锋之时，冯子材手持长

矛冲出营垒，带领两个儿子冯相荣、冯相华投入战斗。《清史稿》有生动记载："法悉众分三路入，子材语将士曰：'法军再入关，何颜见粤民？必死拒之！'士气皆奋。法军攻长墙亟，次黑兵，次教匪，炮声震山谷，枪弹积阵前厚寸许。与诸军痛击，敌稍却。越日复涌至，子材居中，元春为承，孝祺将右，陈嘉、蒋宗汉将左。"

打仗亲兄弟，上阵父子兵。老将冯子材如此不避生死，奋勇争先，令士气大振。在各路军队的紧密配合下，经过三天三夜激战，最终取得全面胜利，这就是震惊中外的"镇南关大捷"。《清史稿》对此战有如此记载："子材指麾诸将使屹立，遇退后者刃之。自开壁持矛大呼，率二子相荣、相华跃出搏战。诸军以子材年七十，奋身陷阵，皆感奋，殊死斗。关外游勇客民亦助战，斩法将数十人，追至关外二十里而还。越二日，克文渊，被赏赉。连复谅城、长庆，擒斩三画、五画兵总各一，乘胜规拉木，悉返侵地。"镇南关大捷共杀伤法军近千人，使中国军队在陆地战场转败为胜，转守为攻，战争形势为之改变。

镇南关大捷之后，张之洞支持冯子材出关乘胜追击，他在1885年1月22日致函冯子材："雄师出关，以纪律严明，丝毫不扰为要。越民困水火久矣，云霓之望，有以慰之，斯不战屈人。他军颇有驭众不严，致越人引敌自救者，数月不能进尺，粮食采办无由。职是之故，良可叹喟。"张之洞提醒冯子材要严明纪律，约束部众，体现王者之师的气度风范。这也再次表明张之洞全局在胸，思考缜密，指挥有方。

此后，冯子材又攻克文渊、谅城、长庆，乘胜追击到拉木。北宁、河内、海阳、太原等地竞相响应，冯子材率领全军攻打郎甲，分兵袭击北宁。光绪十一年二月二十三日，1885年4月8日，张之洞致电冯子材、王孝祺："奉二十二日电旨，和约业经允定。三月初一日停战，十一日撤兵。惟条款未定之前，恐挟诈背盟，仍着严备等语。兵机方利，我撤则敌进，险失气沮。设有反复，必蹈去年覆辙，现已奏请缓撤。萃、勤两军已攻北宁。如能乘初一以前迅速攻克，法不能借口，和议更易成，可少要挟。功在大局，将士优保重赏。望速图之。”

功亏一篑，实在可惜。冯子材致电张之洞，深表遗憾：“查我胜法败，乘势可平宁、河两省，材已布置，不久可复。西贡内应四十万已约定，若以饷绌，再一年谅无虑。材一事权，年左右可得手，勿堕奸谋，失此机会。去岁上谕议和者诛，请上折诛议和之人，士气可奋，法可除，越可复，后患可免。祈早图之。”

但此时停战诏书到达，冯子材无奈班师回国。班师之日，越人夹道啼哭，冯子材也挥泪不能自已。

冯子材入关到龙州，军民一起跪拜迎接，长达三十里。法军败讯传到巴黎，茹费里内阁被迫辞职。《清史稿》载：“越民苦法虐久，闻冯军至，皆来迎，争相犒问，子材招慰安集之，定剿荡北圻策。越人争立团，树冯军帜，愿供粮运，作乡导。”《清史稿》叙述冯子材班师回国：“北宁、河内、海阳、太原竞响，子材亦毅然自任。于是率全军攻郎甲，分兵袭北宁，而罢战诏下，子材愤，请战，不报，乃挈军还。去之日，越人啼泣遮道，子材亦挥涕不能已。入关至龙州，军民拜迎者三十里。命督办钦、廉防务，会办广西军务，晋太子少保，改三等轻车都尉。”

张之洞在光绪十一年三月二十三日，1885 年 5 月 6 日，致电冯子材予以抚慰，倍感无奈：

> 事权不一，洞能请之；需饷需械，洞能筹之；班师促迫，尽弃前功，已得越疆仍还法虏，事情可惜，边患何穷。麾下忠愤填膺，自不待言。洞屡次电奏，力争不得。既忿中国为狡虏所愚，又愧无以对此吞敌之将士，助顺之越民。肝逆头眩，心血已枯。事定后，亦将乞罢矣。

光绪十一年四月初二日，1885 年 5 月 15 日，张之洞致电李秉衡、冯子材，如此说道：

闻法虏进兵驻谅，荼毒人民，顿足痛愤。洞先后十六次电奏，争撤兵，争地界，争条约，争济台，竟未闻有所挽救。藩封永弃，边防日蹙。此次和议皆赫德一人播弄，中国甘受其愚，可为痛哭。津议详约秘不得闻，不过待官军尽撤，越疆全踞，然后肆其要挟耳。事已至此，夫复何言。惟恨无以对数万裹创喋血之战士，输忠受害之越民耳。恨、恨。

但在同日，张之洞致电朝廷，奏请褒赏冯子材，还有李秉衡：

冯子材三次出关，讨平越乱，恩威并著。此次统军赴龙，桂、越军民闻其至，若得慈母，称为冯青天。其军纪律最好，凡关外越人受法匪、游勇之害者，关内民人受各军骚扰之害者，咸来赴诉。冯子材亦亲若子弟，恻然矜悯，为之抚恤示禁，告戒诸军。越官越民，争为耳目，敌人举动，悉来报知。近自北宁，远至西贡，皆通消息。其军出关后，扶老携幼，箪食壶浆，来相犒问，愿供办军米，向导前驱，助官军剿除法人，长为天朝赤子。

其撤兵之日，越民挽辔乞留，痛哭不舍，随之入边者甚多。其凯旋龙州，商民香灯爆竹应迓者，三十里不绝。

《清史稿》的有关记述，大概是选取张之洞的奏折之言，编缀成文。

关于李秉衡，张之洞说他“素有清望”“及到龙州办后路，即值大局将溃之时，屹然不动，收集吏民，严禁逃溃。前抚臣潘鼎新平日抚驭将吏军民，诸多不洽，屡次挫败，民怨军离，威令久已不行”。张之洞把李秉衡与潘鼎新做了一番比较，其倾向性不言自明。潘鼎新也是淮军名将，他比冯子材小10岁，死于1888年，得年60岁。最后，张之洞如此总结道：大抵冯子材、李秉衡两员，其忠诚廉直皆同，而其得人心亦同。一战之功不足喜，而边疆文武大臣能得人心，为有足恃，此后边防无论有事无事，当可措置得法。臣等既确有所知，不敢不据实上闻，其应如何优加褒赏之处，出自宸裁。

但就是这个李秉衡，后来，张之洞对他看法很坏，印象恶劣。尤其是他做长江巡阅使之时与庚子之乱，前后不一，动作夸张，几乎败坏大局。且来说说李秉衡。

李秉衡出生于1830年，年长张之洞7岁，他字鉴堂，是辽宁庄河人。李秉衡通过捐资任山东莘县县丞、迁知县。光绪十年，1884年，李秉衡移任广西按察使。法军侵越犯边之时，李秉衡主持龙州西运局。翌年与冯子材分任战守，彼此合作默契，取得谅山大捷，彭玉麟也曾奏言："两臣忠直，同得民心，亦同功最盛。"光绪二十年五月，李秉衡任安徽巡抚。甲午战争爆发后，清廷调李秉衡为山东巡抚。但就北洋水师之覆灭，多人认为李秉衡应对失措，难辞其咎。光绪二十一年四月十九日，李秉衡闻日本欲割辽河以东、台湾，索赔款一百兆两之说，"忧愤填膺"，披沥上陈，建议皇上"乾纲独断，如彼族要挟过甚，则绝其和议。勿为虚声所恫喝，勿为浮议所摇惑"，他气壮如牛地表示："臣虽老惫，愿提一旅之师，以伸积愤，即捐糜顶踵，亦所不惜。"4月25日，李秉衡又上《奏和议要挟过甚万难曲从折》，要求清廷"立绝和议，布告天下臣民并各和好与国，声其欺侮要挟之罪，为万国所不容，神人所共愤；以偿兵费之款养战士，严敕各将帅督抚，效死一战"。清廷不纳，于5月8日与日本互换《马关条约》。

光绪二十三年，1897年，德国因巨野教案而派兵强行进入胶州湾，李秉衡认为"土地不可自我而失"，派兵与其相争，被罢黜，改任四川总督，但未到任便因德国压力而被罢免。1900年庚子之变，李秉衡被起用为巡阅长江水师大臣。一度曾列名张之洞等人发起的东南互保协议，八国联军进攻大沽后，李秉衡由江苏江宁率兵北上，保卫北京，并在慈禧太后召见时极力主战，调门颇高。李秉衡败绩天津杨村，退至直隶通州，服毒自杀，时年70岁，谥忠节。八国联军将李秉衡列入事变祸首，要求严惩，清以李秉衡先死而不予治罪，但下令追夺其一切官职并撤销恤典。李秉衡这样的一番表现，在张之洞看来就是搅局胡来，一味蛮干。但《清史稿》对李秉衡却有如此评价："秉衡清忠自矢，受命危难，大节凛然，此不能以成败论也。联军之占津、海也，长驱而入，惟士成阻之；俄兵之侵龙江也，乘隙以进，惟寿山拒之：固知必不能敌，誓以一死报耳。荣光争大沽，凤翔守爱珲，虽已无救于大局，而至死不屈，外人亦为之夺气，何其壮哉。"

光绪十三年，1886年，根据张之洞的调遣，冯子材率军赴琼州，平定黎民起义，清廷下诏对其进行褒奖。冯子材在海南岛平定黎民之乱，张之洞对他多有指示，甚至还提到了海瑞、俞大猷等人的成功经验。1886年11月26日，张之洞就如何一劳永逸解决黎民问题，再次致电冯子材："一曰雇夫开山。多募土团，资以军火，专令向导，伐木开路，令其逢涧搭桥，寻地凿井。俟此处有可饮之水，可驻之地，再移营步步进扎。二曰购线歼匪。群匪散匿，大队无所用之。惟有重赏购线，擒杀一匪者赏若干。再有数千金，悍党可尽矣。以黎开黎，以黎攻黎。但须招谕良黎，投诚者不诛，免致负隅致死。"随后，冯子材被调任云南提督，但他称病并未马上赴任。《清史稿》记载："十三年，讨平琼州黎匪，降敕褒嘉。调云南提督，称疾暂留。"

光绪二十年，1894年，清廷加冯子材尚书衔。同年，中日战争爆发，张之洞受命署理两江总督，他奏请让冯子材召集旧部驻节镇江，以备调遣。三十年后，冯子材再回江南镇江。他瞩望京口瓜洲之间，当年的江南、江北大营，都已经废垒处处，荒草离离。置身此地，多为刘坤一湘军旧部，冯子材又能有多大作为？后因《马关条约》签署，冯子材也撤离江南，返回广西八桂大地。光绪二十二年，1896 年，中英片马争界交涉事起，冯子材赴任云南提督，以稳定云南局势。光绪二十六年，1900 年，冯子材筹备省内防务，此时义和团运动爆发。冯子材上书，请率数营入京勤王。清廷下召赞赏他的忠诚勇敢。《清史稿》载："二十六年，入省筹防，会拳乱作，请募劲旅入卫，上嘉其忠勇，止之。逾岁，调贵州。二十八年，病免。"

光绪二十七年，1901 年，冯子材调任贵州。光绪二十八年，1902 年，冯子材因病被免职。光绪二十九年，1903 年，广西钦廉一带会党蜂起，两广总督岑春煊请冯子材出山管理团防。冯子材招募训练成军已毕，率领两个儿子正准备再上战场，却突然病危，不久即溘然去世，时在 1903 年 9 月 18 日，享年八十六岁。

张之洞得悉冯子材病逝噩耗，曾于 1903 年 10 月 9 日致电两广总督岑春煊，特别表示关切：

> 闻冯萃亭军门骑箕之耗，怆怀无已。其生平战绩甚多，咸丰年间即已立功江南，保障京口。法、越事起，幸镇南关大捷，并克凉山，转败为胜，转危为安，功在社稷，实以冯军门为首功。以中国兵胜外国强敌，真乃数百年来未有之事，尤足以光史乘。其为人忠勇无私，清廉正直，冠绝时流。贼畏其威，民怀其德，洵无愧古来名将。此次经公奏请启用，具见知之甚深。今尽瘁以殁，度公必为奏请优恤。务望兼请予谥建祠，以表忠勋。至祷。

大致是此后一个月，有传言中枢要调整岑春煊，张之洞致电外务部尚书瞿鸿禨，有粤督实无一人能出岑云阶之上之语。岑云阶就是岑春煊。张之洞如此说道：

顷闻有人上疏，谓广西军务，岑办未有起色，请另派大员往办，闻之不胜骇然。此等重大事体，想两宫自有裁酌，断不至轻为浮议所摇。诚恐圣衷廑怀西事，稍不坚持，则于两广全局大有关系。

张之洞进而开始评价岑春煊："伏思岑云阶制军其性情虽有稍偏稍暴之处，然其才气魄力，任事之勇，求治之切，办事之敏捷，实为迈越寻常。加以广西是其桑梓，必能实力廓清，细心措置，竭广东之人才物力以助之。而其在广东官声极好，民情最为感戴，故今日为两粤之督，办广西之事，件件凑合，实无逾于岑者。且今圣眷甚优，陈奏多邀俞允，措置亦较易得手。统论今日内外诸大臣，若云粤督，实无一人能出岑云阶之上。此弟之確有真知灼见者也。"

张之洞又向瞿鸿禨谈及此前关于两广人事布局之事："犹忆今春自武昌北上时，有粤人谈及两广事甚难办，恐成大患，问弟有何良策。当即答以惟有调岑云阶署两广督，则两广事必办得好。此为最上之策，到京后必当面奏，力建此议。及行至中途，则岑已简粤督矣，深佩朝廷任人得宜。今岑到粤不过三阅月，闻其锐意整顿，声威远播，西事已有转机。乃言者遽则其无效，真所谓全不晓事之人，苛而无理。"

张之洞为岑云阶真是煞费苦心，极力周旋。他又说道："夫以十年养痈、全省糜烂之地，乃择人于三月内即须办了，虽曾、胡复生，其将能乎。惟望台端转陈邸座，于敷奏时剀切上陈，务持定见，期以一年，责其成功，两广幸甚。若易他人，不惟广西断办不好，即广东筹饷治盗诸事亦必不能支持。两广既坏，天下大局不可问矣。再，传闻言官所陈有拟请派滋翁赴粤之说，实为可怪。滋翁正直廉谨，综核精详，长处甚多，极为佩服。然论才略精力，较岑云阶则逊之。若云办粤事，断断不如岑也。弟亦不知滋翁之意如何，特大局所关之事，只可据理直言。此纸或与滋翁闻，或不与滋翁阅，均无不可。”

张之洞所说滋翁，就是鹿滋轩、鹿传霖，他的姐夫。岑春煊也是晚清名臣，其父亲岑毓英曾任云贵总督。岑春煊与端方同岁，都出生在1861年，当时的岑春煊已经是两广总督。有人说清末“三屠”：官屠岑春煊，人屠袁世凯，财屠张之洞。岑春煊进入民国后，也颇活跃了一番，后来淡出政坛，息影园林，死于1933年，著有《乐斋漫笔》。冯子材葬于钦州，朝廷赐谥勇毅，诏予钦州城东南隅建“冯勇毅公专祠”纪念，称“宫保祠”。

冯子材治军四十余年，寒素如故。他对贪腐官员，恨之入骨。无论是风头正盛的湘、淮系督抚，还是权倾朝野的军机处章京与封疆大臣。他不是拍案而起与之斗争，就是上书弹劾予以揭露。他宁肯辞职丢官，也决不低头妥协。同治六年，1867年，他参劾湘系副将何元凤及广西巡抚张凯嵩；同治十年，1871年，他参劾湘系署太平知府徐延旭及广西巡抚苏凤文，与三任广西巡抚苏凤文、刘长佑、涂宗瀛等发生龃龉；光绪五年，1879年，他参劾湘系道员赵沃，与广西巡抚张树声及两广总督刘坤一，此事还牵涉到军机章京钱应溥。光绪九年，1883年，冯子材被直隶总督李鸿章、两广总督张树声、清流派言官张佩纶等以及恭亲王为首的军机处共同排挤，被迫辞去广西提督。

光绪十一年，1885年，因受诬陷及攘功，冯子材与出身淮系的广西巡抚潘鼎新、出身湘系的督办军务苏元春及护理广西巡抚李秉衡发生冲突。光绪二十二年，1896年，冯子材出任云南提督后，与云南巡抚、云贵总督崧蕃发生争执。自1865年赴任广西提督到1900年云南提督任上，近35年间，冯子材不断与人纷争，成为一代名将斑斓人生中的一个重要侧面。

就冯子材与潘鼎新的争执，张之洞曾致函劝慰：

> 南关、谅山大捷，佥知萃军首功，西来舆颂，万口同声，天下信之，异域信之。鉴堂护院另片推扬甚至，鄙人前

折及附片于贵军战绩声叙尤详。温纶异数，断非诸军所及，麾下亦可以慰将士矣。

况麾下起家治兵，誓灭丑虏，报国赤忠，出于至诚天性。区区刀笔吏文字之轩轾，本不足以撄尽怀。从来军营奏报，断不能字字推敲，此亦今日通病。方今时事艰危，正资群策群力。麾下长城独任而盛美不居，众心更当钦服。至此次西邻疏稿，不过欲仰分东壁余光，藉图自救。此自常情类然，正可付之一粲。朝廷明见万里，他日郑、宋赏班，萧、韩功次，宸衷必有权衡，正不必与因人成事者较短长也。

朗斋系获咎人员，从前屡受屈抑，此次以一战之功，可冀湔洗，成人之美，谅亦大君子所乐为。以后与鉴堂、子熙两君共事之日方长，尤望顾全大局，海度消涵，左提右挈，戮力同心，共奖王室，不以小嫌累及大体，是所翘祷。

张之洞大概是觉得冯子材会认为他和稀泥，当和事佬。他专门提到潘鼎新等人的荒唐可笑，让冯子材这位萃亭大哥不必在意："再西省所奏最怪谬者，在冯军失去炮台三座，他军夺回一条。然此潘前院初次电奏之语。此次苏、李奏稿仅云筑炮台未成，遽为所夺，尚有分寸。鄙人当时阅潘此电，深为不平。夫冯军止有枪，并无炮。既无炮，何有台。西电必欲先坐东军以失台，归功于西军之复台，未免挟私虚诞。及见二月十三日明发谕旨，并不提及此层，是朝廷圣明，东军将士亦可释然矣。"

《清史稿》中说"子材躯干不逾中人，而朱颜鹤发，健捷虽少壮弗如。生平不解作欺人语，发饷躬自监视，偶稍短，即罪司军糈者。治军四十余年，寒素如故。言及国梁，辄涔涔泪下，人皆称为良将云"。赵尔巽等人还津津乐道地说："法越之役，克镇南，复谅山，实为中西战争第一大捷。摧强敌，扬国光，子材等之功也。"与张之洞交情非同一般最终决裂的外交家黄遵宪曾有一首《冯将军歌》：

冯将军，英名天下闻。
将军少小能杀贼，一出旌旗云变色。
江南十载战功高，黄褂色映花翎飘。
中原荡清更无事，每日摩挲腰下刀。
何物岛夷横割地，更索黄金要岁币。
北门管钥赖将军，虎节重臣亲拜疏。
将军剑光方出匣，将军谤书忽盈箧。
将军卤莽不好谋，小敌虽勇大敌怯。
将军气涌高于山，看我长驱出玉关。
平生蓄养敢死士，不斩楼兰今不还。
手执蛇矛长丈八，谈笑欲吸匈奴血。
左右横排断后刀，有进无退退则杀。
奋梃大呼从如云，同拼一死随将军。
将军报国期死君，我辈忍孤将军恩！
将军威严若天神，将军有令敢不遵，负将军者诛及身。
将军一叱人马惊，从而往者五千人。
五千人马排墙进，绵绵延延相击应。
轰雷巨炮欲发声，既戟交胸刀在颈。
敌军披靡鼓声死，万头窜窜纷如蚁。
十荡十决无当前，一日横驰三百里。
吁嗟乎！马江一败军心慑，龙州拓地贼氛压。
闪闪龙旗天上翻，道、咸以来无此捷。
得如将军十数人，制梃能挞虎狼秦；
能兴灭国柔强邻，呜呼安得如将军！

张之洞的幕僚之一常州赵凤昌说“冯尤能廉俭自励”，冯子材少小贫苦，无缘读书，但他在军中，“冯常喜写字，有求书者，仅书天地正气四字，亦署上下款，足见此老胸中只一团正气”。戏剧家、《义勇军进行曲》的词作者田汉在1962年曾写有《吊冯

子材墓》：“泥桥岭畔古城东，且驻征车吊萃翁。松啸如闻嘶战马，花香端合献英雄。扶妖江左成遗憾，抗法关南有大功。近百年来多痛史，论人应不失刘冯。”田汉先生所说的“妖”，应该是指清廷；他说的刘冯，刘是指黑旗军刘永福。

冯子材有正室韩氏，生长子相猷，次子相贤，四女金玉。继配朱氏、王氏，生三子相荣，生五子相华，六子相钊，十三子相桀，十七女彩玉，十八女翡玉，二十女吉玉。妾农氏、黄氏，生七子相锴，十四子相标，十六女璧玉，十一子相焜，十二女鸿玉，十五女白玉，十九女喜玉。冯子材共计有子 15 人，三子冯相荣（1865—1919）与五子冯相华（1866—1929），跟随冯子材参加过镇南关等作战。六子冯相钊曾任清朝合浦知事、民国任钦廉道尹。七子冯相锴，又叫冯铭锴，任清朝钦州团练总办，民国曾任陆军少将、统领、钦廉边防督办、邓本殷部师长。

冯子材撰有《军牍集要》，又名《冯宫保军牍》。冯子材故居又名宫保第，在广西钦州市钦州镇白水塘村，是冯子材退居时住所，有三个状如伏虎的小山丘，被称为“卧虎地”。建筑用料讲究，室内梁、柱、门窗、匾联多为珍贵格木制成，浮雕工精，壁画色艳，造型端庄，朴实严谨。冯子材墓位于钦州市钦南区沙埠镇泥桥村东北 100 米一小山丘之上。有碑亭，亭内有巨碑一块，边刻盘龙，夹以八仙，工艺精湛；墓前有“敕建”的封诰牌坊；主墓墓顶用花岗岩刻成一庙堂式屋檐。檐下碑前，有一对雕刻精致的盘龙石柱，墓前有拜台，左右分列石雕文仕、武将、狮、虎、马各一对，制作精美。1890 年，冯子材曾重建绥丰书院，现广西钦州一中校园内立有冯子材全身像。钦州还有子材小学。2011 年，钦州市区一座自锚式悬索桥被命名为“子材大桥”。

# 十七、永别武汉入军机，中枢重臣



清廷眼看革命势力愈来愈大，为维护其统治，应付舆论，便声称要“预备立宪”。1905 年，光绪三十一年，清廷派出五大臣出洋考察各国宪政。第二年宣布官制改革，编纂宪法大纲。对于“预备立宪”，一开始，张之洞听到不少风声，感到惊讶。等到五大臣回国到达上海，征求他意见之时，他回电说：“立宪事关重大，如将来奉旨命各省议奏，自当竭其管蠡之知，详晰上陈，此时实不敢妄参末议。”张之洞对此却态度暧昧，骑墙自保，审时度势，以观其变。他对外官改制更持反对态度，认为“若果行之，天下立时大乱”，还说：“事关二百余年典章，二十一省治理，岂可不详慎参酌，何以急不能待，必欲草草尔定案耶?”清廷通过官制改革，欲加强皇权，削弱地方官吏的权力，便把当时地方督抚中权力最大的袁世凯和张之洞调到北京，不无架空投闲之虑。

1907 年 7 月 23 日，旨授张之洞大学士，仍旧留任湖广总督。才过 5 天，清廷又颁下谕旨，张之洞充任体仁阁大学士。8 月 10 日，北京来电：诏张之洞进京陛见，有面询事件。8 月 12 日，张之洞致电军机处，表示绝对服从。8 月 31 日，张之洞再次致电军机处，告病推迟。9 月 4 日，奉旨补授张之洞任军机大臣，张上折谢恩。

9 月 8 日，张之洞手谕各学堂、各营，停止兴修所谓自己的石像铜像：

昨阅汉口各报，见有各学堂师生及各营将佐弁兵建造屋宇，以备安设本阁部堂石像铜像之事，不胜惊异。本阁部堂治楚有年，并无功德及民。且因同心难得，事机多阻，往往志有余而力不逮，所能办到者，不过意中十分之二三耳。抱疚之处，不可殚述。各学堂各营此举，徒增愧歉。尝考栾公立社，张泳画象，此亦古人所有。但或出于乡民不约之同情，或出于本官去后之思慕。俟他年本阁部堂罢官去鄂以后，毁誉祝诅，一切听士民所为。若此时为之，则是以俗吏相待，不以君子相期，万万不可。该公所、该处即传知遵照，将一切兴作停止。点缀名胜，眺览江山，大是佳事，何必专为区区一迂儒病翁乎。

张之洞对自己有着清醒的认识，也深知政声人去后的道理。他及时叫停此事，非常聪明。他自谦是“迂儒病翁”，大概是回击李鸿章攻击他“书生迂腐”，但病翁，确实是实情。

9月9日，张之洞等不及湖广总督到任交接，由湖北布政使李珉琛护理，就于次日渡江在汉口乘火车北上进京了。此一别荆楚大地，也就是张之洞与一生经营的事业彻底告别了。

许同莘如此说道：

甲辰回任，方冀大局稍安，乃未几而京师有吴樾之案，安徽有徐锡麟之案，沿江人心震动，两江三年间四易总督。乙巳夏，周玉山督部为言路所劾，内意又议此席属公。因致电瞿相，云路事甫就范围，一有调动，全局瓦解。在鄂二十年，人地相习。两江权分力绌，断难措手。如必见施行，惟有引疾而退。丁未六月，传闻项城入军机，端忠敏督直隶，公调两江，已内定矣。公电致鹿文端，云鄂省十八年心力抛于一旦，衰病侵夺，岂能再创新局，惟有乞退而已。因即日具疏请病假二十日。而隐辞两江而不辞枢府者，张、袁并用，宫廷具有深意，去就之际，朝局系焉。

甲辰之夏，有人倡议会奏，请立宪法。项城密告岑西林，公闻而讶之。丙午六月，考察政治大臣归国，行抵上海，以立宪事征公意。公复电云，立宪事关重大，如将来奉旨命各省议奏，自当竭其管蠡之知，详晰上陈，此时实不敢妄参末议。七月，明旨宣布中外，预备立宪，即据载泽等陈奏，初未令各省与闻，盖建议者逆知各省必有异同，故径请宫廷独断。部院改制，自起草迄于施行，不及两月。各省官制亦同时草完。主其事者，惟编制处数人。各省虽派参议之员，不得而闻也。

丁未春，西林入觐。召对，极言某疆臣权势日重，自请得留阙下，愿为狂犬，守夜当门。太后闻而动容，遂命长邮传部。未几，赵侍御启霖劾新设疆臣夤缘亲贵，物议沸腾，辞连庆邸父子。诏以查无实据，革赵启霖职。台官皆不平，将继起劾奏。有旨允贝载振开去农工商部尚书缺及一切差使，手诏庆亲王奕劻出军机，鹿文端叩头奏言庆亲王有庚子留守之劳，且心实无他，乃已。某疆臣疑岑之内用、赵之弹劾，枢廷必有主之者，密嘱某公劾枢臣暗通报馆，授意言官，阴结外援，分布党羽，于是瞿协揆被谴，放归田里。故事，协办大学士缺出，开单请简，不及外臣。会庆邸不自安，又别无进言者，而公以持正不阿，力挽学风士习，皇大后屡加褒奖。越二月，遂有入阁之命。瞿相既被谴，即日出都，过夏口，欲渡江相访。公曰，是实朋党之说也，必不可。乃乘舟泊江心，置酒话旧而别。其时人以入相为公贺，不知幽忧孤愤，乃十百于平日也。

丁未五月，懿旨颁下：立宪之道，宜如何逐渐施行，凡有实知所以预备之方、施行之序者，准各条举以闻，在京呈由都察院衙门，在外呈由各地方大吏详加甄核，取其切实正

大者选录代奏。梁按察鼎芬专折奏陈预备立宪第一要义，请罢项城督直，黜庆王出枢府。发折后，公始闻之，太息不已，以朝局杌陧，鄂吏不宜为此言也。

朝局纷纭，风雨欲来。此处说到的周玉山，即周馥，端忠敏即端方。岑西林是岑春煊。岑春煊弹劾袁世凯，瞿鸿禨被罢免，而梁鼎芬也挺身而出，世人当然会以为是张之洞所指使。乱象昭然，气数已尽，此之谓乎？

9月12日，张之洞抵京，先住畿辅先哲祠堂一晚后，即住贤良祠。9月14日，张之洞入宫召对，即入值军机处。新任湖广总督赵尔巽前来，就有关事宜与之交换看法。9月27日，张之洞致电梁鼎芬、黄绍箕，介绍自己在京情况：

到京十余日，喘息甫定。时局日艰，积习如故，毫无补救，惟有俟冬春间乞骸骨耳。两公意中如有素知贤才，祈举十数人见示，以待机会。以多为贵，官阶、内外、大小不拘。感祷。

1908年3月29日，张之洞就川汉铁路路线走向致电湖广总督赵尔巽：

川汉路线前经勘定，自宜昌转入当阳、荆门、仙桃、蔡甸，接至汉阳，力避自宜至沙江边线路，系为川省全路利益起见，关系甚大。嗣闻以当阳山多工巨，仍议改道宜沙循江而下，所见殊失要旨。新正曾嘱王守孝绳将鄙意转达次帅，目下曾否议及。此路开辟，蚕丛利源，正未可量。绕行内地，直达汉阳，以川济楚，以楚济川，独擅完全之利，孰能与争。设一涉临江，则轮船、火车两路平行千余里，车、船互相妨碍，势不至跌价争揽不止，势必至细货由车，粗货由船，仅得半利，各国皆无此办法。今日下游之轮船公司因沪宁铁路而失利，则他日上游之川汉铁路因公司轮船而跌价，固在意中。

> 况各国舟车相济，利在本国。长江四公司，招商最弱，日清（日本近并大阪邮船四会社为一，名曰日清公司，专驶长江）更注全力于此。他国线路只论山川之势，中国火车兼争主客之权，其心甚苦，其理匪深，纵不能收之于汉，何可再失之于川乎。至谓当阳山大工费，须增二百万元，试计汉、沙、宜抵川境之费约须千万，荆、襄抵应山干路工费亦须千万。统筹二千万巨款，独省此十分之一，计近利而忘远害，实为非计。此举地虽在楚，利实在川，鄙人固不仅为楚计也。乔茂翁及方伯诸君皆川人，为川之心当倍切。次帅兼综川、楚新旧两治，自必一体关怀。务希与川绅、鄂绅详加考求，以期尽善无弊，是为至要。

赵尔巽小张之洞 7 岁，是同治十三年进士，进入民国后，他主编《清史稿》，是袁世凯所谓“嵩山四友”之一，因其号次珊，时人尊其为“次帅”，其弟赵尔丰在四川总督任上被杀于成都。赵尔巽另有兄赵尔震、弟赵尔萃均为进士，惟赵尔丰是捐班。

张之洞又奏请改津浦铁路南经安徽，许江苏商民筑路自徐州达清江浦。据许同莘《张文襄公年谱》载：“督办津浦铁路大臣吕海寰会公及袁宫保奏言：光绪三十二年，商部奏准江苏绅士筹办本省铁路，曾声明自江以北由海州经徐州以达于豫，海徐一路自应遵照奏案，由苏路公司筹筑。现考诸舆论，采诸众议，南段路线必改由皖境取道洪泽湖以西，则江北淮、扬、徐等府州商务繁盛之区凡在洪泽湖以东者，皆与此干路隔绝，江北商民未免向隅。请自徐州横造枝路达于清江，以利江北商民。此路尽先准江苏商民集款修造，限四年内与干路一律告成。倘所筑轨道尚未能与津浦相接，则官为集款，即从徐州筑枝路以抵清江。届时仍酌定年限，准公司限满赎回一半，与津浦路均作官商合办之路，以归画一而昭平允。嗣又奏，十年后官商合办，无论何年，不得退

还商股。均奉旨允准。”

但如此规划，也仅仅是规划而已。伴随着时局糜烂，这一切都成为画饼了。

1908 年 7 月 18 日，张之洞兼任督办粤汉铁路大臣。上谕如此说道：

> 粤汉干路关系南北交通，最为重要。前经张之洞收回自办，极费经营。乃数年来官绅商董意见参差，迄无成效。长此因循，必至坐失大利，贻误路政。自应简派大员，统一事权，方可早日观成。著派大学士张之洞兼充督办铁路大臣，会商邮传部及三省督抚，督饬在事官绅商董认真筹办。所有路务大端，由该大臣通筹三省全局，体察情形，随时主持裁定。务令各泯意见，联络一气，以免旷日虚糜，致妨交通要政。

8 月 6 日，张之洞致电香港铁路总理梁震东：

> 粤汉铁路粤地一段系归商办，久已周知。此次特派督办大臣，专为统筹全局，催督工程，所主持者乃路务大端，谕旨甚明。至于用人、理财各节，责成仍在各总理，本不至稍有掣肘。然铁路乃国家大政，此事三省利害相关，必须联络贯通。其间如有各存意见，不顾公益，阻碍全局之处，国家岂能全不过问。昨接艳、东两电，粤人于朝廷简派督办大臣之命意全未明悉，遂生疑惧。务望将此宗旨，即日宣布，以安众心。

8 月 12 日，张之洞致电湖广总督陈夔龙，要求粤汉铁路武岳段不可遽行开工：“粤汉路事，刻正统筹全局。此时湘省洙昭一段尚未定议，岳长一段更无影响，鄂省武岳一段万不可遽行开工。此路必须由武昌通至长沙，始能稍有客货运载生意。若仅至岳州，则终年可通大轮之地，断无客货搭载火车。如此，则养路费全须赔贴，股息更无从支付，官钱局数百万何从归垫，岂能自负此巨累乎。千万熟筹缓办，切祷。”

9月18日与21日，张之洞又分别两次致电陈夔龙：

鄂境内之川汉路一段为鄂省绝大利源，必须赶紧由外自行兴修。其义有二：鄂省练兵兴学各要政，动需巨款，现在已极困苦，将来更难支持。鄙人在鄂时，创议借款修鄂境内之川汉铁路，聘募洋工师、技手数十人，勘路三次，用费甚多。种种苦心劳力，无非为鄂省筹计。此路成后，所收余利不过十年，必然大旺，既可弥从前之亏，且可为后来扩充之计。此为公家辟饷源，一也。江、浙、粤等省铁路，绅民皆争商办，气习嚣张，极为无理。鄙人在鄂筹办路事，从未令绅民干预，所以一事权而免纷扰。鄂绅鄂民皆能循礼奉法，然岂有因其驯顺，遂令独受偏枯之理。各省商办铁路，闻邮部意，将来皆须由官收回，其年限若干，给价若干，尚不可知。若川汉鄂境一段，以鄙人办法，此时官、商之款，无论孰多孰少，路成二十五年或三十年后，亦拟比照津浦一路，定为官、商股份永远各半之局。此为商民谋公利，二也。惟此路，邮传部意欲提归部办，鄙意窃以为不可，正在辩论。盖一归部办，则余利全为部中所有，于鄂省财政丝毫无补。且部借部还，实于鄂省商民无益。鄙人谓不宜归部办者，实为此两大端。然非谓必须归鄙人督办也，乃谓必须归鄂省自办也。假使部中能允鄂省外办，亦须请筱帅办理，鄙人断不能兼办也。乃鄂省蜀籍各官，竟欲请鄙人兼办川省境内之川汉路，可谓大误矣。鄙人前在鄂任时，鄂境川汉路久拟借款兴修，与英领已有成议，已达外务部，徒以格于部议，暂时搁置。闻邮传部云：“接筱帅复电，愿归部办。”自系因无款之故，不得不然，断非推之于部也。现经鄙人与外务部商妥，可以借款，自以仍归鄂省筹办为不易之理。

查鄂省江北应修铁路自汉阳发轫，经沙市以达荆门，再由荆门分两枝，一自荆门西行达宜昌，以接川汉；一自荆门北行经襄阳至广水，以接京汉。两路约和一千六百里，每里建造费以二万两牵算，约共需银三千二百万两。前在鄂时，与英商议借二百万镑，以现时镑价计算，共银一千六百万两，不敷之数，拟仿照湘省现经议定租捐办法，每年必可收银一百万两，五年共收银五百万两。此项加抽之数，一律填给铁路股票。其不敷之数，以招股足之。若再有不敷，仍可以本路进款作押，向英商续借，亦极易办。窃谓若照此议筹办，储款既足，竣工必速。路成之后，鄂省公家受其益，商民蒙其惠，而筱帅成其功，实为最善之策。

鄙人奉有统筹三省全局之旨，鄂事实筹之已熟，非此不足以福鄂民而苏鄂困。用特详细奉告，即祈筱帅与司局各员及鄂绅诸君子详细讨论，由筱帅酌定，迅赐电复，至为盼祷。若此路竟归邮部办理，则鄂省承修者止一赔钱之武岳路，鄂省失固有之利，鄂民无发达之机，于理太不公允，实非鄙衷所愿。至湘、粤两省之路，难题极多。部中委之于鄙人，实非区区之才力，所能胜任，将来恐终须奏请辞差而已。其粤汉路之武岳一段，此时只可先办购地一端，备料等事，似宜缓办。不若先尽力筹办江北，俟汉宜、长岳两路工程均有眉目之时，再行筹办武岳一段，南北两岸一气接通，方为妥善。管见如此，飞速奉商，统望详筹速复。

不过三天，张之洞就鄂省借款修路事，电复陈夔龙：

来示云，路事为鄂省固有之利，应由鄂自行筹办，实为确论，佩甚佩甚。至借款是否绅民所愿，似可无虑。路长费巨，鄂尤贫困，非借款不能兴工，徒失本省大利，明白绅民当晓此义。盖由官借款，而预定分其半，准商民买股，大略如津浦办法，可谓至便宜之事，岂有不愿之理。即如湘绅素来虚骄大言，不借外款，近日议论亦变，皆知湘股断不能成功，拟请官借款，与湘股合力兴办。湘人尚且觉悟，鄂可知矣。日来筹议若何，望先示大略。

张之洞又电陈筱帅：

粤汉路事，邮部与湘绅意见，相歧太甚，彼此固执，迄未融洽。鄙人从中调停解释，久久未能合拍，湘绅意、邮部意、鄙人意，均不相同，故湘绅代表仅予一见，曾道亦止两见，并未遽与详谈。尊处及岑中丞并湘绅自长沙来电，均未作复。一月以来，两面多方劝解，成见始觉稍化，此后或可渐次就绪。然鄙意与部意合否，尚无把握，故无从作复也。

10月10日，张之洞致电陈夔龙，拟为奥略楼题匾：

黄鹄山上新建之楼，宜名奥略楼，取《晋·刘宏传》“恢宏奥略，镇绥南海”语意，此楼关系全省形势，不可一人专之，务宜改换匾额，鄙人即当书寄。务请饬高学司转告各学堂师生。

陈夔龙，小张之洞20岁，贵州人，光绪十二年进士，曾为丁宝桢幕僚，美风仪，善文辞，光绪二十九年任河南巡抚，此后一路畅达。他病逝于1948年，高寿91岁。因他字筱石，故被称作“筱帅”。

10月20日，以两宫驻西苑，张之洞移居地安门外白米斜街。

估计是协调铁路之事，非常困难。各方利益，喋喋不休。10月28日，有上谕颁示，再次明确张之洞督办一切：“前以粤汉铁路最关重要，特派军机大臣、大学士张之洞为督办大臣。近询该大学士筹办铁路情形，据称该路，事权纷歧，议论淆杂，诸多窒碍等语。该路交通，至关重要，讵可长此延缓。嗣后，该路筹款用人、兴利除弊各事宜，悉责成张之洞统筹全局，力任劳怨，严

定期限，各就三省情形，分别妥订章程，因时制宜，主持定断。邮传部及湖北、湖南、广东各督抚均须实力协助，不得掣肘。所有各该省原派之总理、协理，均听节制。在事官绅，倘有营私舞弊，煽惑把持，以致妨害路政各情事，着张之洞据实参办。”

11 月 9 日，张之洞致电湖南巡抚岑春蓂，并转湘省铁路公司：

> 湘境干线，湘省拟先由长洙开工，其洙昭一线，前已商允，让与邮传部修筑。事属并轨分筑，自应会勘地址界限，方不致顾此失彼。顷准部中咨称，洙昭一案，本部奏准定线在前，湘人由弧改直之议在后。然为维持大局起见，但使能容两轨，则何处无非坦途。前据赖、李两工程师勘查，均称可容并轨。
>
> 现本部遵照前奏，决定止筑至易家湾下水，从前所说展至暮云司一节，让与粤汉干路，则九曲黄河之宽窄，无庸议及。惟白鹤仙一段，地形稍窄，应即饬原路洋工程师会同粤汉洋工程师，定期前赴该处履勘，平分基地，绘图为据，庶几两无妨碍。拟请贵大臣加派干员，饬令前往该地，三面会勘，赍取详图，商定办法，再行开工，以免彼此误会等因。
>
> 本阁大臣查洙昭路线既已允让与粤汉干线并轨，断无不会勘平分之理。邮部遵照奏案筑至易家湾，不再展至暮云司，九曲黄河一段全归干线。惟白鹤仙最窄，必须预为勘分。湘绅与部员迭次勘列图说，均只约计大势，并未将该路实测丈尺比例详图及山形宽窄、轨道距离，一一载明。聚米画地，总觉隔膜。亟应遴派干员，眼同实测，方有切实把握。除电委湖北试用道李宝淦即日束装来湘，会同两处工程师前往详细测勘外，特此电闻。即希派定员绅，偕同工程师预备会勘。务俟详图测定，两无妨碍，再行开工。至要。

这个岑春蓂，是岑毓英之子，岑春煊的弟弟。

张之洞正在竭尽全力，协调粤汉、川汉铁路建设，但两宫身体欠安的消息也隐隐传来。11 月 14 日，光绪帝死，时隔一天，11 月 15 日，慈禧太后死。这两个人的去世，极大地牵动着中国的政局走向。慈禧太后生于 1835 年，此年去世，得年 73 岁，也属正常。但光绪帝是七零后，也才 37 岁，还不到不惑之年就猝然离世，的确令人猜疑。现在有研究成果，说是光绪帝的头发中有砒霜。谁向光绪帝投毒？是谁指使？多人认为是慈禧太后。但，慈禧太后何必如此？她难道不知道就当时的局面、趋势，在她身后，载沣与隆裕太后怎能够维持大局？莫非是除了慈禧太后之外，还另有势力，不希望光绪帝扬眉吐气，重新掌握大局？

《张文襄公年谱》对光绪帝与慈禧太后接连去世，出语谨慎，惜字如金："景庙气血素亏。自上年秋间不豫，片征各省良医，来京诊治，服药无效。皇太后则自本年夏秋间，时有不适，眠食失宜。然十月初六日，上御紫光阁，赐达赖喇嘛宴，初十日，皇太后万寿，宫中听戏，犹无恙也。万寿节后，皇太后遽以疾闻，十三日即命庆亲王验收普陀峪工程。景庙病亦剧。至十八日，而传闻两宫皆垂危。十九日上谕：奉皇太后懿旨，授醇亲王载沣为摄政王，命王长子溥仪在宫中教养。二十一日酉刻，宫车晏驾，皇大后命摄政王监国，以王子入承大统，承继穆宗毅皇帝为嗣，兼承大行皇帝之祧。二十二日，嗣皇帝尊祖母皇太后为太皇太后，兼祧母后为皇太后。太皇太后谕：别后军国政事均由摄政王裁定。遇有重大事件，必须请皇太后懿旨者，由摄政王面请施行。是日未刻，太皇太后崩，距景庙上宾仅一日。此数日中，公入宫议事，无间昼夜，受遗定策，其详不得闻。第闻景庙崩后，军机大臣入临，皇后自内出，卒然问曰，嗣皇帝所嗣何人也。诸臣未及答。公对曰：承嗣穆宗毅皇帝，兼祧大行皇帝。又问曰，何以处我。曰，尊为皇太后。曰，既如是，我心慰矣，遂哭而人。时王大臣有议调兵入卫者，公谓无庸，惟请度支部放款，周济京师市面，以安人心。公薨后，上谕祭文有云：自两宫之奄弃，弥臣职之忧劳。匕鬯不惊，共球无恙。陈太傅为公墓志，称公为顾命重臣，镇绥内外。文字可征者，止于如是，其功则非臣下所敢居，不详可也。”

11月27日，两周之后，张之洞致电陈夔龙，表明大局已定：

> 日来京师大局已定，粤汉铁路亟须议办。鄙人去年在鄂即与英领事议妥，拟向中英公司借款二百万镑，为修造湖北全省铁路之用，以湖北牙厘局进款作抵。现止修粤汉铁路一段，借一百万镑即可，尤为轻省。其厘局款乃是虚抵，路权绝不干预。如有不敷，仍可续借。经英领派该公司代表濮兰德来京，为日已久，拟派曾道广镕、高道松如与之开议，已与濮兰德议定。适高道因鄂省钱价跌落，市面震动，经尊处催其回鄂。如现在市面，业已平靖，祈即饬其速来。大纲俱有津浦成式，不过数日，即可议妥，仍饬速即回鄂。快车往返，不过十日。如此时高道万不能来，即改派高学司前来亦可，缘高学司前经派议津浦路，颇知其中窾要曲折。往返亦不过十余日，必可定局。祈裁酌。

但革命党人也在行动，实在是已经不耐烦清廷的所谓预备立宪了。安庆新军马队营队官熊成基率部攻城，被提督姜桂题击败。熊成基退走桐城、合肥。12月2日，张之洞致电陈夔龙，部署镇压：

> 皖省叛兵已窜入内地，江岸防卫、安庆城守皆非所急。鄂军越境剿匪，自应合马、步队全力追踪痛击，方能一鼓荡平此股，剿灭他股，匪徒自不能起。若鄂省劳师费财，专代皖省弹压省城，殊为不值。鄙意亟宜迅饬王得胜统率全军并马队赶赴桐、舒一带，奋勇追剿。此时匪势尚炽，须速派营

助之。弹药一切，源源接济，尤为紧要。此事乃鄂军名誉所关，于中原大局安危，尤有关系。闻叛军在安庆劫得库存枪两千枝，弹四万颗，沿途裹胁。若不速灭，必致燎原。机不可失，盼我公成此全功。

同日，粤汉铁路开工于长沙。12月3日，张之洞就湘路借款事致电湖南巡抚岑春蓂、铁路公司王阁学：

粤汉铁路收回业已三年，筹款集股，毫无头绪。迭经奉旨催办，而路长费巨，若不借款兴修，终无观成之日。前曾与代表湘绅商妥，别经电商汉口英领事议借二百万镑，英领已派濮兰德来京议办借款。议章程者，系派高学司凌霨、曾道广镕。查湘省厘金每年进款约一百三十余万两，可抵指一百万镑；盐斤加价及配销约七十万两，米粜捐约四十万两，共一百余万两，可抵一百万镑。如有不敷，再议续借。以上均系实指虚押，与地方财政、铁路主权，毫无妨碍。迭商在京湘绅，均愿借用。惟外国公司借款只能认官，决不能认绅商。现在一切由官主持，官借官还，仍准商民，随时附股。总之，官、民股本各半，永不收回。此时则决不能划商于官之外，不能指为商界借款也。濮兰德来京已久，亟须开议，特此详细电达。至借款如何拨用，详细办法酌定后，再详达，当并与谭编修、朱京卿商酌也。

12月28日，张之洞奉旨兼充督办鄂境川汉铁路大臣：

陈夔龙奏，鄂境川汉铁路与粤汉铁路，相辅为用，请简大臣兼充督办一折。鄂境川汉与粤汉铁路本属相辅，自应联络一气，方能妥速成功。着派张之洞兼为督办鄂境川汉铁路大臣，会商邮传部、湖广总督，督饬在事官绅，认真筹款兴办。即责成张之洞力任劳怨，剔除弊端，严定期限，因时制宜，主持定断。邮传部及湖广总督均须实力协助，不得掣肘。

12 月 31 日，张之洞致电陈夔龙：

> 鄂境川汉路事，鄙人力主鄂办，专为鄂省库款、民生筹久远之利益起见。今奉旨责成督办，先向庆邸固辞，及召对时仍固辞，均未允。惟粤路关涉三省，已极繁重。此路同时并举，必须会商台端办理。来电谓已饬该局司道将该路文件款目等清厘，专候移送接收。此层殊可不必。所有该路借款、取线、订定章程、考核官绅、剔除弊端、力任劳怨诸大端，鄙人必力为主持，为公分劳。至各项应办事宜，仍须会商，仰赖尊处协助也。希并饬路局、司道知照为荷。

1908 年，光绪三十四年，溥仪继位，改年号为宣统。醇亲王载沣以摄政王监国，满族亲贵乘机集权，排斥汉官。袁世凯是当时权势显赫的汉族大官僚，加上戊戌变法时传言他出卖光绪帝，为载沣等皇族亲贵所忌恨。于是，载沣等密谋杀袁。

1909 年 1 月 2 日，军机大臣、外务部尚书袁世凯开缺回籍。据说，监国摄政王秉太后意，令军机拟旨，袁世凯祸且不测。张之洞反复开陈，始令袁回籍养疴。张之洞退语人曰：主上冲龄践祚，而皇太后启生杀黜陟之渐，朝廷有诛戮大臣之名，非国家之福。吾非为袁计，乃为朝局计也。时有议请选命妇通经史者入宫，为皇大后讲解者。张之洞劝阻道：苟如是，他必有议及垂帘训政者矣，断不可行。

2 月 9 日，张之洞启用督办粤汉铁路大臣兼督办鄂境川汉铁路关防。

5 月 9 日，张之洞举荐吴禄贞督办吉林边务。当时的吴禄贞为陆军协都统，锡良奏请派吴禄贞督办吉林边务，以两协之兵归其节制。张之洞如此说道："延吉、珲春、宁古塔、临江洲等处，皆与韩、俄接壤。延边交涉亟，前东三省总督徐世昌将受代，公致电云，方今边才最急，绶卿谋勇兼长，外交深明操纵，且熟悉东边情形，此才洵不易得，必须假以事权，方有实际。”绶卿，吴禄贞字也。张之洞又荐之于新督锡良，至是始实行。吴禄贞在“间岛”争端中，为中国挽回权利不少。这一月，张之洞还与端方联奏，为已故户部尚书、协办大学士翁同龢开复原官。张之洞此举，还是殊为难得，多人知道，翁同龢在生前与张之洞多有不合。

7 月 20 日，张之洞病重，请假。

9 月 9 日，张之洞再奏筹备设立京师图书馆。这大概是他一生宦海，最后一次就工作事项向朝廷报告：

图书馆为学术之渊薮，京师尤系天下观听，规模必求宏远，蒐罗必极精详，庶足以供多士之研求，昭同文之盛治。

国家稽古右文，远迈前代。圣祖仁皇帝、世宗宪皇帝临雍讲学，特颁图籍，藏之成均。高祖纯皇帝开四库之馆，荟萃载籍，建阁储藏之数综十六万八千册。又于热河及镇江、扬州、杭州等处并建藏书之阁，颁给四库全书各一分，士子就阁读书，得以传写，所以嘉惠艺林，启牖后学者，至周至渥。后东南三阁，悉毁于兵，私家藏书，往往流播海外。

近年，各省疆臣间有创建图书馆，购求遗帙，以供众览者。江宁省城经调任督臣端方首创盛举，不惜巨款，购置丁氏八千卷楼藏书，存储其中，卷帙宏富，尤多善本。并购得湖州姚氏、扬州徐氏藏书数千卷，运寄京师，以供学部储藏，并允仍向外省广为劝导搜采。

兹者，京师创建图书馆，实为全国儒林冠冕，尤当旁搜博采，以保国粹而惠士林。无如近年经籍散佚，征取良难，部款支绌，搜求不易。且士子近时风尚，率趋捷径，罕重国文，于是秘籍善本，多为海外重价钩致，捆载而去。若不设法搜罗宝存，数年之后，中国将求一刊本经史子集而不可得，驯至道丧文敝，患气潜滋。此则臣等所惴惴汲汲，日夜忧惧，而必思所以挽救之者也。

窃查中秘之书，内府、陪都而外，惟热河文津阁所藏，尚未遗失。近年曾经热河正都统总管世纲、副总管英麟查点一次，与避暑山庄各殿座所设书籍，一并查明开单，具奏在案。拟恳圣恩俯准，将文津阁四库全书并避暑山庄各殿座陈设书籍，一并赏交臣部祗领，建馆存储。庶使嗜奇好古之士，得窥石室金匮之藏，实于兴学育才，大有裨助。

至建设图书馆地址，必须近水远市，方无意外之虞。前经臣等于内城地面相度勘寻，惟德胜门内之净业湖与湖之南北一带，水木清旷，迥隔嚣尘。以之修建图书馆，最为相宜，尤足以昭稳慎。筑书库二所，收储官私刻本，海外图书。勿庸建设楼房，以节经费。其士人阅书之室，馆员办事之处，亦审度地势，同时照修。查净业湖、汇通祠两处，均归奉宸苑及内务府经理，拟恳恩饬下奉宸苑、内务府，将净业湖、汇通祠各地址移交臣部，以克期兴筑。

该处水面颇宽，并拟督饬会商奉宸苑随时疏浚，以期上无碍于水源，下不虞其淤塞。并祈饬下热河都统，将臣部所请书籍检齐，赍送到馆，以备尊藏。至各省官局刻本，即由臣部行文咨取。开办以后，如有报效书籍及经费者，拟请援乾隆时进书之鲍廷博、光绪时进书之广东高廉道陆心源奖励成案，由臣部视其书之等差、款之多寡，分别请奖，以资鼓励。

又查翰林院所藏《永乐大典》，在乾隆年间已多残缺，庚子以来，散佚尤甚。今所存者，仅数十百册，而其中尚多希见之书。又查内阁大库所藏书籍甚夥，近因重修大库，经阁臣派员检查，除近代书籍之外，完帙盖希，而其断烂丛残，不能成册，难以编目者，亦间有宋元旧刻。拟请饬下内阁，将前项书籍，无论完缺破碎，一并移送臣部，发交图书馆妥慎储藏。其零篇断帙，即令该监督等率同馆员，逐一检查，详细著录，尚可考见版刻源流，未始非读书考生之一助。

许同莘就此说明道：“图书馆之设，经画已久，此折亦几经斟酌。是时，公病亟，学部虑公有不讳，此举必败于成，遂以二十五日入奏，并请派编修缪荃孙充监督，国子丞徐坊充副监督，学部郎中杨熊祥充提调。又请仿乾隆三十九年将进到各书于篇首用翰林院印，面页记年月、姓名之例，饬下礼部铸学部图书之印，尊藏矜用。疏入，均奉旨依议。”

9 月 27 日，张之洞奏请续假，嘱咐门人，口授大意，起草遗折。10 月 4 日，张之洞奏请开去各项差缺，监国摄政王载沣前往探视。陈宝琛问张之洞两人交谈如何，张之洞“无他言，第叹曰：国运尽矣，盖冀一悟而未能也”。

张之洞遗折如下：

臣于本年五月感患肝胃气痛，迭蒙圣恩，赏假调治。嗣于本月二十一日因病势沉重，奏请开缺。恭奉上谕，着再行赏假，毋庸拘定日期，安心疗养，并赏给人参二两，俾资调摄。所请开去差缺之处，著毋庸议。并蒙监国摄政王亲临臣寓视疾。恩遇优渥，感激莫名。无如病势已深，医药罔效，虚邪日盛，正气潜消。迨至二十一日酉、戌之交，加以痰壅气坠，汗出如渖，气息仅属，生机将尽，永违覆帱，图报无期。言念及兹，涕洟横集。

伏念臣秉性愚庸，毫无学术，遭逢先朝特达之知，殿试对策，指陈时政，蒙孝贞显皇后、孝钦显皇后拔置上第。遇合之隆，虽宋宣仁太后之于宋臣苏轼，无以远过。备员词馆，洊升内阁学士。凡有所见，剀切直陈，均荷优纳。嗣蒙恩简授山西巡抚，继复奉命总督两广、湖广，再权两江。际德宗景皇帝励精图治，臣仰秉庙谟，竭蹶从事，忝膺疆寄几三十年。虽辖境稍得初安，而中更事变，忧患纷乘，末由防弭于几先，类皆补苴于事后。凡所设施，动与愿违，劳而鲜功，夙夜负疚。复膺殊遇，折授阁职，参预机务。

入直以来，正深祗惧。重遭国恤，两宫升遐。幸我皇上绍承大统，我监国摄政王以恭俭勤慎，辅导圣躬，大局获安，人心望治。臣虽年逾七十，犹思竭其愚虑，裨补圣明。何期衰病侵寻，寖致绵惙。臣平生以不树党援、不植生产自励，他无所恋。惟时局艰虞，未能补救，累朝知遇，未能仰酬。将死鸣哀，不敢不摅其愚忠，泣陈于圣主之前。

当此国步维艰，外患日棘，民穷财尽，百废待兴。朝廷方宵旰忧勤，预备立宪，但能自强不息，终可转危为安。伏愿我皇上亲师典学，发愤日新。所有因革损益之端，务审先后缓急之序。满汉视为一体，内外必须兼筹。理财以养民为本，恪守祖宗永不加赋之规。教战以明耻为先，无忘古人不战自焚之戒。至用人养才，尤为国家根本至计。务使明于尊亲大义，则急公奉上者，自然日见其多。

方今世道陵夷，人心放恣，奔竞贿赂，相习成风。尤愿我皇上登正直廉洁之士，凡贪婪好利者，概从屏除。举直错枉，虽无赫赫之功，而默化潜移，国家实受无穷之福。正气日伸，国本自固。凡此愚臣之过计，皆为圣德之所优为。倘荷圣明采择，则臣虽死之日，犹生之年。

抑臣尚有经手未完事件。粤汉铁路、鄂境川汉铁路筹款办法，迄今未定。拟请旨饬下邮传部接办，以重路事。铁路股本，臣向持官民各半之议。此次粤汉铁路、鄂境川汉铁路，关系繁重，必须官为主持，俾得早日观成，并准本省商民永远附股一半，藉为利用厚生之资。此尤为臣弥留之际，不能不披沥上陈者也。谨口授遗折，叩谢天恩，伏祈圣鉴。

许同莘《张文襄公年谱》对一代名臣张之洞之去世细节，有如此记述：

酉刻，忽起坐，下床。更衣毕，就卧，汗出如渖，戌刻汗止。进诸子，戒以勿负国恩，忽堕家学，必明君子小人义利之辨，勿争财产，勿入下流。人各二语。言讫，令一一复诵，有误者改正之。又命读遗疏及邸钞数则，诸子哽咽不能成声。公慰之，谓，吾无甚痛苦也。又曰：吾生平学术、政术所行只十之四五，心术则大中至正。已，复改“政术”二字为“治术”。语毕，命去衾褥凌乱者，整衣裤，索纸拭须髯。目忽上视。亥刻，薨。

张之洞京都最后寓所在白米斜街，今北京西城区什刹海左近白米斜街 11 号院。10 月 6 日，清廷谥张之洞以“文襄”。据说，本来拟追谥张之洞为“文正”或“文忠”，但某人看到张之洞遗折中有“不树党援不植生产”之语，自我对照，很不舒服，就擅自改为“文襄”了。这位某人，就是奕劻，庆王。

一代重臣张之洞，就此陨落。四川总督赵尔巽、两江总督张人骏、镶红旗蒙古副都统吴禄贞等奏请分别在四川、江宁、湖北等地予以纪念。宣统二年底，张之洞葬于南皮西南原双庙村，陈宝琛为其撰写墓志铭。湖北提议者为何不是湖广总督而是吴禄贞？当时的湖广总督是瑞澂，他刚刚接替陈夔龙而到任。瑞澂是琦善的孙子，与岑春煊、劳子乔有当时“京城三恶少”之称。这个瑞澂主持湖广，担任总督。武昌起义，他溜之大吉，死在上海，大概也就 52 岁而已。

赵尔巽不愧是一代名家，《清史稿》主编，他就张之洞就任四川学政，在教育方面回顾张之洞的一生，并无不着边际夸大其词，信口开河：

据署提学史赵启霖详转四川在籍绅士侍讲学士翰林院编

修伍肇龄等联名呈称：

原任大学士张之洞，学术渊深，风规宏远。历官各省，无不以崇尚儒术、修治文教为先。其前在四川学政任内，兴废举坠，明教作人，沾溉之宏，造就之广，尤有历久弥系人思者。

先是，川省僻处西陬，人文未盛，士林之所驰骛，率不出帖括章句之图。自同治季年，该大学士典试西来，始拔取绩学能文之士，如武谦、吴德潇诸人以为之倡，士风始为一变。旋奉命提督四川学政，则会商前督臣吴棠，奏设尊经书院，择郡县高材生，肄业其中。延聘名儒，分科教授，院内章程及读书治经之法，皆该大学士手订。条教精密，略如诂经精舍、学海堂规模。复以远省购书不易，捐置四部书数千卷，起尊经阁庋藏之，藉供生徒浏览。并开书局刊行小学、经史诸书，流布坊间，以备士人诵习之资。

自是，比户横经，远近景慕，蜀中乃彬彬多文学矣。其校士各属也，以川省枪替之风，内通经承，外结廪保，不易究诘。特用钩距之法，摘发其奸，一时人惊为神，无敢犯者，宿弊以清。劝富绅捐舍学田，优免新生卷费，以恤寒畯，至今州县兴学之资，多取给焉。川省学政素号腴缺，该大学士廉介自矢，于例得参费银二万两，辞而不受。其他恩优岁贡及录遗诸费，皆定为常额，不许婪索。及去任，无钱治装，出售其所刻万氏拾书经版，始克成行以去。

该大学士尝语人曰，四川督学署，积尘盈屋，我第扫除过半耳。盖其洁己爱士之诚，勤职祛弊之勇，有如此者。其平日衡文，不主一格，凡有一艺之长，无不甄录，而尤注重于经史根柢之学。故所至考求文献，礼访名宿，惟恐不及。每值士人晋谒，辄优假颜色，殷殷焉以读书稽古相敦勉，并为指示途径，俾有遵循。所著《书目答问》《輶轩语》二书，流传海内，几于人手一编，即该大学士在蜀校士时，所随时撰录，导士人以求学之津梁者也。所取之士，如范溶、张祥龄、宋育仁诸人，皆经明行修，极一时之选，为该大学士所深器，尝引之左右，躬自督课。其后或置身通显，为国家文学侍从之臣。或潜心著述，以昭明绝学、师表人伦自重，类能守其余绪，克自树立。教泽所及，全川化之。

迄今学校大兴，人材蔚起，文化之程，翘然为西南各省最，盖非该大学士陶熔诱掖之力，断不及此。绅等景仰前徽，缅怀遗泽，理合胪陈事绩，请予奏恳天恩，宣付史馆，以光志乘而垂不朽等情前来。

奴才伏查原任大学士张之洞起家翰苑，屡掌文衡。迄后敭历中外，勋猷懋著。其文章政绩，久在圣朝洞鉴之中，无待赘陈。顾其生平精神所寄，尤在振兴教育，储养人材，以备国家缓急之需，而救当世空疏之习。凡所设施，皆俨然有古大臣风。故其在粤则设有广雅书院，在鄂则设有两湖书院，与蜀中之尊经书院鼎足而三，后先继美，皆以启迪新知、保存国粹，为百年树人之计，正不徒补苴目前而已。

奴才昔聆该大学士之论议，辄用心折。比年迭膺疆寄，自鄂而蜀，皆踵该大学士教成之后，见其造端宏大，训迪有方，愈叹敬以为难及。而川省处交通闭塞之区，值兵燹迭经之后。该大学士熏陶培育，用能以数年之间，泽弇陋以诗书，化朴愿为才俊，文化几与东南各省埒，其程功尤非易易。近年推行新政，广厉学官，莘莘学子，咸以通贯为荣，以拘墟为耻，而老成尚有典型，文学犹存矩矱。

经史教授之选，皆取资于本省而略足。即平日闻见所及，其中亦不乏淹贯宏通、杰出不羁之材，足以储为世用。使再需以岁时，进步正未可量。事固有致力于数十年以前，而收效于数十年之后者，此类是也。以该大学士丰功伟绩，

诚非兴学一端所能尽。即就兴学之事言之，其功已有不可没如此者。合无仰恳天恩，俯准将原任大学士张之洞前在四川学政任内事绩，宣付史馆，编入列传，以补史官考订所不及，出自逾格鸿慈。

赵尔巽的上奏，得到中枢批准：着照所请。

宣统二年的两江总督张人骏是张佩纶的族侄，他对张之洞曾经署理两江总督两次，自然是非常清楚。在他的要求之下，一封文风平实的奏折，跃然纸上：

据在籍江苏绅士翰林院侍读学士黄思永等联名呈称：已故大学士、前署两江总督张之洞，早掇巍科，履历中外，凡所敷施，难以罄述。而两江被泽宏选，民不能忘。

光绪甲午十月，调署江督。下车之初，适中东事起。海防北路以海州为急，南路以金山、乍浦为急。维时江南统领、镇将半湘淮旧部，承平既久，暮气已深。乃分别撤换，奏调前云南提督冯子材率粤军防海州，任宿将朱洪章防金山，沿海赖以无恐。复聘德国将弁练自强军二千六百余人。并以江防之宝山、江阴、镇江等炮台皆旧式窳败，一律改修，购置泰西新式炮五十余尊。城北狮子山、幕府山亦创修新式炮台二十余座，设立总、分台官，专司防空。江南兵士之有新操及台炮之有西式利器者，均自此始。

迨壬寅十月，再次署任。整饬鹾纲，裁撤丛弊之大通、芜湖各盐掣卡，厘定十二圩盐栈新章，奏派大臣认真缉私，南盐每岁增销十余万引。入告之疏，遐迩传诵，谓与曾国藩之整顿南盐、寓纲于票，沈宝桢之整顿北盐、画分三贩者，先后媲美。庚子赔款，两准盐政担任一百二十余万，支应局拨补无着之款每岁六百万两，江北十三协银数十万两，皆赖此挹注。成效彰彰，在人耳目。其他如修江宁省城及上海南市马路，以便交通，并于南市设立巡警，杜外人侵入华界，以保政权。裁停陈旧轮船，订购日本厂兵轮四艘，以壮海军，至今犹利赖之。

庚子之役，风鹤频惊，张之洞时在两湖，与前任江督刘坤一往复电商，咨会商约大臣今邮传部侍郎盛宣怀，与驻沪各领事坚明要约，力任保护各国人命财产，不任洋人阑入华界一步，厥功甚伟。江苏人士追怀旧德，感慕荩猷，允宜请建专祠，以永讴思等情，呈请具奏前来。

臣查已故大学士张之洞两次署任江督，为时虽属未久，而于江防、海防、军政、盐政诸要端，规画靡遗。尤以庚子保护东南大局，关系至巨，其功实与刘坤一相埒。今江苏士绅，举其江南政绩请伸报祀，实出于爱戴至诚。合无仰恳天恩，俯准如该绅等所请，为已故大学士、前署两江总督臣张之洞在江宁省城建立专祠，由地方官春秋致祭，以彰荩绩而顺舆情，出自鸿施逾格。

中枢奉旨硃批：着照所请。

张之洞巴蜀三载，任职学政，建树多多。赵尔巽转奏赵启霖、伍肇龄等人文章，具体实在，并无虚文。张人骏转奏状元黄思永等人就张之洞两次署理两江总督的所作所为，把他与刘坤一相比肩，也算实事求是，恰如其分。吴禄贞概述张之洞一生，尤在湖广二十载，就其学政、军政、实业落笔，亦属中肯切实、准确精当。现在看来，这些评说，较少浮语虚词、文过饰非、言不及义，也都经受住了时间的考验，是令人钦服的盖棺论定。

# 十八、千秋功罪任评说，文襄南皮

张之洞的幕僚班子，所谓幕府，人员众多，多有流动。他在山西巡抚任上，开始借鉴陶澍、曾国藩、李鸿章等人经验，组建自己的幕僚班子，以备顾问。此后，他官越做越大，先到岭海就任两广总督，又到湖北武汉担任湖广总督，其间还曾两次署理两江总督，成为名副其实的晚清重臣。他的幕僚班子，也可称作智库、外脑，逐步扩大，还有不少外国人，人数最多的时候竟然达到637人。在这些济济多士的幕僚中，有一个很特别的人物，追随张之洞时间也比较长久，此人唤做辜鸿铭。

辜鸿铭祖籍福建同安，出生于1857年的南洋英属马来西亚槟榔屿，整整比张之洞小20岁。他名汤生，字鸿铭，以字行世，别号汉滨读易者、读易老人等。易，自然是指《易经》；汉滨，大致是汉水之滨的意思。他十岁时随义父布朗至欧洲留学，遍历英、德、法、意诸国，就读于德国莱比锡大学、英国爱丁堡大学、法国巴黎大学等。但南大沈卫威教授告诉我，布朗实际上就是辜鸿铭的生父。

留学十余载后，辜鸿铭先返回南洋，后回归故土中国。1885年，他被时任两广总督的张之洞纳入府中。年近而立之年，这位蓝眼高鼻的留学生，从此开始了他长达20多年的张之洞幕府生涯。他一生耿直，性格刚正，为人坚持己见，绝不随波逐流，没有媚骨，在张之洞身边左右完成了思想转型，逐渐奠定了自己的学术地位。他翻译中国传统典籍，批判西洋文化，在西方名声大噪。毛姆到中国访问游历，也曾与他深入交谈。他曾自我总结是生在南洋，学在西洋，婚在东洋，仕在北洋。前三句话符合事实，但最后一句似乎有点勉强。北洋多指李鸿章、袁世凯的北洋，袁世凯一命呜呼在 1916 年，此后的北洋政府大致有十年，而辜鸿铭主要在蔡元培主持的北大教书，谈不上“仕”。学识渊博、性格古怪、拖着长辫的辜鸿铭成为当年北大校园内一道奇异的风景。

他的奇谈怪论与顽固保守形象也随着北大师生的纷纷议论而在时人心目中逐渐定格。他向伊藤博文大讲孔学，与托尔斯泰有书信来往，被甘地称为最尊贵的中国人，还与日本作家芥川龙之介等也有过接触。据说辜鸿铭掌握数门外语，获得过西洋 13 个博士学位。张勋复辟，他曾短暂入职其外务部，成为笑谈。有人说，他是晚清民初五大外交家之一，似乎过誉，而他的外语地道，视角独特，却是事实。但最令人印象深刻的还是时人眼中他奇怪的装束：身穿长袍马褂，头戴瓜皮小帽，手捧长管水烟袋，脑后拖着一条长辫子。晚年的辜鸿铭还曾东游日本，四处讲学，不遗余力，宣扬东方文化。他返回中国后，在穷困、凄凉、孤独中走完了嬉笑怒骂五彩斑斓的传奇一生，时在 1928 年，正是中华大地一派纷纭之际。

辜鸿铭谙熟西方文化，又饱读中华经典，他以英文翻译《论语》《中庸》《孝经》《春秋》等，被称为“晚清文化怪杰”。辜鸿铭提出只有中国的儒家文明才能拯救世界，他批驳西方对中国文化的歧视，极力赞扬中国人的精神。他认为真正的中国人“温良”“温文尔雅”，这不仅体现在待人接物的外在风度，而且已经内化成一种内心状态。中国人之所以能够养成这种温儒之风，主要是因为中国人重视内心情感的陶冶，过着一种“心灵生活”。辜鸿铭主张君主专制，却反对袁世凯的称帝闹剧。他直言袁世凯是“贱种”，虽然过于激烈偏颇，但也真是振聋发聩语惊四座：

"余谓袁世凯甲午以前，本乡曲一穷措无赖也。未几暴富贵，身至北洋大臣，于是营造洋楼，广置姬妾。及解职乡居，又复构甲第，置园囿，穷奢极欲，擅人生之乐事，与西人之贱种一至中国辄放量咀嚼者无少异。庄子曰：'其嗜欲深者，其天机必浅。'孟子曰：'养其大体为大人，养其小体为小人。'人谓袁世凯为豪杰，吾以是知袁世凯为贱种也。"

据说，袁世凯死，辜鸿铭还大张旗鼓，演戏三天。摄政王载沣要杀袁世凯，张之洞极力劝阻。但有人把袁世凯与张之洞相提并论，对张之洞不以为然。辜鸿铭用老妈子倒马桶作比喻，斥骂袁世凯，颇为痛快："丁未年，张文襄与袁项城由封疆外任，同入军机。项城见驻京德国公使曰：'张中堂是讲学问的，我是不讲学问，我是讲办事的。'其幕僚某将此语转述于余，以为项城得意之谈。予答曰：'诚然。然要看所办是何等事。如老妈子倒马桶，固用不着学问。除倒马桶外，我不知天下有何事，是无学问的人可以办得好。'"

似乎是以辜鸿铭的名义，有一本小册子，《张文襄幕府纪闻》，此书为笔记体，共计 72 篇，说是写于 1910 年，也就是张之洞去世一年后。这些看似散漫的雪泥鸿爪，文字简短，绰约多姿，尖刻犀利，嬉笑怒骂，酣畅淋漓，颇多令人拍案叫绝之处，其见识之深邃，思想之深刻，绝对不同于一般的掌故轶事。书中在不少地方，直接涉及到张之洞，计有 17 篇，却并不局限于张之洞。它并不是张之洞的幕府见闻，而是作为张之洞幕府之一者辜鸿铭的所见所思所想，比较完整生动地体现出辜鸿铭的文化主张。他对一些晚清人物的犀利评价，当然也包括对张之洞，迄今读来，并不觉过时冬烘，而令人颇有豁然开朗之感。

在《南京衙门》中，辜鸿铭认为曾国藩粗陋，居然是这样的角度："余同乡李忠毅公之文孙龙田司马，名惟仁，尝诋论曾文正公曰：'管仲得君，如彼其专也；行乎国政，如彼其久也；功烈，如彼其卑也。'余谓曾文正功业及大节所在，固不可轻议；然论其学术及其所以筹画天下之大计，亦实有不满人意者。文正公日记内自言曰：'古人有得名望如予者，未有如予之陋也。'或问："于何处可以见曾文正陋处?"余曰：'看南京制台衙门规模之笨拙，工料之粗率，大而无当，即可知曾文正公之陋处也。'"

但辜鸿铭认为，曾国藩的高明之处却在于不排满，他在《不排满》一文中如此说道："或问余曰：'曾文正公所以不可及处何在?'余曰：'在不排满。当时粤匪既平，兵权在握，天下豪杰之士，半属门下；部曲及昆弟辈，又皆枭雄，恃功骄恣，朝廷褒赏，未能满意，辄出怨言。当日情形，与东汉末季黄巾起事，何大将军领袖群雄，袁绍、董卓辈飞扬跋扈，无少异。倘使文正公稍有猜忌，微萌不臣之心，则天下之决裂，必将有甚于三国者。天下既决裂，彼眈眈环而伺我者，安肯袖手旁观，有不续兆五胡乱华之祸也哉?'孔子曰：'微管仲，吾其被发左衽矣。'我今亦曰：'微曾文正，吾其剪发短衣矣。'"

不要以为，辜鸿铭如此看法，与张之洞无关。实际上，辜鸿铭这样的看法，很难说不受张之洞的影响，或者说是他也在影响着张之洞。估计也是受张之洞的影响，辜鸿铭对李鸿章评价不高，他认为曾国藩是大臣，但还有不及文祥之处。李鸿章称不上是大臣，不过是一功臣，萧规曹随而已，而且不学无术，痞气昭然，谬种流传。请看《曹参代萧何》：

> 梁启超曾比李文忠为汉大将军霍光，谓其不学无术也。余谓文忠可比汉之曹参。
>
> 当咸、同年间，中兴人材，除湘乡曾文正外，皆无一有大臣之度。即李文忠，亦可谓之功臣而不可谓之大臣。盖所谓大臣者，为其能定天下之大计也，孟子所谓"及是时，修其政刑者"也。当时粤匪既平，天下之大计，待定者有二：一曰办善后，一曰御外侮。办善后，姑且不论，至御外侮一

节，当时诸贤以为西人所以强盛而狎侮我者，因其有铁舰枪炮耳。至彼邦学术、制度、文物，皆不过问。一若得铁舰枪炮，即可以抵御彼族。此文正公所定御外侮之方略也，亦可谓陋矣。洎文忠继文正为相，一如曹参之代萧何，举事无所变更，一遵萧何约束。如此，又何怪甲午一役，大局决裂，乃至于不可收拾哉？

说到文祥，简直被有些人称之为完人。张之洞致信荣禄，不无拍马屁之意，他说李鸿藻生前如何称赏文祥，又把文祥与荣禄相提并论。但曾国藩认为文祥格局不够阔大，赵烈文觉得他不知求人自辅，翁同龢则认为文祥无识人之明。辜鸿铭则记下了其同乡蔡锡勇讲述文祥的一则故事，这个蔡锡勇也是张之洞麾下的一位重要人物，且看《大臣远略》：

余同乡故友蔡毅若观察，名锡勇，言幼年入广东同文馆肄习英文，嗣经选送京师同文馆肄业。偕同学入都，至馆门首，刚下车卸装，见一长髯老翁，欢喜迎入，慰劳备至。遂带同至馆舍，遍导引观。每至一处，则告之曰："此斋舍也，此讲堂也，此饭厅也。"指示殆遍，其貌温然，其言蔼然，诸生但知为长者，而不知为何人。后询诸生曰："午餐未？"诸生答曰："未餐。"老翁即传呼提调官。旋见一红顶花翎者旁立，貌甚恭。诸生始知，适才所见之老翁，乃今日当朝之宰相文中堂也。于此想见，我朝前辈温恭恺悌之风度也。余谓文文忠风度固不可及，而其远略亦实有过人者。中国自弛海禁后，欲防外患，每苦无善策。粤匪既平，曾文正诸贤筹画方略，皇皇以倡办制造厂、船政局为急务。而文忠独创设同文馆，欲培洋务人材，以通西洋语言文字、学术制度为销外患之要策。由此观之，文文忠之远略，有非曾文正诸贤所可及也。

张佩纶与张之洞当年都属清流党，一度关系至为密切，有清流四谏之誉。中法之战，张之洞春风得意，张佩纶却黯然落败。张之洞署理两江总督，张佩纶就在南京，但这两位河北老乡，是没有多少共同语言了，还是交情依旧？张佩纶死于 1903 年，也就 55 岁。辜鸿铭的《书生大言》如此评说张佩纶："甲申年，张幼樵在马江弃军而遁，后又入赘合肥相府，为世所诟。余谓好大言，原是书生本色，盖当时清流党群彦之不满意于李文忠，犹如汉贾生之不满意于绛侯辈。夫绛侯辈，固俗吏也，贾生，固经学儒生也，然当时若文帝竟能弃其旧而谋其新，命贾生握兵符为大将，果能系单于之颈而不为张佩纶马江之败衄者几希。至入赘相府一节，此犹见合肥相国雅量，尚能爱才，若汉之绛侯、陈平辈，试问肯招贾生入赘为婿耶？"

曾国藩、李鸿章、袁世凯大体上是一个脉络。而张之洞则与之不同，以清流出身，位列封疆。他内心深处对李鸿章、袁世凯的做派、行事风格，一定有自己不以为然的真实看法。但同在朝局，彼此之间又不能不顾全大局，合作共事。辜鸿铭的《五霸罪人》谈到庚子之乱以后的事情，未必符合事实，聊助谈资。庚子之乱，东南互保，张之洞与李鸿章的看法一致，就是针对如何处理董福祥等人，张之洞与李鸿章也彼此交换过意见。且看辜鸿铭如何说李张分歧："庚子拳匪肇衅，两宫巡狩西安。李文忠电奏有曰：'毋听张之洞书生见解。'当时，有人将此语传入张文襄。文襄大怒曰："我是书生，他是老奸巨滑。"至今文襄门下论及李文忠，往往痛加诋詈。余曰：'昔孟子有言：五霸者，三王之罪人。今之诸侯，五霸之罪人也。'余谓今之李文忠，曾文正之罪人也。今之督抚，又李文忠之罪人也。"前文已有论及，实际情况是，就辛丑条约有关条款，张之洞提出异议，让李鸿章大为光火，认为张之洞是故作清高，看人挑担不吃力。

辜鸿铭在张之洞身边工作，端着张之洞的饭碗，但他对张之

洞也不是一味迎合，丧失自己的基本判断，做毫无底线的肉麻吹捧。有人问他如何评价张之洞与曾国藩，辜鸿铭在《清流党》一则中就两人所说大臣与儒臣之别，雄辩滔滔，还真是颇有见地：

或问余曰："张文襄比曾文正，何如?"余曰："张文襄，儒臣也；曾文正，大臣也，非儒臣也。三公论道，此儒臣事也；计天下之安危，论行政之得失，此大臣事也。国无大臣，则无政，国无儒臣，则无教。政之有无，关国家之兴亡；教之有无，关人类之存灭。且无教之政，终必至于无政也。当同、光间，清流党之所以不满意李文忠者，非不满意李文忠，实不满意曾文正所定天下之大计也。

盖文忠所行方略，悉由文正手所规定。文忠特不过一汉之曹参，事事遵萧何约束耳。至文正所定天下大计，之所以不满意于清流党者何？为其仅计及于政，而不计及于教。文忠步趋文正，更不知有所谓教者，故一切行政用人，但论功利，而不论气节，但论材能，而不论人品。此清流党所以愤懑不平，大声疾呼，亟欲改弦更张，以挽回天下之风化也。盖当时济济清流，犹似汉之贾长沙、董江都一流人物，尚知六经大旨，以维持名教为己任。

是以文襄为京曹时，精神学术，无非注意于此。即初出膺封疆重任，其所措施，亦犹是欲行此志也。洎甲申马江一败，天下大局一变，而文襄之宗旨亦一变，其意以为非效西法、图富强，无以保中国；无以保中国，即无以保名教。虽然，文襄之效西法，非欧化也。文襄之图富强，志不在富强也。盖欲借富强以保中国，保中国，即所以保名教。吾谓文襄为儒臣者以此。厥后，文襄门下，如康有为辈，误会宗旨，不知文襄一片不得已之苦心，遂倡言变法，行新政，卒酿成戊戌、庚子之祸。东坡所谓其父杀人报仇，其子必且行劫，此张文襄《劝学篇》之所由作也。

呜呼！文襄之作《劝学篇》，又文襄之不得已也，绝康梁并以谢天下耳。韩子曰："荀子大醇而小疵。"吾于文襄亦云然。

辜鸿铭在《张文襄幕府纪闻》中的这一篇《清流党》是比较罕见的一篇长文。辜鸿铭就曾国藩、李鸿章、张之洞展开比较，不是就事论事，而是着眼于教化，虽然不无为张之洞争地位的含义在，但的确是一篇令人信服的好文章。辜鸿铭所指贾长沙，自然是贾谊，而董江都则是提出"罢黜百家独尊儒术"为汉武帝所采纳的董仲舒。大概是辜鸿铭还觉得意犹未尽，许多话没有说到位，不透彻，他又在《务外》篇中展开论述，进一步申说张之洞的荀子之学：

荀子《儒效篇》云："我欲贱而贵，愚而智，贫而富，可乎？曰：其惟学乎！""向也，混然涂之人也，俄而并乎尧禹，岂不贱而贵矣哉？向也，效门室之辨，混然曾不能决也，俄而原仁义、分是非，图回天下于掌上而辨白黑，岂不愚而智矣哉？向也，胥靡之人，俄而治天下之大器举在此，岂不贫而富矣哉？"辜鸿铭作按语道：荀子劝学，不可谓不勤，然犹不免歆学者以功利。

荀子讥墨之言曰："墨子蔽于用而不知文。"余谓荀子亦蔽于用而不知学。何谓学？曰：正其谊不谋其利，明其道不计其功。夫明道者，明理也。理有未明，而欲求以明之。此君子所以有事于学焉。当此求理之时，吾心只知有理，虽尧禹之功，不暇计，况荣辱、贫富、贵贱乎？盖凡事无所为而为，则诚，有所为而为，则不诚，不诚，则伪矣。为学而不诚，焉得有学？此荀子之学，所以不纯粹也。

犹忆昔年，张文襄赀遣鄂省学生出洋留学。濒行，诸生来谒。文襄临别赠言慰之，曰："生等到西洋，宜努力求学，

将来学成归国，代国家效力，带红顶，作大官，可操券而获。生等其勉之！”云云。此与荀子《儒效篇》勉励学者语，又奚以异？余谓文襄之学，本乎荀子者，盖为其务外自高，故未脱于功利之念也。昔孔子有言：“古之学者为己，今之学者为人。”知此，则可以言学。

辜鸿铭行为古怪，爱发议论。张之洞再有容人雅量，也不可能对他言听计从，一切都按照他的建议行事。大概是汪康年劝说辜鸿铭向张之洞进言的时候，要多讲利害，少说是非。由此引发了辜鸿铭关于《公利私利》的一番真知灼见：

余随张文襄幕最久，每与论事，辄不能见听。一日，晤幕僚汪某，谓余曰：“君言皆从是非上著论，故不能耸听。香帅为人，是知利害，不知是非。君欲其动听，必从利害上讲，始能入。”

后有人将此语传文襄耳，文襄大怒，立召余入，谓余曰：“是何人言余知利害不知是非？如谓余知利害，试问余今日有偖大家事否？所谓利者安在？我所讲究者乃公利，并非私利。私利不可讲，而公利不可不讲。”余对曰：“当日孔子罕言利，然则孔子亦讲私利乎？”文襄又多方辩难，执定公利私利之分，谓公利断不可不讲。末后，余曰：“《大学》言：‘长国家而务财用者，必自小人矣。’然则小人为长国家而务财用，岂非亦系言公利乎？”于是文襄默然让茶，即退出。

今日，余闻文襄作古后，竟至囊橐萧然，无以为子孙后辈计，回忆昔年公利私利之言，为之怆然者累日。

大概是张之洞批评辜鸿铭熟知经书，但通权达变不足，不知变通，灵活性欠缺。辜鸿铭不大服气，他认为张之洞理解的“权”，实际上不过是“术”而已。为此，他就写了一篇《权》：

张文襄尝对客论余曰："某也知经，而不知权。"余谓文襄实不知所谓权者。盖凡所以运行天地间之物，惟理与势耳。

《易传》曰："形而上者谓之道，形而下者谓之器。"道者，理之全体也；器者，势之总名也。小人重势不重理，君子重理不重势。小人重势，故常以势灭理；君子重理，而能以理制势。欲以理制势，要必知所以用理。权也者，知所以用理之谓也。

孔子曰："可与共学，未可与适道；可与适道，未可与立；可与立，未可与权。"所谓可与适道者，明理也；可与立者，明理之全体，而有以自信也；可与权者，知所以用理也。盖天下事非明理之为难，知所以用理之为难。权之为义，大矣哉！譬如治水，知土能克水，此理也。然但执此理以治水患，则必徒为堵御之防。如此，水愈积，愈不可防，一旦决堤而溢，其害尤烈于无防也。此治水者之知经而不知权也。知权者，必察其地势之高下，水力之大小，或不与水争地而疏通之，或别开沟渠河道而引导之，随时立制，因地制宜，无拘拘一定成见，此之谓之所以用理也。

窃谓用理得其正为权，不得其正为术。若张文襄之所谓权，是乃术也，非权也。何言之？夫理之用谓之德，势之用谓之力。忠信笃敬，德也，此中国之所长也；大舰巨炮，力也，此西洋各国之所长也。当甲申一役，清流党诸贤但知德足以胜力，以为中国有此德，必可以制胜于朝廷，遂欲以忠信笃敬，敌大舰巨炮。而不知忠信笃敬，乃无形之物也；大舰巨炮，乃有形之物也。以无形之物，攻有形之物，而欲以是，奏效于疆场也，有是理乎？此知有理而不知用理以制势也。

甲申以后，文襄有鉴于此，遂欲舍理而言势。然舍理而言势，则入于小人之道，文襄又患之。于是，踌躇满志，而得一两全之策，曰为国则舍理而言势，为人则舍势而言理。故有公利私利之说。吾故曰：文襄不知权。文襄之所谓权者，乃术也，非权也。

李鸿章、盛宣怀等人都的确办了不少大事，用功于当时，但自身也的确积累了不少财富。张之洞为官多年，经手的钱财不计其数，曾被人诟病挥金如土，大手大脚。但他的确比较廉洁，不贪财，不植私产。张之洞病逝于1909年的北京，据说家中并无多少积蓄，囊橐萧然，近乎家徒四壁，许多人都难以置信。辜鸿铭的《廉吏不可为》如此说道：

有客问余曰："张文襄学之不化，于何处见之？"曰："文襄自甲申后，亟力为国图富强。及其身殁后，债累累不能偿，一家八十余口，几无以为生。《大学》曰：'物有本末，事有终始。知所先后，则近道矣。'又曰：'其本乱而末治者，否矣。'身本也，国末也。一国之人之身皆穷，而国能富者，未之有也。中国今日不图富强则已，中国欲图富强，则必用袁世凯辈。盖袁世凯辈欲富其国，必先谋富其身。此所谓以身作则。

《传》曰：'尧舜帅天下以仁，而民从之；桀纣帅天下以暴，而民从之。'文襄帅天下以富强而富强未见，天下几成饿殍。此盖其知有国而不知有身，知有国而不知有民也。即此可见其学之不化处。昔阳虎有言：'为富不仁，为仁不富。'君子既欲行有教之政，又欲务财用，图富强，此其见识之不化，又不如阳虎。"

这是不是有点所谓典型引路作为示范让一部分人先富起来的意思呢？

辜鸿铭还有一篇涉及到张之洞与盛宣怀的相互比较，且看《理财》："昔年沪上报章纷传，盛杏荪宫保补授度支部侍郎，余往贺。及见，始知事出子虚。坐谈间，余谓宫保曰：'今日度支部为财政关键，除宫保外，尚有何人胜任愉快？'宫保欿然自抑曰：'理财我不如张宫保。'余曰：'不然，张宫保不如宫保。'宫保曰：'于何见之？'余曰：'张宫保属吏至今犹是劳人草草，拮据不遑；而宫保僚属，即一小翻译，亦皆身拥厚赀，富雄一方。是以见张宫保之不如宫保多多。'宫保闻之，一笑而解。"

辜鸿铭对大唱颂歌、过多阿谀、浮语虚辞特别反感。他有《颂词》一文：

管异之尝谓，中国风俗之敝，可一言蔽之曰："好谀而嗜利。"嗜利固不必论，而好谀之风，亦较昔日为盛。今日凡有大众聚会及宴乐事，必有颂词，竭力谄谀。与者受者，均恬不知怪。古人有谀墓之文，若今日之颂词，可谓生祭文也。

犹忆张文襄督鄂时，自庚子后，大为提倡学堂。有好事者创开学堂会，通省当道官员、教员、学生到者数百人，有某学堂监督梁某特撰长篇颂词，令东洋留学生刘某琅琅高读，兴会淋漓，满座肃然。适傍有一狂士，俟该留学生读毕，接声呼曰："呜呼哀哉，尚飨。"闻者捧腹。

辜鸿铭此处的梁，大概就是梁鼎芬。

辜鸿铭还有《爱国歌》一篇，讽刺更为辛辣：

壬寅年，张文襄督鄂时，举行孝钦皇太后万寿，各衙署悬灯结彩，铺张扬厉，费资巨万。邀请各国领事大开筵宴，并招致军界、学界，奏西乐，唱新编爱国歌。

余时在座陪宴，谓学堂监督梁某曰："满街都是唱爱国歌，未闻有人唱爱民歌者。"梁某曰："君胡不试编之？"余略一伫思，曰："余已得佳句四句，君愿闻之否？"曰："愿闻。"余曰："天子万年，百姓花钱；万寿无疆，百姓遭殃。"

座客哗然。

辜鸿铭有一《半部〈论语〉》，讽刺张之洞有时候的不无作秀表演，矫情造作：

孔子曰："道千乘之国，敬事而信，节用而爱人，使民以时。"朱子解"敬事而信"曰："敬其事而信于民。"余谓"信"当作有恒解，如唐诗"早知潮有信，嫁与弄潮儿。"犹忆昔年徐致祥劾张文襄折内，有参其起居无节一款，后经李翰章覆奏曰："张之洞治簿书至深夜，间有是事。然誉之者曰夙夜在公，非之者曰起居无节。"按：夙夜在公则敬事也，起居无节则无信也。敬事如无信，则百事俱废，徒劳而无功。西人治国，行政所以能百事具举者，盖仅得《论语》"敬事而信"一语。昔宋赵普谓："半部《论语》可治天下。"余谓：此半章《论语》亦可以振兴中国。今日中国官场上下，果能敬事而信，则州县官不致于三百六十日中，有三百日皆在官厅上过日子矣。

又忆刘忠诚薨，张文襄调署两江。当时因节省经费，令在署幕僚，皆自备伙食。幕属苦之，有怨言。适是年会试题为《道千乘之国》一章，余因戏谓同僚曰："我大帅可谓敬事而无信，节用而不爱人，使民无时。人谓我大帅学问贯古今，余谓我大帅学问，即一章《论语》，亦仅通得一半耳。"闻者莫不捧腹。

辜鸿铭对盛宣怀与梁鼎芬都有着比较负面的评价，他也许认为梁鼎芬是"伪君子"，他对盛宣怀更是鄙夷不屑。有一《王顾左右而言他》，奚落盛宣怀：

辜鸿铭部郎云："昔年余至上海谒盛杏荪宫保，宫保闻余《中庸》译英文一书刊成，见索，谓余曰：'《中庸》书，乃是有大经济之书，乞君检送一本，为子辈读。'余对曰：

‘《中庸》一部要旨，宫保谓当在何句?’宫保曰：‘君意云何?’余曰：‘贱货贵德。”宫保乃顾左右而言他。”云云。

有人评价晚清重臣，有如是评价：岑春煊是不学无术，李鸿章是不学有术，张之洞是有学无术，端方是有学有术。但辜鸿铭的《翩翩佳公子》比较端方与张之洞两人，似乎更为精辟，也更为老辣全面：

国朝张履祥论教弟子曰：“凡人气傲而心浮，象之不仁，朱之不肖，只坐一傲而已。人不忠信，则事皆无实，为恶则易，为善则难。傲则为戾为很，浮则必薄必轻。论其质，固中人以下者也。傲则不肯屈下，浮则义理不能入。不肯屈下，则自以为是，顺之必喜，拂之必怒，所喜必邪佞，所怒必正直。义理不能入，则中无定主，习之即流，诱之即趋。有流必就下，有趋必从邪。此见病之势有然者也。

余谓，学问有余而聪明不足，其病往往犯傲；聪明有余而学问不足，其病往往犯浮。傲，则其学不化，浮，则其学不固。其学不化，则色庄；其学不固，则无恒。色庄之至，则必为伪君子；无恒之至，则必为真小人。

张文襄学问有余，而聪明不足，故其病在傲；端午桥聪明有余，而学问不足，故其病在浮。文襄傲，故其门下幕僚多伪君子；午桥浮，故其门下幕僚多真小人。昔曾文正曰：“督抚考无良心，沈葆桢当考第一。”余曰：“近日督抚考无良心，端午桥应考第一。”或曰：“端午桥有情而好士，焉得为无良心?”余答曰：“朱子解善人曰：‘质美而未学。’端午桥则质美而未闻君子之道者也。聪明之人处浊乱之世，不得闻君子之道，则中无定主，故无恒。无恒人虽属有情，亦如水性杨花之妇女，最易为无良心事。吾故谓督抚考无良心，端午桥所以当考第一也。至其好士，亦不过如战国四公子、

吕不韦之徒，有市于道，借多得士之名以倾动天下耳。岂真好士哉？虽然，既曰质美，端午桥亦可谓今日翩翩浊世之佳公子也。

端方是晚清的六零后，年轻气盛，咄咄逼人，他在湖北担任湖北巡抚，与张之洞合作还算愉快，但张之洞在刘坤一死后暂时署理两江总督，端方在湖北主持大局，心思就不大一样了。梁鼎芬在此时自然要察形观势，他觉得端方是清廷权贵中继荣禄之后红得发紫的人物，又有年龄优势，而张之洞已经是衰朽不堪，离职退休就在眼前。张之洞在南京时间不长，中枢就已经明确魏光焘来主政两江，这个时候的张之洞就比较尴尬了，怎么办？南京已经有新人马上来到？湖北的格局又是端午桥在那里干得正起劲。还是北京中枢看得明白，最终把端方调到苏州担任江苏巡抚，张之洞重回武汉，干脆湖广总督与湖北巡抚一肩挑了。这个时候的梁鼎芬就尴尬别扭了，又赶紧向张之洞示好。张之洞不与他计较，原谅了他。端方与他弟弟端锦在辛亥之年，猝然而死，有点可惜。当时的端方，也才五十岁呢。

辜鸿铭对浮夸吹牛也特别反感，他有一《不吹牛毴》：

壬寅年，张文襄在鄂，奉特旨入都陛见，余偕梁崧生尚书随节北上。时梁尚书得文襄特保，以候补道员奉旨召见。退朝告余曰："今日在朝房，闻锡清帅对客言曰：'如咱们这种人，如何配得作督抚？'君试志之。此君子人也。"后有客谓余曰："今日欲观各督抚之器识才能，不必看他作事，但看他用人；不必看他所委署差缺之人，但看他左右所用幕僚，即可知其一二。"余答曰："连他左右幕僚亦不必看。欲观今日督抚之贤否，但看他吹牛毴不吹牛毴。人谓今日中国将亡于外交之失败，或亡于无实业。余曰：中国之亡，不亡于实业，不亡于外交，而实亡于中国督抚之好吹牛毴也。

> 《毛诗》有云：‘具曰予圣，谁知鸟之雌雄?’今日欲救中国之亡，必从督抚不吹牛毪作起。孔子谓：‘一言可以兴邦。’曰：‘为君难，为臣不易。”如锡清帅其人者，可谓今日督抚中佼佼者矣。”

辜鸿铭还有《大人有三待》，就如何对待老百姓、学生、下属，表达自己的看法。这样的看法与见地，即使时至今日，又怎能说完全过时了呢：

> 孔子曰：“君子有三畏。”余曰：“今日大人有三待：以匪待百姓，以犯人待学生，以奴才待下属。”或问曰：“何谓以匪待百姓?”曰：“今如各省城镇市以及通衢大道，皆设警察巡逻，岂不是以匪待百姓耶?”曰：“何谓以犯人待学生?”余曰：“今日官学堂学生之功课，与犯人所作苦功同得一苦字耳。至于大人待下属一节，今日在官场者，当自知之，更不待余解说。袁子才曾上总督书，有曰：‘朝廷设州县官，为民作父母耶？为督抚作奴才耶?’”

辜鸿铭还有《夷狄之有君》《士说》《政体》《不拜客》等篇，都提及张之洞，其中的《夷狄之有君》是他陪张之洞在天津见袁世凯的记录，弥足珍贵。辜鸿铭说过，“我不是清朝‘遗老’，也没有忠于清室，而是忠于中国之政教，即系忠于中国之文明。”

百年春梦去悠悠，不复吹箫向此留。辜鸿铭是一个被过度涂抹过于脸谱化的人物，他的一些真知灼见，尤其是对张之洞等人的品评，实在不应该被遮蔽湮灭无闻，而应该予以足够的重视，他毕竟在张身边二十余载知之甚深嘛。

# 主要参考书目

苑书义、孙华峰、李秉新等主编：《张之洞全集》，河北人民出版社，1998 年出版。

吴剑杰编著：《张之洞年谱长编》，上海交通大学出版社，2009 年出版。

张之洞著、庞坚点校：《张之洞诗文集》，上海古籍出版社，2008 年出版。

中国国家博物馆编、劳祖德整理：《郑孝胥日记》，中华书局，1993 年出版。

俞天舒原编、潘德宝增订、温州市图书馆整理：《黄体芳集》，中华书局，2018 年出版。

谢作拳点校：《黄绍箕集》，中华书局，2018 年出版。

《刘坤一集》，岳麓书社，2018 年出版。

《谭继洵集》，岳麓书社，2015 年出版。

黄兴涛等译：《辜鸿铭文集》，海南出版社，1998 年出版。

陈义杰整理：《翁同龢日记》，中华书局，2006 年出版。

《越缦堂日记》，广陵书社，2004 年出版。

《梁鼎芬年谱》，广东人民出版社，2018 年出版。

李志茗著：《赵凤昌评传》，上海古籍出版社，2019 年出版。

夏东元著：《盛宣怀年谱长编》，上海交通大学出版社，2004 年出版。

《李鸿章全集》，时代文艺出版社，1998 年出版。

骆宝善、刘路生主编:《袁世凯全集》，河南大学出版社，2013 年出版。

戚其章辑校:《李秉衡集》，中华书局，2013 年出版。

《许景澄集》，浙江古籍出版社，2015 年出版。

《汪康年师友书札》，上海古籍出版社，1986 年出版。

《缪全孙日记》，凤凰出版社，2014 年出版。

谭群玉、曹天忠主编:《岑春煊全集》，广东人民出版社，2019 年出版。

潘琦主编:《冯子材集》，广西师范大学出版社，2012 年出版。

《王文韶日记》，中华书局，1989 年出版。

《陈夔龙全集》，贵州民族出版社，2014 年出版。

张海林著:《端方与清末新政》，南京大学出版社，2007 年出版。

沈瑜庆著:《涛园集》，福建人民出版社，2010 年出版。

《陈宝琛年谱》，福建人民出版社，2017 年出版。

张佩纶撰:《涧于日记》，朝华出版社，2018 年出版。

宝廷著:《偶斋诗草》，上海古籍出版社，2005 年出版。

《陈宝箴集》，中华书局，2003 年出版。

李开军撰:《陈三立年谱长编》，中华书局，2014 年出版。

唐景嵩著:《请缨日记校注》，上海古籍出版社，2017 年出版。

# 羽书方急愧年新
## ——后　记

关于张之洞，要说的话，实在是太多太多。他一生行迹，已经赘述缕缕。吴禄贞总结张之洞一生，着眼于他的学政、军政，最后才是他的实业，可以说客观而公允。

张之洞病逝之后，当时的媒体多有评说。《大公报》就如此说道："当张相国之抱病也，有惟恐其死者，有惟恐其不死者。批评他：张相国一毫无宗旨，毫无政见，随波逐流，媚主以求荣之人也……相国之生平，恃以训勉全国者，惟在'忠君'二字。"而《申报》则这样观察张之洞一生："固卓乎近数十年汉大臣中不可多得之人才，抑亦光绪朝三十四年有数之人物也。"《新闻报》评说张之洞则比较高："若与历代贤臣相比，张之洞不愧为诤臣、能臣、良臣。"当时正在不屈不挠奔走革命的孙中山却如此说张之洞："张之洞是不言革命之大革命家。"多年之后，毛泽东与黄炎培从这一角度评说张之洞："提起中国民族工业，重工业不能忘记张之洞。"

说些与张之洞有关的琐事。张之洞的作息与常人不同，每天下午二时睡觉，晚上十时，起床办公。大理寺卿徐致祥参劾张之洞辜恩负职，"兴居不节，号令无时"。后来粤督李瀚章奏称："誉之者则曰夙夜在公，勤劳罔懈。毁之者则曰兴居不节，号令无时。既未误事，此等小节，无足深论。"张之万在写信给张之京时说："香涛（张之洞）饮食起居，无往不谬。性又喜畜猫，卧室中常有数十头，每亲自饲之食。猫有时遗矢于书上，辄自取手帕拭净，不以为秽。且向左右侍者说：‘猫本无知，不可责怪，若人如此，则不可恕。’”

据传说，梁启超曾到广州拜见两广总督张之洞，张之洞差人将一上联送给梁启超：“披一品衣，抱九仙骨，狂生无礼称愚弟。”梁启超气度不凡，坦然对一下联：“行千里路，读万卷书，侠士有志傲王侯。”对答不卑不亢，有理有据，文字高雅，气势慑人。张之洞调任湖广总督，梁启超又来拜访，张之洞再出联求对：“四水江第一，四时夏第二，先生居江夏，谁是第一，谁是第二?”才思敏捷的梁启超，略加思索，答出下联：“三教儒在先，三才人在后，小子本儒人，何敢在先，何敢在后。”梁启超以自己的身份“儒人”拆开，古代儒、佛、道三教中，以儒为首，在天、地、人三才中，则以人才居末位。这些文字游戏，大多是文人多事，加以附会，以助谈资而已。张之洞与梁启超在戊戌变法之前就已经分道扬镳，梁启超比较张之洞与李鸿章，对张之洞评价极低，认为他“虚伪、骄横、狭隘、残忍、苛刻，和李鸿章的有见识、有气量相比，二者真是相去甚远，有着天壤之别”。

张之洞一生最后政治主张，都凝聚在他与刘坤一的“江楚三折”之中。清廷在经过庚子之乱以后，不得不“变通政治”，1901年，光绪二十七年三月，成立督办政务处，湖广总督张之洞和两江总督刘坤一“遥为参预”。张之洞会同刘坤一连续上三道奏折《变通政治人才为先遵旨筹议折》《遵旨筹议变法谨拟整顿中法十二条折》《遵旨筹议变法谨拟采用西法十一条折》。此即“江楚三折”。即使现在细读，也并不觉得张之洞与刘坤一的这三折27条空疏不当，文不对题。

张之洞晚年进京，已经疲惫不堪，力不从心，面对载沣的咄咄逼人少不更事，他多次向慈禧太后提出要化解满汉畛域之见，但言者谆谆，听者邈邈，只不过是敷衍他而已。一说，张之洞病重时，摄政王载沣亲临探视。张之洞毕竟是四朝老臣，临死之时还是念念不忘天下安危，提出要善抚民众。摄政王载沣扬扬得意道："不怕，有兵在。"张之洞从此再无一语有关国计民生的大计献于摄政王大人之前。载沣走后，有人探问张之洞询问摄政王说了什么，张之洞说是"亡国之音"。当晚，张之洞在哀叹"国运尽矣"声中去世。载沣，这个宣统皇帝的父亲，是当年的八零后，他字伯涵，号静云，晚年自号书癖，改名载静云，醇亲王奕譞第五子，光绪帝异母弟，宣统帝溥仪生父。载沣于1901年即光绪二十七年被委派充任头等专使大臣，赴德国道歉谢罪。1908年，他因皇室血统，年仅25岁即任军机大臣。同年11月，其子溥仪入承大统，载沣任监国摄政王，次年代理陆海军大元帅。他是清廷最后三年实际的最高统治者。1911年10月，辛亥革命后，他被迫辞去摄政王之职，闭门家居，次年，他无奈同意溥仪退位。载沣于1951年初病故于北京，得年68岁。

湖北武汉有一抱冰堂，在武昌蛇山首义公园内。1907年，光绪三十三年，湖广总督张之洞调任军机大臣离鄂，其在鄂门生、僚属建此堂以存纪念。因张之洞晚号抱冰，取《吴越春秋》"冬常抱冰，夏还握火"语意以自励，故取是名。此堂为砖木结构，台基石砌，造型优美，结构精巧。四周花木扶疏，缀以假山湖石，逸趣盎然，景色宜人。因此堂号，有《抱冰堂弟子记》，以语录体形式120条记述张之洞一生思考、事迹，颇有价值。

南京有一豁蒙楼，现在鸡鸣寺内，是往昔南京文人喜爱登临之所。多说豁蒙楼是张之洞为纪念杨锐而建，刘成禺在其所著《世载堂杂忆》中有《豁蒙楼》一文对此有详细记述。1894年，光绪二十年，张之洞署理两江总督，与其任四川学政时的得意门生杨锐某夜"同游台城，憩于鸡鸣寺，月下置酒欢甚，纵谈经史百家、古今诗文，憺然忘归，天欲曙，始返督衙"。"此夕月下清谈，及杜集‘八哀诗’，锐能朗诵无遗，对于《赠秘书监江夏李公邕》一篇，后四句‘君臣尚论兵，将帅接燕蓟，朗咏六公篇，忧来豁蒙蔽’，反复吟诵，之洞大感动”。戊戌变法失败，杨锐与谭嗣同、康广仁等被清廷杀害。1902年，光绪二十八年，张之洞再次署理两江总督，重游鸡鸣寺，“徘徊当年与杨锐尽夜酒谈之处，大为震悼，乃捐资起楼，为杨锐纪念，更取杨锐所诵‘忧来豁蒙蔽’句，曰‘豁蒙楼’”。兴化李详居住南京近十年，他在《南京鸡鸣寺豁蒙楼》中则说：“张文襄再督两江日，属黄华农方伯于鸡鸣寺东，伐去丛木，建楼其中，俯临台城，以览玄武湖之胜。楼成，文襄署扁曰豁蒙楼，取杜《八哀诗·咏李北海》云：‘朗吟六公篇，忧来豁蒙蔽’。”李详即李审言，他与黄体芳、缪荃孙熟悉，曾在江楚编译局、东南大学任职。张之洞在豁蒙楼匾额跋文中有如是之语：“余创于鸡鸣寺造楼，尽伐林木，以览江湖。”《张之洞诗文集》中《鸡鸣寺》五言诗，共二十八句，其中有“一朝辟僧楼，雄秀发其秘，城外湖皓白，湖外山苍翠”之句。张之洞在诗题下自注：“余以金施寺，僧辟寺后经堂为楼，尽伐墙外杂树，遂为金陵诸寺之冠。”《官场现形记》的作者李伯元，这位比张之洞小30岁却比南皮早去世6年的李宝嘉，曾写有《南皮游金陵鸡鸣寺》：“南皮在金陵日，尝游鸡鸣寺。南皮立高处，左望玄武湖，澄澄如镜，右望台城，则树木丛杂，不能一览无余。南皮不慊于心，因命材官伐树。寺僧伏地哀之曰：‘树皆百年物，伐之则生机绝矣。’南皮不顾，沉吟曰：‘其如寥阔何？无已，其盖一三层洋式高楼乎？’寺僧以南皮为其置别业也，喜而谢。胡砚孙观察进曰：‘以名胜之地而盖洋楼，似乎不古。’南皮深然其说。寺僧又忐忑不已。濒行时，顾胡曰：‘你替他将就搭几间屋吧，茅蓬都使得。’言毕，匆匆乘舆而去。”后来再督两江时，旧地重游，触景生情，伤悼杨锐，才施钱寺僧，辟堂为楼，楼成，张之洞实现两个心愿：放眼江山与伤怀故人。也就是

说，张之洞并没有公开说是为了纪念杨锐，但刘成禺与李伯元都持这一说法。而张之洞涉及到杨锐的诗《正月初二日同杨叔峤登楼望余雪》道："自丑银幡白发人，晴光喜见照城闉。山通佳气犹明雪，江汛柔波已漾春。冠佩渐劳知老至，羽书方急愧年新。惘牛谁诵河东赋，清啸南楼恐不伦。"杨锐被杀，并不像袁昶、许景澄等被杀后又被昭雪平反。张之洞在其诗文中，怎敢明目张胆不管不顾地公开说为其筑楼纪念呢？李伯元在其《南亭笔记》《官场现形记》中，也都对张之洞多有涉及。

贵州兴义，西子湖畔，巴蜀成都，山西太原，岭南广州，石头城下，都是张之洞留下过痕迹的地方，但他一生最为注重的，倾注心血最多的，自然还是荆楚大地。在他生前的不多时光里，他还在为粤汉铁路、川汉铁路而萦挂于怀，殚精竭虑。当然，京华重地，是他一生平步青云的起点，直隶南皮是他的桑梓故土，他也为之尽了自己的心力。这些地方，我也大多都去过，亲临现场，临风联想，试图体会张之洞的当年心境。闻听有一以张之洞命名的电影，却几乎无人问津，黯然而撤，成为一大新闻，令人错愕叹息。

但愿我竭尽绵力，在表面看来如此枯燥的电文、信札、奏折中，力求立体呈现张之洞，也许并不太晦涩，恳切希望能够得到您的批评指教。由衷叩祷，是所愿也。

2022 年 3 月 20 日匆匆于南京俞家巷后

# 再寻旧巷悲回辙

## ——再后记

晚清人物，世人多说曾左李袁，但张之洞这个人物，在晚清政局中，也曾举足轻重，是很有意思的人物呢。唐浩明曾有三卷本的长篇历史小说来表现展示张之洞，坊间也有不少关于张之洞的文字，对其评价，有日趋走高之势。毛泽东说到近代民族工业不能忘记的四个人，有张謇、卢作孚、范旭东，还有就是张之洞。但对张之洞的评头论足，似乎并不局限于其创办实业，其政治作为，其治国理政的实践，其诗文，其结交的人物识拔的人才，也不乏可圈可点者。此前因为应朋友之约写南京街巷，就南台巷，说过张南皮。意犹未尽，再来说说张之洞。

张之洞是科举考试的春风得意者，他早早就成为秀才，还在秋闱中成为解元，也才不过 16 岁。此后因为他的族兄张之万不断主持会试，需要回避，也有他父亲挫其锋芒让其稍作避让之意，即使一再等待，他也还是在 26 岁的时候就中了探花，这已经是很不错的成绩了。李慈铭曾说，“近日科名之早者，盛推南皮张香涛”，不无羡慕妒忌之意。这会试中间，翁同龢也曾青睐于他，而真正惜其才的则是范鹤生。范鹤生，字鸣龢，湖北武昌人。张之洞曾赋诗唱和范鹤生：“十八瀛洲选，惟公荐士诚。不才晚闻道，因困转成名。已赋从军去，重偕上计行。天知陶铸苦，更遣作门生。”范鹤生的诗有四首，其中有一首是这样的：“苦向闲阶泣落英，东风回首不胜情。亦知剑气难终閟，未必巢痕定旧营。佳话竟拼成一错，前因遮莫订三生。大罗天上春如海，意外云龙喜合并。”翁同龢在其日记中也曾称道张之洞的文章有“《史》《汉》之遗”，但张之洞受知于慈禧太后，是所谓后党人物，而翁同龢被目为帝党的中坚与核心。此后的清流党，南北阵营壁垒分明，年长张之洞 7 岁的翁同龢与张南皮这两人更是形同陌路了。

中探花之前的张之洞，并没有荒废时日。他父亲给他营造了很好的学习氛围，而他又入他人幕府，学习历练，开阔眼界。这段经历，对他此后的人生道路施政风格，应该说具有很大的影响，而晚清名臣胡林翼对他的鼓励鞭策，也使他经常感念，默记在心。等到张之洞主政湖北，叱咤风云，成为湖广总督，他还特地到胡林翼祠堂凭吊缅怀：二老当年开口笑，九原今日百身悲。敢云驽钝能为役，差幸心源早得师。张之洞此诗的确写得很是一般，近乎打油，毫无诗味可言。诗中所谓二老，除了指胡林翼，还有就是韩超，也是张之洞在贵州岁月的一位业师。

张之洞科场顺利，崭露头角，置身当时风云变幻的京华重地，他的被慈禧太后所注意与重视，是因为他的敢于直言有胆有识，他的关于平定太平天国、捻军的方略条陈，得到了慈禧太后的注意，成为当时所谓清流党中的中坚人物。当时的世界大势，自然是西强我弱愈演愈烈，大清崩溃之势已显端倪；而满汉之间，彼此角力，也是暗流汹涌，波谲云诡。作为年长张之洞两岁的慈禧太后，在掌控政治大局上已经非常练达成熟游刃有余。她既要重用汉臣为其支撑危局，又要安抚清廷权贵不能铤而走险贻误大局，还要敲打曾国藩、左宗棠、李鸿章等人不能坐大器张不可管控。如此一来，清流人物就成为慈禧太后手中的一张进退自如的牌。与此同时，就是坐在皇位上的皇帝，不管是同治帝还是光绪帝，也要对他们精心调教，呕心沥血，而这些围绕在皇帝身边的人选，也不能不加倍小心，清流也有南党北党啊。

实际上，张之洞一生中最大的知己与靠山就是慈禧太后。有人说，戊戌变法之时，如果张之洞能够在京配合光绪帝主持大局，也许不会出现后来如此糟糕的糜烂局面。本来也的确有此人事布局，但因某人作梗而使这一筹划胎死腹中，时过境迁，也就错过了。某人，据说就是翁同龢。翁同龢门下也有不少人物，如文廷式，如张謇，如志锐，如张荫桓，等等等等。文廷式有负朋友之托，抢占了别人的老婆，这个别人就是梁鼎芬。而梁鼎芬则在后来成为张之洞幕府中的极为重要的人物，他比辜鸿铭小两岁，辜鸿铭说是他提出了东南互保的建议，也许不是吹牛，但很有可能夸大了自己的作用。辜鸿铭有海外游学经历，视野开阔，对张之洞的帮助，自在不言中。张之洞的幕僚班子，人才济济，鼎盛时期，多达四五百人，这样的智库班底，眼观六路，耳听八方，对张之洞的影响之大，可想而知。张之洞这个人不守旧，不拘一格，还表现在他与李提摩太的交往上。张之洞在太原主政之时，就结交了李提摩太，而张之洞出京履新成为封疆大吏是接替曾国藩的九弟曾国荃的，曾九帅当时是山西巡抚。

张之洞与曾国藩相比，当然是晚辈，他比曾国藩小 26 岁，比曾国荃小 13 岁，只比曾国藩的大儿子曾纪泽大 2 岁。但他在太原，对曾国荃的施政作为很不以为然，对曾国荃曾经重用的心腹亲信杀伐决断毫不客气。张之洞在三晋大地动作很猛，力度很大，效果是否明显，倒在其次，而他的所有动作，都逃不过一个人的眼睛，这个人就是慈禧太后。张之洞人在太原，但时常瞩目北京，与他经常沟通信息的人很多，其中有一人就是他的清流故友后来成为李鸿章女婿的张佩纶。张佩纶是河北丰润人，两人是河北老乡。张之洞主政太原，并非一帆风顺，晋北九厅，最终没有摆平搞定，令其焦头烂额，而当时的南方已经战云密布，亟需朝廷信重人物前来主持大局，慈禧太后看中了张之洞。张之洞就任两广总督后，这才有了张之洞起用冯子材支持黑旗军刘永福，也才有了镇南关大捷，中法战争的局部胜利。张之洞百年之后，依其资历声望，完全可以赠予文忠、文正，但摄政王载沣用文襄来盖棺论定张之洞，摆到桌面上的理由，大概就是因为中法之战，堪可与左宗棠比肩而立。

张之洞在地方施政，成为晚清名督，无论是戊戌变法还是东南互保，他都很有一番作为。戊戌变法之前，他的《劝学篇》成为哄传一时的名文，中学为体西学为用，迄今还在被人提及。东南互保，他与刘坤一是其中的重要人物，而庚子之乱后，张之洞不仅没有受到处分，反而圣眷不衰，足见其政治智慧已经非同凡响。庚子、辛丑后，维新、立宪已呈汹涌之势，张之洞年届七旬，奉召入京，成为军机大臣。但此时的慈禧太后已经病入膏肓，而光绪帝又必须死在慈禧太后之前，于是乎，出现了母子两人次第而死的政治性死亡。慈禧太后撒手人寰，摄政王载沣等一帮清廷权贵，昧于大势，一意孤行，还想诛杀袁世凯，被张之洞极力劝阻而怏怏作罢。但张之洞也已经来日无多，在 1909 年的 10 月 4 日，也就是宣统元年的八月二十一日，病逝于北京，得年 72 岁。

历史人物自然要任人评说。他的幕僚辜鸿铭曾说：“窃谓中国自咸同以来，经粤匪扰乱，内虚外感，纷至迭乘，如一丛病之躯，几难著手，当时得一时髦郎中，湘乡曾姓者，拟方名曰‘洋务清火汤’，服若干剂未效，至甲午，症大变，有儒医南皮张姓者，另拟方曰‘新政补元汤’，性燥烈，服之恐中变，因就原方略删减，名曰‘宪政和平调胃汤’，自服此剂后，非特未见转机，而病乃益将加剧焉。”辜鸿铭眼中的时髦郎中就是曾国藩，儒医南皮就是张之洞。

但梁鼎芬对张之洞的评价就高很多，远不是辜鸿铭那样的挖苦调侃。你看：“甲申之捷，庚子之电，战功先识孰能齐，艰苦一生，临殁犹闻忠谏语；无邪在粤，正学在湖，讲道论心惟我久，凄凉廿载，怀知哪有泪干时。”艰苦一生，凄凉廿载，似乎调子过于低沉。忠谏之语，是说张之洞劝说载沣要与时俱进，顺应潮流。载沣颇不耐烦地说：我手中有枪有兵，怕什么呢？梁鼎芬言犹未尽，觉得没有把张之洞的文治说透，他又言道："力学通汉宋，为政贯中西，一代大师成相业；其心质鬼神，其才兼文武，九州正论在人间。"梁鼎芬当然不会说张之洞诛杀他的学生唐才常等人之事，也不会说张之洞在处理《苏报》案中的图穷匕见，至于张之洞在庚子之年初与日本人的密切往来心机深邃更是要讳莫如深吧？

浮世蓬根不道怜，秋怀到此更追牵。再寻旧巷悲回辙，独泫愁春泪彻泉。八年前，习近平总书记曾这样评说过张之洞："清代洋务派代表人物之一张之洞，是有改革观念的一个人。"清代末年，社会矛盾积重难返，大局变革势在必行，各种观点沸沸扬扬，各种人物粉墨登场，搞得莫衷一是，张之洞感叹道：旧者因噎而食废，新者歧多而羊亡；旧者不知通，新者不知本。不知通则无应敌制变之术，不知本则有非薄名教之心。说的就是因把握不好守成和变革的分寸形成共识之难。世人多说张之洞为张南皮，因他是河北南皮人，但张之洞出生之地则是贵州兴义。兴义地处大西南的云贵高原，前国家总理曾有一篇文章，《再回兴义忆耀邦》。胡耀邦到贵州兴义，会有人给他提到张之洞这个人物否？也不知道，胡耀邦如何看待张之洞这个复杂奇特的历史人物。

2022 年 4 月 20 日于

城南南台巷侧，传此巷与张之洞有关